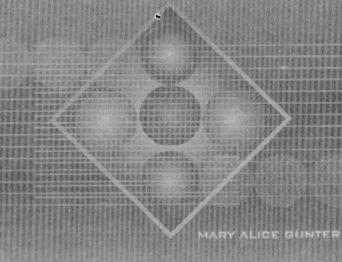

教育科学精品教材译丛

Instruction:
A Models Approach

教学模式 第四版

[美] 玛丽·艾丽斯·冈特
托马斯·H.埃斯蒂斯　著
简·斯瓦布

尹艳秋　等译
许庆豫　审校

凤凰出版传媒集团
江苏教育出版社

著作权合同登记图字：10-2001-075 号

图书在版编目(CIP)数据

教学模式/(美)冈特等著；尹艳秋等译.—南京：江苏教育出版社,2006.8
(教育科学精品教材译丛)(2013.7 重印)
ISBN 978-7-5343-7645-0

Ⅰ.教… Ⅱ.①冈…②尹… Ⅲ.课堂教学-教学研究 Ⅳ.G424.21

中国版本图书馆 CIP 数据核字(2006)第 090465 号

本书封面贴有 Pearson Education(培生教育出版集团)激光防伪标签。无标签者不得销售。
Simplified Chinese edition copyright © 2006 by PEARSON EDUCATION ASIA LIMITED and JIANGSU EDUCATION PUBLISHING HOUSE.
Instruction: A Models Approach, 4E. ISBN 0-205-36775-5
Copyright © 2003 All Rights Reserved.
Published by arrangement with the original publisher, Pearson Education, Inc., publishing as Allyn and Bacon.

教育科学精品教材译丛

教学模式(第四版)
Instruction: A Models Approach

[美] 玛丽·艾丽斯·冈特 托马斯·H.埃斯蒂斯 简·斯瓦布 著
尹艳秋 等译   许庆豫 审校
责任编辑 孙兴春 陈爱芳

出版发行	凤凰出版传媒股份有限公司
	江苏教育出版社(南京市湖南路1号A楼 邮编 210009)
苏教网址	http://www.1088.com.cn
照　　排	南京展望文化发展有限公司
印　　刷	金坛市教学印刷厂(电话 0519-82821630)
厂　　址	金坛市江南路1号(邮编 213200)
开　　本	787 毫米×1092 毫米 1/16
印　　张	22
版　　次	2006年9月第1版 2013年7月第3次印刷
书　　号	ISBN 978-7-5343-7645-0
定　　价	38.00 元
网店地址	http://jsfhjy.taobao.con
邮购电话	025-85406265，85400774 短信 02585420909
E-mail	jsep@vip.163.com
盗版举报	025-83658579

苏教版图书若有印装错误可向承印厂调换
提供盗版线索者给予重奖

编 委 会

顾 问
顾明远　章新胜

主 编
朱永新

副主编
严文蕃　张胜勇

编委（按姓氏笔画为序）
王智新　卢乃桂　许庆豫　朱小蔓　吴康宁
张斌贤　周　川　俞慧洵　赵　明　赵中建
钟启泉　徐　辉　袁振国　董　奇
James Campell　Thomas Shuell

海外咨询委员会

主任委员
韦　钰

委员（按姓氏笔画为序）
万毅平博士……美国肯尼索州立大学教育学院院长、教授
马立平博士……美国卡内基教育基金会
关小茹博士……美国芝加哥德保罗大学教学科技部主任
孙　静博士……澳大利亚昆士兰科技大学早期儿童应用研究中心
杨效斯博士……美国芝加哥森林湖学院亚洲研究中心主任
陈欣银博士……加拿大西安大略大学发展心理研究室主任
周　正博士……美国纽约圣约翰大学心理学系
秦志宁博士……美国明尼苏达州哈普金斯教育局测量评估部主任
彭凯平博士……美国加利福尼亚州立大学教授
蓝　云博士……美国得克萨斯州工科大学教育学院副院长

《教育科学精品教材译丛》总序

作为高校教师,我们中的许多人常常为教育科学教材的陈旧落后而痛心疾首;作为教育学人,我们中的许多人也常常对经济学、社会学等显学学科教材建设的突飞猛进而称羡不已。

于是,我们坐卧不安,我们摩拳擦掌,我们立志超越,我们走到了一起。经过几年的努力,涵盖当代高等学校教育学专业的全部主干课程的大型海外教材《教育科学精品教材译丛》(下面简称《译丛》)终于呈现在读者面前。

许多年来,我国高等师范教育和高等学校教育学专业课程改革的步伐极为缓慢,师范教育的教育学、心理学、教材教法这三门课程多年不变,教育学专业的课程内容陈旧,课程的选择空间相当狭小。可以说,改变高等师范教育课程和高等学校教育学课程的落后状况,是《译丛》最基本的宗旨。

另一方面,随着教育事业改革的深化,教育实践中产生的问题日益复杂,解决这些问题需要极为丰富的教育科学知识和能力。《译丛》追求的另一宗旨正是通过奉献世界上最先进的教育科学知识体系,促进我国教育事业改革的深化。

在过去的几年中,高等学校课程改革已经取得了相当明显的成效。深化课程改革的一条重要途径是引进国外尤其是发达国家的高校教材,借此提高教育质量和增进学生的学习能力。《译丛》的宗旨和思路与我国高校教材改革的这种方向是一致的,而且是高校教材改革过程的组成部分。

促进学术交流,是《译丛》向往的又一宗旨。学术沟通的障碍,表征是交际语言,而深层原因则是学术语言与学术规范。《译丛》希望通过引进国外的教育科学知识体系和贯穿其

i

中的研究方法与表达方式,促进我国教育科学学术事业的进步,并为其走向世界奠定基础和开辟道路。

《译丛》是建国以来从海外引进的规模最大、门类最全的教育学科教材,被国内媒体称为"又一次重要的拿来主义"。在科教兴国的基本国策背景下,它所蕴涵的巨大社会意义已经超出教材本身。因此,《译丛》的编委会和出版者——江苏教育出版社对此高度重视,并为此做了大量的细致而扎实的工作。第一,组建了强大的编委会和翻译队伍。《译丛》的编委会阵容强大,有各师范大学的博士生导师、教授以及一批海外教育专家;主要翻译人员和审校者均是教育科学专业的博士或教育科学领域的教授,其中一些译者长期旅居国外,并从事教育科学专业的研究和教学工作,他们均在教育科学领域具有相当深厚的积累,可以确保《译丛》的翻译质量。第二,精心筛选选题。《译丛》的入选图书品质上乘,所有选题皆经中、日、美等国专家反复磋商论证,精选而成。其中一些书目为国外学术机构所推荐,在国外大学拥有广泛的学术声誉。许多教材一版再版,最多的已达十二版。

我们希望,这套教材能成为国内教育科学的替代课本或重要参考书,同时也能作为各地教师继续教育的重要资料。

我们期待,这套教材能给中国教育理论界带来一些观念和方法上的启示,为我国的教育科学的教学和研究,尤其是教材编写工作提供一定的借鉴。

我们相信,这套教材会得到许多中小学教师、校长、教育行政机关干部、教育科学研究人员、教育专业的研究生以及高校在校学生的关注和选用。

当然,我们更希望、更期待的是创新和超越。希望和期待我国的教育科学工作者编写出高水平的、具有中国特色的教材。站得更高才能看得更远,看得更远才能做得更好,希望我们这套教材能使中国教育理论界有一个更高的起点,使中国的教师和师范学生有一个开阔的视野。需要说明的是,原书附有大量的索引,但为降低图书成本,减轻读者负担,我们只好割爱,敬请诸君谅解。

我们欢迎各种形式的参与和合作,欢迎专家和读者随时为我们荐书,随时提出各种建议和评论。

《教育科学精品教材译丛》编委会
二〇〇二年四月

前　言

现今,教师们承担着来自各个方面的史无前例的压力。似乎每个人都是教育方面的专家。报纸、杂志上全都是对教师的建议,告诉他们应该做什么,还有一些建议来自各行各业的人,例如立法者、传教士、父母与学生、学校董事会成员以及大学教授。谁没有资格及权威讨论有关学校及教育的事?换句话说,难道没有人上了好几年学,离开时却不知道学校应该是什么样的吗?

另外,可能有这么一种意识:每个人都是老师。"教育"这个词开始的时候意思是指"说明、告诉、指出"。父母告诉他们的孩子做什么;医生向病人指出适当的手续;汽车工指示你如何为汽车做稍微的调整。每个人都去教别人做事,因此每个人都是教师,至少从业余爱好者这方面来说是的。

有人认为成为一名教师实在是没什么特殊或独特的地方。在错误、草率地下定这种结论之前,从专业角度联系"指导"这个词,分析一下"教育"这个词的意思。"指导"这个词的意思来源于词根"建立、构造"。专业教师不仅"教育",而且也会"指导"。他们为那些能力、兴趣、学习需求广泛的学生"构造"教室环境并"建立"一系列的经历。然而,父母、医生和汽车工通常是自发地去教的,他们是告诉、指出、说明,而专业的教育者必须仔细设计、计划他们的教学工作。根据构造环境的过程,在指导与设计之间有一种自然产生的类似性。作为一个指导者,教师被比做建筑工人,基于以下三个方面:

1. 为特殊的观众做计划。教师,如同建筑工人一样,首先必须确定客户的需求。为有4条狗、3只老鼠、1只兔子的6人家庭设计的房子与有1只长尾小鹦鹉的老夫妇设计的房子是有很大区别的。同样,布置高年级物理班的教学设计与五年级数学班的也是不同的。建筑工人、教师都要考虑顾客的需求,而且他们要知道如何制定一个合理的、新颖的、实用的计划。

要做出优秀的教学计划就必须清楚地了解学习者的需要和教育的目的。一个专业教师所做的教学设计不是惟一的,因为不同群体的学习者各自的需求是不同的,而且各种各样的学习都要求有特定的教育方法。

2. 制定目标与评价步骤。根据客户的需求,建筑工人和教师可以尽量清楚地明确说明工作的预期成果。在没有明确产品最后的样子时,没有哪个建筑工人会着手进行工程建设。在工程建设半途中才意识到正在发生的事情并不是客户所需要的,专业地说,这是很麻烦的,而且要花很大的代价才能改正过来。如果教师不仔细设计教学,也等于是在冒险。作为一个专业人员,教师必须计划好如何才能达到特定的、预期的学习效果。否则的话,就会浪费宝贵的教育时间,而且教师与学生都得不到令人满意的结果。

制定目标最基本的一点是要确定有效的评价步骤,以便确保事情如期进行。正如建筑工人必须经常检查建筑物,教师也必须考虑这样的教育是否能达到预期的效果。在建筑完成后才去检查质量与工作情况,或是看其是否按照计划进行,这种做法是非常愚蠢的。同样地,教师必须在教学过程中采用有效的评价步骤。

评价是持续不断的,这是每个阶段做出的所有决定的基础:决定需求、制定目标、选择材料和方法。评价是一个不断提问的过程,例如:我们要去哪?怎么去?往前还有多远?教师要不断地问:这样的教学是否正确,是否有效?因此,评价意味着依据教学阶段性的和最终的成效来不断改革教学过程。持续不断的评价就可以达到这种效果。

3. 选择材料与步骤。建筑工人有各种各样的材料和技术以供选择,他们必须决定如何结合材料和技术,以建造出与预想的最切合的建筑。必须分析每项工程,以便做出正确的结合方式,例如:不是每座房子都只是由砖块和木头建成的。同样地,每个学生都是一个个体,他或她有自己的需求、长处和兴趣。此外,从动力学意义上说,每个班级都是独特的,是一个特殊的群体。因此,教师必须拥有各种各样的教学方法和技术,这样才能完成特定的教学目标并能解决教学过程中产生的问题。

不幸的是,对于教师和学生来说,课堂氛围有时候是无聊、单调的,因为教学方式很少变化。反复使用同一种教学方法的老师就像是只会建造一种房子的建筑工人。必须要有大量的教育与管理策略,这样才能满足学习者的各种需要。

本书的宗旨

自这本书第一版发行以来,许多经验丰富的老师和正接受培训的老师都认为这本书用处很大。事实上，许多老师对我们说，这本书是他们永久珍藏的专业书籍之一。只要有可能，我们就会根据日常教学中使用这些教学模式的教师提供的可贵的反馈，对本书进行修正。

本书蕴涵的哲理是：教学过程使教师们作为专业教育家联合在一起。我们预期的听众是各个学科的教师，他们是教授或打算教授各个年龄阶段学习者的教师。我们曾试着把教学定义为一个具有挑战性的、令人兴奋的、费力的职业，而且从事教育职业的人会因此获得巨大的荣耀。

本书不是纯粹的原则、条例，而是作为一种激励，使教师在对教学构成进行专业性设计方面有更多的思考。我们的目的是要向专业教育家呈现各种令人感兴趣的、可能发生的事，使他们可以选择正确的方法处理课堂上出现的情况。

掌握教学的过程是一个持续的学习、适应、修改和改变的过程。去年的班级和今年的班级的区别，第三堂课和第四堂课的区别，一个阅读小组和另一个的区别，以及第二排第一个座位的学生与角落里最后一个座位的学生的区别，这些区别都是一项项挑战，使得教学过程成为一个寻找解决方案、做选择的过程。

我们把这本书分成了三编。第一编是"制定教学计划"，主要讲了制定目的、目标、设计单元的过程。在考虑如何在教学中引入材料之前，教师必须确定在课上要学什么。在教学计划中应有多种选择。

第二编是"目标与教学匹配模式"，选择了一些教学模式，并说明了如何在设计过程中利用这些模式。我们非常感谢为我们提供研究成果的同志，在他们研究成果的基础上形成了这些模式。我们同样也依靠我们的经验和多位教师的经验，制定了可以使模式达到最佳效果的步骤。

第三编是"整合：使目标与教学模式相匹配"，主要有四个部分，其中三个部分是案例研究，介绍了教师如何在设计的过程中使目标与教学相符。这些案例研究是以真实事件为基础的，每个案例的组织都是经过我们的深思熟虑的，以便能够反映出此过程中涉及到的人的个性。有效果的老师其想法和做法都是不一样的，但是他们确实都会制定计划并注意特定的基本要求。第三编的最后一节为教师提出了一些能够在课堂上营造积极学习氛围的方法。

在本书中，我们也引入了一些情景与案例研究，以帮助教师学习如何呈现材料。另外，本书中还贯穿着练习和活动。这些特定的练习都是以讨论中的独特的主题为重点的，在阅读完本书后，可以做这些练习。每个练习做完后则立即提供答案，这样读者才能对问题的答案进行反馈，并提出建议。与练习相比，活动更为普遍，而且通常要求读者在课后完成。对于活动没有相应的答案，而是要教师或参与群体对之进行评价。

在本书中还列有网络资源的情况，可以证明这些模式是有用的。我们同样也说明了教师和学生如何理解、如何有效使用这些资源的。本书中的网络资源包括授课实例、单元计划和对使用这些模式的实际建议。我们希望这些资源对使用本书的教师和学生能有所帮助。这些资源可以在 Allyn and Bacon Curriculum and Instruction Supersite（www.ablongman.com/C&I）上找到。你可以与本地销售代理取得联系，获得这个网站的访问登陆信息。

由于本书内容的局限，读者只能从练习中学习。因此，必须有充足的机会去练习、反馈。实际上，应包括来自同行的反馈并及时回顾。没有人能够通过简单的阅读和记忆来学习这些模式，如同没有人能够在阅读用户手册后就会开车一样。在他或她宣布"拥有"该模式前，必须对该模式进行多次练习，而且，学生必须会为上课计划做准备，并预习每个单元，从而把这些模式组合起来，成为一个教学设计。

我们每人都有机会每天与准教师以及经验丰富的教师发生互动，而这些教师们发觉到通过使用教学模式可能会使专业知识增长。我们可以肯定，这些模式为教师们提供了一个工具，可以使他们做出教学方面的专业决策，并通过对知识的共同体的理解而与其他专业教育者共享这些决策。

致谢

本书中的特邀嘉宾是 Jeff McNelly 的卡通片《鞋》（shoe）中的角色 Skyler，经"媒体服务论坛"（Tribune Media Services）允许而再版。Skyler 提醒我们：一个成功教师最重要的特征之一是要具有幽默感。

我们要感谢那些使用本书前三版的教师与学生，感谢他们让我们一起分享他们的教学经历以及对教育和学习的热情。

我们同样要感谢审阅本书的各位同仁。本书第一版的审阅者是：普度大学的肯特·戴维斯（Kent Davis），首府学院的 F. 伊丽莎白·弗里特（F. Elizabeth Fridt），俄勒冈大学的梅雷迪思·高尔（Meredith Gall），印第安纳大学的汤姆·格雷戈里（Tom Gregory），休斯顿大学的豪伊·琼斯（Howie Jones），伊利诺伊州立大学的拉里·肯尼迪（Larry Kennedy），纽约大学的韦恩·马胡德（Wayne Mahood），孟斐斯州立大学的丹尼·史密斯（Dennie Smith），田纳西大学的帕蒂·威利（Patty Wiley）。第二版的审阅者是：阿克伦大学的凯·奥尔德曼（Kay Alderman），代顿大学的托马斯·拉斯雷（Thomas Lasley），得克萨斯-圣安东尼奥大学的劳里·帕里休（Laurie Pariseau）。第三版的审阅者是：克里斯托弗纽波特大学的玛丽·V. 比克瓦里斯（Mary V. Bicouvaris），东北俄克拉何马州立大学的朱厄尔·林威尔·格雷斯（Jewell Linville Gress），阿克伦大学的罗纳德·C. 麦克兰顿（Ronald C. McClendon）。第四版的审阅者是：宾夕法尼亚克拉里昂大学的玛丽琳·S. 豪（Marilyn S. Howe），北得克萨斯大学的帕特里夏·莫斯利（Patricia Moseley）。

总序 /i

前言 /i

■ 第一编　制定教学计划 /1

第一章　教学目标描述：学生、社会和学科内容 /2

确定目标 /2
　　学习者的需求 /2
　　社会需求 /8
　　学科内容 /8
阐明基本原理 /12
　　课程基本原理范例 /12
　　使基本原理与学习环境相适应 /15
总结 /16
网络资源 /16

第二章　界定教育与教学的目标 /18

界定目标 /18
草拟目标 /20
目标类型 /20
　　认知目标 /21
　　情感目标 /24
　　动作技能目标 /26
确定评估策略 /27
　　认知目标评估 /28
　　情感目标评估 /28
　　动作技能目标评估 /29
总结 /30
网络资源 /31

第三章　组织内容：课程、单元以及教学设计 /33

内容分析 /34

目 录

　　事实 /34
　　概念 /34
　　总结 /34
组织内容 /35
　　原则一 /35
　　原则二 /36
单元设计 /36
　　范围 /36
　　重点 /37
　　顺序 /38
建构课堂计划 /40
　　演绎与归纳的教学组织 /40
　　先行组织者 /41
　　课堂教学目标 /43
课堂计划大纲范例 /44
总结 /45
网络资源 /45

第一编综述　制定教学计划 /47

第二编　目标与教学匹配模式 / 49

第四章　直接讲授模式：传授基本技能、常识和知识 / 53

直接讲授模式的步骤 /54
　　第一步：复习以前学过的知识 /54
　　第二步：确定教学目标 /55
　　第三步：导入新知识 /55
　　第四步：指导实践，评估成绩，提供正确的反馈 /58
　　第五步：分配独立的实践，评估成绩，并提供正确的反馈 /60
　　第六步：如有必要，定期回顾，提供正确的反馈 /62
直接讲授模式的步骤总结 /62
直接讲授模式的基础 /64
　　行为训练的概念 /65
　　行为调节的基本原则 /66
脚本 /67
总结 /68
网络资源 /68

第五章　概念获得模式：用归纳法定义概念 /70

什么是概念 /71

概念获得模式的步骤 /72

　　第一步：选择并定义概念 /72

　　第二步：选择属性 /73

　　第三步：提供肯定与否定的例子 /73

　　第四步：向学生介绍过程 /74

　　第五步：呈现例子并列出属性 /74

　　第六步：形成概念的定义 /75

　　第七步：给出另外的例子 /76

　　第八步：与学生一起讨论过程 /76

　　第九步：评价 /76

概念获得模式的步骤总结 /76

概念获得模式的变式 /77

概念获得模式的基础 /79

脚本 /81

总结 /82

网络资源 /82

第六章　概念形成模式：分析概念各部分之间的关系 /84

理解概念 /84

　　什么是概念形成 /84

　　概念形成反映我们先天的思维过程 /85

概念形成模式的步骤 /86

　　第一步：尽可能多地列出与主题有关的项目 /87

　　第二步：依据它们在某些方面的相似来组合项目 /89

　　第三步：通过定义分组的原因来为组贴上标签 /89

　　第四步：重新组合，将单独的项目或者整个的组归入其他组下面 /90

　　第五步：通过总结数据和形成概括来综合信息 /92

　　第六步：通过评估学生产生项目的多样性以及组合那些项目的灵活性的能力，来评价学生的进步 /92

概念形成模式的步骤总结 /93

概念形成模式的基础 /94

　　概念性思维的掌握 /95

　　概念是建构事实的创造性方式 /96

　　概念是模式的构件 /96

脚本 /97

使用概念形成模式的益处 /99
总结 /101
网络资源 /101

第七章　探究模式：通过发现和提问解决教学问题 /103

模式一：萨奇曼探究模式 /104
萨奇曼探究模式的步骤 /104
第一步：选择问题，激发探究 /104
第二步：介绍过程，展示问题 /105
第三步：收集信息 /105
第四步：形成理论假设并验证假设 /106
第五步：解释理论并阐述相关的规则 /106
第六步：分析过程 /106
第七步：评价 /107
萨奇曼探究模式的步骤总结 /107
模式二：网络探究模式 /108
网络探究模式步骤 /108
第一步：选择问题，激发探究 /109
第二步：在网络探究模式模板上展示问题 /110
第三步：学生收集数据及信息来解决问题 /111
第四步：学生形成并证明结论 /111
探究模式的基础 /112
脚本 /114
总结 /116
网络资源 /116

第八章　综合模式：培养创造性思维和解决问题的能力 /119

形式一：熟中生新 /121
熟中生新综合模式的步骤 /121
第一步：描述主题 /121
第二步：形成直接类比 /121
第三步：描述各自的类比 /122
第四步：确认表面性矛盾 /122
第五步：形成新的直接类比 /123
第六步：再验原题 /123
第七步：评价 /123
熟中生新综合模式的步骤总结 /124
形式二：异中求同 /125

异中求同综合模式的步骤 /125
　　　　第一步：提供信息 /125
　　　　第二步：展示类比 /125
　　　　第三步：利用各自的类比形成表面性矛盾 /126
　　　　第四步：比较主题与表面性矛盾 /126
　　　　第五步：确认差异 /126
　　　　第六步：再验原题 /126
　　　　第七步：形成新的直接类比 /126
　　　　第八步：评价 /126
　　　异中求同综合模式的步骤总结 /126
　形式三：综合模式的游览 /127
　　　综合模式游览的步骤 /128
　　　　第一步：展示问题 /128
　　　　第二步：提供专门信息 /128
　　　　第三步：质疑并打破常规结论 /128
　　　　第四步：形成个性化的问题陈述 /128
　　　　第五步：选择一个问题作为陈述重点 /129
　　　　第六步：通过类比提问 /129
　　　　第七步：使类比与问题相符 /129
　　　　第八步：从新的角度得出解决方案 /130
　　　　第九步：评价 /130
　　　综合模式游览的步骤总结 /130
　综合模式的基础 /131
　脚本：熟中生新 /133
　总结 /137
　网络资源 /137

第九章　因果模式：通过分析因果关系来影响事件 /138
　因果模式的步骤 /139
　常规表格 /139
　详细步骤 /140
　　第一步：选择要分析的资料、主题、事件或问题 /142
　　第二步：找出原因并做出说明 /142
　　第三步：找出结果并做出说明 /142
　　第四步：找出先在的原因并做出说明 /142
　　第五步：找出后续的结果并做出说明 /143
　　第六步：得出结论 /143
　　第七步：进行概括 /144

第八步：评价学生的表现 /144

因果模式的步骤总结 /145

实施因果模式的说明 /145

因果模式的变式 /148

因果模式的基础 /149

脚本 /151

总结 /153

网络资源 /154

第十章　课堂讨论模式：在准备事实性、解释性和评价性问题的基础上指导课堂讨论　/155

课堂讨论模式的步骤 /156

第一步：阅读材料并准备问题 /156

第二步：设计并组合问题 /161

第三步：向学生介绍模式 /165

第四步：进行讨论 /166

第五步：回顾讨论过程并概括学生的观点 /167

第六步：（可选择的）评价讨论 /167

课堂讨论模式的步骤总结 /169

课堂讨论模式的基础 /170

脚本 /172

总结 /176

网络资源 /177

第十一章　词汇习得模式：词汇拼写与意义习得　/178

词汇习得模式的步骤 /180

第一步：事先测试学生对与课文内容密切相关的词汇的掌握情况 /180

第二步：详细说明并讨论单词的臆想的拼写及假设的意义 /180

第三步：探究意义模式 /182

第四步：阅读与学习 /185

第五步：评价与后测试 /185

词汇习得模式的步骤总结 /185

词汇习得模式的基础 /186

词汇掌握 /189

脚本 /191

总结 /193

语言学习的基本资源 /193

网络资源 /194

第十二章　冲突解决模式：交流观点　达成共识　/196

选择一种冲突情境 /196

冲突解决模式的步骤 /197

详细步骤 /198

　第一步：列出与冲突相关的所有因素 /198

　第二步：找出行为的原因、当事人的感受以及产生这些感受的原因 /199

　第三步：提出解决方案并重申可能产生的结果 /199

　第四步：选择一个最佳的解决方案并预测结果 /199

　第五步：讨论类似的情况 /199

　第六步：评价结果并找出可行方案 /199

　第七步：达成共识 /200

　第八步：评价 /200

冲突解决模式的步骤总结 /200

冲突解决模式的基础 /202

高中脚本 /204

小学脚本 /207

总结 /209

网络资源 /210

第十三章　价值形成模式：在课程中寻找伦理和社会准则　/211

价值形成模式的步骤 /214

　第一步：确定所要教授内容的主题 /214

　第二步：明确所要教授内容中的"大问题" /214

　第三步：选择与学习主题相关的辅助材料 /215

　第四步：探索与主题相关的跨学科间的联系 /217

　第五步：以一种引导学生关注所学内容的方式进行教学 /219

价值形成模式的步骤总结 /220

价值形成模式的基础 /220

脚本 /221

总结 /225

网络资源 /226

第十四章　合作学习模式：利用小组学习提高学生成就　/228

模式一：小组交叉组合学习模式 /231

小组交叉组合学习模式的步骤 /231

　第一步：介绍小组交叉组合学习 /232

　第二步：把异质学生分成学习小组 /232

目　　录

　　第三步：召集专家小组学习材料 /234
　　第四步：专家教各自小组的成员 /234
　　第五步：对小组的评价和认可 /234
　　小组交叉组合学习模式的步骤总结 /236
模式二：角色扮演模式 /236
　　角色扮演模式的步骤 /236
　　第一步：选择一个有趣的场景 /236
　　第二步：选择小组 /237
　　第三步：指定问题并说明任务 /237
　　第四步：小组成员准备表演并选好演员 /237
　　第五步：给观众分配任务 /238
　　第六步：小组表演角色 /238
　　第七步：小组成员回到组内讨论表演体会 /238
　　第八步：班级讨论 /238
　　第九步：评价 /238
　　角色扮演模式的步骤总结 /238

其他模式 /239
小组访谈模式 /239
　　第一步：分配学生到各个组 /239
　　第二步：指导小组成员 /239
　　第三步：指导访谈 /240
　　第四步：继续访谈 /240
　　第五步：汇报 /240
"涂写"模式 /240
　　第一步：准备"涂写"问题 /240
　　第二步：分发材料 /241
　　第三步：回答问题 /241
　　第四步：交换问题 /241
　　第五步：回到最初的问题 /241
　　第六步：分享信息 /241
思考、配对、分享模式 /242
　　第一步：教师提出一个问题 /242
　　第二步：学生独立思考 /243
　　第三步：每个学生与同伴一起讨论答案 /243
　　第四步：每位学生与全班同学一起分享各自的答案 /243
对于有效使用合作学习小组的建议 /243
合作学习模式的基础 /244

脚本 /245

总结 /246
网络资源 /246

第十五章　记忆模式：提高记忆力的技巧 /248
影响记忆的条件 /249

模式一：联想记忆模式 /250
　　联想记忆模式的步骤 /250
　　第一步：选择项目 /250
　　第二步：组织材料 /251
　　第三步：建立联系 /251
　　第四步：说明联系的过程并向学生呈现知识间的关联 /251
　　第五步：练习建立项目间的联系 /251
　　第六步：评价 /252
　　联想记忆模式的变式 /252
　　联想记忆模式的步骤总结 /253

模式二：场所记忆模式 /254
　　场所记忆模式的步骤 /255
　　第一步：选择适当的材料 /255
　　第二步：描述记忆材料的要点 /255
　　第三步：明确作为提示物的场所 /256
　　第四步：将记忆项目与该场所范围内的地点联系起来 /256
　　第五步：练习 /256
　　第六步：评价 /256
　　场所记忆模式的步骤总结 /257

模式三：动作记忆模式 /257
　　动作记忆模式的步骤 /258
　　第一步：选择一个记忆段落 /258
　　第二步：制作一张图表 /258
　　第三步：选择关键词和动作 /259
　　第四步：介绍材料 /259
　　第五步：向学生演示动作 /259
　　第六步：让学生分组完成剩余材料的动作设计 /259
　　第七步：让学生分组演示动作 /260
　　第八步：练习 /260
　　第九步：评价 /260
　　动作记忆模式的变式 /260
　　动作记忆模式的步骤总结 /260

模式四：姓名与相貌记忆模式 /261

姓名与相貌记忆模式的步骤 /262
　　第一步：选择模样有趣的照片 /262
　　第二步：分给每个学生一张照片 /262
　　第三步：让学生描述各自照片上的面孔 /262
　　第四步：让学生找出照片的显著特征 /262
　　第五步：让学生把姓名与特征联系起来 /263
　　第六步：复述这些名字并进行练习 /263
　　第七步：评价 /263
　　姓名与相貌记忆模式的步骤总结 /263
记忆模式的基础 /264
记忆的条件 /267
　　理解 /267
　　组织 /267
　　重复 /268
　　联想 /268
脚本 /269
总结 /270
网络资源 /270

第二编综述　目标与教学匹配模式 /271

第三编　整合：使目标与教学模式相匹配 /273

第十六章　幼儿园案例研究 /274

阿博特女士的计划 /276
单元：把我们连接起来的线 /277
　　开放式活动——吸引学生 /278
　　第一课：练习"排队" /278
　　第二课：定义"线" /279
　　第三课：精炼"线"的概念 /280
　　活动："线"的游戏 /280
　　第一、二、三课的记录 /281
　　结语 /283
总结 /283

第十七章　初中案例研究 /284

芒福德计划 /287
单元：视角——取决于你当时的所在 /289
　　第一课：涉及观点的视角 /289

第二课：感知——取决于你的所在 /290

第三课：使感知与视角相联系 /291

结语 /292

总结 /292

第十八章　高中案例研究 /293

塞缪尔斯先生的计划 /294

单元：麦克白——对野心转变成贪婪的研究 /298

示例　第五课：野心和暗示的力量 /298

结语 /301

总结 /302

第十九章　实践的智慧：营造良好的学习环境 /304

优秀的教师能调控课堂 /305

优秀的教师会营造愉悦学习的心理环境 /306

陈列展览 /307

物理环境控制 /307

公告信息 /308

座位安排 /308

优秀的教师善于处理人际关系 /308

优秀的教师能够使学生自身投入到学习过程中 /309

优秀的教师会引导学生积极向上 /311

他们认可皮格马利翁效应（the Pygmalion Effect） /311

他们关注学生的已知 /313

他们尊重学生间的差异 /314

他们认识到对于重要问题会有多种答案 /314

他们懂得少批评多鼓励 /314

优秀的教师是优秀的学习者 /315

他们是学习的榜样 /315

他们知道专业知识的重要性 /316

他们是研究者 /316

优秀的教师与学生一起实现教学目标 /317

他们赋予学生学习兴趣 /317

他们指导学生制定教学计划 /317

优秀的教师能找出计划不能实施的原因 /318

优秀的教师会努力使教学生动有趣 /318

优秀的教师会让学生有自己去获得信息及实践的机会 /319

优秀的教师教授两种不同的知识 /320

总结 /320

网络资源 /321

第三编综述　整合：使目标与教学模式相匹配 /323

词汇表 /324

译后记 /329

第一编
制定教学计划

有人问一位老农场主为何将家安置在阿肯色州的一个偏僻处,他答道:"唉!在去加利福尼亚的途中,爸爸在密西西比河附近转错了方向。"

这些旅行者没有地图,对目的地也只有个模糊的概念,就跨越了大洲,真令人同情。同样地,许多教师和学生在涉猎陌生的知识领域时,在课堂上也有这样的错误倾向。教学中没有具体的计划,师生没有明确的目的,这种情况经常出现。计划糟糕的一课或一个单元,教学的结果经常令人失望,也达不到预期的目标。课堂教学中,如希望学生享受成功的学习和知识理解的快乐,谨慎地制定教学计划是十分重要的。

下面几章所描述的教学计划的制定过程相互依赖,交叉重叠。这些步骤既不需要严格遵循的模式,也不需要一个接一个地按次序完成。事实上,好的教学是没有公式与秘诀的,尽管好的教学是建立在好的教学计划上的。考虑以上所说,用最通俗的话语,我们列出了教学计划的几个步骤:

1. 确定教学目标,阐述理论基础;
2. 界定教学目标;
3. 建构评估方法;
4. 创立体现课程内容的单元学习体系;
5. 使用多样化的教学模式,设计教案。

上述步骤是本书第一编三个章节的主要话题。第一章讨论第一个步骤:"教学目标描述";第二章讨论二、三两个步骤,"界定教育与教学的目标";四、五两个步骤将在第三章讨论,"组织内容"。

教学计划是个连续的过程,教学步骤又交叉重复。在这个过程中,第一编列出一些有效的教学设计步骤。至于实施这些步骤的方式,那就要取决于每位读者了。但需要说明的是,每位教师设计教学方法时,必须有个认真计划的过程。

第一章
教学目标描述：学生、社会和学科内容

在教师休息室偶尔听到这样的评论："我有两个教学目标，短期目标在星期五，长期目标在六月份。"鉴于工作的繁忙，教师可能会感到没时间考虑教育目标问题。经常是这样，多数老师似乎都有"完成工作"的压力。确立教学内容时，老教师与即将上岗的新教师通常会寻求教学的方法与规则。然而，有效的教学始于对恰当教学目标的确定。一些目标是预设的，而一些却留给老师取舍。

确定目标

目标为以后的教育过程提供了一个基本的视野，也为评估教师成功与否设立了标准。洛林·安德森(Lorin Anderson)与戴维·克拉斯沃尔(David Krathwohl)将教育目标或综合目的界定为："需要相当的时间及指导而实现的复杂的、互相影响的学习结果。"[1]

一般而言，教育目标的陈述反映了：(1) 学习者的需求；(2) 社会办学的目的；(3) 需要习得的学科内容。界定专业教师素质的方法之一，是看对这些不同目标的思考、表达以及纳入到教学计划的能力。

学习者的需求

关注学生应是制定所有教学计划的基础。不论知识信息是多么有趣或与学科具有多大的相关性，或教师对学科是多么的热情，学习者必须愿意而且能够习得。然而，如果教学不能带来习得，则是失败的教学。如果教学产生了这样的效果，使学习者参与到理解的过程，与教师所希望他们习得的知识密切联系，并被赋予阐述理解的机会，则学习就可能发生了。学习者的需要如下：

1. 有意义地参与学习的过程。
2. （最大限度地）直接联系到已知。
3. 解释个人理解的机会。
4. 对所教内容的创造性评估。

---

[1] 洛林·W.安德森、戴维·克拉斯沃尔：《学习与评价分类学：布卢姆教育目标分类学》（修订本）（New York：Longman），2001年版，第15页。

背景知识

对新的学习来说,也许没有什么比学生的已知更重要的了。对学生已有知识做个初步的评估,并与他们预期学习的内容联系起来,对良好的计划与教学来说是极其重要的。无论学生的先天能力与过去的成绩如何,成功的教学经常取决于学生已有知识与他们努力理解的信息的联系。

鉴定学生的已有知识,教师可使用许多方法。一个简单的方法是询问学生:"就这个话题如打算写一本书(或某个章节),你会涉及到哪些观点或信息?"思维敏捷的学生群体经常会提供出一系列令人难忘的理解、期望及背景知识。检查背景知识还有一种方式,就是要求学生在一张纸的中间写出个关键词,在周围列出与此词有关的所有观点与想法。这种技巧,即所谓的集群(clustering),它经常被教写作的教师采用。因为在准备写作时,它能有效地搜集论点。同样地,它也可用来导出新知识的学习观点,建构新知识学习的基础。

无论是否采用此方法,了解学生的已有知识,很大程度上有利于学生为以后的学习做准备。意识到这一点,对保证教与学的成功将有着深远的影响。

学习风格

研究证明,人们有着不同的学习风格。[1] 尽管多数人能以不同的方式学习,但也有各自喜爱的方式,且也许效果最佳。例如,有些人是直觉反思型的;一些人是自发无目的型的。对所提供的材料,一些人按逻辑的顺序做出反应;一些人通过无序的问题解决效果可能会更好些。一些学生借助"听"的学习效果较好;一些人通过阅读或看胶片效果较好些。一些学生喜欢单独学习;一些学生在小组或群体中效果较好。一些学生喜欢老师提出规则,然后例证;一些学生在老师例证后自己建构规则。

人们偏爱的学习风格至少有四种。[2]

■ 迈尔斯-布里格斯(Myers-Briggs)型指标。依据内向/外向、感觉/知觉、思考/体验、判断/察觉等维度对学习者进行归类。

■ 科尔布(Kolb)学习风格模式。区分为具体的/思考的、抽象的/思考的、具体的/积极的等。

■ 赫尔曼(Hermann)大脑优势衡量标准。基于大脑处理任务的功能区域,按照学习者偏爱的思维模式进行归类。

■ 费尔德-西尔弗曼(Felder-Silverman)学习风格模式。依据感觉/直觉、视觉/言语、归纳/演绎、积极/思考、次序/综合等维度对学习者进行归类。

---

[1] 约翰·奥尼尔:"格式的意义",《教育领导》,1990年第2期,第4~9页。
[2] 理查德·M. 菲尔德:"文体素材",《美国工程教育协会杂志》,1996年第4期,第18~43页。

考虑学习风格问题，无论采用哪一种体系，下述这一点是正确的：教学中，教师允许学生以不同学习方式学习相同的主题，将有助于学生借助不同的学习风格取得彼此之间成绩的平衡。

多重智能

早期关于智能的研究形成了一种范例，将智能的概念限制在智商（IQ）的范畴，即依据一定年龄阶段的口头测验与量化测验分数的比例来表示。这种狭隘的智力观点导致了对人错误的普遍的评估，形成了斯蒂芬·古尔德[1]（Stephen Gould）所谓的"对人错误评估"的遗传限制论。学习者不仅有自己喜爱的学习方式，而且，十五年来的研究已经证明，智能的类型超出以前人们的想象。随着这项研究的进展，智能的类型不断增加。

将有关智能的范例研究转到多重智能上，霍华德·加德纳（Howard Gardner）[2]做了大量的研究工作。把智能的概念限制在一种单一的、可遗传的实体，即所谓的智商得分上，在哈佛大学的一项名为"零号课题"的研究中，加德纳与同事描述了至少九个类型的智能：

1. 言语智能：有效运用口头与书面语言的能力。
2. 数理逻辑智能：有效运用数字的能力。
3. 空间智能：观察并能生动地描述视觉空间的能力。
4. 身体动态智能：使用躯体表达思想与情感的能力。
5. 音乐智能：区别、转换及表达音乐形式的能力。
6. 人际智能：察觉他人情绪、目的与情感的能力。
7. 自我反思智能：基于正确的自知之明行动的能力。
8. 自然主义智能：鉴别自然界与外部事物细微区别的能力。
9. 存在主义智能：通过对人类生活全景式的把握来理解人类。[3]

多重智能的研究意味着最重要的"不是你多聪明，而是你如何聪明"。[4]加德纳博士公开宣称，大多数人都有若干种智能，只不过有些表现突出，而有些表现得不那么明显罢了。但他也断言，所有这些智能在大多数人身上能发展到较高的程度。利用多重智能的概念来加强学生的理解，教师可采用以下三种重要的方式：

- 给每个主题提供多种切入视角。
- 给每个主题提供多种比拟（analogies）。

---

[1] 斯蒂芬·古尔德：《人类的错误判断》（New York: W. W. Norton），1981年版。
[2] 霍华德·加德纳：《多元智能：实践理论》（New York: Basic books），1993年版。
[3] 霍华德·加德纳：《智力框架》（New York: Basic books），1987年版。
[4] 沃尔特·麦克肯兹：《不是你有多聪明，而是你怎么变聪明》。网络资源：http://www.surfaquarium.com/mi.htm，1999。

- 为课程中每个主题的中心或核心观点提供多种描述。[1]

学习风格与多重智能的联系

在把智能与学习风格的研究相联系时,托马斯·阿姆斯特朗(Thomas Armstrong)断言:"学习风格就是智能协调作用的结果"。[2]例如,善于绘画与电脑程序制表的儿童,其空间智能可能发展得很好。

学生有自己喜爱的学习风格,且智能的长处表现各异,这需要不同的教学方法。所有学生都需要不止一种的方法来学习,以发展潜能。教师越是了解学生的学习风格与智能(表现情况),就越能够设计多样的教学方法。如果教师不能改变教学方法以适应学生的多样化需求,就有许多学生被排除在教学过程之外。第二编中的模式提供了这些基本的需要。

大脑与学习

学习者的一些需求是被学习的器官,即人的大脑所预设的。凯恩(Caine)[3]描述了大脑研究的12条原则,即人脑的真实情况,这给教与学提供了启示。从凯恩书中的第七章,我们引用并概括了这些原则,作为关于学习者需求的部分陈述。原则是他们提的,在每条原则后我们做出了评论。

1. 大脑是一台平行的处理器。 大脑总是能立即执行许多任务。如调节身体功能,分配注意力,处理来自不同途径的信息。对教学的启示是,好的教学应能将学生对许多事物的体验,如他们所看到的、听到的等同时联系起来。

2. 学习与整个身心状态有关。 凡影响到学习者身心状态的,如气温的升高,安全与快乐的感觉等,都对学习效果产生影响。对教学的启示是,设计教学时,教师必须考虑到身心舒适的因素。同时把这些因素的影响限制到可控制的程度,并尽可能地采取措施,减少其他因素的影响。

3. 对意义的探求是天生的。 学习必定是个脑活跃的过程,可以称之为"探索意义"。事物的意义是由已有知识与新信息两部分组成的,二者结合建构了学习者新的有意义的理解。对教师的启示是:不是把知识直接传授给学生,而是与学生一起积极合作对意义进行建构。这正如我们每天进行的日常会话。[4]

4. 通过一定的模式建构,意义的探求才可能实现。 当学习者能够理解,或通过一定的模式进行建构,要学习的信息才变得有意义。当学习者找出已有知识与要学习知

---

[1] 霍华德·加德纳:《受过训练的头脑:所有学生都应知道的事》(New York:Simon and Schuster),1999年版。
[2] 托马斯·阿姆斯特朗:《多元智能》(Alexandia, VA:Association for Curriculum Development),1994年版,第13页。
[3] R. N. 凯恩,G·凯恩:《建立连接:教学与人类大脑》(Menlo Park, CA:Addison-Wesley),1994年版,第88~95页。
[4] 戈登·威尔斯:《意义创造者》(Portsmouth, NH:Heineemann Educational Books),1986年版。

识的联系时,或者能把信息纳入到原有知识体系中,信息才有意义。对教学的启示是:师生通过对信息的分类过程,探求其中的联系,从而有助于学生的学习。例如,关于**哺乳动物**这一话题,有效的教学讨论会包括诸如"哺乳动物是什么样子的?"与"有哪些种类的哺乳动物?"等问题。

5. 情绪对模式化建构至关重要。可以这样说,投入产生认知。也就是说,学生关注的事物,他们理解得会很深刻,学习起来也很容易。对教学的启示是:教师在设计教学时,必须考虑到学生的态度与性情。

6. 大脑对局部与整体信息同时加工。左脑思维和右脑思维仅是大脑学习方式的一个比喻。根据这个比喻,左脑以部分的形式理解信息或分解信息,而右脑是整体地理解信息或对信息加工整合。左脑识别歌词,右脑辨别曲调。失去其中一个部分,音乐就不完整了,因为唱歌需要歌词和曲调。幸运的是,人的大脑倾向于同时捕捉部分与整体的信息。对教学的启示是,教师应帮助学习者保持正确的认识,从部分与整体的角度对事物同时把握。

7. 学习包括精力的集中与对外围的理解。大脑加工信息,有外显与内隐两种方式。在此过程中,部分是学习者思考所看到的东西,部分是对看到的东西不做思考。如不是这样,像开车这样的活动就比实际要危险得多。对教学的启示是,对学生直接和间接体验的东西,教师必须同等关注。教室的布置、学习氛围的背景音乐(文字或比喻)会对学习的效果产生积极或消极的影响。

8. 学习总包括有意识和无意识的过程。短语**"骑驴找驴"**反映了民间的智慧,暗示着对信息理解之前,需要一个慢慢领悟的过程。你是否注意到这种现象,当努力去记住某事时可能实际上却记不住,而当放弃努力时却记住了。之所以会有这种情况,是因为我们对大脑功能还不了解。对教学的启示是,既然知识的理解需要一定的时间(据估计,有些学习至少需要三星期),那么设计教学计划时,应留出反思和思考的时间。

9. 我们知道至少有两种类型的记忆:空间记忆系统和机械记忆系统。早餐你吃的是什么?回答这个问题人们通常是不假思索。即使回答"我没吃早饭",不经过学习也能答出来。这就是人的部分空间学习系统。之所以这样说,是因为问题发生在一个三维的空间——每天早餐的地点。

25 的平方根是多少?即使知道平方根的意义,这个问题比上个问题至少多需 1 或 2 秒的时间。此时,答案的信息来自机械记忆系统,即有目的的训练获得的记忆。(对"机械"这个词我们没有任何歧视,只是用来描述记忆与学习的一种类型)人脑有空间学习与机械学习的能力,二者最大的差别是一种学习比另一种需要较多的努力。对教学的启示是,当需要机械学习时,教师应提供充足的训练与应用时间,这样信息才能被学生牢记。

10. 当事实、技能与自然的、空间的记忆密切联系时,我们理解得最透彻,记忆得最牢。加强对空间学习的强调,是提高教育质量的一种重要的方式。想象一下,社会科学着眼于儿童生活的世界——住宅区、后院,流淌在学校操场后面的小河。想象一下,与现存事物有关的所有阅读、写作与讨论都源自学习者对周围世界的观察,那会是什么情形。今天在许多课堂中有这种现象,教师也得出这样的结论,学习者在三维空间体验的事物,在理论上要比机械记忆更容易理解。

11. 学习因挑战而提高,因威胁而受挫。 也许可得出一个微妙的差别,对一个学习者是挑战的,对另一个学习者可能是威胁。区别来自大脑反映的方式,而非实际发生的事情。在威胁面前,大脑做出"反击或逃避"的反应,即对之抵制或从威胁的处境中逃避。尽管挑战总是伴随着失去自尊与成功的风险,在凯恩所谓的"放松的警醒"状态中,学生总能良好地学习与成长。对教学的启示是,面对学习的内容,学生应能察觉没有风险。然而,在学习的早期阶段,出错是很自然的。对于这些错误,学生需要感到一种舒适感。例如学分等级,应该基于学习的最终结果,而非学习过程中的尝试评估。

12. 每个人的大脑都是独特的。 正如罗伯特·弗尔格姆(Robert Fulghum),一位大众欢迎的小品作家,这样写道:"过去 25 年来,大脑研究的惟一最强有力的陈述是:**人们大脑内部的差别,正如人们外在行为的差异。**"〔1〕对教学的启示是,对于学习者的无限可能性,教师应持完全开放的态度,也就是说,对于所教的内容,应预料到学生的理解会有很大的差别。也许我们都应该屏弃这样一种信念,即每个人应有相同的答案,或有一个值得拥有的答案。

特别的需求

每个班级的儿童都有些特别的需求。随着普及教育的到来,以及对最大限度地降低入学条件限制的日益重视,许多有缺陷的儿童步入了普通教育的课堂。一些缺陷通过观察很容易鉴定,而一些却不那么明显。例如,有些有极高天赋的学生,因为他们感到与众不同而被忽视,从而出现了受挫的情形。因此,可以说每个教师都需要特殊教育的技能,以满足标准课程预设的所有儿童的需求。

即使没鉴定孩子有些特殊的需求,但也存在造成同龄儿童发展差异的许多因素。有关儿童生长与发展方面,虽然有许多预设的阶段——身体的、智力的、社会的以及道德的——但一个儿童可能智力高度发展而身体发展很慢,而另一儿童可能有良好发展的社会技能而身体协调发展存在问题。

另外,同龄的男女儿童发展的模式明显存在差异。在六年级中,多数男学生看上去仍像小孩子,而一半的女生像年轻人。女孩通常身高体健,且比男孩更善言辞。教师设计课程目标时,需要意识到儿童互异的许多方面。

---

〔1〕 罗伯特·富尔格姆:《迫在眉睫》(New York:Villard Books),1989 年版,第 42 页。

社会需求

州与联邦机构、地方学校委员会以及个体学校,经常会设置适用所有学科的教育目标,并期望能指导所有老师的教学。这些可称之为教育的宏观目标,曾大致毫无争议地勾勒出学校教育目的的框架,对此大多数人都持赞成的态度。例如,从本教材较早的几个版本中,我们列出了以下七个这样的目标范例:

1. 发展基本学习技能的能力。
2. 学会珍惜自由社会的基本原理。
3. 建构行为的伦理标准。
4. 发展获得较高职业或继续高等教育必需的技能。
5. 尊重个体生命及对良好健康习惯的重视。
6. 懂得珍惜美并学会分享美的某种表现形式。
7. 获得与个体能力相称的进步。

类似这样的目标,尽管曾经看似"普遍的、毫无争议的",却已在许多州引起了争议。如果计算机基础知识已成为一种基本技能,那么在没有计算机的学校上学的孩子怎么办?我们能长期地认可所在的自由社会的基本原则吗?比如,教会与国家分离是其中的一个原则吗?极端反复无常的性教育问题,如何与行为伦理标准、尊重个体生命、重视良好健康习惯相适合,又体现在哪里?把这些目标当作社会的,并以此对孩子进行教育目标分类,渐渐地引起了我们的怀疑。

这种状况给地方学校与个体教师带来了前所未有的难题。州或地方一级的管理有了戏剧性的变化,改变了接受先前管理指导的局面。公立教育服务于意识形态的趋势引起了很大的争议。比如,认为督学没必要设立,选举导致了性教育的削弱。对检查教学成功惟一手段的标准化测试分数的逐渐依赖,在许多情形下使教师认为受到了限制。

当有关教育的社会目标一度使人迷惑时,了解情境所造成的局限性,仔细考虑个体的所有可能性,对每位教师而言是十分重要的。如何更有效地教授学生,学生最适合学哪些内容与概念,教师是在某些特定的限制条件下做出这些决策的,记住这一点是十分重要的。州立法机构、公立教育的督学、父母、学校委员会以及法院,都能够而且已经对学习内容的设置产生了很大的影响。

学科内容

学科内容越来越受到标准化运动的影响。尽管在一些学科领域及一些地方学校,对于学科教学内容教师仍能做出较大的决策,但测试项目与国家、州及地方的标准必须一致;使得教师必须根据考试来教学。

第一章 教学目标描述：学生、社会和学科内容

目前美国学校的标准化运动，其历史起源于 1983 年全国教育改良委员会出版的《国家处于危险之中》。这本简短的书，引起了很大的影响，广大民众与教育界专业人士都为之兴奋不已。原著中有关教育方面的一些句子经常被重复引用，以下述句子的形式提出假定的严厉警告：

> 不断滋长的平庸趋势，威胁着我们国家与民族的未来，社会教育的基础也不断被削弱——事实上，我们正进行着不考虑后果的单边教育解体活动。[1]

为了教育的改良，全国集中发起了针对平庸的运动。一些州与专业教育组织开始着手开发新的内容标准与课程大纲。1989 年、1996 年、1999 年举办了大型的教育峰会，州长、教育家以及企业领导共聚一堂。会议的最大成就是确定了解决具体教育问题的学术标准，这些问题包括学业不理想、师资短缺以及教育体制内各部分的责任等。尽管对《国家处于危险之中》做出的一些反应，体现了较大的保守性而缺乏理性，但对标准的持续关注已经产生了若干良好的效果。下面是一些积极的影响：

- 除爱荷华州外，每个州都为当地教育采用了这些标准。
- 全国多数学校的运作，有着较清楚详尽的使命目标。
- 需要特别关注才能达到特定目标的孩子相对来说更可能获得关注。
- 以前失败的学校，现在提高了对成功的期望值，且获得了成功。
- 通过一种能重复使用的评估体系，纵向收集学生的资料信息，已使州与地方学校的教学得以改善。[2]
- 普通的标准，为每个人理解所教内容与期望的表现提供了一个基础。[3]

我们已进入一个新的千禧年时代，而有关全国学校成就的信息报道却是混杂的。《州教育标准状况》[4] 提供了各州汇报的资料卡片，然而必须用心解读，因为应采用哪种标准以及如何使用，至今没达成共识。州与州之间的比较往往鱼龙混杂。面对着这些结果，不管做出怎样的评价，有一点是无可争议的，即许多人怀着美好的意愿，投入到改善国家教育的努力中，且经常产生了积极的影响。这些积极的影响，汇编成"标准制定工作"，收录在《教育领导》2001 年 9 月的期刊上。鼓励读者查阅该问题的所有内容，也可通过付费的方式从 http://www.ascd.org/infocon/ 的网页上下载每篇文章。监督与课程开发协会的网页提供所有的出版期刊。

---

[1] 国家优质教育委员会：《国家处于危险之中》，华盛顿：政府印刷办公室，1983 年版，第 5 页。
[2] 克里斯·多尔蒂："不仅仅是快照"，《教育周刊》，2001 年第 33 期，第 39、42 页。
[3] 黛安娜·雷维奇：《美国教育的国家标准》(Washington, DC: The Brookings Institution)，1995 年版，第 8～9 页。
[4] 托马斯·B.福德姆基金会：《2000 年之国家标准状况》。网络资源：http://www.edexcellence.net/library/soss2000/2000soss.html。

《中部地区教育学习研究》就"**内容认知**（Content Knowledge）：**12 岁教育标准概要**"[1]已出版了第三辑，这也许是关于标准化运动惟一最好的信息来源。作为不可缺少的信息，其作者约翰·肯德尔（John Kendall）与罗伯特·玛瑟纳（Robert Marzano）查阅了 137 篇文章。这些文章涉及到国家或州的标准以及 14 个地区的规范。他们总结出 250 多个标准和 3 900 多个规范，并按标准的类型、年级水平以及学科领域对之进行建构。建构新的标准或使现行标准合法化，**内容知识**也许是最佳的起点。

第二个不可缺少的参考信息来源是普特纳姆山区中心学校（Putnam Valley Central Schools）[2]的网页。该网页提供了来自国家、州与地方关于教育标准以及课程大纲的信息目录，且不断更新。这个信息资源非常重要，它涵盖了与教育标准改革相关的所有信息。

第三个信息资源包括学科组织提供的全国教育标准文献，对开发标准具有不可估量的作用。许多资料可以通过网络获得。下面提供了文献所在的网址：

■ 全国英语教师委员会与国际阅读协会：**英语语言学科标准**。Urbana, IL：全国英语教师委员会，1996。可从 http://www.ncte.org/standards 网页上订购信息。

■ 全国社会研究委员会：**期望改良：课程标准的社会研究**。全国社会研究委员会，1994。可从 http://www.socialstudies.org/standards/ 网页上订购信息。

■ 全国历史教育委员会：**重振美国学校历史教育：有关州改革的建议**。Westlake, OH：全国历史教育委员会，1996。http://www.history.org/nche/ 网页上有可利用的信息。

■ 全国数学教师委员会：**学校数学教育的原则与标准**。Reston, VA：全国数学教师委员会 2000。http://www.standards.nctm.org/document/prepost/cover.htm 网页上有可利用的信息。

■ 美国科学促进委员会（AAAS）：**所有美国人的科学**。美国科学促进委员会，1999。http://www.project2061.org/tools/sfaaol/sfaatoc.htm 网页上有可利用的信息。（也可参阅美国科学促进委员会的**科学基础知识标准**，网址是 http://www.project2061.org/tools/benchol/bolframe.htm）

■ 全国研究委员会：**全国科学教育标准**。国家学术出版社，1996。可通过 http://www.nap.edu/readingroom/books/nses/html 或 http://www.nap.edu/readingroom/books/nses/html/acrobat.html 网页获得信息。

毋庸惊奇，在国家教育改良委员会对不断滋长的教育平庸趋势的警告 20 周年来临之际，已证明其预示的标准化运动较冷淡，且缺乏革命性。倾向性的观点是：

---

[1] 约翰·肯德尔、罗伯特·马扎诺："教育与学习之大陆中央研究",《内容认知：12 岁教育标准概要》（第 3 版）。网络资源：http://www.mcrel.org/standards-benchmarks。

[2] 普特纳姆山区中心学校：《提高教育标准：K-12 教育标准与课程框架文献的网站列表》。网络资源：http://putnamvalleyschools.org/Standards.html。

"良好的观点与公众强有力的支持并不能保证教育的普遍成功的改善。关键是实施,即将认可的许多目标转化为适应课堂的政策与实践。"[1]一种体制的激进式改革会遇到很多障碍,美国的教育也是如此。从整体上看,尽管我们的国民希望学校能坚持这些标准,但在制定标准的努力中总有麻烦的问题出现:标准由谁来制定?在标准面前是否一视同仁,而不考虑学生文化与语言上的背景差异?是否应严格实施标准,或对那些有不同的人生目标以及学习天赋的学生来说,学校应提供可供选择的教育途径?这些问题不容易解决,但通过质询,至少教育家又面临着其职业中新的问题与挑战。

练习 1-1

在下面的目标陈述中,如主要涉及学生,用 L 标注;涉及社会需求,用 SO 标注;涉及学科内容,用 SU 标注。

1. 学生会实践合理的个人健康习惯。
2. 学生能辨认重要的美国作家。
3. 学生能掌握终生学习的技能。
4. 学生会实践良好公民的原则。
5. 学生能鉴赏美并能参加审美活动。
6. 学生能获得听、写以及计算机基础知识的基本技能。
7. 学生能增强诚实和自我价值感。
8. 学生会尊重他人的权利。

练习 1-1 参考答案

一些目标陈述中看上去不止一个关注点。例如,听、写以及计算机基础知识的基本技能方面,对于个体与社会目标来说肯定是同等的重要。然而,1、3、5、7 的目标陈述看上去主要是针对学生;4、8 的目标陈述主要是社会目标;2、6 的目标陈述较多关注学科内容。

活动 1-1

设置学生目标时,出现不现实的情况或反映无法检测的价值,这种情况是可能的。为避免这些情况,需要考虑到以下几点:(1)学生现在和将来生存的社会;(2)待教学科理论(构思)和实际的框架;(3)对所教学生的强烈期望。

■ 如果你从事的是中学教育,对准备教的学科或正在教的学科加以描述。试

---

[1] 马修·甘德尔、詹尼弗·维奈克:"标准:今天与明天",《教育先锋》,2001 年第 1 期,第 9 页。

着说出这些描述,以便对社会、学科内容以及学习者需求的互动关系做出满意的解释。

■ 如果你从事的是初级教育,对所教学科的一门加以关注。对确信这门学科值得了解的原因加以解释。对学生而言有用吗?它又是怎样使学生生活得更美好、更具创造性以及提高学生未来的竞争力的?所有的学生都能从中受益吗?

■ 如果你即将走上教师的岗位,考虑最感兴趣的是学生的年龄与能力。当这些学生成年时,你认为世界会是什么景象?对将来而言教学的内容是重要还是过时呢?

阐明基本原理

在活动1-1中,被要求考虑你准备去教的教学的基础原因,能帮助你明确陈述你要教的任何课程或学科。在设置特定的目标与特定的教学内容之后,这样的基本理由的说明,可称之为基本原理。用基本原理详述教学目标,是澄清教学目标的一种方法。目标、目的、学科内容的选择,通常需要3~5段来陈述理由。理论基础涵盖着目标,并在学科或课程的叙述中加以改进(参照图1-1)。

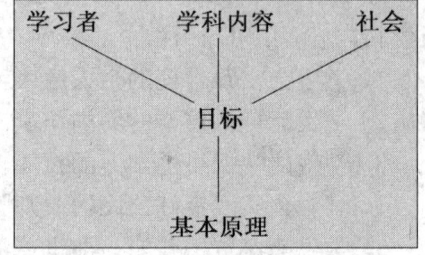

图1-1 基本原理资源

课程基本原理范例

下面名为"观察世界的窗口"的范例,是一位老师为六年级的科学课撰写的,课程的基本原理适当。

这学年科学课的重点将关注外面的精彩世界。从教室往外看,会发现田野、小溪以及一小排树。周日的田野调查课重点是对生态系统的研究。

六年级的学生刚接触抽象的事物。像相互依赖、社区等之类的概念,只有通过对所在情境的实际体验和观察,他们才能很好地理解。这项学习允许学生花费大量的时间在野外四处走动,从事对青少年发展非常重要的活动。

整个课程中,重点在资料的收集与分析上。对进行的实验与观察,每位儿童都保存记录。当上语言艺术课时,学生就会依据观察记录来写自己的体验。

在教学中,其他学科的老师也起到一定的作用。美术老师已打算用若干课时教学生自然观察素描技法。这样在学生的记录中,就有一部分是美术作品。这项学习也包括数学中的图表制作。社会研究老师已同意充分利用学生的这一经历,就环境对各个历史阶段的影响加以讨论。

理解我们生活着的世界,对我们的生存至关重要。对我们影响最大的就是外面的世界。帮助学生用好奇心、热情、关注的目光去观察世界,将是这门课程的主要目标。

这项基本原理体现出对学习者的身体、社会、认知的需求的意识。同时它也表明在此跨学科的学习研究会出现在课程中。这里解释了学习这个材料的重要性,描述了一些基本的概念与技能。当教师选择教学方法并设计本单元的教学计划时,此项原则可以作为一个理论指导。

当七年级学生在城市环境下进行社会研究时,也可设计一个类似的教学计划。对于市区内的学校,我们来考虑"观察世界的窗口"这一单元的教学。

本学年学生将依据生活的城市来进行社会研究。每个城市都存在着学生能感受到的有关人、事物的丰富的故事。带着相机,在徒步的过程中学生拍下所看到的人物及地点,这将为学生课堂的读写练习提供丰富的材料。

例如,学校附近有个以一位著名的内战将领命名的大众公园,这将为学生的历史研究提供许多机会。城市里有许多以地方与国家的杰出人物命名的建筑与公园,而这些人物在我们的研究中占着重要的地位。与在城市里居住好多年的家庭成员面谈,会为历史传记的学习——历史课教学中的一部分——提供基础。对那些没有家庭成员在城市里长期居住的学生,教师要安排他们与长期居住的居民面谈。在研究中,去探求种族的差异,鼓励学生去探索这些家庭是怎样到美国的。在这一经历中,作为其中的一部分,也要强调研究与汇报的技巧与方法。

通过对校外世界的关注,可以强化这一意识:历史是真实存在的,它会影响到我们每一个人,而非纯粹书本上的知识。城市中的年轻人经常听到的是身边的问题,而不是构成生活世界的丰富的人文和历史遗产。

建构恰当的令人信服的基本原理并非易事。下面选自三个基本原理的样本,中间存在着一些潜在的问题。阅读时,考虑其所反映的作者对学习者、学科、社会持有的价值理念,教学中作者会有哪些问题?每一份材料中都有一些积极的方面,但应能找出存在的问题。

市区九年级公共英语课的基本原理

我打算把自己对莎士比亚的喜爱迁移到学生身上。诗人仍具有非凡的意义,当这些年轻人阅读有关哈姆雷特不朽的语句并对麦克白的邪恶行为感到震惊时,他们感到仿佛与过去的人产生了对话。一些人认为,对年轻人而言,阅读莎士比亚的书籍太难,要求太高。但我能让学生克制自己的不情愿,说服他们去阅读这些意义非凡的故事,欣赏引人入胜的人物角色,投入到伊丽莎白时代的语言风格与时代背景中去。对于今天那些知识溃乏的年轻人来说,还有什么其他更好的方法来提高他们文学的素养与阅读能力吗?

在第一个范例中,教师对学科的热情,尤其对莎士比亚,是不言而喻的,而这种热情也体现到了学生身上。问题是,九年级的学生,能否像多年研究文学的专业人士那样,很快地会对哈姆雷特与麦克白产生思想上的共鸣?初学者需要慢慢地引导以达到较好的教学目的,这一点往往会被遗忘。开始就对学生要求太高,会使学生产生一种厌恶感。这种厌恶感一旦形成就无法改变。如果较多考虑到对学科或特定部分的喜爱,而忽视了学习者的实际情况,也许教师是自寻烦恼。介绍莎士比亚也许可采用这样一种方法,通过**西部故事**中相似的角色,以及同时代的美国城市中帮派暴力事件的新闻做比较,来介绍如**罗密欧与朱丽叶**之类的剧本;或从有趣的幻想着手来介绍**仲夏夜之梦**。这两个剧本较适合年轻人,但教学时仍需谨慎,需考虑到莎士比亚的剧本语言与现代的不一致问题。

农场社区五年级数学科目的基本原理

本学年数学教学目的集中在对数学原理及概念的理解上。数学是理解宇宙的关键。通过学习,学生将能欣赏数学王国的微妙与新奇。孩子们一旦掌握了这些原理,就能用之解决生活世界所遇到的问题。因为目前太空探索是有趣的话题,从中可碰到许多问题。只要学生能专心和不懈努力,就会习得数学,并热爱数学。

在第二个范例中,教师认为:五年级的学生对太空计划极其感兴趣,生活的质量取决于对此项目的理解。也许农场社区的学生会对身边的问题较感兴趣,而非太空探险。成年人感兴趣的事物,对孩子来说不一定那么有趣。另外,在需要数学原理实际应用的社区来说,只是针对理解数学原理的教学方法显然是不适合的。

大学科学课的基本原理

本课程将从进化论和上帝创世说两种理论角度,重点涉及到地球上生命延续的合理表述。如仅是接受进化论而排斥另一种适宜的理论,那将是令人震惊的反学术行为。

如果是在支持这种信仰的私立宗教学校,或在公立学校内,在此问题上社区的目标与教师的观点一致时,这种方法是安全的。然而,在许多情况下,有关圣经的报告讲座只是文学课或宗教研究的范畴。

活动 1-2

仔细思考想教或正在教授的课程,撰写一份包含教学目标的理论基础。弄清楚你对班级学生所持有的信念,本学科对学生生活的重要性,学科内容的重点和中心以及学生最需要的技能。不是试图描述教学技巧与教学单元,而是去界定本课程的全面目标。当完成时,与班级或同事共同研究。分析内容,看你的目标与学生的需要、社会的期望以及学科的要求是否一致。

使基本原理与学习环境相适应

下面的描述涵盖了种种学习的环境。阅读时,对描述的每一种情形加以分析,并考虑到学生的特殊需要——学术的、职业的和个人的。同时也要考虑学校坐落的社区,以及社区内的社会力量对教育的影响程度。考虑所教学科内容的特殊性如何变化以适应每一种情形的各种需求,并加以评估。

1. 汉考克是一所市内中学(6~8年级)。它位于一个曾经富裕的社区,学校是用高大厚实的灰色石头建成的,周围环绕着维多利亚式的破旧的房子。约半数的学生住在公立住房计划区,用校车接过来;其他许多学生是从美裔意大利人社区步行到校。这栋建筑曾经是一所高级中学,拥有巨大的礼堂和体育馆,但为了保暖已被关闭。学校里蓄意破坏财物的问题非常严重。教师流动性非常大,但也有一些敬业的教师在此已工作了好多年。学校里存在吸毒问题,年轻人经常打架。不过,学生家长对学校的工作与对孩子的教育还是十分支持的。

2. 贝勒是新汉姆普弗尔的一个小农场区。大多数家庭已经是几代人在新英格兰居住。村里没有电影院和购物中心,普通商店和当地的湖泊是年轻人经常聚集的场所。为了娱乐,十几岁的年轻人经常驱车去30英里外的大城市。

该区有一所小的学院,许多社区成员送孩子去当地的学校。除此之外,市镇的经济来源于当地的木材公司、农场以及若干小型企业。白色的教学楼过于拥挤,建筑新教学楼的几个契约均未能履行。尽管村里的风景十分优美,但大多数年轻人仍选择离开;因为社区就业的机会是有限的。一般而言,学院教授的子女能上大学,而其他的学生大多去工厂做工。

3. 沃尔德兹联合学校位于偏远沙漠的印第安人保留地。学校教师的工资水平远远低于全国的平均数目。96%的学生能享用免费的早餐和中餐,这也意味着他们家庭的收入在贫困线之下。事实上,沃尔德兹有60%的成年男性公民失业,那些有工作的需乘车往返65英里,且工资相对较低。酗酒是社会的大问题。大多数家庭都能用上电和自来水,但很少有家用卫生设施。与一般人口的平均寿命相比,保留地人约低30%。

英语是孩子和父母的第一语言,而大多数祖父辈的人仅能讲当地语言。很少有上过大学的孩子,仅有 2/3 的孩子高中毕业。能够八年级毕业,已是一件了不起的事了。

在这种背景下,学校的教学目的是值得争议的。为孩子们离开保留地并在主流(白人)文化中有立足之地做准备,无异于文化的灭绝行为。然而,对大多数人来说,呆在保留地是个没有出路的选择,因为那儿几乎没有向上流动的可能。

4. 杰弗森校区是个位于大城市附近的富裕的郊区。中等家庭的收入较高,但在过去的 10 年中,许多非英语国家的儿童进入该校区。学校部门对联邦法律的理解是,尽可能快地将孩子纳入到普通教育的计划体系中。一些家长认为应该保留他们的文化遗产,而其他家长则认为,应尽快地使孩子融入到主流文化中去。

活动 1-3

现在,设想你处在上述每一种教育的环境中。有一点需牢记的是:对每个学区来说,任何州教育部门的宏观目标很容易相同;但从每个学区、教学楼、教室层面来看,具体的教学目标又是相异的。

根据上述每个学区的情况,选择两个学区,撰写学科目标或主要的教学领域陈述。记住:目标是哲学信仰与价值观的概述,也反映出所教学生、所在社区以及学科内容应用的需求。依据每个学区的环境和学生的特殊需求,考虑是否需要对自身的价值标准进行一次测试。最后,查看为活动 1-2 设计的基本原理。假如是这些学区中的一位老师,你会做出一些改变或调整吗?

总结

确立教学目标时,教师应该考虑:(1) 学习者的需求;(2) 学生现在以及他们成人时所生活的社区的特点与需求;(3) 所教学科的需求。借助基本原理陈述教学目标,有助于教师澄清这一过程,并关注课程的基本成分。测试应该持续且不断变化,因为社区、学习者以及学科内容在持续地改变,教师的需求和旨趣也是如此。

网络资源

1. http://www.surfaquarium.com/im.htm

通过该网站可连接到国家教育委员会对霍华德·加德纳(Howard Gardner)的采访资料,包括随时可用的多功能智能清单、加德纳智能鉴定标准,以及很多有用的链接,它们提供了与九类智能有关的观点。

2. http://www.multi-intell.com

对多重智能可从以下四方面的问题进行研究:什么是多重智能?在实践中体现在哪里?哪些资源可以利用?存在什么样的训练机会?当要去了解有关多重智能的

信息而不知怎样查询时,该网站提供了一个窗口。

3. http://www.newhorizons.org/bibmishelf.html

该网站提供了有关多重智能最新的创造性研究资料,即哈佛大学教育学院的零号计划。除了提供许多有用的链接之外,该网站还列出了关于多重智能的很多参考文献。

4. http://www.cainelearning.com/

在这个网站你将会发现对大脑学习原则的详细解释,这些解释来自提出根据大脑运作方式进行教学这一观点的人。

5. http://www.kovalik.com

引用该网站首页的话:"苏姗与同事们的使命是参与创建一个学习型团体,该团体借用目前所知的学习的生态规律、有效的教学策略以及有意义的课程建构等理论,致力于培养有责任的热心的公民。"访问这个网站,可以找到在教学中如何实施有关大脑运作方式的观点。

6. http://www.funderstanding.com/about_learning.cfm

(该网站)界定和讨论了人们学习方式的 12 种理论,并以简明而易理解的语言阐释了每一理论在教学过程中的体现。

7. http://www.ncate.org/resources/factsheettq.htm

如果你想知道师资培训是否对学生的学习成就产生影响,可在国家教师资格鉴定委员会找到答案。

8. http://www.ets.org/research/pic/teamat.pdf

阅读这篇报道(需要 Adobe Acrobat):《教学的意义:从对课堂的讨论回到教师素质的讨论》,霍华德·温格林斯基(Howard Wenglinsky),教育测试辅导,2000。

几年前，我们对阿巴拉奇的一个三年级的教室进行了访问。在拥挤的教室里有33个孩子，许多孩子食不果腹衣不遮体。教室的取暖条件极差，物资严重缺乏。精心设计的教学目标图表，打印在昂贵的发光纸上，几乎覆盖了一面墙。每一个能够设想到的技能（看上去的确如此）都被分成极小的部分。教学目标图表是由当地学区授权张贴的。当问及图表的用处时，教师面带疲倦，微笑着说："至少增加了墙的色彩。"

教育目标看上去与课堂的实际情况几乎极少或者说没有任何联系，这使许多教师非常失望。但他们却不得不花费宝贵的时间，按指定的模式机械地设计这种与实际教学很少有联系的教学目标。尽管这是无意义的陋习，但目标的制定能使人振奋并给以职业经验的回报。

第二章 界定教育与教学的目标

界定目标

在目标设计过程中，理论基础目标的陈述是十分关键的。但对于特定的课程或作为评估的基础来说，它作为组织者又过于笼统。过程的下一步就是对可检测的预期学习目标进行陈述。

学习目标可根据实际情况从不同的层次来撰写。课程的目标比学习单元的目标更具一般性，而单元学习的目标比课堂完成的阶段性目标更具一般性（见图2-1）。但不管一般性的层次如何，目标提供了框架，引导随后的特定的教学决策。

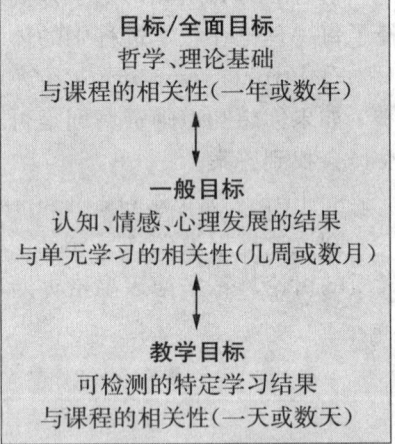

图2-1 目标层次

目标的界定与撰写方法很多。在我们看来，**学习目标是对可检测的预期教学效果的陈述**。下面是一些学习目标的范例。

作为教学的效果，学生将能达到以下要求：

■ 运用标准背离原则解决词汇问题。

- 对比并比较法国和美国革命的原因。
- 辨别元音发音。
- 运用设计原理建筑鸟巢。
- 欣赏马克·吐温(Mark Twain)作品中的幽默。

仔细观察下述例句中的动词,注意这些目标是教学的预期效果,而非只是陈述行为。这些动词描述了教学后学生的行为、感觉和思考的能力。而且,这些能力是可以用某种方式检测的。

下面陈述的**不是**学习的目标,你明白其原因吗?

1. 学生徒步去动物园。
2. 学生能阅读小说《双城记》。
3. 学生能记日记。
4. 学生能利用学习中心。

这些是学生参与的**活动**,而非学生学习结果的**描述**。在第一个例句中,"学生徒步去动物园",除清点人数看谁预期到达,谁落在后面外,没有其他可行的评估方式。这种行为的学习目标可表述如下:

徒步去公园的目的,学生将达到以下要求:
- 说出四种哺乳动物的名称,比较其生活环境。
- 合作收集数据。

教师不应把目标陈述得过于详细以致忽略了学生。更多的时候,重要课程的教学是不期而遇的。我们回想到这样一个故事,一位老师陪伴学生徒步穿越动物园,当学生出神地盯着长颈鹿像塔一样的脖子发呆时,碰巧听到教师对学生说:"孩子们,记住到这里的目的是观察脚。"这与送孩子们去动物园参观,却仅让他们了解饮料摊的位置,是同样可笑的。

陈述学习目标,能使教师和学生关注学习过程中重要的方面。此外,它也有助于教师明确鉴定教学的类型,以实现目标,评估教学的成就。

练习 2-1

在下面的练习中,用 A 标注活动,用 O 标注目标。

1. 学生能清楚地书写字母表中的字母。
2. 学生能组装小型的发动机,并使用它操作简单的机器。
3. 学生能观看幻灯片。
4. 学生能说出第一次世界大战的三个原因。
5. 学生能阅读《哈克贝里·芬历险记》。
6. 学生能描述《哈克贝里·芬历险记》中哈克的性格。

7. 学生能做练习册中的习题。
8. 学生能参加排球赛,像运动期刊录像带显示的那样,展现热情和自信。
9. 学生能仰泳至少2分钟。

练习2-1参考答案

练习3、5和7是活动,其他是学习目标。在第3题中,我们假定观看幻灯片是达到某种结果的手段,而非结果本身。在第5题中,阅读《哈克贝里·芬历险记》可以是目标,但更是与人物和情节等其他学习有关的必要活动。第7题,做练习册中的练习可以是巩固学习效果的活动,但这不是学习的最后目标。

草拟目标

撰写目标没有什么神奇的公式。然而,一旦教学目标清晰,就有可能选择有效的策略,以完成期望的教学效果。此外,清晰的目标也能简化评估的过程。

每一层次的计划过程都应该撰写目标。学科层面的目标比单元目标较笼统些,单元目标对于课堂目标来说也是如此。学科目标对随后每一层面的决策具有指导意义。

依据经验和实践所得的方法,撰写一个好的目标,学生应能对学习的材料进行加工,即以某种方式联系其他事物。在知识联系的过程中,学生的行为超越了单纯的记忆。目标能让学生学会修正和控制自己的观点。

活动2-1

思考下列目标,讨论每一个目标可能产生的不同课堂活动。

1. 学生能够背诵沃兹沃思(Wordsworth)的诗篇。

   或

   学生能够通过音乐和舞蹈来解释自选的诗篇。

2. 学生能够标注花朵的不同部分。

   或

   学生能够分析不同的环境因素对生长在实验室中的植物的影响。

3. 学生能够识别演讲的组成部分。

   或

   学生能够通过分组编辑自己的作品,就最终的草稿进行成就鉴定,以有效提高自我表达的能力。

目标类型

在设计的过程中,应撰写三种类型的学习目标:(1)认知,(2)情感,(3)动作技能。认知目标描述了学生将要获得的知识,情感目标描述了期望学生发展的态度、情感和性情,动作技能目标涉及到学习者要掌握的操纵和运作的技能。

每一种教学的设计都需要包括认知和情感方面的目标,动作技能目标则在与身体技能有关的课中,如管弦乐、手工艺、书法、计算机或键盘输入以及体育等,占着重要的位置。然而,作为进行其他行为的基本技能,动作技能不能被忽视。例如,对于实验室设备或数学课中的圆规和量角器的使用,手法的灵巧非常重要。

认知目标

认知目标与学习者对信息的处理加工有关,它阐述了教学后学生习得的学习能力。这些教学的效果,不单体现在学生对事实的记忆上,而且体现在复杂的评估过程中。

45年前,以芝加哥大学本杰明·S.布卢姆为首的大学考试委员会把与知识获得有关的认知行为汇编成一个分类体系。[1]这个分类体系刊登在1956版的《教育目标分类》中。而在2001年洛林·W.安德森和戴维·克拉斯沃尔的修订本中,[2]则认为这种分类不是教育目标的陈述,而是一种与认知分类有关的学习目标体系。

较高的思维技能

在认知领域中,并非所有的教学目标都定位于分类的底层,意识到这一点是很重要的。记忆与理解、理解与思考之间存在着有趣的关系。一般而言,深入理解的知识学生记得最牢,而思考时学生理解得最透彻。(在第十五章的"记忆模式"中,尤其在记忆模式的基础这一部分中,我们将详细阐述记忆与理解的关系)较高思维技能必然在教学目标中被充分利用。表2-1展示了在认知分类体系领域中的动词样本范例。

表2-1 认知领域的动词范例

记忆	即认可、回忆、重复、列表
理解	即说明、例证、分类、比较、概括、匹配、推断、解释、对照、阐明
应用	即执行、贯彻、使用、解决、实施、提取
分析	即区分、组织、归因、描述、调查、辨别、区别、集中、选择、检验
评价	即检查、存取、批评、判断、评价、探测、监控、防护
创造	即形成、计划、创作、阐明、设计、构造

---

[1] 本杰明·S.布卢姆:《教育目标分类学:教育目标分类》手册I:《认知领域》(New York:David McKey),1956年版。
[2] 洛林·W.安德森、戴维·克拉斯沃尔:《学习与评价分类学:布卢姆教育目标分类学》(修订本)(New York:Longman),2001年版。

为了能高水平地加工处理信息，教师应教授学生思维的方式，而非仅是思维的内容。教学过程中最重要的不是信息的传授，尽管这种现象目前比较普遍。第二编给出的模式描述了大量有助于课堂思维的教学方法。

四种知识类型

认知目标详述了教学后学生获得的知识。安德森和克拉斯沃尔鉴定了四种知识类型：事实知识、概念知识、程序知识和元认知。[1]

事实知识包括与特定事实和原理术语有关的细节和组成部分。吉尔伯特·赖尔(Gilbert Ryle)将之定义为"知道是什么"。[2] 事实知识可以是实情的表述，如"哥伦布1492年远航"和"水是由两个氢分子和一个氧分子构成的"。

概念知识需要对内容有较深入的理解以及将零碎的事实信息加工成一个连续整体的能力。这个过程包括形成分类、验证理论和建构模式。

赖尔将程序性知识定义为"知道为何"，这是对知识的推理过程。每门学科的学习都包含一种思维方式，因此就有数理的、科学的、历史的、艺术的等思维方式。事实上，每门学科的学习，从自动机械到微积分，在某些方面都有这门学科所特有的思维特征。

结合不同的学科来思考"draw"这个动词，可以有多种解释：得出结论，被文学作品吸引，画圆，绘画玫瑰，抽取液体，比赛以平局结束，起草建议，诱使发言或拉窗帘，等等。在每个例子中，其意思取决于行为发生的情境。同样，每门学科限定了本学科特有的思维过程。

元认知指的是学生通过自己的反思获得的知识。包括自我调整及了解怎样对学习的方向和程序进行反思，以求更有效地学习。这种知识超越了认知的层面，要求具有调节、控制和监控认知过程的能力。

在教室里，当教学正在进行时，突然一个16岁的学生"哇"地惊叫了一声。原来她将文艺复兴与哥伦布远航联系了起来，这也使她的理解超越了那个历史时代。尽管她知道哥伦布曾航行到美洲大陆，但从未与这一地理大发现的参考框架（时代背景）联系起来。把单一的、孤立的信息放在有意义的语境中，使她兴奋不已。如果这位学生能不断地建立类似的联系，对事物概念化前就仔细审视，那她就掌握了元认知学习的艺术。

练习2-2

下述的动词经常被用来描述课堂中的认知学习。结合表2-1的分类以及括号里

---

[1] 安德森、克拉斯沃尔，第27～29页。
[2] 吉尔伯特·赖尔：《大脑概念》(New York：Barnes and Nobel)，1949年版，第25～61页。

的词语,仔细思考这些单词,并为每个动词写一个目标。

design(创造)　　formulate(创造)　　solve(应用)　　match(理解)

draw(应用)　　　list(记忆)　　　　verify(分析)　　defend(评估)

练习2-2　参考答案

- 学生能**设计**电路(创造)。
- 学生能应用平方根**解决**问题(应用)。
- 学生能**画**圆(应用)。
- 学生能**证实**数据(评估)。
- 学生将能够**阐明**一种假设(建立)。
- 学生能够**匹配**词汇与语义(领悟)。
- 学生能**举例**(或**列出**)代词(记忆)。
- 学生能为伦理立场做**辩护**(评价)。

根据解释,这些词可以被归纳为不止一个种类。设计可以是许多程序的一个创造性的过程,在此过程中设计者开发了一个独特的程序,或者仅是先前介绍过的材料的应用。优秀艺术家的绘画当然是一种创造,而画出给定两点之间的线段只是知识技能的应用而已。(如上所述,学科的语境决定了思维过程的水准)重复所教的内容并在提供选项的情况下进行选择可能是领悟(或理解),而在需要价值标准判断的情境下做出的选择,则称为评估。

认知行为的分类设置,取决于教师对教学效果的预设。是期望学生基于原有经验对新情境进行解释,还是要求学生重复教师的解释?第一种情况下的学习属于评估的层面,而第二种情况则属于理解的层面。

撰写目标时,避免使用像**习得**或**了解**等较模糊的词语来描述即将发生的认知学习,准确的描述会提高教学的效果。《课程设计目标》一书的作者艾弗·戴维斯(Ivor Davies),就强调了撰写目标时行为动词选用的重要性,重点是学生**做事**的能力。"这就是为什么不用如'理解'而用像'识别'等词的原因。"[1]

练习2-3

在下述的例句中,使用什么动词更能说明预期的教学效果?假设这些是特定课程的认知目标。

1. 学生能**知道**美国内战的原因。
2. 学生将**学习**《独立宣言》。

---

[1] 艾弗·戴维斯:《课程设计目标》(England:McGraw-Hill,U.K.),1976年版,第125~126页。

3. 学生能**解决**词汇问题。

练习 2-3 参考答案

1. 也许**知道**可能是描述认知行为最常用的动词。知道超越了认知领域的所有层面，因此，包含此类动词的目标能以许多不同的方式来书写。例如：
   - "学生能列出美国内战的原因"，目标定位在记忆层面。
   - "学生能依照内战原因的重要性程度进行评价"，这一目标又定位在评估层面。

2. 动词**学习**并非指认知行为。学习有许多形式，通常指列提纲、记笔记、记忆、多渠道收集信息等学生努力自主学习的活动。学习《独立宣言》可能是其中任何一种形式，且每种形式可能包含认知行为的不同层面。例如：
   - "学生能陈述《独立宣言》中的重大问题，并描述它们同导致独立战争重大事件的关系。"这种目标定位于认知行为的两个相关的层面：记忆和分析。

3. 每位老师都希望学生能**解决**词汇问题，目标的错误与陈述的笼统性有关。如上所说，目标应适合课程与单元的教学，而非特定的课程教学。从认知行为的应用层面来说，**解决**是个合适的动词；但**解决词汇问题**涵盖了较多的具体目标。例如：
   - "学生能解决包括旅行的时间、距离和速度的词汇问题"，就详细规定了学生要解决的问题的种类。
   - "学生在回答包含银行利率和分期付款的问题时能详细阐述词汇问题"，目标定位在创造的层面。

情感目标

1956年，本杰明·布卢姆（Benjamin Bloom）所在的委员会提出了认知目标分类，随后克拉斯沃尔、布卢姆与马希亚（Masia）提出了情感目标分类。[1] 情感目标涉及到教学后学生所形成的情感与态度（参照表2-2）。克拉斯沃尔把这些目标归类为一个整体性的五个部分，从愿意接受到对提供的信仰或价值观念的内化。教师认为情感目标很难去衡量，因此在目标栏中经常被省略。然而，许多教学对信仰、态度和价值观念具有针对性，描述这些目标具有相当重要的意义。

---

[1] D. R. 克拉斯沃尔、B. S. 布卢姆、B. B. 马希亚：《教育目标分类学：教育目标分类》手册Ⅱ：《情感领域》（New York：David McKey），1964年版。

表2-2 情感领域的动词范例

接受	掌握	听讲	碰到	知道	
响应	反应	回复	回答	遵从	
评价	接受	拒绝	尊重	看做	希望
组织	比较	排序	优先		
特性化	内化	个体化	阐释		

情感目标与认知目标并非完全可分的：学生常会思考自己的态度和情感，在思考中会形成一定的态度和情感。因为教师希望学生关注所教学科，并在学习的过程中不断成长，因此应该撰写体现态度和情感的目标。如果一门学科值得去学，那它应对学习者的生活产生某种影响，且是以非智力的方式去**影响**学生。应使学生多一些理解、多一些关心、多一些忍让、多一些实在、更善于交际等。正如我们的一位教师朋友所说："如果在教学中，其方式是向学生展示所学知识与他们生活之间的联系，将来我们或许会问自己和学生，是否他们的学习不断地使他们不仅更睿智而且更完善。"[1]除非不断地努力描述教学产生的情感方面的学习效果，否则就有可能忽视或不关心学习中这一重要的方面。

练习2-4

参考表2-2，考虑下列动词适合哪个类别。然后，用每个动词撰写一个目标，并准备在与同事或同学的讨论中阐释自己的理由。

to appreciate（鉴赏）　　　to advocate（提倡）　　　to participate（参加）
to prefer（较喜欢）　　　to attend（参与）

练习2-4 参考答案

■ *To appreciate*（鉴赏）——评价。通过本学期的食物日记记录，学生能知道良好营养习惯的重要性。

■ *To advocate*（提倡）——特性化。通过参与净化水资源的活动，学生能够提倡保护自然资源。

■ *To participate*（参与）——响应。通过定期观察收集的数据，学生能参与到课堂讨论。

■ *To prefer*（较喜欢）——组织。通过自愿地对图书馆书籍的纵览，学生能较喜

---

[1] 引自夏洛特敦市拉丁圣·安妮学校的丹尼·勃奈特教师所述。

欢阅读课上推荐的书目，而非漫无目的的选择。

- *To attend*（参与）——接受。通过对作业的完成，学生能专心于自己的学业。

动作技能目标

对动作技能目标来说，学习取决于身体技能的掌握。学会握铅笔、弹钢琴、掷球以及操作机械，所有这些至少部分地依赖于操纵和运用动作技能。然而，这一领域还没有像认知和情感领域那样受到关注并得到相应的发展。表2-3描述了动作技能领域的一个可行的分类。

表2-3　动作技能领域的动词范例

准备	愿意	就绪	注意
观察	参加	产生兴趣	
感知	体验	感受	能够
回答	实践（或练习）	模仿	复制
改编	掌握	发展	改变

动作技能目标常被认为是由体育教师或年轻教师负责的。就不同年龄层次的学生来说，学习中的困难与不能有效运用身体某个部分的能力有关。书写有困难的人也许很难完成写作测试，表达有问题的人课堂上很少主动发言。

练习2-5

参照表2-3对下列的短语进行分类。

买水　　　　　　发音清晰
触摸打字　　　　表达欲望
按要求定位手指　从加点线处剪切
纠正姿势　　　　参加实践
抄写数字

练习2-5参考答案

买水——准备　　　　触摸打字——改编　　　定位手指——响应
纠正姿势——改编　　抄写数字——响应　　　发音清晰——改编
表达欲望——感知　　从加点处剪切——响应　参加实践——观察

注意，认知、情感和动作技能这三类目标具有一定的内部相关性。一个人不知道规则（认知），没有运动的欲望（情感）是无法打篮球的。分类的主要作用在于：当设置学生所学的教学内容时，确保多样化的学习和一定范围的效果。

活动 2-2

现在，为第一编的课程理论基础撰写 10 个目标。记住，这些目标是希望学生在学期末获得较大的学习成果。目标应确保使用图表中的动词，体现认知、情感和动作技能的方面。然后一定要与同事或班级一起核查，以确保目标清楚地陈述了预期的教学效果。

确定评估策略

对任何目标来说，一个重要的检测是询问"目标中是否含有评估学生习得的合理方法"。要做到这一点，就是把评估方法写入目标。例如：

- 学生能够运用区分的原则来解决词汇问题，**通过解决五个词汇问题中的三个证明其能力**。
- 学生能够分析内战的原因，**通过在模拟的行为中对问题的解决来证明**。
- 对于给定的一系列音阶，学生能够在钢琴上以 **100%的准确性**进行练习。

并非所有的评估都需要或必须以书面的形式进行，口头提问、教师会见、学生的期刊和日志以及对活动和计划的参与，都是可供选择的评估方法。作为学习、评估以及学校结构中心的董事和主任，格兰特·威金斯(Grant Wiggins)这样写道："只有在特定或多样化的情境中能够明智地、流畅地、灵活地、恰当地运用知识，才能说我们已经理解了它。"[1]

威金斯描述了旨在检测中学普通自然课程的两种类型的测试。第一种测试要求学生在 90 分钟内正确解答多项选择的测试题目；第二种，称之为斯拉杰(Sludge)，需要两周的时间，要求学生对提供的未知液体与像淤泥似的固体混合物进行分析。"这是项结构有误和真实性同样精彩的任务，"威金斯写道，"尽管对于课程的方法、标准学生已非常清楚，但问题的解决没有恰当的惯例、程序或秘诀。这样测试就真实地模仿了实际领域中的化学分析。"[2]虽然第一个测试可能表示的是肤浅的内容，但第二个却再现了科学知识的实际应用。

另一种重要的思考，正如琼·巴伦(Joan Baron)所讨论的，在评估中运用"多角度的远程的监控法"。[3]这能使教师对班级整体进行评估。通过这种方法，教师能确定班级的动态，评估学生之间的互动程度以及学生兴奋和热情的情况。

---

〔1〕格兰特·威金斯："评价：真实性、内容和有效性"，《菲·德尔塔·凯攀》，1993 年第 75 卷，第 200 页。
〔2〕同上，第 205 页。
〔3〕琼·巴伦："评价课堂上的思考技能"，《教授思考技能理论与实践》(New York：W. H. Freeman)，1957 年版，第 226～227 页。

对于远程监控,教师能够确定每位学生的行为程度。例如在分组活动中,尽管看上去全班学生都热情洋溢地参与,但近处观察,也许一些学生没有参与或用不恰当的方式进行思考。"尽管有效的教学具有繁忙、兴奋、表现良好以及积极回答等可取的特征,却不能保证有效的思考一定发生。"[1]

认知、情感、动作技能这三个领域的目标,需要不同的评估过程。下面将讨论每个领域的评估策略。

认知目标评估

有一点需时刻记住,即评估程序必须符合学习目标。例如,如果目标是要求学生能运用毕达哥拉斯定理(Pythagorean theorem)解决实际问题,那么仅测试 $A^2 + B^2 = C^2$ 这个公式的记忆是不恰当的。此目标的评估,应是要求学生运用这个定理去解决新的问题,如在给定足球场地长、宽的情况下计算出其对角线的长度。

如果教学目标是要求学生比较美国内战与独立战争的原因,仅让学生列出内战的原因是不足以检查教学目标的。评估的问题需要检查学生对冲突原因的理解,而非仅是事件相关的事实。必须调整目标或标准以使彼此紧密相符。

书面测试仅是评估认知学习的众多可行方法中的一个。要求学生运用所学的知识制定计划、讨论与模仿情境,同样是有效的方法。许多写作不好的学生,却能非常有效地口头表达个人的思想观点。录音机和录像机是有用的教学工具,可以用来记录教学前后学生对学科的理解。

情感目标评估

设计教学时,情感目标经常被忽视。正如上面所述,大概是教师认为这些目标很难测量。测量态度、情感和信仰确实不易,但并非不可能。情感目标与其他种类的目标测量有很大的区别,因为当不强求或避免公开时,它们是非常有效的。

如果教师想真正测量学生对学科的热情度,应设计一个评估体系,允许学生匿名地表达个人的观点与想法;或教师在学生不知晓的情况下做系统的观察。年幼的孩子表达自我观点比较坦率;但当个体年龄大一些时,在表达对特定情形的真实观点和信仰时就比较谨慎了。因此,教师应不强迫学生做出反应,这也许是最佳的评估方法。

单元学习前后的匿名问卷,可作为教师评估单元教学的一部分。自由阅读时间,学生的图书借阅目录或行为表现记录,都可用来测量学生阅读的兴趣。如果教师的目标是改善学生的社会互动能力,在学生认为没被注视的情况下监控他们在操场上的表现,应是评估的适宜方法。录下一段学生的课堂讨论,看学生的互动能力是否有提高,

---

[1] 巴伦,第227页。

也是非常有效的。

如果说学生对于课堂经历和所学课程予以关注并积极体验非常重要,那么,评估他们的态度和情感就十分必要。我们曾经进行了七年级的诗歌、语言、艺术的单元教学,本单元的教学目标之一是:学生学会欣赏阅读诗歌,并自主选择阅读。单元教学前后设置的测试是检测学生对诗歌热情度的反映。单元教学后,首先检测了学生在认知目标方面的成就,大多数学生表现良好。然而,在对诗歌的态度方面,学生的喜欢程度较教学前有所下降。

这个结果出乎意料,使人震惊,但却为诗歌单元的设计和教学带来了显著的变化。鉴于学生对诗歌的情感态度和知识方面的理解注定是同等的重要,导致他们产生厌恶心理的教学是无法接受的。

动作技能目标评估

撰写动作技能目标需非常详尽。动作技能必须分成若干可测量的部分,同时必须陈述行为可接受的程度。例如:

- 学生能以 80%的准确性,从 3 英尺外将球投掷到直径为 1 英尺的圆区域内。
- 就纸上给定的两点中间,学生能用直尺和铅笔,以 100%的准确性画一条直线。
- 听写一段文章,学生打字录入的准确性能达到 60%。

评估动作技能目标时,需要仔细记录每位学生的进步。动作技能目标能被分成一个连续整体的若干步骤,从最简单的渐进到最复杂的。通常是不可能径直跨越到一个较高的步骤,因为每一个较高步骤都要依赖于前一步骤的完成。

在许多情况下,学习者可在教师的定期监控下,在技能图表上记录自己的进步。同组的所有学生取得同等水平的技能发展,这种情况很少见。因此就有必要对学生进行预测,确定每一种技能的熟练程度再加以发展。进步单和技能图表对学生学习任何类型的技能都是有用的。例如,在技能图表上也可记录阅读能力和数学技能的发展情况。

相对而言,撰写有关学生的学习内容以及他们对学习经历反映的目标较简单,但确保达到预期的学习结果却难得多了。另外,定期进行重新测试,以保证学生习得知识,并纳入到基础知识结构中,这一点也是非常重要的。

练习 2-6

为下述每个目标描述一个评估方法。(可为其中不超过两个的目标选用书面测试评估方法)

1. 学生在写作中能够运用三种基本的原则来展开段落:主题句、细节论证以及得出结论。

2. 学生能欣赏印象派的艺术。

3. 学生能改善个体的能力,以30%的准确性投掷垒球。

4. 学生能比较文学上的现实主义和自然主义。

5. 学生能在地球仪上找到七大洲。

6. 学生能辨认主要的颜色。

7. 学生能进行数据归类。

8. 学生能使用计算机上网查找图书资料。

9. 学生能用草体书写他们的名字。

10. 学生能运用解决问题的有效技巧来解决争端。

练习 2-6 参考答案

1. 通过写作样本定期评估。就某特定学科让学生每月写5分钟,并保存在他们自己的文件夹中。这些写作文件夹记录了学生的进步。

2. 匿名问卷是评估的一种方法,也可邀请一个指导顾问或老师到班级来,就学生对学科的真实感受与学生一起讨论。

3. 录像记录学生的成就极为有用。如果此过程代价太大,也可在学科的学习过程中定期记录学生的进步情况,并绘制成技能进步图表。

4. 可有效使用书面测试。另一种技巧是让学生进行角色扮演,分别使用现实主义与自然主义的方式展示学生对人物角色的反映。

5. 阅读期间让每位学生到讲台前指出七大洲的位置。这应在单元教学结束几周后进行,以确保知识信息的长期保持。

6和7. 供每个学生参加并完成分配任务的学习中心,其作用很大。可设计这样的学习中心,对不同的学生分配以不同难度层次的任务。

8. 要求学生运用计算机作为图书馆资料搜索的工具——无论在图书馆内或一个远程的地方——这项技能都是十分必要的。

9. 对于跟踪学生的进步情况来说,定期的写作样本是十分有效的。

10. 对学生操场表现的观察、班级讨论的音频或视频录像带、角色扮演以及模拟行为,这都可用来评估这个目标。

总结

学习目标描述了教学预期产生的效果。在建构认知、情感和动作技能目标时,教师应确定教学计划涵盖的内容。只有清晰地界定目标,教师才能选择适宜的教学方法。当目标建构后教师才能撰写评估程序(或步骤),以使教师鉴定是否完成了这些目标。评估目标应能有效检验预期的教学结果。如评估计划不包括创造性和多样化,那么它们在教学计划中也无法体现。

评估应是个连续的过程，应允许教师做出改进以获得教学的成功。评估的反馈信息应允许教师重教、补充、修正、个性化，并从根本上控制课堂教学。所有评估的关键特征是有效性：评估的工具应能准确描述预期的学习效果。

网络资源

1. http://ericae.net/

从这儿可以查找到有关评估的最新信息。该网站很受欢迎，每天有超过 10 000 的人登陆。通过此网站可连接到评估文库的书籍、杂志的全文版本，网页上提供免费的在线杂志——《评价、研究与评估的实践》，里面的文章对教师来说非常有趣。"教育新闻"栏目每日更新，提供全国范围的重要杂志、报纸有关教育的最新报道。

2. http://plaza.v-wave.com/kegj/mar.html

本网站的专论名为"情感领域教学设计目录"，提供情感领域教学设计的简单的系统模式。除了讨论不同的组成部分和提供一些范例外，专论还提供了情感领域的目录清单，用于指导设计过程。

3. http://www.uwsp.edu/education/lwilson/lessons/intro.htm

这个网站广泛搜集了以不同教学模式为框架的教学计划范例，包括涵盖认知、情感和动作技能目标的教学计划。

4. http://www.eperc.mcw.edu/educate/flash/edmates/222.htm

这里简单概述了教育目标的种类，可作为本部分范例的补充。

5. http://www.ce3000.com/AuthorsHelper.asp

目标必须清楚、简洁，且可检测。"作者指导"简单描绘了教师或教育者如何建构目标，以符合这些标准。

6. http://www.ulm.edu/~rakes///555/objectives/ and Designing Effective Instruction http://reach.ucf.edu/~eme6613/class/powerpoint/isd5-v3.ppt

这两个 ppt 幻灯片网址提供了有关建构教学目标的方式与原因的话题。第一个网址应作为网页打开，而第二个可以 ppt 格式直接下载到硬盘里。

7. http://www.oucom.ohiou.edu/fd/writingobjectives.pdf

这里又介绍了教学目标——是 PDF 格式的，读起来非常容易。

8. http://www.scs.unr.edu/~dpg/develop.html

这个网站对撰写教学目标起到了基本的个别辅导作用。网站还提供了几个有用的相关网页链接。

9. http://www.okstate.edu/ag/agedcm4h/academic/aged6220/6220class/6220class/objective.htm

这个网站提供了简明的以目标为主的评估。

10. http://www.askeric.org/Virtual/Lessons/Interdisciplinary/INT0132.html

在这个网站，你会发现有关营养方面的一个有趣的课程计划，此计划参考了埃里克·卡尔(Eric Carle)的儿童图画书《饥饿的毛毛虫》。网站也提供了用来指导故事阅读的一系列目标。

第三章
组织内容：课程、单元以及教学设计

对于听课的人来说，琼斯小姐的课总是那么的有意思。学生上课总有各种各样有趣的课堂作业，他们看上去是那么的快乐。这样就能够推断出琼斯小姐是一个成功的老师吗？有这个可能，但这些课堂作业也有可能只是一些令人愉快但实质上互相没有多大联系的小插曲而已。在课堂上有一点是非常重要的，比如说星期二所授的知识是否同星期一所教过的课程有关联，或者是否同星期三或下个星期，甚至是下个月将要教的东西有联系呢？教师对于将知识传授给学生的方式，以及各课之间的联系是不是很清楚？

如果教师对如何将授课内容呈现给学生缺乏一个详细又周密的计划的话，那么听课的学生就如同是在做缺了几块拼板的拼图游戏。尽管这拼图的过程充满了乐趣，但当所有的拼板拼完以后，根本就无法说出所拼的是何物。

在美国的学校里，学科领域的研究经常是被划分为相关的一系列的科目，然后再分为单元以及课程。好的教学设计取决于教师将所教科目以及各单元甚至每堂课的内容编排、组织得系统且有趣的能力。应确定该科目中一些主要的概念，并应根据其重要性一一呈现。显然，如何设计一个单元，组织一堂课或者准备一个讲座，都是需要一套行之有效的程序的。

在一个组织精妙的教案里，学习者能体会出计划背后的顺序，各个部分是怎样同整体相适合的，以及能理解各个部分之间是如何联系的。只有当教师认为授课内容组织得非常精心，以及能够解释为什么材料的呈现必须以这么一种独特的顺序进行的时候，学生才有可能对他们所学的东西有一个全面的了解。

通常，教学材料的组织是由教科书以及该科目的教学大纲所决定的。尽管教科书和大纲都是组织教学内容的重要工具，但是教师还是要考虑各方面的因素，比如学习者的因素、社会的因素还有学科内容（在第一章已经讨论过了）。对教师来说每一节课都是一个挑战：如何最好地组织教学内容以适合课堂与学生个体的需要。

内容分析

我们可以将课堂中所处理的大多数信息分为三个类别：事实、概念和总结。这几个主要的类别我们将在第五章和第六章里做详细的讨论，这里只做一些简短的介绍。

事实

教育信息处理模式专家保罗·D. 埃杰恩（Paul D. Eggen）和同事把**事实**定义为内容的种类，"它们是以独一无二的形式出现的，这些事实发生在过去或至今还存在着，它们没有可预见的价值，而且只能通过观察才能获得"。[1] 事实的累积或许是通过对事件的直接观察，比如说实验室里的实验；或者通过对一些可靠的信息资源的搜索，比如说字典或是百科全书。

概念

概念是对范畴的命名，这些范畴是对事实信息归类的结果。为理解外部世界各种各样的事物刺激，不同年龄段的学习者需要建构概念，并对之命名。如果把外部世界的所有事物看做是分开的互不相关的实体，可以设想，这就超出了认知的范围。为建构概念，学习者需关注事物的相似性，忽略其差异，并对类似的对象进行归类。火炉旁熟睡的小猫与丛林里的老虎，二者有很大的差别。但关注其相似性，忽略其差异，我们就建构了**猫科**的概念。

总结

联系两个或者更多的概念陈述称之为总结。与事实不同，总结能够包含一个以上的要素，而且具有预见性。

看一看下面的事实：

> 在麦金太尔（McIntyre）小姐所带的四年级的班级里面，今天 15 个学生中有 10 个学生带了花生酱三明治来作为午餐，昨天带花生酱三明治的有 9 个学生，而前天有 11 个学生。

这些事实性的陈述是建立在观察的基础之上的。这些表述没有告诉我们学生是否把这些三明治吃了，也没有告诉我们是谁做的三明治，只是简单地陈述出所观察到

---

[1] 保罗·D. 埃杰恩、唐纳德·P. 考卡克、罗伯特·哈德斯：《给教师的策略》（Englewood Cliffs, NJ: Prentice Hall），1979 年版，第 36～37 页。

的事实。

　　麦金太尔小姐的班级里的大部分学生较喜欢把花生酱三明治作为午餐。这种总结是建立在通过观察所得出的数据以及我们对一些概念比如花生酱和三明治的理解的基础上的。从我们的观察中可以推断出学生喜欢吃花生酱三明治，我们也能够预见明天大部分学生还会带花生酱三明治。

　　所有这些陈述没有一个必然是正确的。学生也可能不喜欢吃花生酱三明治，事实上他们也许只是没有选择。这个星期也许当地的市场在出售花生酱，也许下周主要就是奶酪了。从我们观察的某段时期里带三明治到校的这个事实，我们就得出一个能进行推论和预见的概括。只有通过额外的观察所得出的信息资料，才能证明总结的正确性。

　　因为教学内容的大部分是由事实、概念和总结所组成的，所以老师在设计教案的过程中必须选择一个三者的最佳组合。哪些事实最重要，哪些事实最准确、最有相关性？学生熟悉哪些概念以及在学生解读课文之前哪些概念需要解释？学生是如何通过概括总结来进行推断的？他们是如何来检验数据的可靠性的？教师在选择和组织教学内容时必须考虑这些问题。

组织内容

　　对于课堂内容的组织和陈述来说，一个良好的体系是以戴维·奥苏贝尔（David Ausubel）[1]的理论为基础的。作为认知心理学的创始人，戴维·奥苏贝尔得到了所有教育者的认同和敬仰。奥苏贝尔法根基于学习心理学的以下原则：（1）学习者已有的知识对新内容的学习是一个比较重要的影响因素；（2）任何概念都可在不同水平的归纳上加以解释。概念的归纳程度越高或者越普通，越容易理解；归纳程度越低或单一的概念越难以理解。

原则一

　　新知识的学习是建立在已有知识基础上的。儿童是通过观察周围运动着的世界来建构运动这一概念的。他或她刚开始是以一种非常笨拙的方式费力地移动，直到掌握爬行的技术。在此基础上开始学走路，尽管在这段时间里爬还是容易些。从走路到跑步、跳跃、跳舞、芭蕾，他们发展一个人无限的技能。注意，相对于前一阶段来说，每一个阶段的运动都是一个进步。

　　概念也是这样发展的。首先，在孩子头脑中出现的是一张张面孔。逐渐地，他或她就能区分出母亲的面孔，然后发展到以为所有的男人都是父亲这个阶段，等等。熟

---

[1] 戴维·奥苏贝尔：《有意义的言辞学习心理学》(New York: Grune and Stratton)，1963年版。

悉儿童的人都知道几乎儿童所有的学习都是从最简单的概念开始逐渐发展的,然后变得越来越具体。学生理解一些比较复杂的数学难题,是在形成把部分合并成整体这个概念多年之前就开始了。研究政府的管理形式可以追溯到学生最初的有关人际关系中平等和公平的概念。将事物进行归类式的排列(种、属、科、目、纲、门、界),至少间接地是在孩子形成最初的概念后开始的,这正如依据相似性对事物进行归类。

原则二

　　任何阶段的学习与理解都建立在先前的、较一般水平基础上的。每一个可以想象的概念都包含着其他比较复杂的概念,同时也包含在更概括的概念之中。想象一下这样的一个类比:孩子们经常玩一组相互嵌套的盒子,每个盒子都能嵌入一个较大的盒子之中。这一组盒子就像是一串相互包含的概念。每个范畴较广的概念都有着与其他相关概念类似的结构,尽管包含的程度不一。所以如果理解了概念背后的结构框架,他或她就有可能理解其他任何的概念。这儿就涉及到原则二的应用:对最容易的概念的学习,总是在对一般性的概念的理解基础上继续的。在决定教学内容时,先要找个能够包容你所教概念的"盒子",然后自问一下学习者是否已经理解了作为基础的最普通的概念。

单元设计

　　课程和课本经常被分割成一些易操作的组成部分,教学时间为几周。这些被分割的部分称为学习单元。单元内容总是以一个范畴较广的概念以及一串相关的概念为中心。比如,在地理教学中某一个单元也许名为"种子和植物"或者"生态系统";在美国历史教学中一个单元名为"殖民主义时代:从普利茅斯动乱到大革命";以及英国文学中的一个单元,名为"短篇小说"或者"反映非裔美国人经历的小说与诗歌"。单元教学给课程的设计以及跨学科的计划提供了一个框架结构。一组单元教学有助于界定学科的学习。

　　单元设计中有三个重要的组成部分。**范围**就是指课文内容的广度和深度,**中心(或重点)**就是指内容的着重点,**顺序**即是文章内容编排时的次序。

范围

　　教学时每位教师都会遇到这么一种沮丧的现象:教学时间少,而需教授的内容多。教师总是希望能够尽量多地教授内容,却往往不能教得很好,这种危险的现象总是存在。因为在一门课程既定的时间框架里,是不可能涵盖所有能想象到的与这个课程相关的内容的,所以教学时必须选择出该课程内容真正的深度和广度。

　　做这样的选择要考虑到两点:(1)从整体课程的角度去考虑所教的事实、概念、总结的相对重要性；（2）从社会的需要以及学习者的年龄、兴趣和能力方面去考虑所教课文内容的相对重要性。对于既定的内容，人们总是想教授相对重要的内容，而不是那些次要的东西。同样地，人们总会选择一些最适合学习者的，与他们先前的知识、能力和需要相关的内容。

总之，学习者记住更多的是所理解的东西而不是简单记忆的东西。让学生去理解主要意思和概念，比让他们去记忆所有与该课题有关的事实要重要得多。

教师们事先要知道这样一个教训：试图教授一切东西，也许学生什么东西都学不好。如果每一样都教得很好的话，那几乎不可能使学习者学到他们可能学到的一切。新教师总是认为，他们必须在每堂课中灌输尽可能多的内容。这样的教学方法忽略了学生通过操练新的技能和以各种方式呈现教学材料来学习的途径。教学内容远远超出学生的学习能力，教师同时也失去了通过各种有意义的方法让学生学好课程的机会。

重点

在计划过程中，要使重点突出，一个良好的方法是拟定该课程的单元题目。围绕某个特定的主题或观点拟定题目，组织单元教学，能增加学习者的兴趣，帮助他们理解学习的目的。例如，在第一章里描述的那位六年级的自然科学老师，以"观察世界的窗口"给她的理论命名；接下来她列出了在这个课程中所要涉及到的重要概念：社区、地形、资源、栖息地、环境、动植物、侵蚀、水资源、气候和生态系统。每一个概念都可能形成该课程内一个单元学习的基础或重要部分。老师决定将环境作为该单元的基础。下一步就是将这个单元中的各个部分组成框架结构，该框架结构包括了普遍的和详细的内容。这样关于环境的单元学习就呈现出以下的形式。

组织内容：环境是由许多相互关联相互平衡的生态系统组成的。

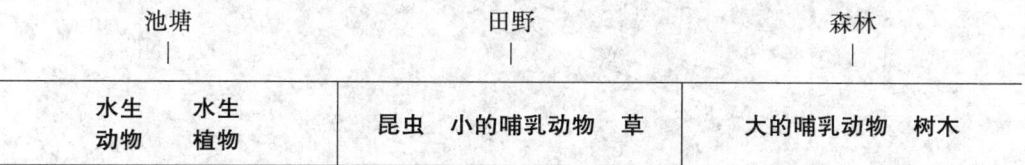

建构这样的一个图表，有助于老师明确本单元的教学重点。本单元的重点就是池塘、田野和森林。此外，研究池塘单元的重点就是水生的动植物；田野单元的重点就是昆虫、小的哺乳动物和草；而森林单元的重点则是树木和大的哺乳动物。

在单元结构中，主要概念的组织形式多种多样。但在任何的时候，如果让学习者去了解单元各个部分的相互关系以及学习内容的重点所在，概念的组织就显得非常重要了。对学习者来说，每个单元的计划图表可能是一个出色的组织者。单元教学前，把这样的图表张贴在黑板上（或绘制类似的图表板），能让教师和学生借助本单元基础上的概念学习和实施的活动来检测进度的情况。确定单元的中心意思,可直接建构该单元的目标。

关于这一单元的森林部分,目标如下:
- 学生能识别生活在森林里的三种大型哺乳动物,列出他们各自的特性。
- 学生能比较森林动物和田野动物的栖息地。
- 学生能分析环境的变化对森林动物生活习惯的影响,评估三种不同的自然保护计划的效能。
- 学生能关注杀虫剂的有限使用。

每一门科目中都有许多有趣的学习内容。然而,在单一的课程或单元中要涵盖所有的东西,这是不可能的。正如图3-1所示,对教师来说,一个有用的策略就是首先浏览所教领域的内容,考虑所有可能的材料。然后根据这个浏览,教师将各种一连串的材料汇总,然后确立学习的重点。确立重点后,教师就能够选择相关的内容,确立学习的目标,这样也就完成了教学设计的过程。如果没有一个重点,那选择材料时就会很随意且不连贯。

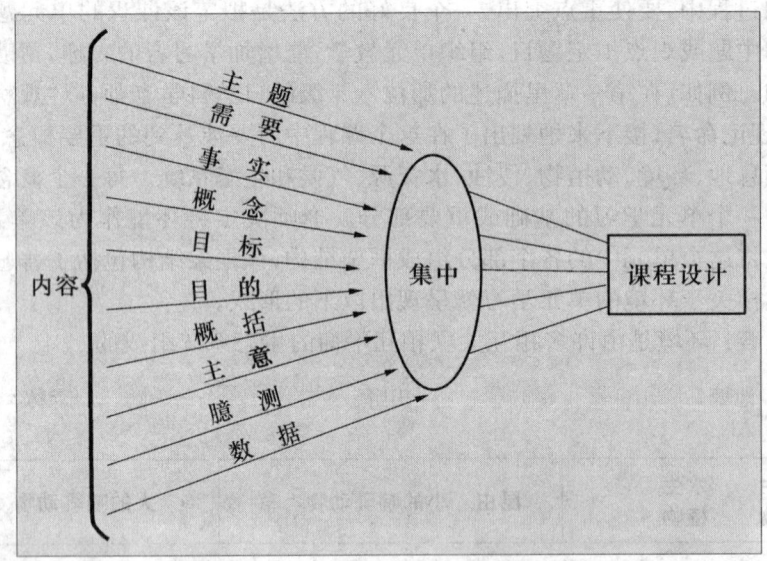

图3-1 在设计过程中运用集中

顺序

第三点要注意的就是关于科目的顺序问题。科目可按照年代顺序或者主题进行排列。按照年代安排历史事件,逻辑性非常明显,但是历史事件也可按照主题排列,比如按照国内动荡、战争或者移民来组织科目。这种比较能够丰富学生所掌握的内容。

基本技能,比如阅读或算术的基本原则,通常要求按从较简单到较复杂的顺序。但即使在数学和阅读中,有时按照兴趣和种类来排列也是适合的。比如,关于百分比的这个单元,在该单元里研究篮球队赢球的百分比,这可在篮球赛季中进行;关于消费者开支的单元教学,也许可安排在十二月的假期这个季节。

新的学习应以原有知识为基础。即使已经这样做了,还是有必要提供二者之间的联系,以帮助学习者认识到新旧知识是怎样连贯的。总之,在要学习的部分和已经习得的内容之间,应有逻辑的顺序以及明显的联系。

练习 3-1

- 根据单元的题目,描述下列课程中的范围、重点、顺序。
    1. 高中自然学科:地球
       结构和历史
       大气和气候
       大洲和海洋
    2. 基础的社会研究
       我们的住宅区
       我们的城市
       我们的州
       我们的国家
    3. 中级英语
       短篇小说
       诗歌
       小说
       戏剧
    4. 消费数学
       市场数学
       家庭数学
       工厂数学

    用不同的组织方式给这些课程再建构一组单元题目。

练习 3-1 参考答案

高中自然学科的重点就是地球科学,范围包括地球、大气、海洋和大洲,其顺序是先概括地描述地球状况,再较具体地描述空气、气候、海洋和大洲。

另一种较普遍的方法如下所述：

地球和太阳系

海洋和陆地的生物

人类居住的大洲

单元设计的第一步就是决定本课程的单元教学数目。仔细检查课程的内容，以决定教学内容的数量、内容的安排顺序以及教学的重点。在这个过程中，需要对教学的目的和目标进行回顾与修改。也许时间有限，不可能包括所有的目标；也可能国家和当地政府要求的内容同理论基础不符合。无论如何，可以根据先前的决定迂回地做出决策。

活动 3-1

给你所教的或者将要教的课程内容绘表，给主要单元命名并且写出单元目标，在单元教学或与同事交流之前，看是否已经考虑过设计中的范围、重点和顺序。准备解释你的组织方式，挑选出一个可供选择的方式。

建构课堂计划

课堂计划是单元设计的组成部分。正如某门课分成若干单元那样，单元可分成若干课堂教学。课堂教学可以是历经几天的课时教学，也可以在一天完成。在决定需要多少课时来完成单元目标的时候，很有必要重新思考和修改单元目标，因为这些目标有可能太大或者太狭隘。设计过程总是迂回曲折的，因为以前的决定可能随着教学的进度而做出修改。每个课堂教学应该是单元计划中的逻辑组成部分。绘制出要学习的主要概念图表，制定课程计划就更简单了。

下面是建构有效课堂教学的四条指导标准：

1. 将概念和内容限制在课堂教学的范畴，允许学生有时间来复习、练习，并对所学的东西加以反馈。

2. 确保新的内容联系到学生已有的知识，让学生清楚这些联系。

3. 经常检查以确保学生习得预期的知识、态度和技能。如果没达到预期的学习效果或学生看上去没有投入学习，就应该随时准备改变教学计划或者重新教授。

4. 决不要认为学生学习的失败是必然的、不可避免的。

演绎与归纳的教学组织

在演绎式的教学模式中，课堂教学通常是以结论、规则或概念定义的介绍开始的。在提供结论、概念或规则的同时，应提供给学生具体的范例。在从普遍到具体的过程中，应鼓励学生在范例的基础上得出推论和做出预测。

在归纳式的课程设计中，首先呈现给学生具体的数据和事实，通过调查和推理的过程，学生形成结论、规则或概念定义。第二编介绍的模式大多数是归纳式的，因为归纳更有利于激发学生的思考。演绎式的模型，尤其是讲座，在传递信息时也是非常有效的，然使用时需要谨慎，并且尽量少用。

先行组织者

奥苏贝尔提出了"先行组织者"这个术语，用来描述"接受新材料的稳定中心"。[1]先行组织者是在课堂教学前呈现的，通常是一个总的概述或类推，有助于学习者将学习的材料置于一定的背景中。关于组织文本，奥苏贝尔这样写道：

> 首先他们预先提供了概念的框架；然后，在个体学习者接触新概念之前，以较详细的形式列出了两部分概念之间所有主要的相似和差异，为他们提供了一个归纳性的综述；最后，他们为学习者创造了一个预先的模式，以使他们认识到相似和不同，并避免过分详细地解释，鼓励学生主动地发现区别。[2]

在某个最早的关于先行组织者的实验中，奥苏贝尔在介绍有关贝西默（Bessemer）炼钢技术之前，先向学习者介绍了合金的话题。在对合金这个概念有了总体的认识之后，学生对更具体的概念——钢的生产，能形成清楚的认识，因为对合金的认识为有关钢铁的新的、详细的信息提供了认识背景。

组织概念可以通过教师在陈述中表达，也可以通过体验，比如看原料或阅读。依据教学的设计以及组织文本的类型，它的陈述可以是几分钟，也可以是大量时间。先行组织者可以是解释性的，也可以是比较性的。

解释性组织者

和课堂教学中陈述的概念相比较，解释性组织者以概括性较高的层次为起点。比如，合金，比起钢的概念较笼统，这样就为较详细具体的认识提供了学习的背景。

在关于美国革命战争这一课堂教学中，**独立**这个概念可以作为其解释性组织者；**营养**则是关于基本食物类别的解释性组织者；**标点符号**是关于逗号这一课堂教学的解释性组织者。下述是一个解释性组织者的范例，在开始昆虫这一课堂教学时教师可以借用：

---

[1] 戴维·奥苏贝尔："在学习与记忆有意义的言语材料中先行组织者的作用"，《教育心理学杂志》，1960 年第 51 卷，第 267~272 页。

[2] 奥苏贝尔：《有意义的言辞学习心理学》，第 90 页。

在开始学习昆虫的知识之前,我们都应该知道昆虫和人类都属于较大的科,记住这一点是很重要的。蜜蜂、熊、鱼以及人类都是动物王国的一部分。让我们来思考作为动物意义层面的人类所分享的一切事物,然后再详细地讨论导致昆虫互异特性的因素。

从较笼统的层面讨论,动物——都需要氧气,繁殖它们的同类,吸收水分,摄取食物等等,使学习进入到特定种类的动物、昆虫的阶段。这样,学习的重点就特别关注昆虫怎样实施所有动物共有的功能。

比较性组织者

比较性组织者将新的学习同以前学过的东西联系起来,或者通过类推和比较学生熟悉的经历联系起来。比如,关于工业革命的课堂教学,可从讨论**革命**这一词开始。

对于**革命**这个词,可以认作是彻底的圆形旋转,就像车轮的旋转或地球绕着太阳旋转一样。使用这个词的另一种情况就是描述政府的彻底改变和颠覆,且常以武力的方式,比如美国的革命战争。

一谈到工业革命,我们总是说事物原有状态的彻底改变。然而,这种改变不是由于战争的原因,而是科技和机器应用的结果。

在这个例子中,对于**革命**这个词,教师把要介绍的新的意思同学生熟悉的意思相比较。这样,学生就建构了一个新的学习的框架或背景。

先行组织者通常被认为是演绎式课堂计划的一部分,为学习的进行提供了一个平台。然而,在归纳式的课堂计划中,先行组织者也具有同等的效力。例如,在关于昆虫课堂教学的先行组织者之后,教师可给学生提供一系列的范例,要求学生从中观察相似和不同之处,并得出结论。

像目标的陈述那样,先行组织者有助于学生更清楚地理解课堂教学的目的,其目的是使学生参与到教学的过程中。学生越是了解以后的教学步骤,效果就越好。

练习3-2

在下列范例中,指出哪个是解释性的组织者,哪个是比较性的组织者?每个组织者的主题是什么?比较的观点是什么?

1. 对我们来说,不跟着音乐的节奏来跳舞是比较困难的。音乐决定了我们移动的速度以及舞蹈的类型。音乐的节奏让我们想象跳舞。在诗里,字词的运用也是有韵律的。这种韵律决定了诗的速度以及我们对诗的感觉。

2. 想象在很久以前,有一个牧羊人照看着一群羊,他很担心羊会丢失。但是又有很多羊,怎样才能保证不丢呢？他想到了一个方法。如果每天放牧时,收集许多的小树枝,并把树枝捆成一捆那会怎样呢？每根小树枝代表一只羊,这样在晚上,就可以检查羊群与树枝的数目是否相符。他的方法非常有效,惟一的不足就是小树枝太多,非常重。他想了又想,然后自言自语道：

> 如果我将这一大捆分成小捆,如手指一样每小捆包含五根小树枝,代表羊的数量。然后我带着一根大树枝,在上面刻下小捆的数量记痕。如果还有羊不被包含在小捆中,我将按照剩下的羊数再制作一小捆。现在我就不需要带着这么多的小树枝了,我只要带一根大的上面有刻痕的棍子,以及表示剩下羊数量的小捆就可以了。

在很长一段时间里人们一直在努力设计记数的方法。如今,对于集以及它们如何帮助记载东西的数量,我们将会了解很多。

练习3-2 参考答案

第一个例子是比较性组织者,用音乐的节奏同诗歌的节奏做比较；第二个例子是解释性的组织者,从一般意义上的记数方法到引入集的概念。

活动3-2

从下列话题中,挑选出三个并撰写出组织者。让同事或学生来确定是解释性的组织者还是比较性的组织者。

盖茨堡宣言
CPR 管理
乘法表
代词
篮球盘球
公制

课堂教学目标

课堂教学不是单元教学计划的组成部分,这看上去似乎没有逻辑性。课堂教学的组成部分互相关联,课程与单元的设计也是一个有机组成部分,每堂课应该是整体的一部分。

课堂教学的目标应该同单元以及课程的目标一致。随着教学设计的进程,学生应该能够察觉课堂教学的目标。每节课的目标都决定着教学的策略。为了选择一个合适的教学方案,教师必须首先明确每堂课的目标。

思考美国内战的单元目标:**学生能分析导致内战的重要事件。**本单元的课堂教学的目标也许如下所述:

- 学生能描述"地下铁路"的活动情况。
- 学生能分析轧棉机的改进对南方经济的影响。

从以下的图表中,我们可以看出"地下铁路"这一课的目标涉及到奴隶制社会道德这一较大的问题,这也是本单元——内战的起因——要学习的问题之一。轧棉机的发明是一个因素,它导致对棉花的需求,反过来,又增加了对奴隶的需求。

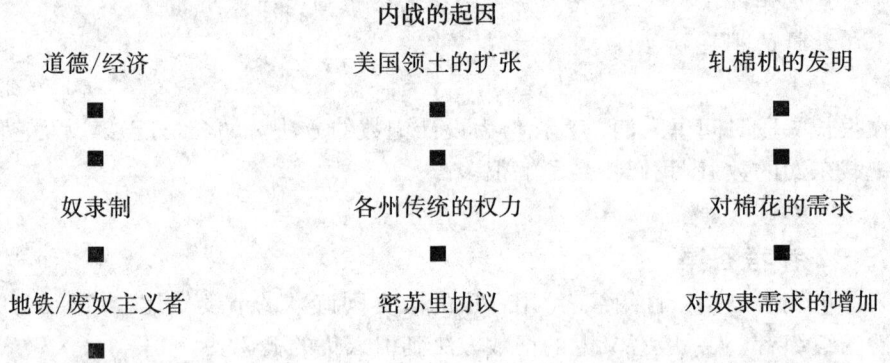

绘制单元概括性的、具体程度不一的主要观点图表,并与其他类别的信息相联系,有助于教师组织材料,决定内容涵盖的范畴。另外,这样的图表也可作为单元或课程的先行组织者呈现给学生。

活动3-3

写出所计划的课程中某个单元的课堂目标。鉴别其是否完成了本学科的目标,也许你会发现无论是单元目标还是课堂目标都需要不断地修正才会适合。

课堂计划大纲范例

下面的例子说明了一种类型的课堂计划大纲:

1. 单元标题;
2. 教学日期;
3. 每课的题目;

4. 课堂目标；
5. 先行组织者；
6. 相关的书、辅助读物以及论证材料；
7. 教学设计（这一步骤包括第二编中计划含有的教学模式以及课堂教学中涉及到的例子和图表）；
8. 课堂讨论的问题；
9. 指导下的独立的练习；
10. 反馈和评价策略。

此时，应该能够完成课堂计划的前面四步，也应该对如何去评价目标有所了解。在对教学设计做出决定之前，必须考虑在第二编中所描述的教学选择。

总结

对每个教员来说，由单元和课组成的课程设计是最有回报性的职业经历之一。因为在每门课中要包括这么多的内容，教师必须选择什么是要保留的，哪些是要省略的，哪些是要强调的，呈现材料的顺序是否从笼统逐渐到详细，或者反之。必须选择有效的例子，建构组织性的陈述，这有助于学生把新知识融入到以前的知识体系中。如同设计楼房或汽车，教学设计决定了成品的质量。

网络资源

1. http://ericir.syr.edu

Ask ERIC 是教育工作者的基本网站，教师、图书馆工作人员、顾问、行政人员、父母以及其他任何人如果有关于教育方面的问题，都可在本网站寻找相关的信息。访问者可提交与教学有关的问题，在 48 小时内就能得到答复。事实上，Ask ERIC 的图书馆是个在线的资源库，访问者可立即获得课堂教学计划、教学用具、方案以及其他更多的材料。

2. http://school.discovery.com/schrockguide/

凯瑟琳·贝克·夏洛克（Kathleen Beck Schrock）非常出名。除了担任马萨诸塞黄金海岸诺塞特公立学校的管理者之外，她也是凯西·夏洛克（Kathy Schrock）教育工作指导网站的负责人。自 1995 年以来，对于寻求帮助与信息的网络技术应用的教师来说，该网站成了第一大站。网站主要提供了与课堂计划相关的教育话题链接。

3. http://edweb.sdsu.edu/webquest.html

网站探索提供了基于开放式问题的教学设计以及多种途径的信息，这些资料主要来源于互联网络。该网站是伯尼·道奇（Bernie Dodge）于 1995 年设置的，它提供了一些单元学习的研究，重点是开放式的问题，需要学生以独特的方式解决。网站上有成百上千的范例可供浏览和使用，它们是以年级层面和主要网页的范例标题的形式组织的。如仅是对该网站以及其对教学的潜在影响感到好奇，可访问 http://www.ozline.com/webquests/intro.html。这也许会消除对该网站的疑虑，并能获得有关方面的信息，显示其对改进教学的巨大帮助。

4. http://encarta.msn.com/schoolhouse/default.asp

该网站是恩卡塔(Encarta)课程汇聚中心，它提供了课程中几乎每一个课时的话题。资源是按照年级层面组织的，可以根据关键词搜索。该网页还有一个特色，即提供了一些良好的在线资源索引，这有利于教育工作者搜寻不断更新的互联网计划项目、课堂计划观点、材料来源以及与其他学校和教师合作的机会。

5. http://www.graphic.org/goindex.html

对学生和教师组织学习和教学来说，图表组织文本是些非常有用的工具。网站列出了依据类型和用途进行排列的文本表格，且在每一标题下都可链接到相关的插图、范例以及使用说明。

6. http://www.engagingminds.com/inspiration/index.html

对运用良好的教具来制作自我图表文本感兴趣的教师应该访问此网站。适合教师使用的 Inspiration 软件和适合学生使用的 Kidspiration 软件是非常受欢迎的，因为它们容易操作。如想对这些软件项目的驱动进行检测，可下载 30 天内免费使用的体现其全部特色的附件。

7. http://questioning.org/NC/nc4.html

网站的全名为"运用新技术建构以标准为基础的课程单元"。这儿运用图表阐释了课堂教学，强调运用"聚焦中心(scaffolding)"设计方法，包括提供了"非常清晰的说明指导，许多结构以及最大优化学习的良好材料"。查阅网站提供的资料，几乎可以肯定地说，有助于提高教师的课堂与单元设计技巧。

8. http://www.rmcdenver.com/useguide/lessons/design.htm

这儿可链接到两个网页，一个称为"课堂设计"，另一个为"实施课堂教学"。这两个网站提供了话题不一的有关教学设计与实施的指导标准与资源。从两个网站获得的教案非常完整，这为不同年级水平的课堂教学提供了一个极好的起点。网站没有大肆宣扬"体现个体标准的观点、活动以及有良好潜力的实践"，它采用的是得克萨斯州的标准，但这并没降低其所提供的观点与链接的普遍适用性。

9. http://www.kn.pacbell.com/wired/fil/

如想设置一个网页以提高自己的教学效果，但却不了解.html 与.htm 的差异时，应去访问"心灵启发(Filamentality)"网站。这是个互补式的互动网站，通过选择话题、搜索网站、收集好的互联网站以及将网络资源转化为学习活动的方式，加以指导。网站将有助于整合网络的"闪光点(filaments)"与学习者的"心态(mentality)"。

第一编综述　制定教学计划

在第一编里，我们讨论了教学计划的阶段，界定了目标的概念，并在学习者、社会以及学科内容的需求基础上描述了理论基础撰写的技巧。除此之外，我们也推荐了对不同类型目标的评价策略以及单元和课程计划的组织策略。

在下面的章节里，我们将介绍一系列能够融入设计进程的教学模式。所列出的教学模式，可以让教师选择符合每个教学设计的教学策略。我们选取不同类别的教学模式，相信能够为教学方法打下坚实的基础。

第二编
目标与教学匹配模式

是否记得第一次按照模型制作的东西,比如裙子、飞机模型、小鸟笼或者蛋糕,是什么样子的呢?任务刚开始时似乎很难,你犯了许多的错误,需要熟练工的建议和指导。但逐渐地,你掌握了技术和技能,并且当制做出很多的裙子、鸟笼、蛋糕的时候,你就可以不按照模型而制作了,甚至能够设计你自己的模型供他人模仿。

教学模式,就像模型、蓝本或配方一样,为预定的结果提供了必要的步骤。选择使用某一特殊教学计划模式,取决于预定的结果或者教学的目标。

当计划建造一个鸟笼时,有必要选择鸟笼的模型,而不是车库或者尖桩篱栅的模型。肉馅糕的配方不能生产出面包;晚礼服的样式不能设计出蓝色牛仔裤。同样地,为回忆事实设计的教学模式不能产生创造性的思考或者培养解决问题的能力。概括性的教学设计在教授游泳的基本技能时是不能奏效的。教学模式是个逐步产生具体学习结果的过程。有些好的模式已经被广泛使用,并证明在完成具体教学目标时是行之有效的。有效的教学模式应该是这样的:

- 允许学生积极参与到学习的过程中。
- 通过具体有序的步骤来指导学生。
- 反映有关思想、学习和行为的研究。

教学模式能够从大量的资料中收集,包括教室、心理实验室以及培训机构,也可以从教师、临床医学家、军事人员、教育家以及哲学家的思想和技巧中获得。教学模式着眼于课堂中的多种需要,这些模式只能通过发展教师教学方法体系来执行,以适应一系列的目标。

在文章的前面我们讨论过课堂学习者的不同需求。一些学生在高度集中的氛围中学习效果好一点,而另外一些则在比较开放的以学生为中心的氛围中学习好一点;一些学生喜欢自己解决问题,另一些学生则希望有直接的答案,这样他们会感到比较舒服;一些学生是演绎式思维,另一些更适合归纳式思维;一些学生独自学习效果较好些,另一些则喜欢集体学习。

第二编　目标与教学匹配模式

　　课堂教学中,如果教师只创造一种单一的学习氛围或重复使用相同的教学方法,那也只有适应这样氛围和教学方法的学生才能学得好。教师只有运用多样化的教学方法,教学内容才能被所有学生接受,而且,也才能鼓励学生以多种方式学习。

　　具有讽刺意义的是,职业教育家经常分成若干派别,声称某一教学方法绝对比另一方法更理想。例如,那些相信行为心理学的人嘲笑那些坚持调查和解决问题的人,而对思维技能教学的重新强调,使人们对思维是对行为情境反映的结果以及思维同感知和心理动力有关的争议再次活跃了起来。

　　我们认为这样的争论是在浪费时间,因为在任何时候还没有一种正确的方式来教所有的学生。即使是特殊群体,比如残疾或智障,也能受益于多样化的教学方法。尽管经常使用某些方法较合理,但社会中无论哪个群体或阶层都不需要委曲求全来适应某种类型的方法。

　　在第一编中,我们讨论了教学计划,确定了教师设计教学计划可能涵盖的目标范围。一些目标侧重于认知学习,一些则是态度,一些是关于技巧的获得。多样化的课堂教学效果需要多样化的教学方法,只有这样才是合理的。

　　另外,强调教学设计,其目的是在每个单元使用多种教学方法。精心设计的教学会考虑到学习者的年龄、兴趣,教学时他们已有的知识以及教学发生的环境。

　　在第二编里,我们介绍了教学模式。这些模式是从各种资料中选出的,为新教师提供了有价值的模式目录。对每一个模式,我们描述了步骤,提供了方法的理论基础,讨论模式所适用的教学情景。实施这些模式,能够得到专家的指导,维持定期的同伴之间相互的检阅,这些是非常重要的。在推进教学模式的过程中,经验告诫我们:教师将教学模式与适当的目标相联系的时候存在一定的困难,强调概念的学习而不是活动,在课堂上也找不到合适的时间来实施这些模式。"大部分教师是在非常狭隘的范围运用教学模式,只有当他们经过足够的和周到的训练以后才会扩展自己的能力。"[1]

　　在教学之初,按照教学模式的步骤是必要的,但随着教师经验和自信的增加,设计新的教学方法以及教学模式的个性化的可能性将大大增加。当教师掌握许多有用的教学程序以后,他们不必再依靠一种教学方法来引起学生的兴趣以及教授内容。当某种方法不奏效的时候,他们可以转到另一种方法。教师就成了职业问题的解决者和决策者。

　　这里所列举的模式能满足范围很广的教学目标。每个模式都可以用来教授具体的目标,当与教学计划相结合时,就能满足不同学生的需要和兴趣。大部分的模式针对认知目标的获得,因为这些目标是我们在学校中所重点强调的。设计这些模式时,应包括所有的学习者,任何学生,即使是没有阅读能力的人,也不能排除在过程之外。因此,在模式使用的过程中,就会遇到许多与参与和成就感相关的情感目标。

---

　　[1] 布鲁斯·乔伊斯、贝弗利·肖沃斯、卡尔·约赫斯-伯尼特:"集体发展与学生的学习:教学模式的综合研究",《教育领导》,1987年第10期,第22页。

第四章　直接讲授　讲授法是一种结构严密的模式。当教授如阅读和数学之类的基本技能，且学习的任务可以被分成若干小的互不相连的部分时，效果最好。这种模式在教授关于回忆和识别事实与数据的认知目标时也是有效的。另外，动作技能，如拿笔，拉小提琴，以及扔棒球，也可以采用这种模式。首先介绍这种模式，是因为其步骤为良好的教学提供了一个坚实的基础。

第五章　概念的获得　通过分类思维技能的教授，这个模式能帮助学生了解和分析某个特殊概念的含义。通过一系列的正反例子，学生能够给概念下定义并能识别其基本特性。概念的获得模式对于完成与理解、比较、区别和回忆的目标是非常有效的。

第六章　概念的形成　这个模式是由赫尔德·塔巴（Hilda Taba）发明的，教育学生观察数据的相似性，在此基础上进行数据组合，建构类别，最终形成一个概念体系。在这个过程当中，学生学着自己去思考，并理解概念是如何组成的。这种模式对于完成数据的比较、运用、分类和分析是非常有效的。

第七章　探究模式　在探究模式中，学习者处在疑惑的情景当中，要求他们按照科学的程序提出假设。这里需强调的是：解决问题时需要仔细的、合理的过程，理解是知识学习暂时的本质，需要集体的努力来解决问题，要求学习者寻求问题的多种答案。探究模式在满足关于解决问题、分析、假设和评价的目标时是有效的。通常强调小组参与、合作和交流。

第八章　综合模式　这里介绍三个综合模式，运用小组的互动交流，通过比喻性类推来激发创造性的思维。创造性思维和表达不是孤立的过程，而是每个个体都可以参与的小组活动。共同研讨模式对那些探究、比较、鉴别、洞察和类比的目标非常有效。

第九章　因果模式　这个模式引导学生对重大的行动、形势、情境或冲突进行调查。通过推理，学生提出因果的假设，思考先前的起因和随后的结果，对人类在类似情境下的行为进行总结概括。

第十章　课堂讨论　此种模式以著名书籍（Great Books）的方法为基础，为课堂讨论的设计以及问题的选择提供指导。教师和学生都学着去识别不同类型和水平的问题。这个模式也有助于教师监督课堂讨论的进程，以确保讨论的效果。

第十一章　词汇习得　词汇模式是由本书的一位作者，汤姆·埃斯蒂斯（Tom Estes）——一个在教授阅读和词汇方面公认的专家——所提出的。这个模式说明了通过语言以及词源的历史而不是背诵词汇表来教授词汇具有令人振奋的可能性。

第十二章　冲突的解决　当学生在探究冲突情境下个体的思维和行动的时候，该模式提供了情感探究的周密的提问技巧。学生会发现事件解释的方式多种多样，每个观点也许都有某些相关性。

第十三章　价值形成　这个模式强调使用学校的正规课程，鉴别所有学科领域所包含的重要主题和问题。这些价值判断是文化理解也是风俗惯例的一部分，有助于引导通常的礼貌和良好的市民风范。

第十四章 合作学习 合作性学习模式描述了在课堂上教师鼓励学生同其他同学合作并相互帮助的方法。这个模式的使用对创造教室里和谐的氛围、满足有关合作、理解的情感目标以及认知目标、动作技能目标都是有效的。

第十五章 记忆 记忆模式包括联想、场所以及通过对动作、姓名与相貌的记忆，这样教师和学生都可以提高他们的记忆能力。这章是基于这样一个前提的，即好的记忆是可以培养的，所有的学习者都应能参与到这个过程中。

每个模式都有一个简短的介绍、步骤的描述、理论上的解释，并且都举出模式适用的某一特定情节。在讨论理论基础之前先介绍了每个模式的步骤，因为许多教师还没有了解其在课堂实践的运用时，可能会陷入某个方法的理论之中。

这些模式对于任何年龄的学生任何科目的学习，无论其能力如何都是适用的。根据学习者的年龄和兴趣安排合适的学科内容，这是教师的责任。我们已经与学生一道使用了这些模式，从幼儿园的儿童到研究生，也有特殊教育的学生、天才班学生、教师和教学行政人员。这些模式使用得越多，我们就越相信其实用性。

网络资源

http://ivc.uidaho.edu/mod

网站内容精彩，提供了与本书的许多模式有关的描述和活动，还有构成这些模式方法基础的个体研究的背景信息。

第四章
直接讲授模式：传授基本技能、常识和知识

为了弄清学生在学习新知识时的感受，每位教师必须定期地学习新的教学技能。如果想在明天就学会滑雪，开纽扣洞，阅读希伯来语，插花或者组装电脑，现有的经验总是不足的。然而，学生在学校里总是不断地要面对这样的经历，正如他们要面对必须掌握的新功课和陌生的资料一样。如果有了精心设计的直接讲授，这些经验的掌握会变得非常简单。

当然，很多学校的课程，诸如文学欣赏和推理技巧，是无法直接讲授的。大多数在作文和修辞学课程使用直接讲授的尝试，往往都忽略了语言运用的影响。除了直接讲授模式以外的其他教学模式在这里都很适用。相比之下，也有很多教学目标是适合使用直接讲授模式的，比如涉及到数学程序、语法规则、新英格兰领土范围、字母排列、汽化器修理、科学方程式、元素周期表，等等，不胜枚举。不管在任何学科、任何层级的学校，每位教师在学生能够达到更高的思考和学习水平之前，都应该为他们提出一些与必须掌握的基本技能相关的学习目标。

这个模式的有效性是依据行为学来研究的。在教学技巧中，最有效的一项就是把教学分解成独立较小的部分，而每个部分都要做到最好。在熟练掌握所学知识之前，在要进行实践的短期教学阶段，直接讲授一直被强调。

随着由西格弗里德·恩格尔曼（Siegfried Engelmann）于1968年提出的DISTAR（教育与矫正的直接教授系统）的发展，一套结构形式完整的直接讲授法便已经问世了。最近，它又重新引起了普遍的关注，被视为标准化及回归原理运动的结果。罗伯特·斯莱文（Robert Slavin）关于DISTAR设计研究的报告，"展示出其在小学中的积极效果，特别是关于后进生和问题学生"。[1] 尽管在本文中，DISTAR并不等于是直接讲授形式，但是在很多已有的资料和文献中，都可以找到关于这方面的参考资料。

教师们常常批评学生在课堂上死记硬背的习惯。直接讲授模式，在某些方面是要依靠死记硬背的，这是不可避免的，它不是一种完善的讲授工具。这个模式中的许多步骤在其他

---

〔1〕 罗伯特·斯莱文：《教育心理学：理论与实践》（第6版）（Boston：Allyn and Bacon），2000年版，第235～236页。

的教学模式中也很适用，完全不用这种有效的讲授工具是错误的；然而，照搬整个教学模式却会失去生机。不管什么时候，直接讲授法的使用，考虑教学讲授目标和学习者的需要之类的因素，总是有效的。

直接讲授模式的步骤

许多关于有效教学的优秀研究成果都与直接讲授法有关，其中包括安德森（Anderson）与艾弗森（Evertson），布鲁菲（Brophy）[1]与罗森夏尔（Rosenshine）[2]，以及古德（Good）与格鲁兹（Grouws）[3]的研究。很多在校教师是通过马德琳·亨特（Madeline Hunter）的著作了解到直接讲授法的。她在著作中描述了七个步骤：（1）导入：把学生的注意力吸引到学习的重点；（2）教学目标：教师必须明确学生必须掌握的内容；（3）输入：向学生呈现新的知识、程序或者技能；（4）模仿：向学生示范新知识的运用；（5）检验学生是否已掌握新知识；（6）教师悉心指导学生的实践练习；（7）独立完成练习，鼓励学生以自己的方式用学到的新知识进行独立操作。[4]

与以上七个步骤较为相似的是巴拉克·罗森夏尔（Barak Rosenshine）[5]的六步法，本章将对其进行详细的介绍。

1. 复习以前学过的知识。
2. 确定教学目标。
3. 导入新知识。
4. 指导实践，评估成绩，提供正确的反馈。
5. 分配独立的实践，评估成绩，并提供正确的反馈。
6. 如有必要，定期回顾，提供正确的反馈。

第一步：复习以前学过的知识

在直接讲授教学模式中，学生必须明确要学的知识是什么，整个学习过程有几个步骤，以及所学的新知识与以前学过的知识之间有何联系。读一读以下的内容，看看教师是怎样指导复习的。

1. 贝尼特老师将要进行一堂字母教学课。她首先带领学生复习前一天学习的内

---

[1] L.M.安德森、C.M.艾弗森和J.E.布鲁菲："一年级阅读组中有效教学的实验研究"，《基础教育杂志》，1979年第79卷，第193～223页；J.E.布鲁菲："城市学生的成功教育策略"，《菲·德尔塔·凯攀》，1982年第63卷，第527～532页；J.E.布鲁菲、T.L.古德："教师的行为与学生的成绩"，《教学研究手册》（第3版）（New York：Macmillian），1986年版，第328～375页。

[2] B.罗森夏尔："教育大纲中的教学作用"，《基础教育杂志》，1983年第83卷，第335～350页。

[3] T.L.古德、D.A.格鲁兹："密苏里数学学科的有效设计：对四年级的有效教学的实验研究"，《教育心理学杂志》，1979年第71卷，第355～362页。

[4] 马德琳·亨特："已知，教学和指导"，《运用已知的教学》（Alexandria, VA：Association for Curriculum Development），1984年版，第175～176页。

[5] 罗森夏尔，第338页。

容:"昨天我们根据单词的首字母,对它们进行了归类。在表格中的单词组,每一组中的单词首字母是相同的。今天,我们要根据字母表中的单词组按照首字母进行排序,先从'A'组开始。首先,让我们一起来回顾一下昨天我们归纳的每组单词的首字母的发音。"

2. 在体育课上,特里老师正在指导一堂游泳课:"上个星期,我们学习了如何漂浮。首先,下到水中并练习漂浮5分钟,我想看看大家是否还记得方法。然后,你们将要学习如何在水中划动双手前进。"

3. 在数学课上,汤姆林老师说:"昨天,我们学习了如何用 X 来设未知数。莎拉,请你把家庭作业的第一题写在黑板上;杰西,请你来写第二题;还有,弗兰克请把第三题写在黑板上。等我们确定都能把家庭作业中使用 X 来假设未知数的题目弄清以后,我们将开始学习如何在方程式中使用 X。"

就像罗森夏尔描述的那样,这几位老师都运用了直接讲授模式里的基本技巧:简短地复习先前所学的内容,这对新知识的学习是非常必要的。在下一步教学之前,先要检查上一堂课布置的作业。在新课程的教学之前,非常有必要通过提问或测试,把问题找出来或者检验已学过的内容。如果有必要,在开始新课程教学前,特别当新技能的掌握要以先前已掌握的知识为基础时,可以把教过的内容再教一遍。

在教授新课程之前,检测一下全班知识掌握的熟练程度是很有必要的。分析学生学习知识的能力,有利于教师针对班级中的个别差异制定不同的判断尺度。

第二步:确定教学目标

教学目标必须用学生可以理解的语言清楚地写在黑板上。我们在一堂二年级的写字课上看到黑板上写着这样的教学目标:学生要练习用正确的握笔姿势来书写草书。

你们可以看出这里的问题吗?这里所用的语言根本不适合这个年龄的学生,或者说像"练习书写草书"这样的语言根本不适合用来陈述教学目标。把教学目标列出来,是为了让学习者简洁而清楚地知道学习的目标以及将从这堂课上学到什么。课堂教学目标必须与学生已学的知识相联系,让所有学生都能达到。

第三步:导入新知识

在这个步骤里,新知识能不能被接受,或者信息是否能够描述清楚,老师的分析和备课内容非常重要。作为教师,只知道教学内容和步骤是不够的,还要知道怎么去教。很多教师专业性过强,不善于把自己的专业知识传输到其他专业中。在这个步骤中,备课所要关注的是保证老师所教的内容能够让学生接受。有经验的教师会花很多的备课时间去分析每个步骤要学的新知识,以及每个步骤要按怎样的秩序来呈现。比如,不能还没教加法就先教乘法,还没教逗号就先教分号,或者还没教漂浮就先教潜泳。

在每个步骤的陈述中,必须给出简单扼要的指导和解释。各种常见的例子有,在提出问题和等待正确答案的时间里,应该让学生把注意力放到教材上,以免离题。不管从哪个方面看,让学生弄清教师的指导和解释都是绝对重要的。

教师在课堂上除了要明确有效地进行口头陈述以外,还要结合视听教具、提问、真情投入以及学生的参与配合。信息必须生动、条理清晰、组织完整,并且要在控制范围之内。

内容必须尽可能详细地分析透彻。如果学习者不知道定义中基本概念的意思,他们就不能理解这个定义。例如:一堂学习制作表格的课上,如果学生连像水平、平面、正方形这样的基本常识都没有,那么,这堂课对于他们来说就没有什么意义了。在图表说明的演讲开始之前,聆听者至少要对此次演讲的部分内容有所了解;在学习毕达哥拉斯定理之前,至少要对三角形有所了解才行。

组织内容

组织新教材陈述的过程与第三章里提到的组织单元学习内容的过程是很相似的。教学内容要经过仔细选择,并根据学习者的需要进行分析。教学中,不要一次教授过难过多的内容,这样反而会给学习造成阻碍,甚至破坏了原先的教学目的。结合许多举例说明和提问来描述少数几个重点,一般来说效果比一下子描述很多个重点要好得多。教学指导一项新技能的时候,必须把程序分成可以按照顺序指导的小段。

根据学生不同的年龄和能力,教师必须决定每一次的陈述内容是多少。学生的经验越少,越需要教师在每一个步骤的细心讲解,以及在每一次陈述时控制好内容。教学内容要组织好,因为伴随着很多细节和特殊的资料,大多数的信息都是第一次呈现。在程序中的每个步骤里,新知识都与学过的知识相关。

呈现资料的方法

讲演 讲演是班级授课中必不可少的一部分,也是向学生传递新知识的一个方式。通过对说教方式、讲授的艺术以及其他公开演讲的模式的研究,我们选出了一些组成讲演模式必需的步骤。

讲演模式的步骤:

1. 确定(讲授内容所包含的)重点。
2. 选择先行组织者。
3. 举例说明每个重点。

4. 反复强调重点。
5. 概括观点,并且注意回到组织者。

第一:确定重点。在课堂材料经过仔细组织以后,演讲中的主要重点必须选择好。任何演讲者都想利用"诱惑物",试图在较短的有效时间内涵盖更多的材料。大多数成年人在听演讲时注意力可以保持 20 分钟。儿童能集中注意力的时间要短得多。许多演讲者都坚持一个原则:在一个独立的演讲中所涵盖的重点不超过 5 个也不少于 3 个。对于更年幼的儿童来说,3 个重点已经太多了。由于课堂材料较多,很多演讲要进行好几天才能说清楚。

第二:选择先行组织者。在课堂内容经过了仔细的图表说明,所涵盖的主要观点确定之后,必须选择一个先行组织者。关于先行组织者在第三章已经讨论过了。要记住,选择更具基础性的先行组织者,要比选择新材料以及提供给学生与新知识相关的上下文要重要得多。比如,一堂蛋糕制作课的讲授,可能以这样的先行组织者开始:追溯蛋糕的发展过程,从原始部落准备的简单小馅饼,到面包房里制作复杂的糖果。

第三:举例说明每个重点。举例说明可以加深聆听者的印象。因为许多讲演者没有使用视听辅助材料,他们更信赖用故事和趣闻来说明重点。在课堂上用相同的手法帮助学生记忆重点是很有效的。趣闻,就像下面所列的,可以帮助学习者回忆课堂上所教的重点:

当我还是个孩子的时候,我们常在星期天用小木棍在冰箱里做冰淇淋。
在战争期间,许多东西都是有定额的,买汽油需要用油票。
当苹果击中牛顿的头时,他所得到的可不只是额头上的一个肿块而已。

在课堂上,教师也可以利用许多视听材料来说明讲演中要突出的重点。

第四:反复强调重点。当讲授一个新重点时,可以重复以前学过的所有重点。在适当的时候,可以用提问来判断学生的兴趣和理解水平。

第五:概括观点,并且注意回到组织者。在讲演的最后,概括主要的观点,并参照先行组织者来做总结。这样有助于学生将这些陈述综合在一起。

示范

如果课程中包括一个示范,教师应把教材分成一段一段地来教授,并且在每一段的结尾检验学生的理解程度。对于专家来说,最困难的工作是对初学者的学习步骤的预测,特别是当每个初学者对教师所教授的技能没有同样的天赋和热情时。

在这个教学模式中,视觉方式的示例特别适用于陈述阶段。常见的是,教师用叙述的方式来呈现,同时结合图片或者生动的示范,可以达到更好的效果,并且为学习者记忆新知识提供了一个"回忆钩"。想象一下一堂蛋糕制作课没有示范环节会怎么样,甚至许多教师忘记了一张图片(实验或者示范)可以相当于数千字的价值。

概括来说,陈述信息的步骤如下:

1. 根据学习者的需要分析要陈述的内容。
2. 把要陈述的教材按从最普通的到最特殊的顺序制图。
3. 把所有的技能按照逻辑顺序分成小段来陈述。
4. 为课程设立一个先行组织者,以便为新内容提供一个参考点。
5. 选择要点或者步骤来陈述,并且根据学习者的需要,把这些控制在一个合理的数量内。
6. 选择例子来说明每一个要点,使每个要点或步骤与先前学过的知识及先行组织者之间建立联系。
7. 通过提问来检验学生的理解程度,通过观察全班反应来检查他们的注意力是否集中。
8. 总结重点,把它们与下一阶段的课程联系起来。

第四步:指导实践,评估成绩,提供正确的反馈

既要引导又要求独立完成的实践,是直接讲授法中重要的一部分。新教材应分成几个小步骤来陈述,这是为了整个过程中每个步骤都能有机会进行实践。下面的例子中,教师控制着整个教学过程,并且监视小组间和组内的个人的实践。

1. 我们系鞋带是从一手拉着一边的鞋带开始的。现在拿起你面前的模型鞋,一手拉住一边的鞋带,很好,下一步把左手的鞋带穿过右手的鞋带(事先要考虑到左撇子的孩子)。让我们试试用相同的方法把右手中的鞋带穿过左手的鞋带。汤米,举起你的右手,很好,现在把那个手里的鞋带穿过左手的鞋带,就像这样。非常好。
2. 修理电脑,我们首先要把它打开。请找一下开关,在左手边的角上,把它打开。
3. 我们刚刚看了心脏的四个心房的幻灯片。让我们复习每一个心房,一起来填一下黑板上的这张图片。谁能来写出其中一个心房的名字?

提问

教师指导实践最普遍的形式,是通过提问来检验学生的掌握程度。许多的问题——多于一堂课所需的数量——必须事先准备好。教师常常错误地认为在讲授时,提问太多会让学生感到厌烦;事实上,在学习新的内容时,复习和回顾是非常重要的。如果学生人数较少,多提问题的效果要比只提很少的问题好得多。

教师给学生留出时间,并等待学生回答问题,也是教学过程中一个重要的部分。

就像罗伯特·斯莱文所报告的那样。研究发现,向学生提问,特别是学生反应较慢的时候,教师总是过早就放弃等待(就给出答案)。提出问题以后,给学生大约3分钟的时间去思考最佳的答案,这样有哪个学生会不给出回应?[1]

"不懂的人举起你们的右手。"这样的要求常常只是一个毫无意义的命令,因为很少有学生愿意向全世界宣布自己的一无所知。如果用"还有什么疑问吗?"这样的提问就要好得多。教师也不要总是叫那些常常举手的学生。一个更好的方法是这样说:"一分钟后我要请同学到黑板上来做这些题,请准备一下。"或者是"看完幻灯片后,我要提一些问题。"

为了激励学生参与进来,教师可以提供学生回答问题情况的一个检查单。如果同一个学生回答出了大多数的问题,那么,教师必须评估一下所提的问题,并且判断一下是否其他学生都理解了教材的内容。

如果少数学生从来不举手,可以设计一个讨论会来讨论一下他们的班级参与问题。对许多学生来说,即使知道答案,而在课堂上说出来也让他们感到恐惧。一种方法是让学生把每一题的答案写在一张纸上传到前排。如果其中有的人的答案是之前既没有人在课堂上回答过的,而又是正确的答案,教师就可以让他们把自己的答案大声地朗读出来。渐渐地,这种方法可以帮助学生增加在课堂上参与活动的信心。

这里有一个关于一位教师的故事。在她的退休晚会上校长赞扬了她,他说他总是在观察她的课堂教学,给他留下深刻印象的是,无论何时,当她提问以后,所有的学生都会举起手来;无论是谁,只要被叫起来都能回答出问题。这位教师坦诚地说,有人听课的时候,她要她的学生都举手:"知道答案的人,请举起你们的右手;不知道答案的人,请举起你们的左手。"事实上,这是一个不错的办法——它至少让教师有了一个途径去了解有多少学生已经理解了教学内容,这样,可以调节教学节奏来适应学生的需要。

有经验的教师会给那些需要更多的解释和帮助才能理解的学生安排一个适当的位置。教师会让学生重复引言或者资料。他们会让学生相互之间进行总结,并分享彼此的总结。他们要求学生举出额外的例子以及应用知识。

罗森夏尔认证了学生回答问题的四种类型:[2]

1. 正确、迅速和坚决:教师对这种回答类型的回应需要提出一个新的问题来控制课程进行的节奏,避免过分强调成功。

2. 正确,但有所犹豫:这种回答类型一般发生在学习的初级阶段,教师应该给予一些鼓励,像"很好"或"再接再厉"。

3. 不正确,但是因为粗心所致:简单纠正并继续教学。学生知道这个过程,但犯

---

[1] 斯莱文,第231页。
[2] 罗森夏尔,第344、345页。

了粗心的错误。

  4. 不正确，而且是因为缺乏关于事实和过程的知识：教师可以提供一些暗示，提出的问题再简单一些，或者重新进行教授。

纠正错误

  罗森夏尔强调："错误不能不改正……及时的反馈有助于学生学习，而错误要在他们养成习惯前纠正。"[1]

  如果学生没有学会所教内容，不要谴责他们，也不要继续教学。在游泳课上，如果学员在游泳池的深水区又不会踩水，教练是不会允许他们潜水的，而是要返回到更基础的训练阶段。教师教授新的技能和内容时，也是同样。如果学生并不了解教学目标，教师必须评价和分析最初的陈述内容，确定问题，然后找出最适合全班的方法，直接讲授法的成功率将可能接近百分之百。学生能理解第一次陈述，其效果要比任何再教学要好，特别是当之后的陈述与第一次不同的时候。更好的办法还有，让先学会的学生用自己的话把他们的理解表达出来，以帮助其他学生。

  像很多有潜力的老师在课堂上的表现一样，很多人都知道如何理解所教的知识。另外，分散的资料、组织好的学习资料，以及计算机辅助教学，对需要额外的学习时间的学生来说，都是潜在的资源。

  有经验的教师能捕捉到学生反应的信号。感到困惑的学生会以很多方式表现出来。他们会转向旁边，把他们的头磕在桌上，轻轻敲打他们的铅笔，做鬼脸，或者打哈欠。如果全班都不懂，不要发怒，再试试。也许在你一开始讲授时所用的技术水平对大多数学生来说就过高了，你应该在一个较低的水平上重新开始。这有望在进入下一个水平的进程之前，获得80%或者以上的成功率。也许，100%才是最理想的成功率（对一个数学老师来说，100%在乘法表中是乘以十的最高速的成功目标）。

  杰里·布罗菲（Jere Brophy）的报告，是关于贫民区附属学校的成功老师在教学过程中的行为。布罗菲写道："如果（教师）打算用的课程、教学方法或者评价策略都没有起作用，他们就会找其他方法。如果有些东西学生第一次未能学会，他们会再教一次。一般来说，这些教师把学生的错误看做一种挑战。"[2]

第五步：分配独立的实践，评估成绩，并提供正确的反馈

  在学生独立地或者以小组形式实践一种新的技巧时，就需要小心地监控学生。在学生被分配独立的任务之前，教师应该花足够的时间去进行指导，以确保他们有独立

---

[1] 罗森夏尔，第345页。
[2] 布罗菲，第527～532页。

完成工作的准备。

在学生进行独立实践的时候,教师要来回巡视,确认没有一个学生重复犯错误或者有操作上的差错。此外,在独立地进行实践时,学生也应该有一些方式去检查他们的实践结果。有时,教科书后面的答案是一种极好的参考。有些教师会在课堂上提供检查要点,让学生能定期检查他们任务完成的情况。

任务单(Worksheets)

如果任务单用于独立的实践,它们将在一系列实践指导中被介绍。在教师陈述过程时,全班一起完成第一个问题。接下来的问题由学生独立完成,而为了让全班一起思考并解决问题,教师要向所有的学生解释过程,以使其清楚、完整。如果必要的话,让全班以小组形式完成若干个问题,或者在学生尝试独立进行操作前,让他们分成小组或者两人一组解决问题。

许多任务单中为学生独立实践所给出的任务都有一个问题,即学生常常会反复犯同样的错误,而这些错误常常会在他们的学习中成为习惯。经常地,任务单作为时间的充塞和无意义的作业,而把教学引向不适当的方式。想象一下这种情况:一个顾问,受雇对一个阅读计划进行评估而造访了一个班级,在教室走了一圈对环境熟悉一番后,一个孩子从他背后的位置上抬头问到:"你能告诉我接下来我该做什么吗?"这孩子面前的一张模糊的印单上写着:以下每个单词中都有一个空格处少了一个字母。在空白处填上一个元音字母使单词完整。

c_me m_ ne r_in

有了提示后,孩子在第一个空白中尝试并且成功地填上了 a。同时,他宣布:"我明白了,下一个是'mine'。"

这个孩子被要求进行一项他从未学过的训练,此外,还有把课文中有意义的内容摘要下来。这个是一个很抽象的任务,也是很典型的工作表。

协调和熟练化

有时,协调和熟练化被用来描述学生独立实践中经历的两个阶段。[1] 在协调阶段,学生细心处理要学的技能的每一个组成部分或单元。他们在实践中很少出错,工作速度虽然很慢、很费力。但当他们达到熟练时,他们的工作效率就提高了并且自然而然地做出反应,也不需要对过程的每个步骤进行思考。为了达到熟练化,学生在"协调"阶段要不断地实践和反复练习所要学的技能。

当学生到达协调阶段但未达到熟悉阶段之前,家庭作业是非常有效的。但在学生

---

[1] S. J. 塞缪尔斯:"编码的关键点",《特殊教育季刊》,1981 年第 2 期,第 11~25 页。

弄清自己的任务并且在课堂上得到足够的指导之前，作为独立实践中最常见的形式的家庭作业，常常就是一种滥用。许多家庭作业中的挫折之所以发生，就是因为学生在没有准备完毕之前，就被要求独立地完成工作。

第六步：如有必要，定期回顾，提供正确的反馈

材料的定期回顾应该置于所有的教学计划中。为了掌握一项新技能，反复的学习是很有必要的，特别是已学的技能与接下来的学习息息相关时。在新技术的学习阶段，复习以前学过的技术对于学生养成自主性是很有用的。（许多英语教师说，一种新语法一天教五遍都不算多）

在进入下一步学习前，作为复习环节的家庭作业必须进行检查。如果家庭作业有布置的必要，那就有检查的必要。然而研究表明，许多教师忽略了复习过程中这一重要的部分。[1]如果学生尚未理解自己的任务，就不要开始下一步的教学，要再次讲解教材内容，并且分析学习失败的原因。

如果每周的复习表明已教的技巧尚未被学生掌握，那么再次教学是必要的。学生经常在一个暑假后就忘记了学过的技巧和知识，因此，在一个新的学年或者学期的开始时，进行测试是特别重要的。

对学生的学习，教师应该要求较高的成功率。如果学生学不会，那一定是有原因的。可以提出如下这些问题：

- 学生是否掌握了为了学习整套新技巧或者新材料所需要的背景知识？
- 学习过程中的步骤是否被分成了足够小的步骤？
- 每一个学习的步骤是否在一个新的步骤学习之前被介绍过？
- 学习目标和方向是否清楚地陈述了？
- 内容的组织是否合乎逻辑，并且所举的例子、讲课和论证是否有效？
- 是否有足够的问题来确定学生有没有理解所教的内容？
- 对于实践是否有足够的指导？是否所有的学生都参与了实践，有没有及时纠正错误？
- 技巧或者知识是否进行了独立的实践？独立实践有没有经过仔细检查来确定学生在操作中是否出现了错误？
- 新的知识是否有定期性的回顾和实践的机会？

直接讲授模式的步骤总结

1. 复习以前学过的知识：确定学生已经掌握了以前学过的知识，并懂得了它与

---

[1] 古德、格鲁兹，第335～362页。

将要学的新知识之间的联系。

2. 确定教学目标：在课的一开始用学生可以理解的语言把教学目标陈述清楚。

3. 导入新知识：认真组织新内容，并且用趣味性的方式陈述出来。反复地检查是为了确定学生是否理解了信息。

4. 指导实践，评估成绩，提供正确的反馈：指导学生实践的全过程，确定他们进行了正确的实践。

5. 分配独立的实践，评估成绩，并提供正确的反馈：当他们单独进行实践时，继续监督学生，检查差错。只有当教师确信学生能正确地完成任务时，为了个人独立实践，才需要布置家庭作业。

6. 如有必要，定期回顾，提供正确的反馈：在新的教学呈现之前，检查好家庭作业，如有需要可以进行再次教学。教师进行周期性的检查从而确定新知识已经被学生掌握。

练习 4-1

评估下列涉及直接讲授模式教学步骤的有效性。

1. 谁能把家庭作业的问题写在黑板上？
2. 因为你们所有人今天上午测验都不及格，今天将没有休息机会。
3. 我们今天将学习细胞的分裂。细心听讲，因为你们对于这个毫无所知，而明天将有一个测验。
4. 在你们观看幻灯片的时候，注意海洋和河流的名称。稍后，我会针对这些向你们提问。
5. 因为你们在上课期间没有集中注意力，我今晚会布置三页的问题作为家庭作业。
6. 在全班默读的时候，我会叫几个人到我面前来回顾一下我们上星期学过的阅读技巧。

练习 4-1 参考答案

1. 在第一个例子中，教师会通过指派特定的学生上黑板来获得学生回顾阶段更好的信息：索尼亚、乔和托马斯，请把问题的前面部分写在黑板上。同学们，要仔细看，我还要叫另外三个人上来回答问题。
2. 学生学习中的错误应该以一种不同的教学方式来处理，而不是用惩罚的方式。习惯于指责学生学习错误的教师的专业水平是不够的。一再地责备学生会阻碍教师对不同教法的分析。
3. 学生都喜欢所学的新知识能以较有趣味性的方式呈现出来，并且能与他们所熟悉的事物相联系，这要比用测验来激励他们效果要好得多。

4. 教师让学生注意所学教材的重点部分是为了指导学生的实践。如，在看幻灯片的时候，给学生一些指导作为补充；而且，在陈述的时候周期性地暂停幻灯片来确保每个人都保持着注意力，这样是很有效的方法。

5. 学生有可能出现实践差错。独立实践方面的家庭作业，应该建立在课堂对实践的有效指导的基础上。如果学生疏忽并且没有学会所教的知识，布置要求运用新知识的家庭作业就是毫无意义的。在这点上，教师需要确定是什么阻碍了学习的进行，并且考虑再次教授所教内容。

6. 这是评估每个学生是否保持了记忆的好办法。这也是在课堂上与学生个人建立联系的好方法。

直接讲授模式的基础

毋庸讳言，直接讲授模式在某种程度上是建立在行为主义心理学基础上的，这个理论最早是由伊万·巴甫洛夫(Ivan Pavlov)[1]所提出的，它更多的是与 B. F. 斯金纳(B. F. Skinner)[2]的理论相联系，并且主要运用于军队训练心理和电脑人工化技术的发展。在行为学研究方面，所强调的是控制学习者的那些能被测量和观察的行为，而不是强调诸如思维、情感这样的内在的精神力量。

每次提供食物，让老鼠表现出所期待的行为。斯金纳训练老鼠在灯亮的时候推动一根操作杆。相反地，如果灯没有亮老鼠就推动操作杆，它就不能得到食物。老鼠根据不同的强化，条件性地表现出所期待的行为，这个过程被称为操作性的条件反射。这种操作是学习者自发表现出的行为。因为这种强化引发的行为表现是偶然性的，这个条件反射的过程就称为偶然性反应。为了达到效果，用以引发所期望的行为的强化，必须及时、一致，并且有规律。

很多教育家被教学人员的理念所排斥，与用训练老鼠推动操作杆的方法有关的理论也被排斥。但是，对于某些类型的学习来说，偶然性反应的训练被证明更为有效。通过把学习过程分成若干步骤，并对整个过程中的每一步骤强化，教师所期望的行为会发生，再一次发生的可能性也会增加。在整个过程的每一步之后都有反馈，学习者做对了还有奖励。行为主义者指出，教师要仔细制定每个步骤，为使学习者学会所期望的技能，教师要仔细制定每一个必要的步骤，并调节正确的反应，为学习者提供条件以便进一步控制他们的环境。批评家指出，行为的控制不应持续过长的时间。其次，要告诫读者使用这种模式必须有一个完整的设计。

---

[1] I. 巴甫洛夫：《经典条件反射：大脑皮层的心理活动调查研究》(London: Oxford University Press)，1927 年版。
[2] B. F. 斯金纳：《科学和人类行为》(New York: Macmillian)，1963 年版。

行为训练的概念

行为训练中最重要的几个概念是创造、模仿、练习、反馈和强化。

创造

有时,教师要确定学生学习所期望的结果,把任务分成若干步骤,或者说是一步步地接近,这是获得新的知识或技能所必需的。在学生对所期望的技能的熟悉随必要的步骤而进步的过程中,他们的习惯一般是通过强化来养成的。

模仿

学习者通过旁观和模仿教师来获取知识和技巧,后者充当的是示范者。在一些情况下,学生能通过模仿来学习新技能的信息或步骤,这比单独地学习要有效得多。

模仿可以被用作一个教学程序,为学习者所效仿(如本文的教学模式)。或者,模仿也可以作为自学的内容来设计,以指导学生完成学习过程的每一个步骤。例如,在中国画的教学中,让年轻的学生不断地临摹大师的作品。创造力是需要时间来磨练的,通过临摹大师的作品,这些学生开始善于再现复杂的作品。

练习

在练习的早期阶段,教师带领学生以有组织、有结构的方式完成每一个步骤。在这个阶段,有必要纠正错误并强化正确的行为。在学生掌握技术的准确率达到85%~90%以后,他们在定期的指导下进行单独练习,直到他们可以正确地操作并且做到完全独立。

练习之始,必须在一个频繁的、精细的、组织严密的阶段中进行。这些阶段的时间以学生的年龄而定,但是,在这些阶段学生应该一直得到激励和参与。通过教师指导以确保操作正确,这是很有必要的。

当学习方法逐渐为学生掌握后,一般应该留出一段时间进行练习。新知识就可以在这个时候进行教授,同时,以前学过的知识也在这个时候被运用。例如,一个学生学弹钢琴,已经开始学习 G 调,但必须定时回顾 C 调,以强化新的学习。

反馈

反馈应该是尽可能具体的。强化越是直接和频繁,反馈就越有效。否定的说法("这么做多愚蠢"或"你为什么不能赶上其他同学呢?")一般会使学生不敢前进。正确的反馈必须清楚描述其行为和具体的修正方法。

在操作进行的过程中,学生需要按照等级得到反馈,或者对他们的操作相互评价(面带微笑)。起初,教师通过强化正确的行为或通过纠正和再次教学来提供连续的反馈。作为一种学习环节,反馈不宜用得太过频繁。

强化

强化可以是连续或者间歇的,教师可以在每次行为发生后都进行强化或者制定一个强化进度表。在学习的最初阶段,每次正确反应和以正确方式进行反应之后,都要对行为进行强化。很少有学生可以在最初阶段都做对,但他们需要鼓励来继续前进。

在学习进行过程中,教师应制定好强化的间隔。这些间隔可以建立在一定量的正确反应基础上,比如,四个正确回应,或在一定的时间之后,根据记忆检验计划表,强化正确反应。

行为调节的基本原则

以下是一些关于行为调节的基本原则。

1. 确定你希望学生达到的特定目标或行为指标。具体描述这些行为以及你所能接受的成功率。例如:

- 学生能以85%的准确率列出南北战争中12个主要战役的名称。
- 在充足的时间内给出10个问题,学生回答问题并要求达到85%的准确率。
- 学生能在两分半钟或更短的时间内准确无误地背诵乘法表,从2背诵到6。

2. 预测学生已经掌握了多少行为指标。给学生提供关于他们现有操作或知识水平以及知识发展进程的反馈。

3. 给学生制定实际目标。要考虑学生的年龄,对学习的兴趣以及他们目前的知识水平。在这里,知识的传递是一个很重要的环节,因为与兴趣和与先前学过的知识相关的技术要比其他的知识更容易被接受。例如,如果一个人能操作一台割草机的发动机,他或她也很容易学会操作汽车的发动机。

4. 把功课分成较小并且相关的部分,一次介绍一个部分。

5. 用直接的强化来改变行为,无论何时在行为发生时就尽可能强化它。

6. 当第一次教授新知识时要连续强化,但接着要在定期的间隔时逐步强化。

7. 保持学生进步的详细记录,并且鼓励学生主导自己的进步以达到学习目标。

一位作者这样描述直接讲授过程:

教师,面对面,相当正式的态度,讲述、说明、示范、证明,教授技术。这其中的关键字是教师,这里所指的教师是可以控制学习的情况并且领导课程,与用工作簿、教具、学习中心或教科书进行"直接"讲授是截然不同的。[1]

练习4-2

说明如下目标中哪些用直接讲授模式教学最为有效。请解释你做出这些决定的原因。

1. 学生会用图表指示出句子中的主语、动词和直接宾语。
2. 学生会用比喻的手法来描述情况。
3. 学生表演天鹅潜水的动作。
4. 学生会根据指导裁剪衬衫。
5. 学生会有效使用一组"问题—解决"技巧。

练习4-2参考答案

目标1、3和4是合适的,因为它们有具体的行为顺序可以遵循和实践。在2和5中,这些目标中的某些方面可以用直接讲授法来教授,但如果用其他方法会更合适。

脚本

一个科学研究小组正在研究需要使用本生(Bunsen)灯的化学反应,这个小组过去从未用过这个方法。舒曼首先要弄清楚有多少人曾使用过灯。有两名学生举手,他叫他们到他的桌前负责做他的助手。

舒曼老师以简短地回顾前一课作为开始:"昨天,我们了解了实验室中的安全设施并认识了一些基本的安全原则。让我们一起回顾一下。拉图亚,请列出第一条原则。"

接着,舒曼老师描述当天的教学目标:"今天,我们学习如何使用本生灯,一种重要的实验室仪器。经过今天的学习你们要掌握灯的构造,并且会使用它进行简单的操作。"

作为组织者,舒曼老师使用了一个学生熟悉的例子。他问学生是否见过水暖工使用吹火管。

汤米:当然,当管子被埋入前,管子被烧红了。

舒曼老师:当管子烧烫后,水暖工会做什么?

汤米:我认为它会被折弯。

舒曼老师:对。加热可以改变物质的原有形态,特别是加热到一定的温度就可以用于特定的用途,因此,我们经常地在实验室中需要这样加热。而最安全方便的加热方法就是使用本生灯。

接下来的15分钟,教师给出关于本生灯的信息,用图来说明它的部件和功能。他

---

[1] J. F. 鲍曼:"直接讲授教学再探",《行为阅读期刊》,1988年第31卷,第714页。

频繁地提出问题以确定学生是否理解材料。

在陈述之后,他使用高架投影仪向学生演示使用灯的步骤。舒曼老师示范每一个步骤,然后让助手也示范出来。在每一个步骤演示之后全班讨论进程。在指导实践的这个步骤中,教师指派学生两人一组一起使用灯,他在教室里来回走动,检查每组的进程,发现错误就立即纠正。

在最后阶段,舒曼老师分配家庭作业:把灯的操作步骤打乱,要求学生把操作步骤按正确的次序排列并且标示出灯的部件。他告诉学生第二天他们要回忆起这些步骤,然后每个学生都要用灯完成一个简单的实验。

如果老师第二天发现哪一个或者几个学生仍然在功课方面有困难,他可能决定将一些附加的实践分配给他们,与他们个别地一起练习,或者要求他们与已掌握操作步骤的学生一起工作。如果灯不是只使用一会儿,他会仔细回顾操作过程,确定学生都记住了必要的信息。

活动 4-1

考虑一下你计划教授的课程,设计一个教学计划,使用直接讲授模式来陈述新内容或新技术。

总结

重复本章开始时的声明是很重要的:直接讲授模式是必要的,但它不是一个完善的讲授模式。这个模式的步骤为教学设计提供一个框架,没有这个有效的工具是一种不利;但是,单一使用这种模式的效果也是缓慢的。

一般而言,本章提出的其他模式都能在材料陈述的时候与直接讲授模式相结合。特别是这种模式也能用于教授许多知识水平上的目标和技巧。

无论如何,一个警告性的提醒是必要的。斯莱文在报告中指出:"对直接讲授模式的研究大多数是集中在基本的阅读和数学教学中,而且大多针对初级学生。对于其他科目以及其他等级水平,我们很难确信直接讲授方法能促进学生的学习。"[1]

网络资源

1. http://curry.edschool.virginia.edu/curry/class/edis/511/DI

关于直接讲授模式的资源——约翰·威尔斯·劳埃德(John Wills Llyod)。

直接讲授模式:这个网站是对与直接指令有关的研究和资源的一个门户。

2. http://www.adprima.com/direct.htm

---

[1] 斯莱文,第236页。

这个站点里面是关于与其他站点联系的直接的教学方针和信息。

3. http://www.instruct.nmu.edu/education/rhrecz/IndirectDirectTeach.html

描述主要的、直接的指令理论家的过程，包括一个极好的聊天室。

4. http://chiron.valdosta.edu/whuitt/col/instruct/dirinst.html

提供一个简明的、直接的斯莱文模型轮廓。

5. http://www.abacon.com/slavin/notes7.html

这是为如何直接教授所提供的一本实际的指南。

6. http://www.humboldt.edu-tha1/hunter-eei.html decontex

巴拉克·罗森夏尔描述的，教师教学的更少构造的技巧的有效性：如何总结，如何做笔记，如何提出适当的问题等。

7. http://www.teachreach.org/barb.htm

在第二等级，学生在拼法性能上的两种拼法研究策略被比较和评价。

8. http://www.humbodt.edu/-tha1/hunter-eei.html

这个站点包括一个轮廓和马德琳·亨特的课程设计描述。

第五章 概念获得模式：用归纳法定义概念

语言的重大矛盾之一是：世界是由无穷多个物体和观念组成的，然而，人类却设法仅用几千个词汇就能表达它们。部分而言，把握概念的形成和概念的获得这一双重的过程是有可能的。概念的形成（第六章的主题），是通过对相似的物体和观念分组来创造范畴的过程。这很大程度上减轻了为记忆和理解如此多的不同事物的负担。概念的获得是找出事物的那些本质的属性和忽略那些非本质属性的过程。它还包括学会在关于什么是概念与什么不是概念的例子之间做出区分。

概念的获得常被孩子形象化，这是一种自然的倾向。如果一个孩子守着一个宠物房子度过了第一年，即在一只猫的房子前，那么她会理所当然地定义一个广义性的概念：所有小的有四条腿的皮毛动物都是猫。这种过于笼统的概念归纳趋向使成人感到非常惊奇，如，把邻居的狗称为猫。在获得猫这一概念的过程中，孩子遇到了多种猫的例子（淡黄色的猫、长毛猫、成年猫、小猫，等等），还有许多不是猫的例子（笼子里的金丝雀，邻居家的德国牧羊犬，田间的蝗虫）。这一系列的猫的例子和非猫的例子，让孩子直觉地得知了一系列猫的属性和区分了猫的特征，还检测了孩子对于"是"与"不是"猫的一些假设是否能成立，而不是根据在动物身上贴上"这是猫"的标示来得知"这是一只猫"。在孩子获得概念的过程中，成人的角色是提供一个浓缩的充满概念的环境，以便孩子遇到许多概念性的例子时，能给出关于概念定义的精确的信息和反馈。

在许多方法中，概念获得教学模式是刚刚描述过的概念获得的自然过程的正式设定。孩子把获得某一概念很容易看成是理所当然，也就因此会在错误的指示和有害假设的基础上获得概念。成人发现许多有关孩子错误概念的幽默，这些概念在学校教过的。例如，阿特·林克莱特（Art Linkletter）在电台和电视节目中采访了成千上万个孩子，在他的《孩子》一书中叙述了这样一些事情：

对一些词汇和词组的一知半解反射出一个孩子在成长过程中的神经末梢方面千变万化的方式。一个男孩说道："我最喜欢的歌是《我要带着一个援助队在我的膝盖上去亚拉巴马》。"

一天，一个小女孩去参加在林克莱特别墅举行的一次化装舞会，她穿了件奇特的殖民时期的服装。"你想成为谁啊？"我好奇地问道。

"我是乔治·华盛顿的妻子。她跳上一匹马，骑着它穿过整个镇，拯救了她的父亲，并叫道：'英国人来了！'"

我们的一个小朋友每当唱起《上帝保佑美国》的时候，总是以合乎逻辑的抒情诗形式唱道："穿过整个夜空的光，陪伴着她，指引着她。"[1]

正如这些奇闻吸引人一样，我们也很想知道在学校里教给孩子的概念有多少是误解和曲解的。老师常常使自己和学生认为记忆和理解是一样的。这带来了许多问题："如果教授的东西对那些学习的人来说一点意义都没有，那么教学还有什么用处呢？为什么轻易就断定学习者已经理解了在课堂中使用过的概念的意义了呢？"

在课堂上，获得概念的过程是帮助学习者通过比较"是"概念的例子和"不是"概念的例子的诱导过程来获得概念的意义，直到得到概念的定义。

什么是概念

概念是根据我们赋予它的属性来定义的。属性是区分事物或观念的特征。属性有两种：本质的和非本质的。尽管桌子是一个我们可以看到的和触摸到的物体，我们在头脑中仍有一个关于桌子的概念，或者是哲学家柏拉图所表示的"桌子"。一张桌子通常是这样定义的：一个由四条腿支撑起来的平面，上面可以放置东西。是由两个独立的煤渣木块支撑起的一块木板，而且上面可以放置午餐吗？是放置在地上的可以放置午餐的木板？你已经自己定义的桌子的属性——你已经用你的概念文件表明了桌子的属性——这将决定你对这些问题的答案。某些属性对概念来说是本质的或必要的，其他的是非本质的或可变的。

苹果的两种属性，"红的、圆的"，很大程度上是被联合在一起的。尽管如此，如果一个小孩在一个苹果园里长大，他很可能认为苹果的最普通的两个属性是"绿色"和"圆的"，而且"红色"这一属性自然是一个可变的属性。我们命名苹果属性的概念文件应该包括尺寸、形状、颜色、口味、质地、外皮、种子、茎干等。除了一些事实上的信息，我们个人的文件内容还包括：印象、知识、想法、记忆、假设、喜好、概括、联想等。例如：一天一苹果，医生远离我；一个苹果顶一个老师。

---

[1] 阿特·林克艾特：《孩子眼中最黑暗的事情》(Englewood Cliffs, NJ: Prentice Hall), 1957年版，第109页。

因此，概念这一词不仅仅涉及到因个人的独特理解而有多种看法的事物本身，而且涉及到形成个人对这事物看法的那些属性。

概念获得模式的步骤

第一步到第三步被老师在教授该概念之前完成了。
1. 选择并定义概念。
2. 选择属性。
3. 提供肯定与否定的例子。
4. 向学生介绍过程。
5. 呈现例子并列出属性。
6. 形成概念的定义。
7. 给出另外的例子。
8. 与学生一起讨论过程。
9. 评价。

第一步：选择并定义概念

概念的获得过程对讲授具有清晰属性的概念是最恰当的。如，讲演的部分内容可以用具有清晰属性的概念来讲授。生物的分类系统对概念的获得是非常合适的。对美国内战中自由和奴隶的概念，几何学上的三角形和其他图形的概念，杰出艺术的不同艺术风格的概念，句子的每个种类的概念（简单的、复合的，诸如此类），也都是非常适合概念获得模式的。使用过这一模式的教学所选择的概念，可以通过清晰地分辨这些概念和其他相似概念的特点来定义。

在选择某概念进行讲授时，还可以考虑相关的概念。学生能够认出不同概念之间的关系是非常重要的。如，在教授苹果这一概念时，老师必须考虑与苹果同等的概念，从属于苹果的概念，高于苹果的概念。苹果、梨子、橘子（同位概念）全都是水果（上位概念）。Mackintosh，Stayman，Winesap（同位概念）都是苹果的不同种类。尽管所有不同种类的苹果都是水果，但是并不是所有的水果都是苹果，并且 Winesap 既是苹果的一种又是水果。

水果　　　　　（上位概念）
苹果　　　　　（同位概念）　　　梨子　　橘子
Mackintosh　　（下位概念）
Stayman
Winesap

一旦你通过概念的获得过程确认了一个概念是可教的，就写下令你满意，令学习者易于理解的定义。在许多教科书中,概念的定义是令人迷惑的。因此,不要完全依赖于书本或者字典。找出一个能为课本提供足够依据的定义是很花时间的。因为一个概念通常具有多种意思。对教材来说,制定一个最适当的定义是必要的。在概念获得过程的最后,你可以和学生讨论概念的其他意义。

重点不仅仅是找出定义然后给予学生,更重要的是老师在概念获得的设计中能明确地表达被使用的定义和选择恰当的例子。教学的最主要目的是让学生自己给出定义。由于许多原因,学生得出的定义通常优于老师给出的最初的定义。在任何一个事件中,概念获得教学模式的显著功能就是提供可供选择的两种途径:告诉学习者理解些什么,或让他们直接参与到理解过程中来。

第二步:选择属性

一旦选择和定义概念的第一步完成,选择概念定义的属性——确定一个事物包含的概念种类——就是下一步。如,长方形的概念:由四条边组成的几何图形,包括四个棱角,对边相等且平行。这最基本的定义属性是:

几何图形　　　　包括四个棱角

四条边　　　　　对边相等且平行

第三步:提供肯定与否定的例子

尽可能多地创造概念的例子。每个正面的例子必须包含所有最基本的属性。如长方形,一些例子可以在黑板上画出来,一些可以用投影仪投射出来,其他一些可以用纸裁剪出来,但是每个例子必须包含最基本的属性:四条边相互连接构成四个棱角,对边相等且平行(见图5-1)。

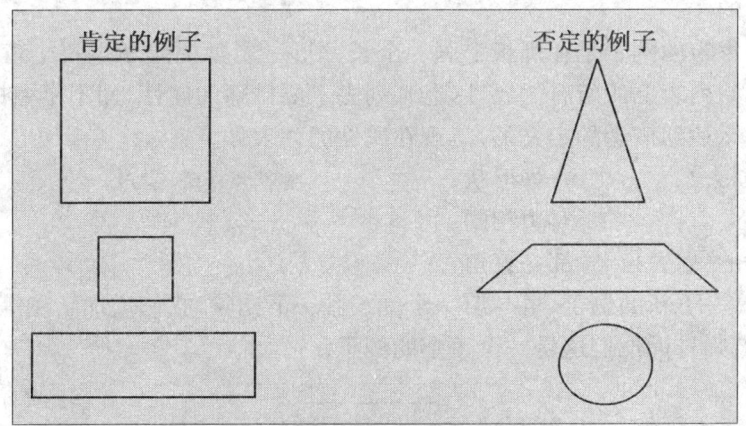

图5-1　获得长方形概念课程的肯定的和否定的例子

第四步：向学生介绍过程

向学生详细解释：活动的目的是通过鉴别意义的本质来给概念下定义。你可以把这个当做一种游戏，你也可以到游戏结束才把概念公布出来。目的就是让学生逐渐理解概念而且能用自己的语言来给概念下定义。

在黑板上写上两个标题，一个是写正面的特点，另一个是写反面的特点。告诉学生你将给出要学习的关于概念的肯定的例子和否定的例子。他们的任务就是明确所列出的特点，这些特点可以区分出肯定的例子，而这些例子又可以导入概念的清晰的定义。

要强调的是，在肯定的例子这一栏中，如果举出有一个新的积极的例子不包括那个属性，那么，原来那个属性就要被划去。与其擦掉属性，倒不如划去，这是最基本的。其目的是为了在最后可以回顾一下，看看最基本的属性是怎样鉴别出来的这一过程。

第五步：呈现例子并列出属性

以肯定的例子开始，允许学生提到任何他们所记录的属性，这里没有错误的答案。如果有个学生说图形是用纸做的，那么在正面标题下写上"用纸做的"（如果有另外一个正面的例子说明长方形是由另外一种物质做的，那么"纸"将被删去）。强调每个肯定的例子都需要包括所有的特点、属性和概念的性质。非本质的或"杂乱"的属性，如，颜色、质地，在讨论的时候可以被指出。如，想象一个老师用一张绿色的建筑纸张制成了第一个肯定的长方形例子。当学生看到的时候，他们自然地列出了下列属性：

绿色　　　　　　　一种形状
四条边　　　　　　对边是相同
用纸做的

第二个肯定的例子是在黑板上画一个长方形。老师提醒学生每个肯定的例子必须包括在原始列表上的所有的属性（老师划去了要排除的属性，而不是擦掉；学生需要看看他们怎么达到概念的定义的）。现在属性的列表如下：

~~绿色~~（划去）　　　一种形状
四条边　　　　　　　对边相同
~~用纸做的~~（划去）　都是直角

结果，看一下新的例子，再与第一个例子做一下比较，它们增加了相等数量边的棱角。然后，老师告诉他们这是一个否定的例子：

老师提醒学生否定的例子可能包括其中一些属性,但不是所有的。这将帮助他们关注不同之处。之后,有学生注意到在肯定的例子中,所有的对边都彼此平行。这个事实就被加入到肯定属性一栏。否定的例子帮助学生注意他们没发现的肯定的属性。现在列表如下:

~~绿色~~（划去）　　　　　对边是相同的
四条边　　　　　　　　包括相等数量边的棱角
~~用纸做的~~（划去）　　　对边平行
一种形状

　　这一步骤中,老师让学生阐明一些术语:"相等的另一种说法是什么?"（均等）"有没有另外一个词汇可以代替形状并且使它更具有描述性?"（几何图形）
　　反面例子是为强调正面例子服务的,像梯形就是长方形的一个否定的例子。在黑板上列出的一些反面例子可以用来强调和比较。反面例子具有概念的部分而非所有的性质。要让学生清楚:否定的例子没有排除任何来自正面例子清单下的属性,只有正面的例子不包括要排除的属性。
　　这一过程要教给学生注意相似之处和不同之处,理解概念的基本属性,只给出能举例说明属性的例子是不够的。如,如果概念是水果,仅仅在黑板上列出不同种类的水果是不能产生定义的。要下一个定义,首先学生必须鉴别基本属性。这些例子必须给学习者一个关于属性的清晰的暗示。在这种情况下,就可以用图片来展示不同的水果,或者在不同发育阶段的真的水果。
　　属性可以通过很多种方法来论证。如,一位老师在介绍浪漫主义文学流派这一概念时,来自浪漫主义艺术时期的图片将是最好的肯定的例子,否定的例子就可以展示其他艺术风格的图片。
　　选择恰当的播放媒体、图片、插图、三维物体、口头的例子,都是有效的。要警示学生:用很响的声音向他们读很长的文章,他们可能不记得任何内容;而在一张纸上列出他们可以阅读的有趣的例子,他们将记得很多内容。

第六步：形成概念的定义

　　既然黑板上形成了一个关于概念的有意义的、属性的、合理的、完整的清单,老师就可以让学生试着形成新的概念,这个新的概念要把黑板上剩下的所有基本属性都结合在一起。通常,学生用自己的语言组织的定义令人惊讶地比书本上的定义更易于理解。在定义形成之前或之后,老师可以让学生给出概念的名字。
　　这个过程中要注意的是:学生往往不习惯用自己的话来陈述定义。应激励最先在这方面做出努力的学生,以便促使其他学生敢于增加或改变概念。随着经验的积累,学生将逐步在这一过程中变得越来越熟练。

要记住,概念获得教学的目标不仅仅是让学生得到定义,最主要的目标是让学生参与到定义的过程和概念形成的过程中去。

第七步:给出另外的例子

学生一旦形成了他们正在学习的概念的最初定义,就可以给他们展示一些肯定的和否定的例子来测试他们是否可以鉴别属于概念的例子。然后让学生给出他们自己的例子,再解释为什么他们的例子适合于这个概念的定义。

第八步:与学生一起讨论过程

讨论这一步是保证学生理解他们怎么得到定义的一个基本步骤,也是把这一过程和他们自己思考的自然过程相联系的步骤。"随着学生学习怎样更有效地分类,随着他们学习怎样得到自己的分类,他们获得概念的能力提高了。"[1]注意相似之处和不同之处,这在任何一种研究和分析中,在正式和非正式的思考中都是基本的;学习者对自己的思考过程越有意识,思考就越准确。因此,当概念的获得用于教学时,要让学生鉴定哪一个是他们理解的基本属性,说出哪个例子是最有用的。

第九步:评价

为了确定学生是否理解过程,要让他们自己形成另外的含有基本属性的例子,形成含有新概念的定义的基本属性的肯定的例子和否定的例子。你还可以让学生挑战自己,去扩展概念的定义,然后提供形成扩展定义的肯定的例子和否定的例子。

阶段性地回顾概念,可以来确定学生是否已经保留了定义。用测试可以来确定这个过程是否比机械的学习和机械的保留概念的定义更为有效。

概念获得模式的步骤总结

根据先前的指示,第一步到第三步已经完成。

1. 选择并定义概念:根据这个模式确定概念是否合适,是否可以教授。定义应该清晰,属性应该是可证明的。

2. 选择属性:确定概念的最基本的性质。

3. 提供肯定与否定的例子:这是最关键的步骤。因为肯定的例子必须包括概念所有的基本属性,而它们也可能包括一些需要逐渐排除的非本质属性。否定的例子可能具有部分但不是所有的概念的基本属性。

---

[1] A. M. 基尔戈:"教学模式与教师教育",《通过实验研究来促进教师教育:教师教育专题论文》(第1辑)(Lincoln, NE: The Nebraska Consortium),1984年版,第108~126页。

4. 向学生介绍过程：花时间来清楚地解释你将做什么和所必须经历的每一个步骤，这是很重要的。

5. 呈现例子并列出属性：分别列出表示属性的肯定的和否定的例子。但当一个新的肯定的例子没有包括某属性时，它要在肯定的例子列表中被划去。记住：只有肯定的例子能从列表中划去属性，否定例子的列表中的项目是用来强调性质的。

6. 形成概念的定义：通过使用肯定的属性，学生给概念下定义。要有耐心，因为从想法中总结出定义是要花时间的。

7. 给出另外的例子：确定学生是否理解了概念。这个模式的一个优点是：尽管有些学生比其他学生得到的意义快一些，然而每个学生都可以参与进来。可能有些学生直到这一步还没有理解概念，而同时，另一些学生却获得了对概念的进一步理解。

8. 与学生一起讨论过程：确定学生理解定义是怎样得到的。这能帮助他们明白概念是怎样形成的。这也可能对提醒学生怎样参与到每日的概念获得过程有帮助，包括：他们的相互活动和彼此间的相互反应，对周围环境中的事物的反应，在学校课堂里遇到的想法。

9. 评价：为了确定概念是否已经被学生所获得，要阶段性地进行评价。

概念获得模式的变式

对过程熟悉之后，呈现所有的肯定的和否定的例子，并立即有根据地进行分类，让学生从这些例子中确定概念的基本属性。如，当教授动词这一概念时，呈现一篇把动词画出来的文章。要求学生能从所给材料中的动词的功能来确定动词的基本属性。消极的例子，比如说名词、形容词，也可以在文章中圈出来用做比较。

另外一个方法是呈现所有的例子，不要区分哪些是肯定的，哪些是否定的。学生必须将这些例子分成肯定的和否定的，然后确定那些表示基本属性的积极的例子。

对小孩子，可以呈现一系列肯定的例子的图片，如生活在农场里的动物的图片；对消极的例子，如野生动物，就可以在概念的定义得出之后呈现出来。

这个模式的另外一个变化就是让学生形成肯定的例子和否定的例子来巩固在课堂上学过的概念。这个课程目标是简单地定义概念，确定概念的基本属性，然后选择肯定的例子和否定的例子。这可以个人完成，也可以分组完成，这也可以当做评估学生概念的理解及其过程的一种很好的方法。

概念的获得过程也可以用做有效的小组活动。用第十四章所讲的方法来把班级分成若干小组。这一活动的第一时间就是要把肯定的例子和否定的例子进行分类。随着学生对这一过程的熟悉，以后呈现的例子就不用分类了。指示每一个小组确定概念的基本属性，写下概念的定义。你可以选择是否给学生概念的名称，或者直到定义得出才给出名称。

图5-2展示了给各个小组含有说明的图片来确定基本属性,然后来定义椅子这一概念。

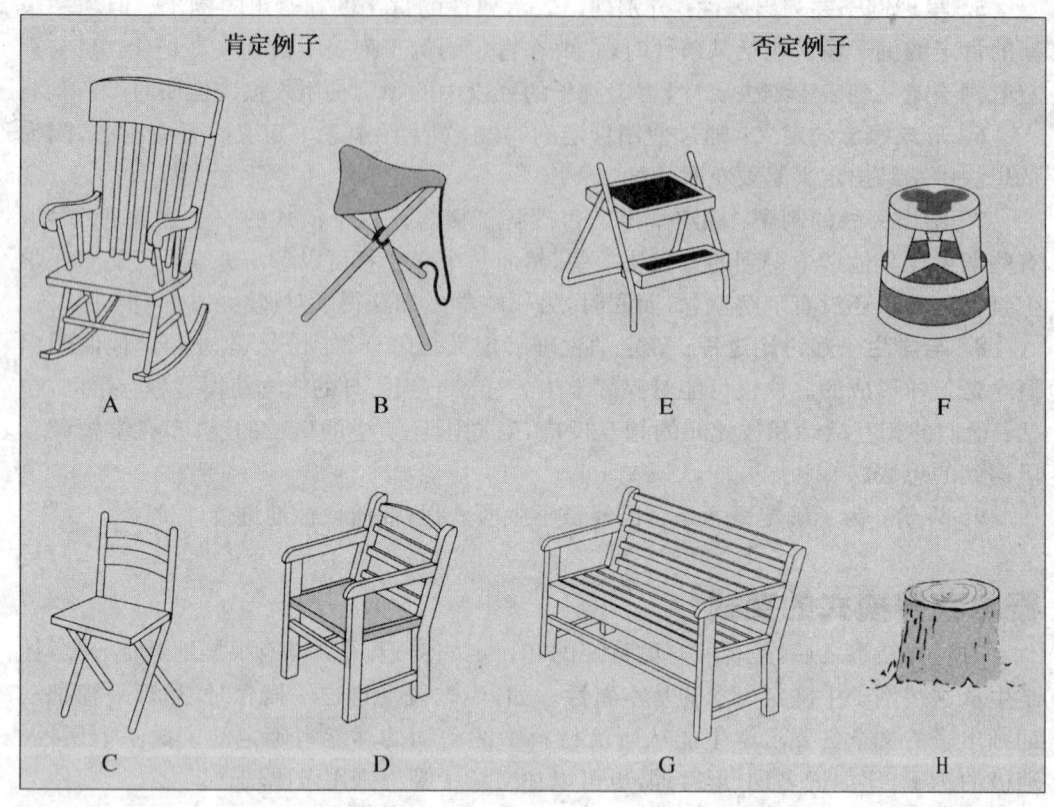

A. 摇椅　　B. 三脚凳　　C. 折叠椅　　D. 直背椅
E. 台阶椅　F. 旋转椅　　G. 长椅子　　H. 树桩

图5-2　小组获得有关椅子概念的肯定的例子和否定的例子

练习5-1

看图5-2,从所给例子中确定椅子这一概念的定义,但是这些例子包括一个特殊定义的属性。

练习5-1参考答案

这些例子的基础——概念的定义——是"由某人设计的用来支撑一个人的座位"。

在图5-2所给的每个肯定例子中——A、B、C和D——三个基本的属性都已给出。

1. 它们是座位。
2. 是由某些人设计。
3. 可以支撑一个人。

在否定的例子中，一个人可以坐在 E、F 和 H 上，但那些设计不是用来坐的。G 是设计用来坐的，但是可以坐几个人。其他否定的例子是一张床、一个矮桌，那些不是为了特殊的目的设计的。一个来自自然的否定例子，例如一块平整的岩石或一根原木，一个人也可以坐在上面，要强调一下椅子是特地设计的。

当这些例子向学生提出以后，学生会形成多种多样的定义。如：

■ 为一个人就坐而制造的物体。
■ 供一个人就坐的家具。
■ 可以让一个人笔直坐着的椅子。

这三个定义都包括了基本属性，尽管是用稍微不同的术语来陈述。学生可以投票决定选哪个定义最能清楚地陈述基本属性。

概念获得模式的基础

概念获得模式是建立在杰罗姆·布鲁纳（Jerome Bruner）、杰奎琳·古德诺（Jacqueline Goodnow）和乔治·奥斯汀（George Austin）的研究基础上的。他们创作了划时代的里程碑式的巨著——《思考的学习》（*A Study of Thinking*）[1]。布鲁纳和相关的一些人最初关注的是个人对概念的分类和获得概念的过程。教师在教授概念时对这一研究成果的使用已经产生了显著的兴趣。布鲁纳等人说："分类就是识别不同的类似的事物；分类也是把事物、事件、人物分类；分类与其说是根据事物的惟一性做出反应，不如说是根据它们的种类关系。"[2]在这一分类阶段，允许学习者把他们复杂的环境通过概念的形成和获得而简单化。

在这部著作中，布鲁纳的研究被运用于概念获得模式中的一个特殊方面，被称为概念获得的接收策略。他们描述了有关这一过程的三个基本原则：[3]

1. 举出第一个肯定的事例，运用在你最初的假设中。
2. 考虑你的假设和你可能遇到的不是很强有力的肯定的例子的共同之处。
3. 忽略其他的一切。

在学校，学生经常被许多命题"轰炸"（正确的和所谓正确的命题），命题都是被告知或者被要求阅读的。这些命题往往都是由不连贯的概念组成。通常一些真理和一些假命题被混入到命题中，然后看学生是否理解了这些命题。如，每个学生都知道这

---

[1] J. S. 布鲁纳、J. J. 古德诺、G. A. 奥斯汀：《思维研究》(New York：John Wiley and Sons)，1959 年版；(Huntington, NY：Robert E. Krieger)，1977 年版。
[2] 同上，第 1 页。
[3] 同上，第 131 页。

样一个真理：哥伦布发现了美洲。然而，这一真理是以人们怎样定义"发现"的概念为基础的。据估计，在哥伦布登上他误以为是西印度的北美大陆时，就有 1 000 万的人居住在那里了。他错误地设想他当时就在接近印度的某处。评论家、学生和成人，他们能理解概念获得的思想过程，但也应该对过于简单的命题保持机警。

总而言之，概念是由来自大量的观察得出的分类信息的结果中形成的想法和概括。为了对世界上各种各样的刺激形成感受，各种年龄阶段的学习者形成了概念并给它们起了名字。如果世界上的单个事物都可以被看做独立的、不相干的实体，那么可以想象一下认知的负担（有多重）。为了形成概念，学习者更注意相似之处，而不是不同之处，而且把相同的事物归类在一起。苹果这一定义来自尺寸、形状、颜色，但正是根据关注它们的相似之处，忽略它们的不同之处，我们就得到了苹果的最初概念。

尽管每个学生都拥有相同的定义，但在课堂里所用的许多概念是抽象的而且有多种解释，那些概念被频繁地使用着。想一想关于民主的概念。假设你让大学的某个班级给出术语的定义，你将得到许多不同的答案。但我们通常仍然希望小学生享有概念的定义与他们的词汇表中的一样。

教会学生在课堂上理解概念的意义是教学的重大挑战之一。概念和定义一样都有名称，也都包含有基本的属性，这些属性可以让它们各自归类。例如，关于桌子这一概念，一个定义是："由光滑的、平整的厚木板组成的四条腿的家具。"桌子的基本要素就是：(1) 一件家具；(2) 光滑的、平整的厚木板；(3) 由四条腿组成。学生很容易就理解了概念的意义。如果依赖许多实例而不是靠记住概念的名称和意义来得出定义，那么，他们可以认出桌子的基本属性。

在概念获得模式中，重点就是让学习者确定预先被老师选择好的概念的基本属性。这一模式的最后一步就是通过注意相似之处而忽略不同之处，鼓励学生去探索概念的形成。这一模式同时也为教授特殊概念的意义和教授学生思考的过程是怎样发生而服务的。

为了准备使用概念获得模式，我们必须提前确定要学习的以下有关概念的基本原理：

1. 概念的名称。
2. 概念的定义或规则。
3. 概念的属性。
4. 概念的例子。
5. 这一概念与其他概念的关系。

活动 5-1

在使用这一模式过程中，与概念定义相关的内容，教师通常与学生学习得一样多。

第五章　概念获得模式：用归纳法定义概念

测试一下你自己,看看你是否可以不通过课文就可以写出自由、法律、家庭、航线、地区、液体的定义,然后在字典上查出这些概念,决定哪些是在课堂上可以得到的概念。

脚本

冈萨雷斯夫人正在教八年级的学生"隐喻"这一概念。她解释说他们将学习一个新的概念的意义,他们只有在把这一定义的所有基本组成部分都写在黑板上之后她才会公布这一概念,而且学生有能力获得意义。她还说:"我们可以通过搜索定义它的那些基本性质来发现概念的意义。我将给你肯定的例子,它们将说明这一概念;我还会给你们一些否定的例子,这些例子包括这一概念的基本性质,但不是所有的。"

第一个例子是:月亮是航行在夜空中的银色小船。学生就给出下列可能的答案,老师把它们写在了黑板上。

小船　　　　　诗歌
黑夜　　　　　句子
比喻　　　　　引用

第二个例子也是肯定的:超人——钢铁之人。除了比喻这个词之外,学生排除了所有的答案。现在列表如下:

~~小船~~(划去)　　　　~~诗歌~~(划去)
~~黑夜~~(划去)　　　　~~句子~~(划去)
不同事物的比喻　　　　~~引用~~(划去)

接下来老师又给学生一个否定的例子:他的心像雄狮一样。

老师:你觉得这与你们之前看到的例子有什么不同?

学生:这还是个比喻,不过,这次有个"像"字。

在否定例子这一栏下,老师写下了"像"这个字。其他否定的例子:胆小如鼠,"如"字被列入否定一栏。

学生:如果否定的例子包括像、如,那么包含这些词的句子也要列入否定的一边。

老师:这里有个例子。告诉我这是个肯定的还是个否定的例子:父亲是力量之塔。

学生:这是个肯定的例子。因为这是个没有用"像"和"如"的比喻。

老师:你还可以提供一些比较的东西吗?

学生:呃,他们是非常不同的——船和月亮,人和塔,人和钢铁。

老师:那这个例子呢? 这也是个肯定的例子:船耕着大海。

学生:船被比喻成耕地的犁。

学生:在这个例子中船成了犁。

老师:有没有准备好对这概念下定义了?

学生：比喻的东西是不同的。
学生：不要忘了我们不能用"像"和"如"。
学生：一件事物事实上变成了另一件事物，就像月亮耕种着夜空的海洋。
学生：连接不同的东西去创造一个新的想象的东西，而且不能用"像"和"如"。
老师：这真是个好的定义，而且比我已经写下的还要好。我们把这种使用语言的概念叫做"隐喻"。注意你们是怎样得到这个定义的。你们是怎样确定主要的属性的？
老师：通过选择不同例子中的相似处和不同处。
老师：这里有些选好的引用，看看你们是否可以鉴别隐喻。

老师不必每天都使用教学策略，但它是为有趣和有效的变化服务的。通过在给出的例子之后形成规则，通过引导推理，学习好的学生已经交流了他们的需要。另外，如果这个意思是被孤立地学习的话，学生很有可能记住隐喻的意思，并把它联系到例子上去。

概念获得模式的最后一步是和学生讨论他们所经历的过程。问学生一些问题，如，"你在什么时候意识到对概念的意义来说是基本的那些特殊性质的？"或者，"我们是怎样排除特殊的性质的？"帮助学生理解概念是怎样形成的，考虑他们的想法。

活动 5-2

从你计划要教的课程中选出一个概念。确定一下能否用这个模式来有效地教授它。如果可以，设计一个概念获得课程。

总结

概念获得模式，它描述了通过呈现肯定的例子和否定的例子直到学生可以鉴别基本属性和陈述概念的定义来教授概念意义的步骤。另外，这个模式帮助学生通过定义概念来理解过程。老师可以给学生呈现一个新的概念，或注意一个相似概念的特殊方面。因为概念的理解是学习的基础，花在概念的鉴定和澄清上的时间要好好利用。此外，老师会发现为了用这个模式，他们要阐明他们自己对基本概念的理解。

网络资源

1. http://education.boisestate.edu/LROGIEN/Models%20of%20teaching/ConcptAtt.htm

用另外的情节来考虑、理解概念获得的模式。

2. http://education.nebrwesleyan.edu/mcdonald/235website/Model_Ebals/CA.html

这个清单是用来评价概念获得课程，而且供个人下载使用的。通过评估等级回答

18个问题，老师很容易就发现概念获得课程的哪部分是最有效的，哪部分还需要改进。

3. http：//www.jpl.nassa.gov/ice_fire/outreach/Pluto2.htm

概念获得运用的完美例子可以用来帮助学生从众说纷纭的环境中解脱出来，就像冥王星是颗随时都会飞走的行星一样。

4. http：//home.apu.edu/-marvidson/science2%20concept%20attain.htm

这个网站提供的概念获得课程的计划为七年级的生命科学课程提供了例子：作为昆虫应具有什么资格？

5. http：//curry.edschool.virgnia.edu/curry/class/edlf/589_004/Penelope_Miller/portfolio/envconcp.htm

这个网站提供的概念获得课程计划也是可以使用在环境教育单元中的。这一课程的重点是垃圾产品这一主题，而且可以帮助学生分清可循环的和不可循环的产品。

第六章
概念形成模式：分析概念各部分之间的关系

詹姆斯·米切纳（James Michener）在一篇百年纪念文章中描述道：波塔托·布伦博（Potato Brumbaugh）获得了两个对他来说十分重要的词汇。

他仅仅是一个农民，但是像所有带有创造性想法的人一样，他找到了表达他自己所需要的词汇。他听一位教授使用"限制"和"补充"两个单词，他立刻理解了教授表达的意思是什么。对于他来说，在他听到那个词语之前，布伦博已经发现了概念，但是当他听到它时，他便自然而然地采用了它，因为他早已接受了把它命名入符号的建议。[1]

理解概念

米切纳指出，词汇的获得直接关系到概念的习得。当一个概念被理解时，当事物或者想法成为我们经验的一部分时，一个新的单词就会呈现出它的意思，因为在交流那个概念时它是有用的。概念和其标志成为个人精神框架一个永久不变的部分。但是，当一个新的标志出现时，随之而来的还有一个定义，它们还没有被个人所经历或形成概念，那么这个标志只有在若干年以后才能成为个人精神框架的一部分。

什么是概念形成

概念形成常常与诸如美丽和真理这样的抽象概念联系在一起。但是赫尔德·塔巴（Hilda Taba）创造了概念形成策略，并用它扩展学生在诸如苹果、棒球等具体事物方面的知识。让我们来分析概念这个词。

《美国英语遗产辞典》将概念定义为：

1. 一般的想法或理解，特别是从具体的例子或事件中派生出来的。

2. 一种想法或观念……晚期拉丁语构想物（conceptus），

---

[1] J. A. 米切纳：《百年纪念》(New York：Random House)，1974年版，第678页。

由过去分词 concipere 而来，是指一个实物带给本人的构思、理解。〔1〕

概念的第一个定义比第二个用得更多。它适用于诸如美丽、真理、自由或者民主这样的高度抽象的概念，与诸如苹果、棒球、桌子或者树这样的具体对象相反。为什么塔巴采用具体对象作为模式？因为她使用了第二个定义。

想一想第二个定义中的词："带给本人"。把我们的脑子想象为一个包含成千上万单个文件的文件柜。实际上，我们有有关我们曾经相遇过的所有有意义的人、地方、事物或者想法的文件。每一个个体文件中的信息构成了我们个人的关于那特殊的人、地方、对象的"概念"，诸如此类。任何具有属性或者明显特性的事物——甚至一个具体的对象——给予我们关于对象自身的观念，我们便在头脑中形成了这个观念。这就是为什么布伦博能如此迅速地学会"限制"和"补充"这两个单词。他已经有文件，他只是没有标志。在我们脑海里建立起观念和概念，正是本章所强调的东西。

杰罗姆·布鲁纳断言："当我们看见一个红色的、发光的、略圆的东西便推断它是一个苹果，然后我们能够更进一步推断，'如果它是一个苹果，它是可食用的、多汁的，如果不放入冰箱它将腐烂，等等'。给一个概念下定义是一个推断的网络，它是或者可能会放入一个情景中被分类的。"〔2〕布鲁纳接着断言："这事实上包含了所有认知的活动，而且依赖分类的过程。"〔3〕这句话指出在本章中要介绍的思维过程的重要性。

因此，概念形成是扩展和提炼我们的个体文件中信息的一种策略；它扩展和提炼我们的每个概念，无论它是诸如桌子的具体概念还是诸如真理的抽象概念。

概念形成反映我们先天的思维过程

概念形成模式在执行其他与形成概念有关的思维过程时，要给学生进行分类的实践。通过以具体对象开始，然后进展到较复杂的观念，学生要学会清楚地说出自己的思想并把它与其他学生的想法进行比较。塔巴强调，一个人利用选择属性并且形成关于一个具体的对象的表象的思维过程与到达更加抽象观点的意义的思维过程是相同的。〔4〕无论我们学习诸如一张桌子的一个对象，诸如民主的一种观念，还是诸如乔治·华盛顿这样的一个人，我们使用同样的过程。进而，塔巴断言：我们在形成、扩展和提炼我们对较简单对象的概念方面的实践越多，我们在发展、扩展和提炼我们对更

---

〔1〕威廉·莫里斯：《美国英语遗产词典》（第四版）(Boston：Houghton Mifflin)，2000年版。
〔2〕J. S. 布鲁纳、J. J. 古德诺、G. A. 奥斯汀：《思维研究》(New Brunswick, NJ：Transaction Books)，1986年版，第244页。
〔3〕同上，第246页。
〔4〕希尔达·塔巴：《希尔达·塔巴教学策略大纲：单元Ⅰ》(Miami：Institute for Staff Development)，1971年版，第176页。

加抽象观点的概念方面就越有效。[1]

以前有一个喜剧连续剧叫《未必是新闻》，有关于 sniglets 的一个片断，被定义为"没有在词典中出现的单词，但是应该有"。这些单词通常是指某个事物的名词，人们都知道它们却不知道它们叫什么。这些 sniglets 展示了名称能如何地被赋于我们已经熟悉的对象的；因此，概念名称紧随着概念定义。在以 sniglets 命名的书中，关于对 Snighlets 命名的例子有：

- Per'-cu-cup：一个咖啡渗滤器，最后的蒸气提醒你它将准备完毕。
- May'-pahp：一辆光秃秃的汽车或者自行车轮胎。
- Spork：在快餐店中流行的结合勺子与叉子的餐具。[2]

在第五章，教学的焦点是概念获得，是指导如何学习概念的。教师控制着学生最初对概念的把握，因为他或她选择的例子中出现了概念。然而，在概念形成模式中，数据库的项目，还有分类及分类的理由，都来自学生。在本章中，强调概念如何被扩展和提炼。教师的指示建立在学习者预先理解的基础概念之上。通过对一些预先的理解的探究，当概念性的内在关系出现时，用于新的理解的一个框架就被建立。教学是建立在已知的基础上的，并致力于添加和修改学习者将进入教学的信息和理解。这个模式下面有个重要的原则就是：理解是建构起来的而不是习得的。如，当我们对自己的家具感兴趣并且知道有墙桌、咖啡桌、餐桌、牌桌、矮桌时，我们对桌子的概念将会改变或者变得更复杂。

执行这种模式，帮助学生用若干种方式更有效地进行思维。个人理解的质量大部分取决于他或者她思维过程的灵活性。对新的信息敞开的人愿意把他或者她的文件内容与其他人共享并且比较；愿意改变那些文件的内容吗？或者，那些人会趋向于拒绝那些有疑问的信息或者可能与目前他或者她的文件存在矛盾的信息吗？那些人会怀疑和检验那些在他或者她的文件中确定了的内容吗？

在小组中执行这种模式中的实践，能使个体思维更有灵活性。在一组形势下，除提炼和扩展学生对于下述详细操作的主题的理解之外，还能增加学生单独执行步骤的能力。通过引起对一个过程的注意，我们便会自然地、下意识地去执行，其目标是帮助学生成为较好的思想家。此外，学生可能使用这些步骤来产生初始的想法。

概念形成模式的步骤

1. 尽可能多地列出与主题有关的项目。
2. 依据它们在某些方面的相似来组合项目。

---

[1] 希尔达·塔巴：《希尔达·塔巴教学策略大纲：单元Ⅰ》(Miami：Institute for Staff Development)，1971 年版，第 165 页。

[2] 里奇·豪：《笑料手册》(New York：Collier Books)，1984 年版。

3. 通过定义分组的原因来为组贴上标签。
4. 重新组合,将单独的项目或者整个的组归入其他组下面。
5. 通过总结数据和形成概括来综合信息。[1]
6. 通过评估学生产生项目的多样性以及组合那些项目的灵活性的能力,来评价学生的进步。

在连续实施这些步骤时,前五个步骤分别反映人类思维的过程:当他们整理他们关于一个特殊的对象的思维时,当他们组织并且重新组织这些思维时,当他们寻求新的关系和新的意义时,当他们为认识没有图示标明的地形而确定他们的方式时。这种模式可用于从幼儿园到十二年级,也可在不同的学科中用来探索基本概念以外的领域。在社会科学领域,它可被用来探索诸如资本主义、帝国主义、扩张主义等概念;在数学学科,它可被用来探索诸如速度、扩大、相对论等概念;在英语学科,它可被用来探索诸如特性、主题和观点等概念。与此同类的概念对年幼的学生可用较简单的术语表达。

使用这一模式从任何学科规则中探索一个中心概念,允许教师评估学生预先的理解,促使学生增加并且丰富他们以前的理解,并且提供一种极好的回顾。学生喜欢这一过程,因为这一过程的各要素是他们的贡献,是他们的自己的成果。

第一步: 尽可能多地列出与主题有关的项目

按第一个步骤,学生被要求列举一个与主题有关的项目。资料可能是来自他们自己经历过的或者是在课堂上学到的内容。在开始一堂研究空间的课之前,教师可能说:"告诉我你知道的关于宇航员的每件事情。"或者在看了一部太空的电影之后,教师可能说:"让我们给刚才所看到的外层空间的所有东西命名。"

在这些步骤中,塔巴用于提问的语言方式是十分精确的。表6-1中,塔巴提供了这个模式所建立的问题—反应—跟随序列。

表6-1 形成概念

步 骤	教 师	学 生	教师完成动作
1	你在这儿看到(注意到,找到)了什么?	列举项目。	确保每个学生都理解这些项目。 例如:黑板 透明度 个别列表 图片 项目卡片

[1] 塔巴:《希尔达·塔巴教学策略大纲:单元Ⅰ》,第15页。

续表

步骤	教师	学生	教师完成动作
2	这些项目属于一类吗?	找出相似之处,根据这些相似之处对项目进行分组。	交流分组。例如:用彩色粉笔画线。做标记。对图片或卡片进行排列。
3	你为什么把这些项目归为一类? a 你会把这些组别命名为什么?	鉴别并描述一下同一组中各项目的共同特征。描述一个包括所有项目的分类(用多个词语描述)。	必要时解释一下回答的内容。记录。
4	部分项目能否归于多个组? 我们能否把这些相同的项目归于不同的组? b 你为什么这么分组?	陈述一下项目之间不同的关联。陈述一下项目之间另外一些不同的关联。	记录。交流分组。
5	请你用一句话概括一下这些组。	用一句话适当地总结一下。	如有需要,提醒一下学生,事先要考虑一下所有这些分组。

a:有时候当学生给出分好的组后,你会对同一个学生提问"为什么";有时候在思考"为什么"这些项目能分到同一组时,你或许会希望获得更多的组。

b:虽然这个步骤是非常重要的,因为它鼓励学生灵活地思考,但是这个步骤并不适用于所有场合。

资料来源:Hilda Taba, Mary C. Durkin, Jack R. Fraenkel, Anthony H. McNaughton 合著的《教师手册之初级社会研究》(*A Teacher's Handbook to Elementary Social Studies*),第二版,1971年,Addison-Wesley 出版社出版。经培生教育有限公司(Pearson Education, Inc.)许可使用。

第一步中的项目应该写在一块黑板上或者是一个可以让所有参与者达到的某一地方。列出的项目必须是具体的,否则它的下一步组合将会混淆。如,你要求学生就万圣节列举项目,一名学生说"引起惊慌的事情",这时就必须要求学生说得更具体。如果他有困难,你可以问:"是哪种事情引起惊慌?"你可以帮助他命名惊慌的事情,诸如正在招手的手指,或者一架发着嘎嘎声的骨架。写下惊慌的事情的关键问题不是为了命名,而是为组合,这会使你在整个过程中前进一步。

基于学生归纳基础上的综合性的列表是很重要的。因为建立在各种各样数据基础上的归纳是有很多有效性的。即使在他们似乎已经用完了已有的信息之后,也应鼓励学生继续列表。在第一种暂停时产生的观念是不明晰的,它需要更强的洞察力和更多的思考。

当审查某对象对参与者来说已经熟悉时,诸如足球、妒忌或者学校,第一步就类似于头脑风暴法。头脑风暴法是迅速的,没有评论性的,没有审查关于给定的主题的任何的列表、观点或者联想。这个术语实际上是一个错误的命名。我们的脑子没有"暴风雨";我们的感情、想象、记忆起暴风雨,简而言之,这个风暴有我们全部的创造。学生列出他们能想到的每件事都可以与那个给定的主题联系在一起。他们列出的可能是一个词组或者一个短语。这个联系可能只被一般地承认,或者可能仅仅对他们自己有意义。按这一步骤,学生把他们的个体文件的内容与其他人共享。

我们强调所有学生参与的重要性是为了鼓励尽可能多的学生的参与,在第一个步骤,要号召较沉默寡言的学生,他会发现在这阶段做出反应是很容易的。

这里有一些项目来自于几次执行这个模式的一个中学的班级。他们探索的主题是足球:

学校颜色,挤,球,彩带,肌肉,肿胀,闪电战,剥去衬衫,热狗,吹口哨

他们在 5 分钟内创造出 140 多个项目。

第二步:依据它们在某些方面的相似来组合项目

当教师认为已经列出了足够的项目时,就应该将之移到黑板的另一半并且问:"依据某些方面的相似,我们已列出的哪些项目可以组合在一起?"按照这个步骤,学生开始检查项目间的关系。试着去引出若干个组。第一个组的项目可能是因为最明显的原因被放在一起。在经过一些思考之后,被列出的组通常是因为更不寻常的原因而组合在一起。

有一个组例是:**头盔开裂,飞行的滑车,冲撞,嘎吱嘎吱地咬嚼,伤害**。在学生能把伤害添加到组中之前,教师先假定所有项目都与**伤害**有关。关于足球,学生到后来为一组贴上"强权出公理"的标签。

第三步:通过定义分组的原因来为组贴上标签

在这一步骤中,学生为新近形成的组贴标签。如,在关于万圣节的讨论中,招手的手指,发嘎嘎声的骨架,斜眼看的南瓜,这些项目被标签为"惊慌的事情"。标签成熟程度受学生的年龄和生活经历的影响。如,较大年龄的学生,可能使用诸如"产地"这样的标签,而较年轻的学生可能为这组贴上"动物生活的地方"的标签。

在这一步,要求学生解释他们选择的原因是很重要的。他们的解释经常令人感到惊奇!即使分组的原因是明显的,也必须要求学生清楚地说出他们的原因。需要他们解释给出的一个特殊的项目组命名的原因,这样能促使学生清楚说出并捍卫他们的推理过程。他们经常不能用语言精确地表达他们已经感觉到的联系,在这阶段,某学生的思想应该被每个人所理解,如塔巴幽默的故事描述:

> 加利福尼亚某大学的卡普鲁斯(Karplus)博士……谈论一些关于七岁的孩子为他们书桌上的岩石分组和贴上标签。卡普鲁斯博士对孩子如何做很感兴趣,因此,他在房间里各处走动,他问一个小男孩:"你怎样给你的岩石分组?"回答是"根据年龄"。
>
> 这确实给人以深刻的印象。于是,卡普鲁斯博士说:"告诉我更多些。"
>
> 男孩回答:"你知道的,大的岩石和小的岩石。"[1]

在这个模式中,教师的角色基本上是录音机。当某学生发言时,教师可能会问其他学生是如何想的,但是该学生必须感受到被教师和其余同学评价。教授特殊的推理或者归纳,较之发展学生形成推理和归纳的技巧来说,是不重要的。学生应该相互提问并且自己做出决定。

高中组的为足球标签的例子有:体育场,停车场,商业用语,规则,强权出公理,感情,微观世界,服装,食物和气氛。这个步骤帮助学生学会归纳。

第四步:重新组合,将单独的项目或者整个的组归入其他组下面

集中围绕的问题是:"现在你能把一个组中的项目放在另一个组中吗?"随后问,"哪些整个的组能被放置在其他标签之下?"与上述相同,在这里要求得到学习者的推理:"为什么你认为_____属于_____的下面?"

例如,当对关于万圣节主题的项目重新组合时,对于一组引起惊慌的事情,一名学生可能在"装饰品"下面添加"扫帚柄上的女巫"。如果你确信分组可以因相当浅或者表面的原因而完成,那么,为了学生能前进一步,擦除黑板的半面,留下那半面初始的清晰可见的项目,然后问学生是否能产生一些新的组。有的组的项目是明显的,诸如"款待"或者"装饰品",但是,或许学生将开始发现诸如"感情"、"伪装"、"正面"、"习惯"、"食物"、"大气"这样较抽象的联系。同时,没有一个项目的列表是最终的;新的项目可能在任何时间被增加。

按第三步,较明显的项目首先产生。关于分组,较明显的关系也首先被指出。同

---

[1] 塔巴,《希尔达·塔巴教学策略大纲:单元Ⅰ》,第165页。

时,模式最初被使用时所建立的联系,其复杂性远远低于那些经实践而被确认的联系。随着时间的推移,学生将自己发现每位人物、对象,或者产生许多特色的想法,并且按不同的方式进行组合。例如,当一个九年级的学生认为项目"斜眼看的南瓜"能归入"装饰"、"食物"或者"引起惊慌的东西"一类时,依你来看,她展示了对相同的事物因从不同的角度观察而得出的她的理解。我们大家都倾向于放开我们对思维的约束。如果A是B,它不能是C。在这个模式中,学生发现一个项目能从若干个有利的方面去分析,它因此会出现在若干个组中。

一些整体的组也可能被包括在其他组中。"足球"组下的项目是:肿胀,推,肌肉发达,骄傲自大的,撞击头。一名学生曾经评论这些类型的行为使他想起公牛,因此他为这组贴上"公牛"的标签。在第四步中,有些学生将这整个的组放于另一个标签为"强壮男子"的组下。

练习6-1

组合如下项目,然后为每个组贴上标签。再重新组合项目和贴标签。请记住,这些项目是可以灵活使用的。你可以不止一次地使用某项目,或者你能省略某些项目

岩石	虎	小猫
星	汽车	海
矮种马	蛋糕	玫瑰花
甜饼干	香肠	草
摩托车	滑冰轴	花

练习6-1参考答案

A 组

自然物	**运输手段**	**食物**
岩石	汽车	甜饼干
星	摩托车	香肠
花	滑冰轴	蛋糕
玫瑰花	矮种马	
草		
海		
虎		
小猫		
矮种马		

B 组

无生命的自然物	猫科	植物	食物
岩石	虎	花	胆固醇
星	小猫	玫瑰花	蛋糕
海		草	甜饼干
			香肠

第五步：通过总结数据和形成概括来综合信息

教师要求所有学生仔细看黑板，考虑所有组和标签，试着用一句话概述一个主题。学生必须明确方向。年幼的孩子对项目的思考倾向于"或者"。万圣节是一个很好的假期或者不好的假期。他们看不到万圣节有好与坏两方面。如果能被控制，引起惊慌的形势也不一定是危险的，甚至可能是有趣的。一个私人万圣节聚会，能提供一些看起来没有危险的令人激动和可怕的瞬间。如果没有监护，喜欢恶作剧的人或者精神病人，会处于危险之中的。通过考察所有互有矛盾的资料，学生开始认识到万圣节是复杂的，愉快和危险同时并存。甚至，年龄大的学生对项目的思考也倾向于"或者"。足球是"好"或者"坏"，通常依赖于他们是喜欢玩还是观看它。他们必须认识到足球是一项令人激动和流行的同时也是危险的体育运动。这个步骤为学生提供了一个欣赏丰富的复杂的思维的机会。

在这个模式最初的几次使用中，教师需要给学生提供几个归纳的例子。对足球分析的归纳的例子如下：

1. 足球的游戏是有趣的但是危险的。
2. 许多男孩/男人以他们在足球中的成功的程度定义他们自己，这对他们的自我形象是有益的，也是有害的。
3. 一场足球比赛是我们这个社会中主要元素的一个微观世界，既有好的一面，也有坏的一面。

第六步：通过评估学生产生项目的多样性以及组合那些项目的灵活性的能力，来评价学生的进步

虽然教师可能相信测量进步是必要的，但当执行这个模式时，我们不建议鼓励学生意识到等级差异。评估学生进步的方法有很多，这里给出几条建议。在标题为"使用概念形成模式的益处"这节中，该模式还提出其他可供采用的方式。这些方式也可以用来评估学生的进步。

第一步中，统计所有项目的数目。这个模式对帮助学生产生原初的想法来说，是一个基础工具。实践能帮助学生变得越来越具创造性和不受约束。一名学生在四次

使用该模式之后,只花了 5 分钟时间就列出了 7～70 个有关哥伦布这一主题的项目。

在列举组、个别项目或者头脑风暴项目时,使用学生能听到滴答声的一个定时器,可以帮助学生产生兴奋。限制时间而让学生列举最多项目的竞争似乎可以增加兴奋,帮助学生克服习俗而放开思维的约束。

第二步中,项目数量和创造力的增长也可以被评价。学生通常从较明显的组开始,诸如万圣节主题下的款待、服装,引起惊慌的事情等项目。经历这种模式实践后的学生,可以产生更多的有创造性的项目组。如,伪装、正面、超越自我,或者商业精神。

第三步中,在学生思维的灵活性方面能提供很好锻炼的变化可以发生在一节课中。学生围绕主题为"学校"这组执行概念发展模式。当执行第三步时,在黑板上为组贴上标签,问一名学生是否要走上黑板,她说她认为她要从班级退场。她在自己产生的组下写下了她的项目。她以她的标签向全班同学挑战。她的项目是沙子、圆、长颈鹿的颈项、轮子和海洋。班级同学不能识别她的标签,这个标签是正在发生且永远继续的事情。她说:人们总说我们应该喜欢学校,当我们能认识学校的时候,我们将不在学校,但当我们在那里时,似乎又没有感觉,这样的感觉似乎永远继续着。

归纳和列举是基本的思维过程。在寻找主题时,在写论文时,在批判性地或者创造性地思考时,归纳都是至关重要的。要求每一学生提出一个最初的组以及要求一些学生在黑板上写他们的组,这是在思维过程方面评价学生技巧的一种有效的方式。

第四步中,灵活性评价是可能的。有时,在学生执行整个模式之后,要求一对或者一小组放入附加的项目,这些项目是由一组并入另一个组中的;或者去思考可能被放在现有的标签下面的其他全部组。在这里,学生重复这个步骤。这些单独或者小组的努力可能被评价。

第五步中,要求学生成对或者组成小组,看看他们是否能产生一两个或者更多"复杂"的归纳。"复杂"意味着归纳包含了主题的互相矛盾的方面。

最后,学生的思维过程的增长通常反映作为总体的班级学生的执行情况,评价也作为模式被执行。如果在第一步中项目有广度和多样性,在第二和第四步中组有创造性,在第三步中标签有多样性,在第五步中归纳的成熟反映思维和创新,那么,这个过程就是成功的。

概念形成模式的步骤总结

1. 尽可能多地列出与主题有关的项目:在详细考证的基础上,要求学生尽可能多地给对象、联合、记忆、概念,或者与主题有关的属性命名。由此确认学生已掌握的知识。这些可能基于学生已有的关于某主题的一般知识,基于他们知道或者自认为他们已经知道的事情。它可以来自他们个人已有的经验,诸如与学校相关领域的旅行,读过的作品，或者一部电影。

2. 依据它们在某些方面的相似来组合项目：通过找出其中的类似或者相关这样的方式让学生去给项目分组。这样学习者就会知道什么是符合条件的。类似的观点，或者与一个普通的概念有关的观点，有着相类似的特性。学习的一个重要部分包括识别这些性质。

3. 通过定义分组的原因来为组贴上标签：要求学生清楚地说出项目之间的关系。这样学生所知道的就被定义了。所产生的共同特性是对符合条件的概念进行分类的基础。经常的、不同的标签是可能的。

4. 重新组合，将单独的项目或者整个组归入其他组下面：要求学生看黑板，并且看看是否能找到可以放在其他地方的项目或者组。这个步骤包括从不同的角度考察一个项目，也包括重新组合项目和将附加的项目包含在已经建立的标签下面，或者将标签包含在另一些相关的标签下。如，在标题"民主"下面，包含了握手等，演说项目的"运动"这一范畴，也可以被包含于另类范畴"选举"中。最具创造性的联系在这步骤中发生。

5. 通过总结数据和形成概括来综合信息：要求学生仔细看黑板，并且看看他们是否能尽可能用最简洁的术语对主题做出概述或者归纳。为了总结，学生必须把信息放在一起或者综合信息。例如，如果他们考察了万圣节，他们就可能说万圣节既是有趣的又是危险的。

6. 通过评估学生产生项目的多样性以及组合那些项目的灵活性的能力，来评价学生的进步：评价学生在执行诸如分析、综合、总结、列举等重要思维过程方面的进步。

概念形成模式的基础

举例、分组、贴上标签、重新组合、综合，都是高级思维重要的组成部分，这种使概念形成模式如此有效的思维，对教师和学生来说是同样的。从儿时到老年，人类在学习描述概念形成时，其方式是类似的。

语言哲学家路德维格·威特根斯坦（Ludwig Wittgenstein）说：语言的习得是参与日常生活的一种形式。[1] 同样，课程及学科的学习，也是人们参与思维的一种路径。人类的思维过程大体上是一致的。那么思维的过程又是怎样的？人类所探究的各个的领域，无论是生物学、代数、文学、物理学、几何学、历史、地理学，或者其他无限的几乎无法一一列举的领域，都代表一种思考的方式。人类所研究的每一领域，集中围绕不同的种类的现象，命名那些现象，考察它们各种各样的特性，为它们确立范畴，

---

[1] L.威特根斯坦：《哲学调查研究》(New York：Macmillian)，1953年版。

分析它们，综合它们。鲁思·本尼迪克特（Ruth Benedict）在《文化的模式》中涉及学科研究时，写道：

> 在所有对诸如仙人掌、白蚁、星云特征等少有争议的领域的研究中，必要的方法是相关的材料分组和记录下所有可能的变量形式和条件。按这样的研究方式，我们懂得了我们所认识的天文学的法则，群居昆虫的习惯，诸如此类。[1]

专家和初学者，教师和小学生，他们所思考的是不同的，但是他们如何思考的又是相同的。使用概念形成模式十分重要的目的是：以这样的教学训练学生思维的基本过程。举例、分组、命名、重新组合、综合，在一组中被执行，以便学生对详细审查过的主题理解力得到实际增长；同时，在了解别人是如何思维这方面也获得进步。

概念性思维的掌握

没有思维过程的引导和实践，儿童无法挖掘他们智力的潜力。同时，如果一门课程内容如此增加以至于学生没有研究和思考的机会，那么，关键性的思维将极可能从不会发生。唤醒、鼓励、拓展儿童的思维能力，是教育的最高目的。发展思维技巧，目的是促进学生日益增长的观察世界及解决问题的思维能力的发展。认识技巧的形成，是个体与他们所受的刺激之间动态的相互作用的结果。

学习并不仅仅是被动地吸收信息，而是根植于感觉经验。理解是建立在对感觉所获得的信息的解释的基础上的，其直接的和潜意识的目标是使新信息与先前所获得的信息协调一致。

感觉不断地把信号传送到我们的大脑里，我们的大脑不断地进行筛选。在感官的水平上，个人的知觉，并不是对环境直观的和原样的记录。每种知觉，都是当前刺激与过去类似刺激形成的过去经验相结合的产物。人类观察、定义、分类，是为了理解。我们所看见的可能完全是陌生的，但是每一个学习者都把定义的根据基础和分类的标准带到已有的经验中去。关于教育的主题，约翰·杜威（John Dewey）总结道："教育是连续不断的经验重组，教育的过程和目的是同一的，是完全相同的东西。"[2]

现代建构主义理论的创立人列维·维果茨基（Lev Vygotsky）、布鲁纳和该理论其他代表人强调：概念形成和深入理解是教学的关键目标。[3] 学生要学会把新的观点与先前形成的观点、经验整合在一起，从中构建新的知识。在这整个学习过程中，教师

---

[1] 鲁思·本尼迪克特：《文化模式》(Boston：Houghton Mifflin)，1934年版，第3页。
[2] 约翰·杜威：《我们如何思考》(修订本)(Boston：D. C. Heath)，1933年版，第27页。
[3] C. T. 福斯诺特：《美术：理论，透视和实践》(New York：Teachers College Press)，1996年版。

充当指导者以及为学生建立概念联系提供机会的促进者。

概念是建构事实的创造性方式

把概念作为文件存放在贮存柜里，让我们回到这样的概念想象中吧。概念帮助我们更容易地对信息进行分类，从而以一种富有意义的、可获取的形式简化新输入的信息。有了概念，我们就可以加工脑中的数据。如，"颜色"的概念，实际上，或许有数百万可辨别的颜色。然而，没有人能够掌握颜色概念中所包容的那么多种颜色。因此，国家标准局已提出了一种描述和命名 28 种色彩的方法，并把这些色彩排列成 267 种颜色。（这就是一个经过建构了的概念化的例子）

科学家告诉我们，我们的感官不断地同时受到上千种刺激物的袭击。与我们吸收复杂事物的能力差不多，我们简化事物的能力也使得我们可以遵照外界的环境行事。驾驶是一项活动，但是如果我们对我们所经过的每个标记、每棵树、每幢房子、每辆车或每个人都适应了，那么就不可能驾驶了。安全和驾驶指示要求我们甄别数据并且只吸收特定的相关噪音、路标和状况。我们驾驶时，下意识地会把新输入的数据分成相关的或不相关的种类。

孩提时，我们学习挑拣和选择，学习只吸收我们确定是有意义的刺激物，或更确切地说，我们可以指定意义的刺激物。当孩子上学后，这种过程没有改变。他们学习的是他们所能容纳的东西。教学确实对孩子学习新信息并对那些信息指定意思这一成长过程是有帮助的。塔巴和同事们指出事实是重要的，但是只有事实和理论相联系时才可以这么说。他们觉得如果一个教师认为学生在可以对该领域内容进行思考之前，应该首先了解事实，那么这个教师可能还不明白思考的特点。[1] 事实——不同的信息项——只有与更为综合的信息相关才具有意义。只有事实与存储在我们文件中的概念框架相联系，才会具有意义。

概念是模式的构件

建立概念性框架的过程十分自然并且形成我们对于世界的理解的基础。触碰了一个热的炉子让我们理解什么是热。热成为我们放置许多（参见图 6-1）东西的一个范畴，包括警告。物体落下的（包括某人自己）的实验导致对于重力的理解。我们通过观察和建立模式在生活中建构秩序。我们把时间划分成为若干小时、分钟和秒。我们把空间划分成为若干英里、英尺、英寸，及所有便于管理的极小的尺寸。我们试图通过观察现在和回想过去来预言未来。

---

[1] 希尔达·塔巴、玛丽·C. 德金、杰克·R. 弗兰克尔、安东尼·H. 迈克劳顿：《基本社会研究教师手册》（第二版）(Reading, MA: Addison-Wesley), 1971 年版，第 10 页。

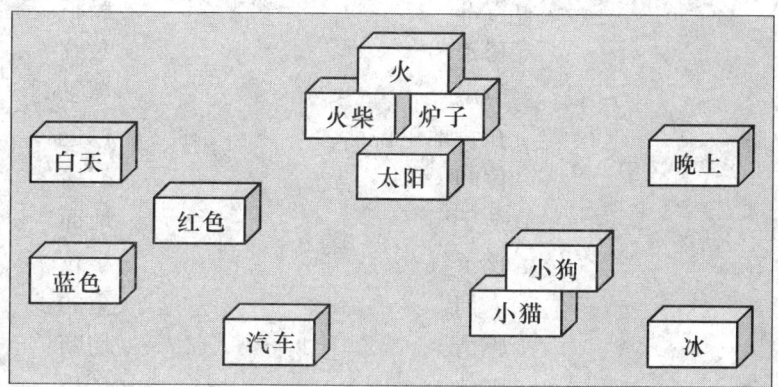

图6-1 建构概念

塔巴和同事指出:"归纳……较之对两个或者更多概念间的关系的陈述来说,代表了一个更高的思考水平。"[1]因此,概念是形成归纳的建筑砖。通过向其他人展示我们个人的思维文件的内容和聆听他们的内容,我们提炼并且扩展我们对于概念的理解,而我们提炼并且扩展我们对世界归纳的精确性。在概念形成模式中,反映人类头脑是如何工作的一种微型结构被建立。关键性问题形成数据,并非是各种各样的不加选择的数据,而是与概念有关的包含关键性的问题的数据。从来自比较、对比的数据中,最终弄懂极大数据的理论。这个理论构成我们对要审查的概念的目前想法。

脚本

下面是对九年级学生探索妒忌概念的形成过程的描述。此班级阅读一个由妒忌引起冲突的故事。

第一步

在问题"哪种事情使你想到妒忌这个词"提出后,在黑板上列出大量的项目。以下是学生产生的列表:

伤害	闹饮作乐	朋友
平均	邪恶的眼睛	敌人
战斗	凝视	僵硬
残酷地	控制	难

---

[1] 塔巴、德金、弗兰克尔、迈克劳顿,第72~73页。

冷的	胡言	憎恨
辛迪	叫声	深
耳语	胃部	黑暗
空的	秘密	皱纹
谈话	争辩	鼻子
沉默	在背地里说话	棕色
面临	傻的	战壕
眼睛	孩子	地面
云	孩子气	学校
薄雾	人们	重的
雾	感情	切断
困窘	肥胖	负担

第二步、第三步

在问题"哪些项目是在某些方面相似？你认为这些项目中的哪些可归属在一起"及"为什么你认为_____和_____可放在一起"提出之后，分组并贴上标签。这里有两个例子：

妒忌造成的感觉

伤害	憎恨	艰难的	棕色
意思	空的	冷的	重的
残酷地	傻的	切断	负担

妒忌所引起的事情

耳语	说话	困窘	趾高气扬
秘密	战斗	握住	切断
邪恶的眼睛	叫声	憎恨	伤害
凝视	争辩	孩子	意思
谈话	在背地里谈论	冷的	闹饮作乐

第四步

要求学生再一次察看列表，并在询问"还可以产生其他的组吗"之后，根据所包含的项目，重新组合附加的组。

混合食品的东西	**导致怨恨的东西**
闹饮作乐	愤怒
人们	朋友

胡言	闲谈
胃部	敌人
重的	战斗
傻	误解

第五步

当学生试图用一个句子总结所有的信息，形成关于概念的归纳时，综合就达到了顶点。这里是学生陈述妒忌的例子：

"妒忌对你是不利的。"

"带着妒忌感做事，你事后会后悔。"

"妒忌能使微不足道的事成为很有破坏性的事。"

"当因为有人伤害你而你感到难过时，战斗仅仅是这种行为的另一种的方式。你妒忌，我烦扰，他战斗。这些反应没有一个能真正解决问题。"

第六步

当他们共享他们"思维文件"的内容时，使用这个模式的好处之一是在班级成员中间日益增加信任。在信任增加的同时，坦诚表露他们的想法和感情的限制消失了。这些七年级学生在关于妒忌的讨论中，比过去更坦率和更公开。当一个学生的观点触发另一个学生的观点时，他们变得兴奋。他们显示了他们以前不曾展示的创造性的增长。作为一个组，他们得到高的分数。

对于那些收到单独评分等级的学生，讨论可以安排在选择性的书面作业之后。这在下一节中将有说明。

使用概念形成模式的益处

1. 扩展和提炼知识：该模式原初的目的是扩展并且提炼学生对于外部世界的理解。因为我们是通过自己个人的经验来看世界的，因此，承认我们的局限，共享我们的知识，可增强我们对复杂性感知的把握，使我们能接受与众不同的观点。

2. 产生最初的概念：一旦学生已在一组中四五次执行了该模式，他们就能靠自己单独执行它。该模式是产生最初概念的一个宏伟工具。通过列举、头脑风暴、分组、贴标签、归纳，所要求分析的无论什么主题都可能被完成。一种捷径，也可称之为构图，包括在一页中心写下主题，写出项目并编组。

3. 阅读和摘录意义：在任何学科中，在进一步学习它之前，考察至关紧要的概念会带来理解的增强。对概念妒忌的考察，增强了七年级学生对围绕妒忌的短篇小说的

第二编 目标与教学匹配模式

理解。

4. 问题解决：在销售、房地产代理方面，通过执行这项策略分享了他们的技术，产生新的概念，并且增加他们的销售数字。为集体旅行寻找筹集资金方式的学生，产生若干新的概念，并且为学到一种他们感到在商业界对他们有帮助的技术而兴奋。

5. 写下协调一致的段落和文章：概念形成模式是教授段落协调技能的一个宏伟的工具。文法课本中说：段落是形成一个主题的一系列句子。虽然这定义似乎合理、直截了当，但是学生经常在概念性部分有麻烦。许多学生没有任何理由地开始一个新段落，或者将一篇文章当成一个长的段落来写。

当学生已经完成列表、分组和为概念或者主题贴标签之后，如果他们不得不写一篇文章，那就要询问他们将如何写。黑板上的项目是有用的吗？如果是，如何写？试着让他们考察一下组和段落之间的联系，标签和主题句之间的联系。让他们选择一组并写一个段落。标签成为主题句，组中的项目是在标签下形成概念的途径。告诉学生他们可以把更多项目添加到组中，他们不必使用所有的项目。当他们已经完成相一致的段落的写作时，构造中心思想（在标签中包含的思想），他们能使用这种技巧来写有关主要主题的文章。他们能形成一个中心主题、概念或者总结，用来源于不同组的三四个段落支撑那个概念。

这里是一个九年级学生在剧本中的一段描述，这个学生刚刚完成了对概念妒忌的探究。她选择了"妒忌时所引起的事情"这一组。她写了如下的话：

> 你曾经有过妒忌吗？妒忌是一种冷酷的、卑鄙的、肮脏的小动物，它会咬你，导致你做出奇怪的事情。在你触摸到妒忌后，它可能使你开始对朋友心怀不轨，因为朋友对你做过一些事，即使它不是多么大的事情。很快，你和朋友成为敌人，这一切都是因为妒忌。啊，妒忌也爱它！它将使你在背后议论她，对她的朋友说她的坏话，并且导致其他人在你和她之间选择一边。妒忌是一个卑鄙的、肮脏的小动物。不要拥有它！[1]

以每个人提供的观点作为基础，女生班中的学生和老师对妒忌概念及妒忌的后果的认识都获得了扩展。该模式曾引导两名学生在他们所写的段落中使用了拟人和类比。由于学生已经有一个例子和上下文，介绍这两个新的单词便有特别的意义。在讨论妒忌期间，教师曾经对"胡言"这个项目迷惑不解，并且认为它是一种韵律反应。当她要求得到说明时，学生说："因为妒忌使我不愉快，当我不愉快时，我胡说八道，像胡言一样。"通常，一个学生提出一个项目或者给项目分组的原因十分不同于教师或者不

---

[1] 这一节是由沙洛兹维高中九年级的学生贝恩·布朗提供的。

同于其他学生,因此,说明是重要的。

活动6-1

依性质来看,教学与概念形成有关。想一想你打算教的课题或者一个你已经教过课题的一个学习单元,试着命名一个在这单元可能出现的至关紧要的概念(在概念鉴别方面,你可寄希望于课程表指南或者典型教科书的帮助)。其次,在概念发展的每一个步骤——列表、分组、贴上标签、分析、综合中,设想至少一个你要问的问题或者你可能分配的活动。

如果你有适合你的专业的教科书的一个拷贝(最好是一个教师版本),那就把你的问题和活动与课文中所建议的相比较:作者在概念形成过程中能帮助学生吗?

总结

有规律地(一个月或者更经常地)使用概念形成模式有若干好处。从这一模式中,学生彼此间懂得了概念、对象、事件,或者有学问的人等等。他们吸收了大量的已经积累的知识和整个组的概念,他们扩充并且提炼他们自己的对所学主题的概念;相应地,他们扩充并且提炼了他们执行这些思维过程的能力。

概念是我们智力活动的构件。知识不是静态的。即使是关于一个简单事物的知识也是增长的,会呈现出新的方面,否则,它可能后退,会因为缺乏探究而变得模糊。把知识的增长想象为在一台高架投影器上的一系列幻灯片,这是很有用的。我们增加或改变一个原来存在的印象,就像一个人在原本的图样上添加几笔。概念发展模式有益于教师,因为它不仅让教师丰富原初的印象,而且也提供了考察原来的印象的视角。

网络资源

1. http://fac-staff.seattleu.edu/kschlnoe/conceptdevelex.html

该网站提供了一个概念发展模式步骤的总结和三个使用这个模式来发展学生主题概念的例子。

2. http://fac-staff.seattleu.edu/kschlnoe/process.html

我们如何发展学生的能力以便他们掌握基本的概念和主题?通过访问该网站你能阅读西雅图大学的凯瑟琳·施利克·诺埃(Katherine Schlick Noe)博士提出的有意义的方法。

3. http://ivc.uidaho.edu/mod/models/taba/practice.html

该站点包含了学生被要求从一串很长的教学策略清单中分类的思维活动,这个活动对教师教育学生有用。

4. http://users.edte.utwente.nl/lanzing/cm_home.htm

该站点讨论概念绘图,并且提供了这过程的一个例子——在概念的网状系统图中阐述知识的技巧。

5. http://www.mcps.k12.md.us/departments/oipd/mspap/reading/LookingAtConRCL.pdf

该站点包含关于概念形成的信息,这些信息来自于塔巴的三种思维策略。包括关于这过程所有步骤的三个极好的图表叙述。

6. http://www.csus.edu/indiv/m/mcvickerb/sj_hildataba.htm

描述诱导的推理,这站点引用了塔巴的观点,因为她把概念和归纳做了区别。

7. http://www.utc.edu/Teaching-Resouce-Center/concepts.html

一个概念地图是什么,它如何能有利于课程表设计?依该站点的讨论,概念是组织大量知识的一种设备。此外,它能在概念中间揭示关系。站点也提供了关于建构主义的一种很好的解释。

8. http://www.madison.k12.wi.us/tnl/langarts/vocabcondev.htm

麦迪逊城市校区的教育家们提供了关于把教授词汇建立在对词汇意思的了解以及他们所阐述的概念的基础上的建议。

第七章
探究模式：通过发现和提问解决教学问题

  毛毛虫为什么是毛茸茸的？蛇为什么会滑行？熊为什么会吼叫？猫为什么总是后脚着地？臭虫为什么会在白天发光？小鱼会怕水吗？月亮是被咬了一口吗？有人想到过芽甘蓝这个名称吗？番茄酱为什么会粘在瓶子里呢？绿叶下面是否隐藏着红色？我的皮肤是棕色的，是否因为我被烤过呢？雨水能融化花朵吗？

  任何时候，世界上需要解答的问题要多于需要获知的答案。孩子们在成长过程中很自然地认为：成人就意味着由问题世界走向知识世界。能在空白处填入正确的答案或者能选择正确的回答，就等于能清楚地区分正误，这在制度化的学校看来已经完成了从问题到答案的过程，并依此作为教学的成功。在学校，几乎所有的问题都有一个正确答案，没有答案的问题通常是不会出现的。

  然而，真正的智慧是能够意识到自己所知有限，而不是觉得自己所知多多。敢于用无尽的好奇去挑战无知是学习的真正乐趣。Homo sapiens，字面意思是"体验知识的人类"，这就很恰当地表达了它自身的意思。如果说，意识到如何学习比知道所有答案重要得多，那么，人们的智力生活所追求的就应该是合适的问题而不是正确答案了。因此，能够展示一个人智慧的是他所提出的问题，而不是他所给答案的正确性。刘易斯·托马斯（Lewis Thomas），哲学家和科学家，曾描述过这种知识旅程：

    科学，特别是 20 世纪的科学，让我们看到了我们以前未知的东西：揭露了人类的无知。一直以来，我们习惯性地认为：除了一两个奥秘之外，我们已经理解了世界上的一切。我们认为，18 世纪和其他的每一个时代都是理性的时代，而且我们也一直在解释世界及其运行的方式。现在，我们缩短了成长历程。我们并不是对一切都了解得很透彻，如，被称为"大碰撞"的细菌细胞原子核的颗粒探索，就是缘于我们曾不屑于选择它去研究(我可能有点不敬)的某个事物。在未来的日子里,我们还有大量的奥秘需要去探索。[1]

探究学习就是建立在以下前提之上的:在各个领域的确有"大量的奥秘"需要探索;每个学科都是一种探究学科,所有的学生都能参与其中。

模式一:萨奇曼探究模式

理查德·萨奇曼(Richard Suchman)[2]认为,可以向学生传授科学家们所使用的智力策略,这样就能形成一种能被广泛接受的探究模式。儿童和青少年先天的好奇心能在探究的过程中得到训练和培养。当学生并非出于其真正的兴趣而提出 Why 的问题时,他们就可能已掌握了信息并已将信息内化成自己的理解了。他们还能理解到从事学科内部工作的价值——那就是以获知和思考的方式参与学科研究,这正是每门学科的核心所在。

萨奇曼探究模式的步骤

1. 选择问题,激发探究。
2. 介绍过程,展示问题。
3. 收集信息。
4. 形成理论假设并验证假设。
5. 解释理论并阐述相关的规则。
6. 分析过程。
7. 评价。

第一步:选择问题,激发探究

萨奇曼模式以教师挑选一个困惑性的情境或问题作为开始,该情境或问题必须对学生有趣味性和吸引力。它可以是一个科学问题,例如,为什么在玻璃杯的外沿聚集有水汽,或者为什么糖会消失在水中。它也可能是一令人迷惑的事件,例如,消失的殖民地或百慕大三角。它还可能是戏剧或故事的一个场景,要求学生构思结果。它还可能是一个需要用数学知识解决的问题,一个健康方面的问题,或者是个需要在运动中解决的情境。以下是一些可能的问题,学生可以以此来开始探究过程,不提供答案,大部分的问题有几个可能的答案。

---

[1] 刘易斯·托马斯:"教育科学艺术",《写作天地》(New York: St. Martin's),1984 年版,第 559~564 页。
[2] J.R. 萨奇曼:《小学科学咨询的培训计划》,给美国教育政府的一份报告,VII 项目标题。(Urbana: University of Illinois Press),1962 年版。

1. 1692年,被处死的女巫的数量剧增,标志着美国历史上对女巫的最严重迫害的爆发。令人奇怪的是,上一次对女巫的大规模迫害是发生在47年之前,没有人能够解释1692年这次为什么会发生在马萨诸塞的艾塞克斯县、康涅狄格的费尔费斯县,而不是在其他县,然而,有几种理论与此现象有关,而且有一种似乎很合理。

2. 杰弗森(Jefferson),美国联邦总统,人们认为他是一个杰出的领导者,在美国内战刚开始时期,人们认为他比林肯能力更强,但是,到了战争结束时,杰弗森变得默默无闻了。是什么使得一位领导者变得默默无闻了呢?

3. 教室里的两棵植物生长在相同的土壤中,接受等量的水分,然而,一棵却比另一棵大得多。该植物是由完全等量大小的种子培育出来的。产生这种植物生长差异的原因何在?

4. 美国东部的各社会阶层非常相似,但是,佛罗里达州的阶层完全不同于其他地方。造成此巨大差异的原因何在?

任何一个题目都能引起探究。所强调的是:对于一个令人迷惑的情境,学生要能找到合乎逻辑的、合理的答案。对于许多学生来说,特别是那些已经习惯了探究模式的学生来说,最好的、最真实的问题情境就是那些不止一个答案的问题或者没有固定答案的问题。

一旦选定问题,教师就完成了对问题的必要研究,就必须为问题探究阶段准备快速参考的信息单。在开始探究阶段时,教师还要决定应该给学生多少信息,如果在授课过程中出现困难,需要提供什么附加的信息。

第二步:介绍过程,展示问题

在探究课开始之前,教师向全班介绍整个过程,全班都可以参加这个过程。教师是主要的信息源,只回答以 YES 或 NO 为答案的问题,问题是由学生自己构思的,教师可以补充信息或指导学生的提问,但是学生必须自己假设问题,教师控制整个过程但不控制结论。学生必须知道以下规则:

1. 只有在需要时学生才能提问。
2. 只有在准备阶段、讨论时间和合作过程中,学生才能相互交谈。
3. 问题必须简明以便教师能用 YES 或 NO 回答(教师可在必要的时候补充信息)。
4. 只要教师对所提问题给予了肯定的回答,学生就可以继续提问。

教师大声阅读问题或者向全班分发问题单。如果学生不能阅读,教师就向他们口头提出问题,必要时,可用图片阐明问题,如果学生不清楚问题可以要求教师解释。

第三步:收集信息

在大多数的教学中,教师需要思考学生提出的问题。在该模式中,每一个问题都必须以假设性的方式提出。学生不能问："什么导致植物向阳？"因为该问题是要求教师提供信息的；与此相反，问题必须简明，以便教师能以 YES 或 NO 回答："是否有魔力使得植物向阳？"

教师可以随时补充信息或扩展问题，但是，在学生提问时让他们碰到一些挫折也是很重要的。教师常常忍不住要去改述问题，他们会说："这是你要表达的意思吗？"其实，以这样的方式来表达，效果更好："你能再叙述一遍问题吗？"或"你能再清楚一点地陈述问题吗？"或"你能阐述让我能用 YES 或 NO 回答的问题吗？"教师也可以说："是的，这是答案的一部分，但是，根据你已发现的信息，你为什么不考虑这条补充信息呢？"在提问阶段，收集的信息必须记在黑板上，或者写在信息单上，由每个学生自己保存。

第四步：形成理论假设并验证假设

当学生提出一个似乎是答案的理论性问题时，该问题被作为理论假设来提出，并写在黑板的特殊位置。到这一步，所有收集的信息都直接与证明或推翻该理论有关。在涉及到植物不同的生长率问题时，一旦学生提出一理论：植物吸收的阳光影响了生长率。那么，此时所有的问题都集中在接受或否定该理论上。

学生可以要求进行讨论信息并构思他们向教师提的假设性问题（一些教师在介绍之前就先指定了讨论小组和组长，这样就能节省时间，减少混乱）。教师根据问题向学生提供其他的信息源，或者让学生进行实际的实验室试验。在这一步骤中，应鼓励学生提假设性问题，如"如果两棵植物都置于房间的同一位置，它们的生长会一样吗？"如前所述，教师只能以 YES 或 NO 回答。

如果学生提出的问题似乎已经得到了证明，那么学生就把该理论视为答案，进入该模式的下一步骤。如果学生不接受该理论，对该理论不满意，那么该理论就被否定了，学生重新开始收集信息，只要教师同意，学生可以随时进行讨论。

第五步：解释理论并阐述相关的规则

在这一步骤中，学生要解释作为假设性答案的理论并阐述与该理论相关的规则。此外，他们必须决定怎样检验理论，看看这些规则是否适用于其他情况。在该步骤中，有时学生会发现他们理论中的缺陷，这样就必须让他们回到信息收集和试验阶段。

例如，在植物生长和阳光的问题上，教师可以让学生用自己的话阐述规则，这个规则是建立在太阳是导致该问题的因素的理论之上的，如"植物需要阳光才能生长得健康强壮"，然后，学生可以讨论是否所有的植物都需要等量的阳光，他们还要决定怎样检验该结论。

第六步：分析过程

学生需要回顾他们得出理论假设的过程。在这一步骤中，学生要思考他们怎样才能加速整个过程,这一点是很重要的。学生应该分析他们所提问题的类型,这样他们就可以知道他们如何才能形成更有效的提问技巧。当学生能更有效地使用探究步骤时,教师可以减少一些控制,让学生形成自己的探究进程。

第七步:评价

让学生找到并研究他们自己感到迷惑不解的情境。在班上举行一次竞赛来挑选最有趣的问题。

测试学生,看他们是否能理解理论,并看他们是否能归纳出与理论有关的适用于其他情境的规则。

理论假设是没有正确的答案的,可让学生识别另一个可能的理论假设,以这两个理论为基础在班上组织一次辩论。

萨奇曼探究模式的步骤总结

1. 选择问题,激发探究:挑选一个具有迷惑性的情境或能引导学生发现问题的事件,这样学生可以研究问题,寻找可能的结论。

2. 介绍过程,展示问题:仔细解释、说明学生探究需要遵循的规则,以书面的形式向学生展示有迷惑性的情境,并告诉他们记录信息的方法。

3. 收集信息:回答学生提出的问题并以此来收集、证明信息。指导学生以一种更清楚、更完整的方式提问,但是不要改述他们的问题。当学生需要相互交谈时,鼓励他们进行讨论,但是在提问阶段不允许学生交谈。必须向学生强化这个观点:这是集体活动,全班学生的注意力和参与是必不可少的。

4. 形成理论假设并验证假设:当学生得出理论时,停止提问并把结论写在黑板上,由学生决定接受还是拒绝。必须强调的是:在此阶段,所提的问题必须是能检验某个特定的理论的。若还提出了其他理论,将它们写在黑板上。告诉全班学生,如果需要验证的理论不成立时,要进一步研究这些理论。鼓励学生思考所有可能的问题类型。例如,如果他们注重某一事件,让他们考虑事件的原因。在这一步骤中,问题是有用的工具。在学生证实某一特定理论时,可以鼓励学生进行更深层次的研究或者让他们在实验室进行试验。

5. 解释理论并阐述相关的规则:一旦学生证实了理论假设或理论性的答案,让他们对此进行解释并说明如何将理论应用于实践。讨论该理论可以应用到其他情况中所要遵循的规则、效果及可以预测的价值。

6. 分析过程:最后,与全班学生讨论探究过程,检测他们是如何得出令人接受的理论来解释问题的,并与他们讨论如何改进该过程。当学生对探究过程获得了信心,那他们就可以在这过程中做得更好。

7. 评价：检测学生是否理解了从过程中得出的结论，并决定他们是否能归纳出适用于其他情况的规则。同样地，鼓励学生寻找其他具有迷惑性的情境，让他们养成提问和寻找答案的习惯。因为该模式是有科学基础的，必须判定学生是否能用该技巧更有效地解决问题。

模式二：网络探究模式

一旦学生熟悉了探究模式的基本步骤，他们就可以进行更具挑战性的、教师指导更少的探究实践了。网络模式是教学研究的一种特殊形式，它是以网络为主要信息源的，它的创始者是圣地亚哥州立大学的伯尼·道奇（Bernie Dodge）。网络探究模式是集网络信息和其他各种资源为一体的主题性单元。尽管网络探究模式是以网页的形式向学生展示，但学习所需要的内容远远超出网页内容，学生还要进行课本阅读、补充阅读和其他资源的学习，他们也要进行与单元主题有关的独立活动。此外，网页的资源和活动包括面试、报导、观察记录、调查研究及其他的学生所写的大量的"真实生活"经历。

网络探究模式与标准的主题单元的主要区别是：后者注重学生学习的主题而前者注重学生所要解决的问题。"问题"是从课堂所研究的课题中归纳出来的。网络探究模式的最重要的特征在于它所要求的指导方法。学生的学习是受主题及相关材料的指导还是由他们自己的调查和探究来指导？网络探究模式为师生创造了一种开放式的学习机会，它的最终目的是向学生展示问题，让他们凭借其获得的资源来解决问题，从而帮助他们学习课程所规定的内容，它提供了一种学生中心、教师辅导学习的组织化的教学设计。

你可能认为自己"根本不了解互联网或者不知道字母 http 或 www 的意思"，因此自己不可能进行网络资源的单元学习。在你得出这样的结论之前，请你先想想自己是否是信心不足，然后再一步一步地考虑这个问题。你已经知晓了探究的基本步骤，将这些步骤集中起来，使用网络探究模式所需的时间与建立其他深思熟虑的单元学习所需的时间是等量的。实际上，在准备网络探究模式时，教师减少了自己所花费的时间，因为在此模式中，大部分的学习是由学生自己进行的。

网络探究模式步骤

1. 选择问题，激发探究。
2. 在网络探究模式模板上展示问题。
3. 学生收集数据及信息来解决问题。
4. 学生形成并证明结论。

第一步：选择问题，激发探究

网络探究模式是从一个开放式问题或迷惑性情境开始的。学生可以随自己的意愿利用网络和课本资源对其进行探究。问题是源于课程内容的，但它的答案取决于学生将要进行的探究。例如，如果课程为生态学，问题可能是将狼重新放入黄石公园；如果课程是以数学的基本运算为核心，问题可能是人类何时、何地、如何、为何发明数字，包括基本的十进制是否完善；如果课程是哥伦布发现了美洲，那网络探究模式的问题可能是"欧洲人称西半球是属于他们的"这种说法是否合理。

探究的第一步是教师寻找合适的网页和其他涉及到该问题的资源。因为网页上的资源过多，学生难以阅读，而且网络探究模式是为学生创立的，所以教师需要做的大量工作就是找到一些对学生最有帮助的网站。

用例子来进行阐述是一种最简单的方法。为了阐明如何建立网络探究模式，可以考虑"天气"这个主题。在几个年级的课程中都有"天气"，也肯定有许多开放性的问题。我们可以发现问题"是什么导致了天气的变化？如果我们有能力，我们想改变天气吗？"

教师的研究是直接的，资源是清楚的。能够让当地的气象学家到教室讲课吗？学校的图书馆藏有关于天气的书吗？学生的科学课本对此是如何描述的？在学生的其他课本中，如地理书中，提到了天气吗？什么网站包括与天气有关的、有用的信息？

回答最后一个问题需要使用一种良好的搜索助手——一种互联网工具，它会自动地罗列能够找到的与你所探究的问题相关的所有网站。其技巧就在于用一种方式写出所探究的问题，以使你"点击"的数量合理化。因为即使是最小范围的搜索都会产生一千个甚至更多的网站，你的工作就是审查挑选，只把那些最有用的留给你的学生。大多数的搜索助手都有排序标准，这样就会令最具关联性的网站出现在菜单的最上方，当然，这主要是通过搜索字眼与网站文字相配的次数得出的结果。

目前在网虫中最受欢迎的搜索工具是 Google，因为它速度快，准确率高。当然还有很多其他的选择，大多数人都用多个搜索工具进行搜索，因为选择和排序的标准不同，通常要使用两个以上的搜索工具才能得到满意的结果，这样为此所花的时间和精力才有意义。

"天气"的例子更贴近生活。打开 Web，在地址栏中输入 www.google.com 以下列方式进行搜索：天气＋变化＋雪＋雨＋风（加号会限制结果，使所搜索到的网站包括所有这些词）。回顾 google 的搜索步骤，试用其他各种不同的字眼来缩小搜索。进行全面网络搜索的价值之一就是你发现网站会提供一些你可能从未想到过的东西。例如，网站 http://www.meds-sdmm.dfo-mpo.gc.ca/cmos/weatherlore.html 含有对天气的表达方式和句型的可读性的讨论。如"朝霞不出门，晚霞行千里"。可以要求学生找到这些天气句型的来源以及其中有多少句型是有实践基础的。在网络探究模式中,学生要学习"人人皆知"的天气现象的科学依据。

保存搜索结果中的最相关的网址是很重要的,众多的网络浏览器使得这项工作成为一件易事。你只需要将任一重要的网址放入"收藏夹"或"书签"里,或者你也可以创立一个名为"天气网址"的子文件夹,把它放在"收藏夹"或"书签"里并标上地址。保存这些文件夹将使得网络探究模式的相关步骤的操作变得非常简单。

第二步:在网络探究模式模板上展示问题

可以使用方便的模板来创立和向学生展示网络探究模式。找到地址 http://edweb.sdsu.edu/webquest/Lesson Template.html 并下载常规的无框架版模板到 PC 或 Mac。若你选择 PC,那你需要安装 WinZip 来打开已下载的文件。如果你电脑上没有该程序,那么你可以到 www.winzip.com 获取试用版,然后记住模板文件放在你的电脑硬盘的哪个部位。(1) 用网络编辑工具,如 Netscape Communicator Composer 或众多的商业工具,如 Claris Home Page 或 Microsoft Front Page;(2) 用新的名称保存在硬盘上,如"(你的名字)'s WebQuest";(3) 用你自己的内容代替你在模板上看到的内容,该模板内容是所需内容的指南。在建立网页时,你可以在 http://archive.nesa.uiuc.edu/General/Internet/www/HTML/Primer Printable.html 找到极佳的指导内容,它包括网络设计的基础,以及如何将你的网络探究模式放在网络上任何人都能找到的地方。对于那些想多了解网络而且想在短期内成为专家的人应该看《非专业网络用书》(*The Non-Designer's Web Book*)第 2 版[1]。

你们学校的任一电脑服务器必须易于储存信息,易于进入你的网页,而且学校的任何一个技术人员都能帮你干这件事:将你的网页储存在服务器里,使你能在校内、校外的任一电脑进入网页。建立网页和建立电脑的文字处理程序步骤是一样复杂的,但这是一个新的过程,因此,对于许多人来说这是一个生疏的过程。如果你属于这类人,那么耐心点,慢慢来,迟早整个世界会向你敞开大门的。

网络探究模式模板实际是一种由下列部分组成的填空练习,你仅仅需要对此进行扩展就能达到指南的要求。

1. 介绍:写小段文字向学生介绍活动或课程。介绍要能吸引学生的注意,如问题"为何我们对天气束手无策"在网络探究模式中的介绍可能是这样开始的——"没有一个播音员受到的批评多于气象学家,为什么气象学家那么经常地犯错误呢?预测天气的困难何在?你曾经思考过为什么我们对天气束手无策吗?"

2. 任务:任务部分对学习者活动的最终结果做了简明扼要的描述。学习者应该明白他们需要收集的信息,再把信息转化成新颖的东西。例如,在最后,可能是给地方

---

[1] R. 威廉姆斯、J. 托利特:《非专业网络用书》(第 2 版)(Berkeley, CA: Peachpit Press),2000 年版。

报纸的编辑写一封信;或者给国家气象部门寄一封信;或者可能是一种展示,说明引起天气变化的因素。

3. 过程:该部分列举了学习者完成任务必须遵循的步骤。如果条件允许,应该写一份清单列举这些步骤。网络探究模式的这部分包括网络连接和学生完成任务需要的其他资源的名称。它还要讨论学生怎样组织和使用他们收集的信息以及他们怎样组织自己。例如,在对天气的探究中,学生可以以小组工作,讨论与天气有关的各方面,如:降雨量、风、热、冷、台风和龙卷风以及天气学问。

4. 评价:这部分描述了怎样评价学生的表现,包括你所期望的成果的特点以及看起来在性质上有何不同。

5. 结论:简要地归纳学生完成该探究活动或课程后将会有何种收获。

6. 参考:这部分列出了在建立网络探究模式时所用的物象、音乐或文章资料的来源。

第三步:学生收集数据及信息来解决问题

在网络探究模式中,是由学生而不是老师来收集信息解决问题,是学生的探究推动着学习,通过网络探究模式,所有的资源、网络和其他资源都列在开放性问题的文本中,学生必须通过单独或集体工作来解决这些开放性问题。老师的作用是回答技术性的和其他问题,引导学生获得他们所需的工具,这样他们可以研究出各自独特的又合理的成果。快速浏览网络探究模式的例子可以看出,这些成果是多种多样的,不受限制的(见本章最后的网络资源部分)。

第四步:学生形成并证明结论

学生要得出、检测并证明结论,当他们向班上其他同学或其他小组展示工作成果时,他们要检测他们的结论,因为网络探究模式展示的问题是开放性的,没有惟一答案,每个答案都需要经过再思考。让学生明白学术的真谛在于寻找人类所面临的复杂问题的可能性答案,这是网络探究模式相比于其他探究模式的最大价值之所在。网络探究模式帮助学生意识到:研究者们常常不太理解需要学习的内容,但是他们有勇气去面对每一个学科的"神秘的荒野"。探究学习要求学生参与到这个巨大的探险中来。

练习 7-1

下列哪个可以成为探究模式的合适问题?

1. 3+8 等于多少?
2. 内战期间谁是美国总统?
3. 地球潮汐的变化与地球、月亮的位置有关,什么因素可以解释这种关系?

4. 我们已经知道植物如何通过光合作用制造养份。这儿有一些可以生长在黑暗中的植物,这些植物是怎样生存下来的?

5. 除了一些可能的签名之外,莎士比亚没有留下任何可以被证明是他自己笔迹的纸条,所有的戏剧和诗歌是他自己写的吗? 或者是其他人做的这项工作,然后写上莎士比亚的名字,以这种方式来保存他的或她的赝品? 探究莎士比亚的奥秘,揭开历史最悠久的、属于文学奥秘之一的神秘面纱。

练习7-1参考答案

第一、第二个问题只有一个正确答案。这种问题采用非探究模式的教学方式更为有效。第三个问题描述了一个科学难题,该问题没有正确答案。第四个问题展示了一种情境,需要学生面对新的信息时再次检验假设。第五个问题是典型的网络探究问题,众多学者对此问题的答案感到迷惑不解,因此有大量的相对立的信息。最后三个问题都能运用探究模式予以解决。

探究模式的基础

在学校里,学生常常被告知:可以在课本中找到所有重要问题的答案。事实上,每个人面对的大部分问题是不容易找到答案的,在参考书中找不到解答生活中迷惑性问题的答案。在学校中能记住"正确"答案的人成绩很好,但是生活中的成功人士通常是那些乐于提问并能寻找答案的人。

罗伯特·斯滕伯格(Robert Sternberg)已提出令人信服的观点:实际生活中的问题和学生在校学习解决的问题完全不同,这样学校里学生所接受的思维训练与实际生活中所需的思维方式也就截然不同。斯滕伯格对于学校问题和生活问题的观点使得我们能理解使用探究模式的重要性,下列小结(附有插入解释部分用来转移主题)能清楚地表达斯滕伯格观点的实质。

在生活世界,解决问题的第一步,有时也是最难的一步,是确认问题的存在……【特别是】在解决日常生活问题的过程中,找到问题常常比解决问题要更困难……【通常解决日常生活问题的困难在于】日常生活问题的结构不妥……在解决日常生活问题中,人们常常不清楚需要何种信息来解决给出的问题,或者从何处可以获得所需的信息……日常问题的解决取决于展示问题的环境,而且它也与环境相互作用……日常生活问题通常没有一个正确的答案,甚至也没有检验答案的标准……【令事情更麻烦的是】日常生活问题的答案既取决于正式知识又取决于非正式知识……【学校问题和日常生活问题的最大区别就是】解决重要的日常生活问题已经影响了事情本身……【不同于学校中的表扬个人或竞赛获奖】日常生活问题通常是集体出现的……日常生活问题可能是复杂的、杂乱的、持久不变的。[1]

在此之后的一篇文章中,斯滕伯格指出:为了使得学校解决的问题和日常生活中的问题更加协调一致,人们可能会进行多种尝试。[2]他提到探究教学的基础是源于解决问题的基础的。

探究模式是以问题学习理论为基础的,该理论被描述为"一种教育策略,用来展示重要的、上下文一致的、真实的语境,向学习者提供资源、指引和介绍,使他们获得知识和解决问题的技巧"。[3]在问题学习中,老师不是信息传递者或惟一的信息源,而是主题专家、资源向导、任务团顾问。老师的主要作用是鼓励学生参与,提供适当的信息使学生不误入歧途,避免消极反馈,充当学习伙伴。[4]

在真实问题中,使用固定的介绍并不是一种新式的做法,这是以杜威的建议为根据的,这已在医学教育中使用了多年。教育中的建构主义就是源于问题中心视角的。

布鲁纳描述了通过发现问题的答案来进行学习的四个益处。[5]

1. 激发智慧潜能 布鲁纳推论,学习者在发现的过程中能学习怎样解决问题和"学习任务"的原理。他认为,在寻找答案时,学习者可以学会认识假设性答案的不足之处,这样就能逐个减少他所谓的随意性假设。学习者也能将已有的信息和新信息联系起来,培养一种直到满意解决问题才罢休的毅力。

2. 有利于外部学习动机向内部学习动机转化 不再是仅仅满足于给一个正确答案,学生所获得是源自调节环境和解决问题所形成的满足感。学习者形成了一种能力,即不再以立即向老师提供答案为满足,他们以寻找解决问题的最佳方法为满足,而且获得满足的心情变得不那么迫切。

3. 学会发现及迁移 布鲁纳指出,探究过程包括学习如何展示问题以使之能被解决,他认为只有通过练习和进行探究的过程,才能学到解决问题的最佳方法。学习者越有经验,就越能广泛地运用探究过程去解决其他的问题和任务。

4. 有助于记忆的保持 布鲁纳认为,记忆保持的最主要问题是再现所记忆的东西,他认为由学习者得出的资料比被要求储存的资料更容易记忆。此外,善于解决问题的学习者也能找到记忆的技巧。

在探究模式中,科学家们解决问题的策略是一种系统模式,用来加工数据和处理

---

[1] 罗伯特·斯滕伯格:"学会批判性思维,第Ⅰ部分:我们在犯不得不犯的错误吗?"《菲·德尔塔·凯攀》,1985年第67卷,第194~198页。
[2] 罗伯特·斯滕伯格:"学会批判性思维,第Ⅱ部分:合理的解决方案"《菲·德尔塔·凯攀》,1985年第67卷,第277~280页。
[3] 同上,1985年第67卷,第277~280页。
[4] D.N.阿斯普、C.B.阿斯普、P.M.昆比:"关于发现学习能给教师哪些指导"《教育先锋》,1993年第7期,第22~24页。
[5] 杰罗姆·布鲁纳:"发现学习",《哈佛教育评论》,1961年第1期,第21~32页。

各种研究领域中的迷惑性情境。记住,在探究模式用于教学时,该过程中既有集中的又有分散的方式。如果教师已经知道问题的答案,而且又想让学生发现答案,那就是集中性过程。如果展示给学生的信息会引起一些合理的答案,那就是发散性的过程。人们刚开始选择的问题可能是集中性的,答案也是知道的,老师利用已知的信息引导学生发现正确答案。但是,当正确答案不知道或不被认同时,学生应该逐步接触发散性的情境。面对结构紊乱的和开放性的问题,学生要练习解决问题的启发式过程,并处理诸如斯滕伯格所描述的"日常生活"问题之类的模棱两可的问题。

脚本

在环境科学课上,惠特克女士运用探究模式介绍毒素单元。刚开始,她问学生是否听说过"像帽商一样疯狂"的说法,一个女孩举手说她记得在《艾丽丝漫游仙境》(Alice in Wonderland)中,有一个人叫马德·哈特,另一个学生说这部影片是根据刘易斯·卡罗尔(Lewis Carrol)的书拍摄的,马德·哈特在影片中举办了一个茶话会,又有一个学生说读过一本书,书中有人被描述为像帽商一样疯狂。学生说:"我认为,该词语指的是这个人的确对他的帽子十分恼火。"

惠特克女士告诉学生她将给他们一个问题,他们必须找到该问题的可行性答案,他们可以向她提问,但所提问题的回答只能是 YES 或 NO。她解释了贴在教室前面的探究模式程序,然后让学生分小组讨论。她鼓励学生要像从事真正的研究那样提问,她还给了学生例子,让他们知道如何提问,例子从简单的事实性问题到那些复杂一点的问题,如"如果我做了_____,我能期望_____发生吗?"因为她将是信息源,她已准备了自己需要使用的事实题单(见表 7-1)。

表 7-1 教师回答学生提问所需的事实题单

事 实 题 单
1. 英国的工作环境恶劣,许多人得了由工作导致的疾病,但他们不知道病因。
2. 工作场所通风不良,缺少安全保护设施,工人们没有穿安全服。
3. 大多数男子的帽子是用毛毡做的,这些毛毡是由加拿大进口的海獭内层皮毛加工而成的。
4. 在毛毡帽的制造中,所使用的化学原料之一是水银。
5. 正如我们现在所知道的那样,水银是有剧毒的,若进入人体会引起类似发疯的疾病。
6. 今天,这种病被命名为 Minamata 病,Minamata 是日本的一个小型的工业镇,在 1932 年到 1968 年期间,当地工厂向河流倾倒了好几吨的水银,数以千计的人吃了河中的鱼之后都中毒了。

惠特克女士大声读出下列问题:

在 18、19 世纪的英国,很多制造男性帽子的工人变得"发疯",他们的言行

第七章 探究模式：通过发现和提问解决教学问题

举止似乎像个疯子,他们中的大部分人被送到当时的神经病院。为什么这群人会有这么高的发疯率,以至于出现了"像帽商一样疯狂"的说法呢？

然后她让学生开始提问。

学生：制造女性帽子的人怎样——他们中也有很多人发疯吗？

教师：不是。

学生：那时的男子戴着特殊的帽子吗？

教师：是的,再问一个问题。

学生：是像林肯戴的那种大礼帽吗？

教师：说得具体点。

学生：那些黑色的帽子都有高顶——我想他们称这些为高顶帽。

教师：是的,大多数是这样的。

学生：这与帽子的制造原料有关吗？

教师：是的。

学生：我们可以讨论吗？

教师：是的。

学生：（讨论之后）他们也称那些帽子为"礼帽"吗？

教师：是的。

学生：它们是由海獭皮做成的吗？

教师：是的,问下一个问题,只要你们得到了肯定回答,你们就可以一直提问。

学生：如果我们进入这其中的一间工厂中,我们可以明白导致人们发疯的原因吗？

教师：说得具体点。

学生：例如,我们可以看到工人被鞭打吗？

教师：不,让我们回顾一下你们已经发现的,注意那些你们已经知道的事实（她指着黑板,学生已经在黑板上归纳了他们所获得的答案）。

学生：他们需要用某种方式处理海獭皮吗？

教师：是的。

学生：是他们使用了高温而令人们发疯吗？

教师：他们可能使用高温,但这不是问题的主要原因。

学生：他们使用了化学物质吗？

教师：是的。

学生：他们会吸入烟雾吗？

教师：可能是一部分。你们能得出理论吗？

学生：在处理制造帽子的毛毡中的有毒物质时,帽子加工者中毒了。

教师：现在，让我们通过提问来验证理论或者使理论更加完整。
学生：是砒霜吗？
教师：不是。
学生：这种毒品今天还在使用吗？
教师：是的。
学生：他们现在还被用来制造帽子吗？
教师：据我所知，没有。
学生：人们知道这种物质有毒吗？
教师：是的。
学生：我们可以讨论吗？
教师：当然，记住我们现在是检验黑板上的理论。
学生：（讨论之后）这种物质是水银吗？
教师：是的，所以现在你们可以再陈述你们的理论，使之更完整（学生加上"水银"）。

教师要求学生陈述一些可以由此理论推出的规则，他们说（1）在未意识到某种物质的危险时，人们可能就被该物质伤害了；（2）当人们不了解所有的事实真相时，人们可能会嘲笑那些异类的群体。

学生还要讨论他们是怎样得出理论的以及在做出决定时，哪些步骤最有用。他们认为，在该过程中记录信息很有用。

活动 7-1

选择本章开始部分的萨奇曼探究模式的第一步中的一个问题。探究该问题，以决定可能的答案或结论。利用具有迷惑性的情境来形成授课计划。

总结

本章中所述的第一种探究模式主要是以萨奇曼的理论为基础的，该模式用科学探究的步骤来解决一些普通问题。第二种模式是以网络作为主要信息源，学生通过自我研究来解决问题。

要求学生积极利用信息去挑战和质疑问题的结论，从而证明结论的可行性，在这样的情况下，使用探究模式是很适合的。在设计阶段与其他模式一起使用，该模式对解决问题和教授思维技巧还具有激励作用。

网络资源

1. http://curry.edschool.virginia.edu/go/edis771/classwebquests.html

这是根据科目和年级水平来安排的大量的网络探究模式的清单。每个探究都是由弗吉尼亚大学汤姆·埃斯蒂斯(Tom Estes)教授阅读课的学生创立的。教师可以自由使用任何一个探究模式,学生把他们的工作成果放在这里是因为他们乐意与别人共享知识。

2. http：//www. multiage-education. com/russportfolio/curriculumtopics/sampleunits. html

该网站提供了诸如网络探究模式的简单示例介绍。

3. http：//edweb. sdsu. edu/webquest/webquest. html

在该网站,你可以获得有关网络探究模式以及与此相关的更多信息,这体现了网络探究模式的创立理念——以问题学习为本,以网络为媒介。链接到 Training Materials,你就可以下载网络探究模式的模板,然后开始这种特殊形式的探究教学。你可以直接进入 http：//edweb. wdsu. edu/webquest/Lesson Template. html 获得模板,记得在 http：//edweb. sdsu. edu/webquest/matrix. html 看各种不同的网络探究模式示例,这种模板是以提供最大方便为出发点,按照科目和年级水平分类安排示例的。

4. http：//www. imsa. edu. /team/cpbl/cpbl. html

这是问题学习中心的主页,由伊利诺伊教学和科学院创办的资源,浏览该页的第一个链接——题为"何为问题学习"的优秀指导课。每位教师都应该进行阅读并浏览其示例。

5. http：//edweb. sdsu. edu/clrit/learningtree/PBL/WhatisPBL. html

该网站对问题学习做了简短精辟的描述,这是学生中心、教师辅助的学习,其目的是使学生超越满足于"发展是灵活的,有助分析的认知策略是意料之外的,结构紊乱的情境可以得出有意义的结论"。

6. http：//www. bscs. org/index. html

这是生物科学课程学习 BSCS 的主页,BSCS 是一个非盈利性的、非商业性的组织,自 1958 年以来它一直提供探究科学课程的示例。BSCS 的目的是发展一种教学工具,使学生可以通过实施科学的、废弃死记硬背的、解决真实问题的方法来学习科学。在 BSCS 网站,教师能看到"已被整合的科学向导",这是学校高年级整合科学课程的指南。

7. http：//www. exploratorium. edu/ifi/

浏览探究学院主页的读者应该阅读 *Connect* 杂志 2000 年 3 月刊或 4 月刊,它着重指出了 6 个教室探究的案例学习,5 个是小学,1 个是中学。

8. http：//ilf. crlt. Indiana. edu/

探究学习论坛是教师组织的网络会议,他们通过网络来交流探究学习的观点,该网站是以学校为参照体建立的,每个"教室"都有实施探究学习所需的各种资源和辅助材料。

9. http://inquiry.uiuc.edu/

探究页是由对探究学习和教学有兴趣的教师和管理者组成的虚拟社团。在该网站你可以与其他教师交流,分享探究课程,为你的探究教学获取资源和意见。

10. http://www.biopoint.com/msla/links.html

若你对利用网络促进探究学习有兴趣,该网站可以让你节省时间,很快地找到你所需的工具。

第八章 综合模式：培养创造性思维和解决问题的能力

雾

雾色来了
像小猫那样轻轻地来了
它静静地蹲着
俯视着港口和城市
然后继续向前进
——卡尔·桑德伯格（Carl Sandburg）

雾与猫是两个截然不同的实体，但是当诗人卡尔·桑德伯格将二者置于一起时，他便以其精辟的语言创造了一幅生动的画面，使得读者既高兴又惊讶。同样地，当一个小孩说"妈妈，看，我的冰里有头豪猪"，这个小孩也创造了一种表意的语言。诗人和小孩的相似之处就在于他们都使用了语言的创造力——比喻的力量。

将两个表面上不同的观点放在一起，比喻能创造一种心理扩张力，这样人们就能够找到其内隐的关系。最好的比喻，能够激发最有趣的洞察力，能够将语言资源进行延伸从而产生新的意义。按照法国语言学家保罗·里科尔（Paul Ricoeur）的观点，比喻的目的是"通过击碎及增加语言，来击碎和增加我们的现实感"[1]。同样地，综合模式是一种有条理的方法，它要创造一种理解，这种理解对于参与者来说，不仅具有新颖性，而且还具有独特性。

人们认为威廉·戈登（William Gordon）是对综合法的发展做出了贡献的。"综合法"源自于希腊词 synecticos，意思是"综合理解表面不同的事物"。综合模式通过共同作用和综合理解过程创造一种新的洞察力，戈登写道："这是一种可操作性的理论，它充分利用人类创造活动中的前意识心理机制。"[2]

综合法最初是由那些负责制造新产品的个人团体发展起来的。自20世纪60年代以来，综合材料已被戈登和其他人用于发明中了。这些技巧特别适用于培养学生对各学科的创

---

[1] 保罗·里科尔："语言创造力：词、意义的分歧、隐喻"，《今日哲学》，1973年第2期，第111页。
[2] 威廉·J.J.戈登：《综合法：创造力的开发》（New York：Harper and Row），1961年版，第3页。

造性的思维和写作能力。

戈登与其助手已经向学生传授了具体的技巧，以使学习者能创造性地将他们已知的与他们将要学习的东西联系起来。戈登写道："通过有目的地制造联系来进行学习是有效的，因为在联想的过程中，大脑能自然地吸收知识，这一点是非常清楚的。人类的大脑在理解新事物时，总是将它与大脑中已有的事物联系起来，除了这种方式之外，人类还有其他的理解新事物的方法吗？"[1] 借助于比喻，在综合模式中很容易形成这些关联。

在综合模式中，比喻的定义很广泛，包括所有的修辞方式（如明喻、拟人、矛盾修辞法）。这些修辞方式运用类比将不同的和表面不相关的因素放在一起。在综合模式中，强调了三种类型：(1) 直接类比，(2) 拟人类比，(3) 象征类比。

直接类比是对两个物体、观点或概念进行直接比较。如，教室与蚁堆有何相似之处？一群少年在哪些方面像过山车？收割的庄稼与拥挤的汽车有何类似？夏天与西瓜片相似在何处？我们体内的静脉与管道系统的相似点何在？每一个问题都含有暗喻或类比，通过类比，学生更能拓展其思维。刚开始，他们看见的通常是相当明显的比较，如，太阳像火球。但是之后太阳可能会变成四轮马车、一条龙、柠檬蛋糕或燃烧的种子。通过练习，他们能增加自己类比的扩张力和奇异性。

拟人类比是让学生将自己变成待解决问题的一部分或待研究的物象的一部分。拉链的感觉是什么？若你是一棵被酸雨污染的树，你有何种感觉？缝纫机何时会感到担忧？玫瑰花的感觉怎样？若你能抵抗重力，会发生什么事？这里的目标是心领神会。使用综合模式中的拟人类比可以将学习者的思维置于某个特定的物体或观点上，这样就可以获得思维上的理解而不仅仅是单纯的认知。

象征类比或表面性冲突，是对表面不一致但实际上有创造性见识的描述。这种类比由普通意义的比喻拓展到矛盾修辞法的范围。单词 oxymoron 来自希腊词 oxys，意思是锋利的或敏锐的，moros 意思是愚蠢的。在古希腊，这个词是 oxymoros，意为愚蠢。这里有一些日常语言中的矛盾修辞法的例子，它们不仅是矛盾的而且是经过深思熟虑的创造性成果，如，名为"一个人的团聚"的戏剧或名为《熟悉的陌生人》的书。在讨论这种特殊的比喻时，威廉·萨菲尔（William Safire）引用了"残忍的仁慈"、"雷鸣般的寂静"、"审慎的速行"和"公开的秘密"。[2] 爱情怎样才能既仁慈又残忍呢？何时有令人震耳欲聋的寂静？爱情怎样令人开心又令人窒息？责任何时是既高尚又邪恶的？当用互为反义的词语解释时，甚至连小孩都能参与进来。这种反义词之间的对立就是简化了的比喻的张力。这样，不受个人经历的影响，学习者能对所研究的问题获得新的观点。此外，当学习者参与到这种集体性的创造性活动中时，他们能分享观点

---

[1] 威廉·J.J.戈登、托尼·波兹："紊乱学习与关系建构"，《精神病学记录》，1978年第3期，第79页。

[2] 威廉·萨菲尔："谁的矛盾修饰法被攻破了？"《纽约时报》，1985年6月2日，第6部分，第16～18页。

和创造成果,从而能产生一种作为作者的骄傲。

本章描述了综合模式的三种形式:熟中生新,异中求同,综合模式的游览。

形式一:熟中生新

在该模式中,鼓励学生用一种新式的、不同的方式去看待普通的、熟悉的事物,这样,他们常常可以发现:一些他们认为常规性的、可预测的事物存有意料之外的可能性。

熟中生新综合模式的步骤

1. 描述主题。
2. 形成直接类比。
3. 描述各自的类比。
4. 确认表面性矛盾。
5. 形成新的直接类比。
6. 再验原题。
7. 评价。

第一步:描述主题

一开始,教师可以要求学生描述他们熟悉的一个主题(如小说中的一个人物、一个概念或一个物体)。既可以让学生进行小组讨论也可让每个学生写一段文字。对于那些不会写的幼儿或学生,跟他们讨论这个题目并在黑板上写下他们的描述性的词和短语,或者让他们画一幅图画,也可以让他们解释题目。这一步的目的是形成对主题的最初描述。

学生完成书写或讨论后,让他们分享自己描述主题的词语,在黑板上写下那些词语(如果黑板上没有地方,用活页纸,活页纸可以从本子上撕下来贴在墙上),可以排列这些词或短语但不进行评价,让所有学生都参与其中。

第二步:形成直接类比

在第二阶段,学生利用黑板上的描述性词语和似乎没有关联的词语来形成直接类比。例如,教师可以要求学生检查题单,想出一种机器名称,这种机器可以启发他们想到尽可能多的词,其他可能的类别包括植物、食物、花朵和动物。

将学生的补充写在黑板上,鼓励每个人说明他选择这一类别的原因。当教师认为每个人都已经参与了该过程,而且全班学生都已准备好了时,学生投票决定他们在该模式的下一个步骤中将要讨论的类别。

有一个班的学生在讨论"数学"时,得出了下列初步的描述性词语清单:
困难的　　　　　　　　　含糊的
有时难,有时易　　　　　 必要的
可怕的　　　　　　　　　一把钥匙
值得做的　　　　　　　　一种奥秘

当学生要想出一种机器来达到启发的目的时,他们的答案如下:
- 电脑,因为它们有按键但很难学习。
- 钢琴,因为它们有琴键但它们可能会不清楚而且有难度。
- 牙医的钻孔器,因为这是令人害怕但又是必要的。

第三步:描述各自的类比

在综合模式的第三阶段,学习者必须从他们已选择的喻体的角度来思考现实。先让学生做短时间的思考,然后让他们说出对该物体的感觉,在黑板上写下他们的答案,鼓励每个学生说明他们有这种特定感觉的原因。年长的学生需要更多的时间来接受该模式的这一步,但是,一旦他们做到这一步,他们所给的答案是会令人满意的。

一组参与综合模式教学的教师用"学生在午餐室的行为"作为他们的主题。教师把学生比作一群蜜蜂,当教师让学生思考作为一只蜂群中的蜜蜂有何种感受时,他们给出了下列答案:
- 无助的:我必须和其他人做相同的事。
- 权威的:我是王后,其他人要服从我。
- 害怕的:我不知道会发生什么事。
- 安全的:我不需要自己做决定。
- 危险的:我能用自己的针伤人。
- 无忧:我会飞而且不需考虑什么事情。
- 武装的:我有针。
- 受制的:我必须跟随蜂群,我是其中一员,不能逃跑。
- 柔弱的:如果我离开蜂群,我会遭拍打。
- 独立的:我能飞离困境。

一组三年级的学生描述了盛开在篱笆内的玫瑰花的感觉:
- 因为我四周都有刺,所以安全。
- 我觉得脆弱因为我不能长盛不衰,热量会令我凋谢。
- 美丽的,令人羡慕的,人们都来欣赏我的美丽。

第四步:确认表面性矛盾

第四步是该模式中最令人激动也是最重要的步骤。让学生检验他们在上一步中所得出的描述性的表示感觉的词语,并把那些看似对立的词放在一起。例如,在我们的例子中,教师把学生比作一群蜜蜂,一些相对立的词是:

害怕的与安全的　　　　　无助的与权威的
武装的与柔弱的　　　　　无忧的与害怕的
独立的与受制的　　　　　武装的与无忧的

它们都是一些看似对立的词语的组合,每一对词都使用了比喻。

写下所有学生的观点,鼓励学生解释为什么他们认为这些词相互对立,然后让学生再次投票决定哪对词语属于最佳的表面性矛盾。

第五步:形成新的直接类比

利用学生选择的表面性矛盾,让学生得出另一个直接类比。例如,如果选择的词语是独立的与受制的,就让学生描述一种既独立又受制的动物。一些可能的类比为:

笼子里的老虎　　　　　拴着皮带的狗
社会中的人　　　　　　飞船里的宇航员

然后让学生再次投票决定哪组词是最佳的直接类比。

另一类的表面性矛盾的例子可以为食物:盛在瓶中的热调味汁或者橘子里的核,都是既独立又受制的。教师和学生使用该模式越多,他们就越能自信地扩大其使用范围。

第六步:再验原题

在这一步中,回到学生所选择的最后一个直接类比,将它与原题进行比较。例如,你是以"小说中的人物"作为模式的开始的,而最后的类比是"拴着皮带的狗",那你可以要求学生用词语描述那些拴着皮带的动物的特征,然后从这些描述出发来思考该人物。

在这之前不要考虑最初的主题,其目的就是让学生在一开始就能摆脱原题的限制,一步接一步在学生形成丰富的想像力之后再回到原题。这一步的一个重要部分就是每个学生都能听到他人的观点并能明白各种观点之间的联系。

让学生再次书面描述原题,并让他们不受限制地使用练习过程中所得出的任何物象,年长的学习者和有经验的人在这一点上能做得很好。类比的词语目录给学生提供了丰富的词语和物象资源。

第七步:评价

与学生讨论授课的过程,让他们解释为什么他们重视某些物象而漠视其他物象,并让他们谈谈对该模式的反馈。如果有条件,准备一些不记名的答题卡,让他们表达自己的感觉。因为学生知道你能识别出他们的字迹,所以要设计好这张答题卡,使他们能选择最能表达自己感觉的答案。

进行这项活动令我感到：

_____ 激动　　_____ 有趣　　_____ 厌烦
_____ 挫败　　_____ 气愤

如果许多学生认为该模式让他们觉得厌烦、挫败或气愤，组织全班讨论该问题，请同事观摩并给出反馈。

保留学生在应用综合模式之前和之后的书面作业，并指导他们提高书面表达能力。

熟中生新综合模式的步骤总结

1. 描述主题：挑选一个主题让全班进行研究，主题可以来源于任何科目：已经读过的小说中的一个人物或诸如自由、正义类的概念；一个问题，如校车上的言行；一门技术，如跳水。学生描述主题并在黑板上写下描述性的词或句。

2. 形成直接类比：挑选一个种类，如机器、植物或食物，学生检验第一步中得出的单词目录，并描述这些单词与所选择的种类有何相似之处，学生要解释他们做出选择的原因。

3. 描述各自的类比：学生挑选一个直接类比并形成拟人类比，让学生从客体的角度出发描述其感觉及表现，写下学生用来描述的词语。

4. 确认表面性矛盾：使用拟人类比步骤中的词语，指导学生建立一系列的表面矛盾，要求学生将看似彼此对立的词语配对，将可以扩展的词语配对。

5. 形成新的直接类比：挑选表面矛盾步骤中的一对词语，由学生挑选一种物体（动物、机器、水果等）形成另一种直接类比，用这对词语来形容该种物体。

6. 再验原题：回到原题或任务，这样学生可以运用以上步骤中的观点来得出一种结论或描述。他们既可以以最后类比为研究重点，也可以运用整个过程中的观点。

7. 评价：与学生讨论该学习过程，对过程中的个人和集体的反馈做出评估。

练习 8-1

下列是一个班的学生形容汤姆·索耶（Tom Sawyer）性格的词语。下列词单中的词令你想到了何种交通工具？

聪明　　年轻　　顽皮　　守旧　　倔强
原始　　勇敢　　滑稽　　精明

练习 8-1 参考答案

一些七年级学生的答案：

■ A 款福特车，因为它是旧款而且是原创品。

- 红色敞篷汽车，因为它既淘气又顽固，令人感到年幼调皮。
- 双人自行车，因为它是原创品，很有趣味性。
- 溜冰鞋，因为它年轻滑稽，令你多次陷于困境。

活动 8-1

挑选一个主题，按照你自己的"熟中生新"的步骤，与几位朋友重复操练，比较个人想像力和群体想像力的丰富程度。

形式二：异中求同

在该版综合模式中，教师指导学生利用类比找到陌生材料与熟悉的材料之间的关系。

异中求同综合模式的步骤

1. 提供信息。
2. 展示类比。
3. 利用各自的类比形成表面性矛盾。
4. 比较主题与表面性矛盾。
5. 确认差异。
6. 再验原题。
7. 形成新的直接类比。
8. 评价。

第一步：提供信息

教师选择要学的新材料，可能是学习爬虫、形容词、分数或周期表，教师为主题提供事实性的信息。

第二步：展示类比

如果新的主题是内战，教师列出内战与地震的相似之处，以这种方式展示类比，然后与全班同学讨论相似点。如：

A. 在地震中，地要裂开。南北方曾经是一个完整的国家，突然间，两者就分开了。

B. 在地震中，许多人死于不可控制的力量。在战争中，发生了同样的事情。

C. 地震前总有预兆。在内战前，有表明麻烦要发生的警告。

D. 在地震后通常有余震。内战后，余震持续了很长时间，在林肯总统逝世后，这种状况尤为明显。

第三步：利用各自的类比形成表面性矛盾

老师要求学生想象在地震中的感觉。老师在黑板上写下表示感觉的问语。学生对这些词进行配对形成表面矛盾。选择一对词语进行进一步研究，例如，学生可以选择**强大的**和**可预测的**或**万能的**和**羞愧的**作为表面矛盾。

第四步：比较主题与表面性矛盾

然后，学生讨论内战是怎样既强大又具预测性的，或者，让他们讨论参与者是怎样觉得既万能又羞愧的。在这一步中，老师可以要求学生写下他们对矛盾双方的感觉。

第五步：确认差异

学生可能认识到战争不是不可以避免的自然灾害。与地震不同，战争是由人类引起的，因此是可以避免的。他们还可以讨论地震一旦结束，短期之内生活通常就会恢复正常，但战争的影响会持续很久。

第六步：再验原题

在这一步中，要求学生用自己的话写下或讨论原题，可以使用上述活动中展示的物象和观点。

第七步：形成新的直接类比

鼓励学生自己形成有关内战的类比，老师指导学生挑选类比，这种类比要尽可能与主题无关。例如，有人可能想到家庭纠纷，但这与内战联系密切，但是，一份不全的附录却是可能性的类比，这看似没有相似性但可能会产生某些有趣的比较。

第八步：评价

与学生讨论该过程，鼓励他们描述哪一步对他们思考问题最有用。如果有些人没有对过程进行反馈，使用如前所述的不记名调查表。

如果有学生没有参与该过程，为他们举办个人性会议，鼓励他们说出他们对该活动的反映以及怎样才能使他们更多地参与该活动。

保留学生的书面示例，在他们的书面作业中找到有效的类比。

异中求同综合模式的步骤总结

1. **提供信息**：学生必须理解与所要研究的主题相关的基本事实和信息。

2. 展示类比：准备好与主题有关的、学生熟悉的类比。
3. 利用各自的类比形成表面性矛盾：让学生描述他们对形成主题有何感觉，然后让他们得出表面矛盾。
4. 比较主题与表面性矛盾：学生挑选一个表面矛盾，然后与原题进行比较。
5. 确认差异：学生讨论原题与表面矛盾的差别。
6. 再验原题：让学生运用练习中的观点，词语和物象来书写和讨论原题。
7. 形成新的直接类比：鼓励学生形成不同于最初的、新的类比。
8. 评价：确定以集体和以个人进行的程序的有效性。

练习 8-2

运用下列主题形成类比：

营养　　　部分
桥梁　　　独立宣言
名词　　　诗歌

练习 8-2 参考答案

营养：汽车的燃料
部分：美国地图
桥梁：电话
独立宣言：警钟
名词：喇叭
诗歌：海洋

形式三：综合模式的游览

综合游览使用了三种形式的类比——直接、拟人和象征来解决问题。此外，能使学生利用大自然力量的想象类比，在此中能派上用场。让学生设计一种特定的产品，如性能更好的捕鼠器。或者，让他们发明一种能更有效完成任务的程序，例如进行马拉松赛跑或破译一幅古代地图来找到埋藏的宝藏。

此处所列举的游览的步骤源自戈登的作品，是由 G. M. 普林斯（G. M. Prince）[1]翻译的，威尔逊（Wilson）、格里尔（Greer）和约翰逊（Johnson）[2]对此进行了拓展。

---

[1] G. M. 普林斯："综合法的操作机制"，《创造性行为杂志》，1967年3月刊，第1～9页。
[2] 威尔逊、格里尔、约翰逊："综合法：为天才提供的一个创造性的解决问题技巧"，《天才儿童季刊》，1963年第7期，第260～266页。

综合模式游览的步骤

1. 展示问题。
2. 提供专门信息。
3. 质疑并打破常规结论。
4. 形成个性化的问题陈述。
5. 选择一个问题作为陈述重点。
6. 通过类比提问。
7. 使类比与问题相符。
8. 从新的角度得出解决方案。
9. 评价。

第一步：展示问题

问题必须能激发参与者的兴趣和热情，教师应该用普通词汇向学生陈述问题。例如，问题可以是怎样设计一个清理垃圾的更有效的流程。

第二步：提供专门信息

尽可能多地向学生提供情境信息和专家意见。例如，可以展示含有各种耙机和树叶清理机的目录，一组学生可以报导下列问题：现有的清除树叶的技术；垃圾处理场面临的问题；燃烧树叶导致的空气污染。可以邀请市垃圾清理部门的工作人员，请他们讲述树叶到达垃圾处理场之后是如何被处理的。

第三步：质疑并打破常规结论

教师鼓励学生集体讨论问题的明显结论以及这些结论的相应价值，被集体认定为无效的结论被清除出列。若全班学生都同意某一特定结论，那在这一步就可以解决问题。但是，最容易得到的答案常常是最无效的。教师应该帮助学生识别结论的不足之处。例如，有学生可能认为树叶可以被燃烧，那么，教师就可以就燃烧树叶和空气污染的关系提问。

第四步：形成个性化的问题陈述

当每个学生都理解了问题之后，要求他们写下对问题的再陈述，指导他们将问题分成几部分，用自己的话陈述其中的某一部分。例如，某个学生可能以垃圾场过度拥挤、容量有限为重点，而另一个学生可能以一堆堆的树叶留在街道上等待处理会引起火灾这一问题作为重点。

第五步：选择一个问题作为陈述重点

学生向全班朗读他们所描述的问题，全班挑选一个问题进行进一步研究。例如，一个学生可能认为关键是要发明一种新的技术来减少垃圾场的树叶，而另一个学生可能认为关键是把树叶当作有价值的自然资源。全班学生可以选择解决问题的一种可行性途径。

第六步：通过类比提问

在该步骤中，教师向学生展示一些类比。例如：

直接类比
1. 地上的一片树叶像何种动物？
2. 树叶与老年人有何相似之处？
3. 树叶与垃圾有什么共同点？它们有何不同点？
4. 树叶在哪个方面像孤儿？

拟人类比
1. 树叶的感觉怎样？
2. 收集树叶的机器的感觉怎样？
3. 被遗弃的感觉怎样？
4. 垃圾处理场的一堆树叶的感觉如何？

象征类比
1. 为什么说树叶既是自由的又是在劫难逃的？
2. 你如何描述一件既必要又讨厌的东西？
3. **有用的和讨厌的**怎样适用于该问题？**有用的和有害的**又怎样适用于该问题？

想象类比
1. 若你能终止重力，你怎样使树叶不从树上掉下来？
2. 若你能控制树，你怎样使树叶不掉下来？
3. 创造一种有助于解决问题的动物。

第七步：使类比与问题相符

要求学生回到问题：设计一个清理树叶的更有效的系统，将以上的类比直接用在

该主题。例如,教师可以问:
    1. 若树叶是生活的基本组成部分,为什么我们认为它们令人讨厌呢?
    2. 若树叶像孤儿,我们怎样才能给它们提供更好的家园呢?
    3. 让树叶留在它们落下的地方,这就等同于让老人发挥余热。
    4. 以一堆堆护根的形式放置树叶,学习如何正确地对待护根,这种做法就如同给树叶提供一个家,在那里它们能继续发挥效能。

第八步:从新的角度得出解决方案

借助于对比,教师帮助学生从新的角度来看待问题。从这一角度出发,学生集体决定他们是否已找到答案。例如,他们可能已经得出结论:从基因上制造一种特殊的蠕虫,这种虫生长在护根堆里,可以减少护根的树叶,或者可以设计一种机械的"蠕虫"来减少护根的树叶。

若学生认为还有一些可以用来解决树叶问题的方法,他们可以继续进行类比研究工作,以得出其他的结论。

第九步:评价

展示要解决的新问题,学生按照同样的程序进行小组工作,指导他们,帮助他们解决困难。每一次运用该模式时,都要判断学生对该活动是否变得更加得心应手。

与小组的学生代表讨论,要求他们坦率地说出对该活动的意见反馈。

询问其他教师,了解在其他学习场合是否学生也使用该模式中所提到的技巧。

综合模式游览的步骤总结

1. **展示问题**:挑选并向学生展示一个有趣的、具有挑战性的问题。
2. **提供专门信息**:尽可能多地给学生提供专门信息。
3. **质疑并打破常规结论**:引导学生研究最明显的结论并让他们清除那些不合适的结论。
4. **形成个性化的问题陈述**:每个学生写下有关问题的陈述,并给出自己的解释和重点。
5. **选择一个问题作为陈述重点**:大声读出问题的陈述,全班学生挑选一个问题作为研究重点。
6. **通过类比提问**:以提示性问题向学生展示类比。
7. **使类比与问题相符**:回到原题,让学生得出类比与问题的相配。
8. **从新的角度得出解决方案**:学生从新的角度出发来看待问题,得出结论。
9. **评价**:得出一种进程,从而来判定这些技巧是否变得有效,是否成为习惯。

活动 8-2

挑选一个你所关心的问题,然后你自己再浏览一下这些步骤,以此来判断使用这种方法解决问题,你是否能有效地得出可能性的结论。接着,与一组成年人,如你的同事,来重复该活动,看看结论是否相同。

综合模式的基础

法拉第(Faraday),化学家;爱因斯坦(Einsein),物理学家和哲学家;基茨(Keats),诗人,他们都谈到自己变成所创造的事物的感觉,他们知道分子、原子、大海的感觉是什么。戈登观察说"在科学和艺术方面,因为对拟人类比的青睐,分散的观察和分析坐了冷板凳"。[1]

分散的观察和分析是解决问题的基础,但是,心领神会、想象和感觉的能力也是很基本的。我们源自非理性思考的洞察力和创造力能产生独特的、漂亮的物象和结论。综合模式设计的目的就是要加强我们的非理性思维。

综合模式在下列情况下效用最大:研究对象是针对学生的,让他们用不同的方式看待现实并对可能性进行实验。从引导思维和部分看整体的角度看待对象,这就要求学生把表面不相干的事实和事件放在一起考虑。因为大部分学生都不知道如何进行这种活动,向他们进行介绍,帮助他们认识类比是非常重要的。综合模式是解决这类问题的理想方法。

刚开始,综合模式是用于研制工业新产品的,通常让工人群体用比喻来解决问题。戈登和他的助手们在自己的剑桥、马萨诸塞的实验室得出了观点:薯条和罐头有关。戈登和波茨(poze)说道:"当我们寻找平行的喻体时,我们发现两者在浸泡在水中和挤压时都能保持原状。即使在干燥状态下都能保持原状,这就是我们用来解决问题的方法。"[2]

戈登指出,在解决问题时"挑战就在于用一种新的方式看待问题,相应地,这种新的角度能产生新的基本的定论"。[3] 在熟中生新阶段,思维不会受到狭窄的限制。这样就可能产生创造性的视野和结论。在异中求同阶段,思维将已知的与未知的相联系。这样有助于新知识的学习。

下列是摘自戈登的书《综合》中的"创造力的形成"一文,参与者为一个客户设计研究一种新型的罐头开启器。

B:如果我们限制自己的思维而不加改进,那我们将一事无成。我认为客户想要的是一个全新的罐头开启器……而不是一个略好一点的。

A:我同意。让我们先把这个问题放一放……Open 的意思是什么?

---

[1] 戈登,第38页。
[2] 威廉·J.J.戈登、托尼·波兹:《学习与认识的隐喻性方法》(Cambridge, MA: Porpoise books),1979年版,第3页。
[3] 戈登,第34页。

E：自然界中，有些东西是完全封闭的，然后开了……例如蚌。

B：但是对于蚌来说，整个过程是可以反复的。我们现在的问题与之不同，我们不需要再次封好罐头。

D：如果我们能做到，那就更好。

B：我想我们做不到……豆荚怎样？它实际上是沿着一条线开的……豆荚先天有一条脆弱的内陷线，它就是沿着那条线裂开的。[1]

通过讨论"Open"的概念并找出自然界对应的类比，小组认为：容器可以沿着一条缝打开后再被关闭。这是一个富有创意的、新颖的设想。

一般认为创造力是一种孤立的活动，不能被真正理解或教授。与之相反，戈登认为创造力是可以被教授的，学习者能够理解如何利用该过程来解决问题或形成更深刻的描述与分析。在集体中进行综合，能切实增强个体的创造力，因为它提供了一种重要的互动方式：每个人的思维亮点都被传递。"综合集体可以将单个人需要几个月才能形成的半意识状态的精神活动压缩到几小时"。[2]

综合还可促进跨学科间的联系。将表面相异的实体放在一起，可以让师生超越过于限制性的、人为性的知识界线去寻找各实体间的关系。火山爆发与内战有何相似？弗罗斯特（Frost）的诗歌与欧几里得（Euclid）的几何呢？段落与生物分类呢？语法和外交礼节呢？地图和故事情节呢？

多面思维是指能囊括两种截然不同的概念的思维，它是以罗马的双面神（Janus）来命名的。多面思维包含同时地、积极地理解两个或多个相反或对立的概念、观点或物象，并视其为同时存在、同样有效或同等真实。有创造力的人能从表面不合逻辑或不可能的事物出发，构思出两个或多个并存运行的对立物或相反物，从而引导出互相关联的概念、物象和创造。[3]

综合的方法具有独创性，其最终目的是找到问题的实用的解决方案，用更有效、更具说服力的方式交流观点。通过坚持在理性分析前先运用大脑中非理性和情感性思维，从而使综合模式致力于开启新的思维向度，寻求解决问题的新的可能性。

乔治·普林斯（George Prince），综合协会的创立者之一，多年从事创造性过程的研究，他写道："学习和创造力最关键的核心在于形成关联。随着学生年龄的增长，他们越来越不愿进行大胆的关联……从我们对创造力的学习和研究中得知，学习的基石是形成关联。"[4]

---

[1] 戈登，第125～126页。

[2] 戈登，第10页。

[3] 艾伯特·罗森博格："爱因斯坦的创造性思维和概括的相对论理论：一份存档报告"，《美国精神病学杂志》，1979年1月刊，第39～40页。

[4] G. 普林斯、W. 韦弗、K. 洛根-普林斯："解放创造力和学习能力"，《创造性教育：培养一个创新者的国家》（London：Synectics Education Initiative），2000年版，第3～28页。

脚本：熟中生新

迪马瑞班级的七年级学生已经学过了新英格兰早期殖民者方面的内容，他们将开始下一单元的学习：塞勒姆女巫审判。迪马瑞让班上的学生写一段话来描述女巫。因为大多数的年轻人通过喜剧片断、神话故事、万圣节、电视人物等对女巫了解了很多，所以，他们对该主题应该很熟悉。

第一步：描述主题

老师将学生书面作业中的观点写在黑板上的主题"**女巫**"下方。

教师：你用什么词或词组描述女巫？

学生 A：她们是阴森森的

教师：为什么你认为她们是阴森森的？

学生 A：嗯，你永远不会知道她们将要做什么，人们都怕她们。

教师：你是说她们难以捉摸？

学生 A：是的，这是一个很好的词。

学生 B：我认为她们很强大，因为她们会魔法。只要愿意，她们就能在人们身上下咒语。

学生 C：我认为女巫是邪恶的，有人认为只有魔鬼才会干她们做的那些事。

学生 D：也有好的女巫。还记得在《绿野仙踪》(*The Wizard of Oz*) 一书中，有个女巫救了桃乐丝，我认为女巫跟人一样。有好的，也有坏的。

学生 E：我认为她们并不真的存在，她们缘于迷信和无知。

学生 F：小时候，在万圣节时，我常常喜欢打扮成女巫，穿着黑色的披风，戴着尖帽子。

学生 G：我也是。我在鼻子上贴一个大泥瘤，用拖把做蓬乱的头发。

教师：我把**看上去怪异**和**着奇装异服**添加到列表上。

学生 H：别忘了他们骑着扫把飞行。

第二步：形成直接类比

教师：这里有许多描述词，仔细看几分钟，然后告诉我，当你们看到这些词的时候，你们想到了什么植物？

学生 B：我想到了维纳斯的捕蝇草，因为它们外形美观，但又能捕到昆虫。

学生 A：沼泽地中的一棵老橡树，枝头上长满了苔藓，在一次旅途中我看到了这种树，令我感到非常阴森森。

学生 D：孤零零地立在田野中的一棵死树。

学生C：我想到了那些长在沼泽中的树，它们巨大的树根深入到水中。

教师：你想到了柏树吗？

学生C：是的，它们看上去强有力，但它们也令人害怕，它们并不是邪恶的，但因为不知道树根下面是什么，它们会令你觉得不舒服。

学生G：这令我想到了风中飞舞的泣柳，这似乎很奇怪，它们一直在飞舞，这令我很同情它们。

学生H：我想到了土豆，它们身上凹凸不平而且表面很粗糙难看。

教师：这是很好的题单，让我们进行投票，看看你们赞同哪一种物象。（进行投票）

第三步：描述各自的类比

教师：选择了长满苔藓的橡树，闭上眼睛想象一下这样的树会有何种感觉？

学生B：感觉很孤独，周围没有与我相同的树，我上了年纪而又与众不同。

学生A：这些苔藓包围着我，感觉我被利用了，我不能逃脱，这苔藓在占我便宜。

学生D：我觉得强壮有力，我比任何人都大，这苔藓离不开我。

学生G：我感觉很平静，这里很安静，风吹动我的枝条。

学生H：我感到被困了，因为我不能逃脱，我必须永远呆在这里。

学生I：我感到很独立，周围空空如也，我是自由的。

第四步：确认表面性矛盾

教师：看这题单，挑出那些似乎对立、意义相异的词语。

学生A：**强有力的和被困的。**

教师：为什么这两个词互相对立？

学生A：因为如果你强有力，那你应该能逃脱而不会被困。

学生C：我选择**孤独的和平静的**，如果你是平静的，那你通常不会觉得孤独。

学生G：**强有力的和被利用的，** 因为如果你强有力，你可以不被别人利用。

学生B：**孤独的和强有力的，** 因为如果你强有力，那你不应该会孤独。

学生A：**被需要和被利用，** 通常当人们感觉被别人需要时，他们不会觉得被利用。

学生E：**被困的和独立的，** 那些词似乎真的不属于同类。

教师：让我们再次投票，看看我们下一步要选择哪个表面矛盾，（进行投票）**被困的和独立的**将是我们选择的表面矛盾。

第五步：形成新的直接类比

教师：这一步中，让我们找到一种动物来进行直接类比，什么动物既是被困的又是独立的?

学生 A：围栏中的马，它是被困的，但它移动的方式是非常独立的。

学生 E：这令我想到了一种动物——豹，在一些动物园中，动物似乎很自由，但实际上它们是不能逃脱的。

学生 G：我明白你的意思，你四处走走，没有看到任何笼子或栅栏，这些动物似乎很自由，但实际上，你是希望它们是不能逃脱的，通常有阻止它们的事物存在。有一只美丽的大鹦鹉，因它的翅膀被剪掉了，所以它就不能飞了。

学生 H：我看了一部影片是关于捕捉水獭的，在陷阱中捕捉到的动物即使是在痛苦地流血，也似乎很独立。

学生 G：我祖母有一只鹦鹉，那只鸟非常独立，如果它不愿意，它就不说话，也不做任何事情，但它还是留在笼子里。

学生 D：我的猫也是这样的，即使它只能呆在室内，只能坐在窗户上向外看，但它仍然是独立的。

教师：让我们挑选一个既独立又被困的最佳例子，（学生投票）**在陷阱中捕捉到的水獭**将是我们要深入研究的。

第六步：再验原题

教师：现在来看问题，假设你回到了那个时代——女巫被指责，被判死刑的时代，被指责为女巫的人与被陷在陷阱中的水獭有何相似之处？

学生 C：可能她们都会为自己而进行战斗，将竭尽全力逃脱。

学生 D：现在在大多数的州，因为用陷阱捕捉动物太残忍，所以这种行为已是违法行为。我们认为没有被称为女巫的人的存在。

学生 A：动物常常是因为漂亮才被陷阱捕捉。有时，人们忌妒女巫，因为她们与众不同，人们想毁掉她们。

学生 E：人们过去总是用陷阱捕捉动物，因为他们没有更好的方法。对待女巫也是这样的，他们不知道女巫错在何处。现在还有些人赞同用陷阱捕捉动物，就像仍有人相信巫术一样。

教师：用黑板上的词再次描述女巫。

这些步骤完成之后，黑板上的信息如下：

1. 描述词单　问题：你用什么词来形容女巫？

阴森森的	不可预测的
强有力的	下咒的
有些善良、有些邪恶的	虚构的

源于迷信和无知的　　　　　　　看上去怪异的
穿着滑稽衣服的　　　　　　　　骑扫把飞行的

2. 直接类比　问题：第一步中的词语目录令你想到了什么植物？

维纳斯的捕蝇草　　　　　　　　　　　　柏树
沼泽地中长有苔藓的老橡树（学生的选项）　土豆
哭泣的柳树

3. 拟人类比　问题：沼泽地中的老橡树感觉如何？

孤独的	必需的
年老的	被困的
强有力的	独立的
不同的	已用过的
被利用的	强壮的
平静的	自由的

4. 表面矛盾　问题：第三步中的哪些词看上去互相对立？

强有力的与被困的　　　　　孤独的与平静的
被困的与自由的　　　　　　强有力的与被利用的
必要的与被利用的　　　　　被困的与独立的（学生选项）

5. 新的直接类比　问题：哪种动物可以被描述为"既被困又独立"？

围栏中的马　　　　　　　动物园中的豹
被减掉翅膀的鹦鹉　　　　陷阱中的水獭（学生选项）
窗户里的猫

6. 再验原题　问题：被指责为女巫的人与陷阱中的水獭有何相似之处？

第七步：评价

要对书面练习进行有效的评价。你也可以让学生得出他们自己对主题的类比。

下面是学生思考女巫的问题，在使用综合模式前后的书面作业。

综合模式之前的两个例子：

1. 女巫的确是阴森森的，他们骑在扫把上飞行，抓抢室外的小孩。
2. 女巫通常受到严惩，人们把她们吊起来绞死。我不相信女巫的存在，但我觉得假设她们的真实存在是很有趣的。

综合之后的两个例子：

1. 被称为女巫的人一定觉得自己像陷阱中被捕捉到的动物，这个陷阱实际上是迷信和无知，因为人们想谴责引起世界动乱的事物。
2. 被称为女巫的人一定感到很孤独，就像暴风雨来临时孤零零地站在田野里的一棵树。

在第二段文字中,学生已经形成了对问题的洞察力,他们的语言也增加了力度和想像力。现在教师知道学生已经深刻认识了该主题,就可以继续"塞勒姆女巫审判"的授课了,一个看似普通、熟悉的概念已有新的含义了。

该活动的价值就在于是由学生进行大多数的讨论并且由他们自己得出大多数的结论,教师控制整个过程,可随时插入过程,但是观点是学生自己得出的。当学生谈论该过程的价值时,他们是自己得出观点的而不是由教师告知的。

活动 8-3

按照综合模式设计一节课。例如,学习两栖动物的单元可以以研究蟾蜍作为开始,或者以研究夏天作为季节单元的开始。

总结

综合模式是通过比喻来扩展想像力和创造性思维的过程,它能鼓励学生用新的更动态的方式看待问题并且强有力地表达他们的观点,其成功的关键在于使学生发现他们可能未曾想到的观点之间的关系。综合模式的结果会改变学习者看待将要学习的信息和观点的方式。

在年龄各异的学习者中都可以使用综合模式。师生能在过程中得到快乐,经常会对其有趣的、富于想像力的结果感到惊奇。这种模式在写作的教学中特别有用,在其他任何形式的、以培养新的创造性地看待问题的学习中也都有用,参与者——教师和学生,都对比喻帮助学习者获得想像力的作用感到惊讶。

网络资源

1. http://www.writedesignonline.com/organizers/index.html
该网站描述了一些生动的组织结构,包括综合模式版本。

2. http://www.synecticsworld.com/library/synectics-reading.htm
该网站描述了综合模式培训节目,主要是面向工业的。该网站还可以订购材料和书籍,在帮助栏中,有图表描述有助于和有损于创造力的行为。

3. http://www.nade.net/h3a—scp99.html
名为《艺术在教育发展中使用的策略》的文章,对比喻性的思维做了极好的解释。

4. http://edweb.sdsu.edu/courses/edtec670/cardboard/card/c/CerebralFlat.html
该网站描述了中学生以综合模式进行教室内的比赛,既有进行比赛的介绍,也有创造性比赛所需的材料。

第九章 因果模式：通过分析因果关系来影响事件

> 情节使我们意识到事件不仅仅是现世连续体中的要素，它也是一个复杂的因果模型……无疑，我们对经验意义的感悟与我们对什么导致了什么的因果关系的理解是紧密联系在一起的，并且，情节是为了弄清楚因果关系。[1]
>
> ——威廉·肯尼（William Kenney）

威廉·肯尼指出，人类行为，还原到最简单的层面上看就是因果关系。除了文学、历史——因为它是对过去人类行为的记录，也是有关原因和结果的研究。科学，尽管其研究对象不一定是关于人的，它也是根据因果关系对资料的一种分析，然而大多数人从未正式地探索过原因和结果之间的逻辑关系。

人们经常把因果与纯粹的联想或结果混淆起来，广告领域就利用了这一点。比如，我们先看到一位漂亮年轻的女士使用一种昂贵的香水，接着我们就看到同样年轻的女士和她魅力十足的男朋友，所以，使用这种香水的女士将会拥有魅力十足的男朋友。

如果学生的确掌握了因果关系，这种因果关系经常是最简单的。比如，如果汤姆首先打了拉斯，那么汤姆挑起了争斗。学生不会费尽心思去查明拉斯一段时间以来一直以汤姆的女朋友来侮辱汤姆这一情况。年轻人很少去思索和追问深层次的原因。

大多数人在自己的私人生活和职业生活中都与许多人有着直接联系。这种联系在很大程度上制约着我们所能感觉到的成就的程度。如果我们要在工作中或家庭生活中达到自己的目标，我们就必须控制正常的一系列事件。而要成功地做到这一点，我们必须了解因果关系的一些复杂性。

本章提出的模式是以教育家希尔达·塔巴的一个计划为基础的[2]，它将引导学生研究重要事件、形势、情况或冲突。通过推理过程，学生对原因和结果、先在的原因以及后来的结果做出假设。最后，他们得出结论并且概括出人们在类似的

---

[1] 威廉·肯尼：《如何分析小说》(New York：Simon and Schuster)，1996年版，第14、23页。
[2] 希尔达·塔巴：《希尔达·塔巴教学策略大纲：单元 II》(Miami：Instiude for Staff Development)，1971年版，第13～16页。本章节模式中分别引用了塔巴博士的两个步骤。

情况下通常会有怎样的行为。教师作为一组问题的促进者，除了一步步地提出问题之外，他们不得帮助学生得出结论或对得出的结论做出评价。

在历史中，任何事——从一件事、一场战争、一项法案的通过到一名候选人的当选——都会引起大量的讨论。科学中几乎所有的实验或情境都会借助这一模式。当一个班级已经学习完一篇英文作品之后，一个重要行为、一个高潮或关键性时刻都会引起令人兴奋的讨论话题。报道文章，特别是咨询栏，能带来激动人心的讨论，特别是在主题对学生来说非常重要的情况下。把诸如学生迟到或扰乱课堂的情况作为讨论的话题，将会使学生理解特定规则背后的原因。

一旦小组中的个人已经几次使用过这一模式，他就能自己独立使用这一模式了。它能成为个人解决问题、概括观点、做出决定和分析资料极为有价值的工具。然而，不能高估小组探讨的价值。倾听别人的观点将会使自己发现很多可能性——学生认为这些可能性只凭自己永远不会想到。他们成为了思维更加活跃的思考者。

因果模式的步骤

1. 选择要分析的资料、主题、事件或问题。
2. 找出原因并做出说明。
3. 找出结果并做出说明。
4. 找出先在的原因并做出说明。
5. 找出后续的结果并做出说明。
6. 得出结论。结论是对学习情境中人物行为推理的陈述，要求学生证明他们的结论。
7. 进行概括。概括是对与学习情境类似情境中人们一般行为推理的陈述。
8. 评价学生的表现。

常规表格

当讨论开始时，教师应该把这张表格画在黑板上，让所有的学生都能看到。有时，学生没有足够的信息来完成这一模式所有的七个步骤。按着这一模型的部分步骤去做就会有很多收益。表中的数字表明顺序，必须在表格中填入资料。

4 先在的原因	2 原因	1 分析的话题（仔细检查过的情形）	3 结果	5 后续的结果
6. 结论： 7. 概括：				

详细步骤

对高中生来说,有关因果模式步骤的讨论将集中于小说《独自和解》(*A Separate Pease*)。这部小说是关于一所寄宿学校中两个好朋友的故事,这两个好朋友在彼此心目中都是自己强劲的竞争对手。芬尼是一名优秀的运动员。他的室友和最好的朋友——吉恩,正在努力争取成为班级致告别词的毕业生代表。芬尼鼓励吉恩尝试各种体育运动和表演从而使吉恩分散学习的注意力,因此,吉恩开始怀疑芬尼正蓄意破坏他成为致告别词毕业生代表的机会。这不是真实情况:芬尼认为就像自己的运动能力一样,吉恩的学习能力也是不需要努力就可以得来的。

对低年级的小学生来说,有关这些步骤的讨论将集中于瓦蒂·派珀(Watty Piper)最著名的故事《小机车,能行》(*The Little Engine That Could*)。在这个故事中,给山那边孩子们运送圣诞礼物和食物的机车坏了。玩具娃娃、小丑和其他玩具乞求几个大机车把他们带过山去,但都被拒绝了。最后,一个小型的蓝色机车来了,尽管她的体型很小,但她说她愿意做这件事。她竭尽全力向前拉,并且一遍又一遍地说着"我认为我能行",最后她终于成功了。[1]这些年少的学生讨论的资料或问题是:为什么小型蓝色机车愿意尝试那些比她体型大的机车不愿意尝试的事情呢?

如果教师简化问题并使用简易的词汇,小学生是能够掌握这个模式中的概念和思想的。因果模式的优点之一就是每个班级将会把讨论带到一个适度复杂的层次,因为所有这些答案都来自于学生。另外,阅读写在黑板上的讨论的结果,对年少学生来说是极好的阅读课程。学生令人惊奇地熟练地记住了被提及的观点。教师可以在需要时重复这些内容。

下面就是一个九年级班级根据这一模式分析小说《独自和解》[2]后在黑板上记录项目的一些概要。

对《独自和解》的分析

4 先在的原因	2 原因	1 分析的话题	3 结果	5 后续的结果
吉恩的担心	吉恩害怕两人都很优秀	吉恩晃动芬尼所在的树枝使芬尼摔下来。	芬尼的断腿	芬尼的死亡

---

[1] 瓦蒂·派珀:《小机车,能行》(New York:Platt & Munk,1930;New York:Putnam Publishing Group,1984)。
[2] 约翰·诺尔斯:《独自和解》(New York:Macmillian),1960年版。

第九章　因果模式：通过分析因果关系来影响事件

续 表

4 先在的原因	2 原因	1 分析的话题	3 结果	5 后续的结果
芬尼雄辩的口才	吉恩害怕与他不相称	为什么	吉恩的犯错	吉恩返回德文郡
芬尼的运动能力	吉恩低的自尊		芬尼对吉恩的信任	
吉恩对芬尼的怀疑	吉恩为他的怀疑内疚		吉恩明白了自己是芬尼最不值得信任的朋友	吉恩原谅了自己
吉恩成为致告别词的毕业生的渴望	吉恩确信芬尼在搅乱他的学习			
	吉恩对自己感到愤怒		芬尼继续信任吉恩,吉恩不断增加的内疚	吉恩的另类和平

结论：有关故事中人物行为的判断或想法可以从阅读黑板上的相关项目中看出来——阅读时可以从左到右或者从上到下,就像以下列表中列出的那样。作为教师,你要在他们完成这一模型讨论的几分钟内给学生举一些这些结论的例子。

1. 一旦怀疑有阴谋,吉恩看到芬尼所有的行为都是在预谋之中。（先在的原因→原因）

2. 感觉到自卑使吉恩开始攻击他人。（原因→主题）

3. 芬尼否认了吉恩犯错误的可能性,从而使吉恩更觉得内疚。（结果→更进一步的结果）

概括：概括是用一般术语表达的结论,这些概括也是主题。许多学生发现从艺术作品中攫取主题是非常困难的。使用这一模式的学生发现他们能够更容易地概括出主题。

1.（用一般术语概括结论 1）我们用有色眼镜看事情就会带有我们自己的观点和偏见。

2.（用一般术语概括结论 2）感觉自卑会使人变得有攻击性。

3.（用一般术语概括结论 3）被我们冤枉过的人来为自己辩护,会增加我们的内疚。

一个班级越多地使用这一模式,学生就越能在每一步骤中概括出更多的项目。在这个例子中,班级得出的所有项目并没有都列举在这儿。为了表明班级学生能够概括

出的观点的丰富和多样,下面列出了学生分析出的其他的一些原因:

吉恩的失意是因为他没有时间学习

吉恩眼中的对手

吉恩使自己摆脱这样的竞争的下意识的需要

吉恩对失败的合理担心

吉恩发现自己的自欺欺人

吉恩意识到芬尼是一个更加宽容的人

一个学生的观点会影响其他学生。因为这个原因,千万不要很快地转到下一步骤,并且要保证所有学生的观点都能够得到表达。

第一步:选择要分析的资料、主题、事件或问题

这可以是一个重要的行为、事件、情况或冲突,可以是虚构的、假设的或真实的。这也可以是被教给的纪律规则。要把资料或主题写在黑板或一大张纸的中央。

中学的主题:吉恩晃动芬尼坐着的那根树枝。

小学的主题:小型蓝色机车在比她更大、更强的机车不能或不愿做的情况下,能够把装满玩具娃娃、玩具和货物的车子拖过山。

第二步:找出原因并做出说明

在第二步中,学生寻找形成一定情形的原因。对中学生来说,可以问以下一些问题:"你认为吉恩晃动树枝的原因是什么?""还有什么别的原因导致了这样的行为?"让学生证明自己的回答。比如,"为什么吉恩对失败的害怕使他攻击别人?"在黑板上原因栏下写下所有的回答。

小学教师提的问题:"你为什么觉得小型蓝色机车能够把那些玩具和礼物拖过山呢?"或者"为什么这么小的机车能够做那些更大的机车认为自己不能做的事情呢?"追问理由:"什么使你那样认为?"

第三步:找出结果并做出说明

移至黑板顶端一栏的右边,要求学生找出结果。对高中生来说,问题可以是:"吉恩摇晃树枝的一些后果是什么?"或者"由于吉恩摇晃树枝发生了什么事?"要求说明理由:"什么使你那样认为?"

小学教师的问题:"由于小型蓝色机车能把那些礼物拖过山导致了什么样的事?"要求说明理由:"什么使你那样认为?"

第四步:找出先在的原因并做出说明

移至黑板的左端,要求找出先在的原因。针对每一个原因,要求找出这些原因的

原因,即先在的原因。比如,"什么导致了吉恩的自卑?"接着要求说明理由:"芬尼的运动能力是怎么样使吉恩的变得更自卑了?"

小学教师的问题:"为什么以前经历的一些难事使得小型蓝色机车更加容易地将那些礼物拖过了山?"追问做出回答的原因:"为什么自信帮助了小型蓝色机车?"重复这一过程,询问每一个原因的原因。

第五步：找出后续的结果并做出说明

在重复要求找出先在的原因,学生似乎已经竭尽所能时,移至黑板的最右端要求找出后续的结果。针对每一单独结果,问高中学生:"吉恩所犯错误的结果是什么?"接着追问对这一后果的支持性论证:"为什么吉恩重返德文郡是他犯错的结果?"或者简单地问:"什么使你那样认为?"

小学教师的问题:"你认为由于城里的孩子度过了快乐的圣诞节导致了什么事?""你认为由于小型机车感觉良好导致了什么?"要求学生做出说明。

活动 9-1

如果你被任命为一所你曾在那里学习过或任教过的学校的校长,考虑你将会带来的政策上的变化。现在就列举你认为将会出现的三种结果和三种后续的结果。

第六步：得出结论

结论是对学习情境中人物行为推断得出的陈述。结论可以从阅读黑板上的从左到右或从上到下的相关项目中得出。问中学生:"看完整个黑板上的内容,我们对这种情境下人们怎么做有什么看法?"开始,你必须给他们一些结论的例子。要求学生证明他们的结论。

结论要点

1. 当吉恩确信芬尼在干扰他学习时,他开始变得怀疑芬尼所做的一切。
2. 发现芬尼没有与他竞争使得吉恩变得有攻击性。这听起来有些矛盾,但是发现芬尼的阴谋只存在于吉恩自己的心里使得吉恩感觉更自卑,并且增加了他攻击的需要。
3. 吉恩对失败的担心使得他自我防御性地摇晃芬尼所爬的树枝。
4. 吉恩自己的担心使得他相信芬尼最坏的一面。

小学教师的问题:"回想整个故事,当面临一项艰巨的工作时,机车会怎么做呢?"

基本的结论

1. 骄傲的机车会变得吝啬。
2. 大机车认为他们比小机车更重要。
3. 有勇气的机车会更强大。
4. 老的、疲劳的机车失去了对自己的自信。
5. 有自信的机车能做很多事情。

第六步是最难的,因为它涉及到最抽象的思维。像前面提过的那样,开始时你必须为学生提供几个从讨论情境中得出的结论的例子。先由一个班级然后由小组来使用这一模式将会使学生发现大量结论性的例子——你得出的或是其他学生得出的那些,并且许多学生常常会理解如何抽象地思考。在例子突然使必要的思维过程变得易于了解的地方,抽象思考似乎成为这些"亮点"经验之一。

第七步:进行概括

概括是用一般术语表达的结论——也就是说,术语不固定到涉及的主题或人。学生只需简单地将结论中固定的名字替换为"人们"或"某人"。教师可以问:"我们认为我们所认识的人在面临类似于吉恩和芬尼的情况时会怎么做?"

这里就是中学生表述的作为概括的一些结论:

1. 发现我们对朋友的怀疑是不正确的会使我们因自己的错误而生气。
2. 处于险境会使我们变得更有攻击性。
3. 自卑使我们倾向于相信别人也有与自己相同的缺点。
4. 在某些领域能干的人有时候会假设别人也是那样。

小学教师的问题:"如果这是一个关于人的故事,人们将会像机车一样做或他们会有什么不同的做法?"

基本的概括

1. 当被要求做困难的事情时,有时候,成年人、大人物不会全力以赴。
2. 不在乎别人的人是不会努力为别人做艰难的事情的。
3. 有自信的人将会尝试困难的事情。

第八步:评价学生的表现

尽管评价是可有可无的,但是反馈——无论是个人的还是小组的,都是重要的。在学生能进行积极有成效的讨论前,他们必须了解特定的行为规则。即使表现好的学生也需要理解真正听取别人观点的价值。另外,他们需要知道,他们实际上可能会改变他们对某一问题的看法,变得有"弹性"是你必须要重视的东西。讨论一下我们的习惯——即只听别人发言的一部分,只顾整理自己的想法并且想着如何将它们连成整体。如果担心他们会忘记的话,让学生把他们的想法记在纸上,这样他们就能集中注意力听别人在说什么。接下来,让他们知道如果是用礼貌的方式表达不同意见,争论是非常有用的。最后,告诉他们一开始你必须更注重态度,而不是内容。以后,他们观点的深刻和新颖将会变得更有分量。

因果模式的步骤总结

1. 选择要分析的资料、主题、事件或问题:当学生熟悉这一模式后,你可以让年长的学生在历史、小说、小故事或文学诗歌的一章或科学的一种情形中来选择要分析的重要事件或情境。

2. 找出原因并且做出说明:努力引出尽可能多的原因。我们往往倾向于思索单个原因而不是多重原因。

3. 找出结果并做出说明:同样,尽可能多地列举出各种结果。

4. 找出先在的原因并做出说明:

5. 找出后续的结果并做出说明:偶尔评价一下先在的原因和后来的结果两者之间的关系。看似不重要的事件能够带来重大的后果。

6. 得出结论:结论是对学习情境中人们行为做出推断的陈述。让学生论证他们的结论。

7. 进行概括:概括是对人们在与学习情境类似的情境中的一般做法的推断的陈述。

8. 评价学生的表现:这一步骤是可选择的,但是反馈——无论是个人的还是小组的反馈,都是重要的。

实施因果模式的说明

时间:花费大量的时间。小组越是频繁地使用这一模型,他们将会概括出越多的项目出来。你在进入下一步骤前表现出来的犹豫会使学生觉得他们也许还会考虑到其他的一些观点。

论证:一旦学生适应这一模式,在每一步骤中,在结论之后,要让学生论证他们的观点。

"琼,为什么你认为 A 导致了 B?"

"为什么你认为芬尼在他摔倒之后变得更加信任吉恩了?"

"基帕,你能论证从而支持那一说法吗?"

如果你认为理由是显而易见的,或者学生在整理自己的理由方面可能有困难,你可以一开始就忽略这一问题或者问所有的学生："你们当中的哪一位能论证这一观点？"不一定要把这样的支持论证写在黑板上，但是让学生证明他们的想法是很重要的。

安排：图表上从左到右安排项目的理由是这些项目可以按时间顺序出现。使用这一模式能帮助学生按时间顺序设想问题。

顺序：从原因到结果，接着从先在原因到后来的结果，可以更有效地揭示出这些事件之间的关系。然而，你会感觉到学生一开始就更容易把握的是建立原因——先在原因或结果——后续的结果之间的联系。相信你的直觉。

功能：除了这里提到的用途外，你可以使用这一模式复习内容方面的材料。利用他们的书本，让学生用极重要的事件作为他们的资料。他们可以全班、小组或单个人地来做。

科学中因果模式的简短例子

资料：高血糖水平。

原因：胰腺的 B 细胞分泌荷尔蒙胰岛素过少——糖尿病。

先在的原因：遗传，年龄，肥胖，胰腺受到破坏或感染的状况。

结果：葡萄糖不能被细胞吸收；葡萄糖在血浆中聚集；过多的糖分泌至尿中；血液通过肾脏管吸收的水分变少了；由于没有葡萄糖，细胞新陈代谢转变为脂肪和生产能量的蛋白质。

后来的结果：极度口渴；一些脂肪被储存到血管中导致各种各样的血管问题（比如，如果视网膜血管受到影响，会导致坏疽）；许多脂肪完全氧化造成酸液过多也会造成糖尿病人昏迷。

结论：当葡萄糖在血液中积聚后，过多的糖被分泌至尿中。

概括：身体的一部分的问题会影响身体的其他部分。[1]

历史中的一个简短例子

资料：1860 年，美国是一农业国。仅在 60 年以后，大部分美国人是在城市工作。这一迅速变化的原因和结果是什么呢？

原因：先进的机器，企业家的出现，城市的欧洲移民，铁路，生产线增加了产量，农业土地的耗竭。

先在的原因：1860 年，国家有大量的森林、水源和清新的空气；相信辛勤工作会带来巨大的收获；受限制的人口流动。

---

[1] 前五个步骤的科学案例出自夏洛特斯福高级中学的威拉·鲍威尔老师。

结果： 吹风的火炉、喷火的烟囱，妇女和儿童被当作劳动力，增加的生产。

后续的结果： 少量的劳动法，大规模生产，自然资源遭破坏，引起了垄断，经济的增长。

结论： 人口的迅速增长是移居城市和农业转变为机器生产所带来的结果。

概括：

1. 人口趋向于聚集在有工作机会的地方。
2. 当竞争者联合起来时，他们制造垄断，提高价格，增加利润并且降低工人工资。

概要

起初，这一模式似乎冗长且复杂，但一旦你已经使用过几次并且知道了步骤的顺序，那么就很少需要或根本不需要做事先的准备了。学生提供所有的意见。然而，如果你明天必须在班级使用这一模式，你需要做些什么呢？

课前：

1. 在一张常规表格上（前面出现的），写上要分析的资料或主题。
2. 在讨论开始之前，将"要分析的主题"、"原因"、"先在的原因"等等写在黑板上，在"资料"下写上主题。
3. 一般来说，上面的做法将会很充分，但是在开始的几分钟内，你需要为学生提供一些结论和概括的例子。
4. 直到你确信步骤的顺序，才可以总结那些步骤。

练习9-1

因为形成结论涉及到复杂抽象的思维，你可能想试试下面的练习。它不是整个模式的一部分，但它可以帮助你的学生（或你的小组参与者）更容易地理解和提取出结论。

提醒年长的学生"事实"是真实的（在合理怀疑之外是可以被证明的），然而，"结论"是建立在证据之上的推断。如果是对小学生，只把这些术语简单称为"事实"和"结论"（或"观点"）。

让每一位学生写下关于刚读完的材料的一个事实和一个结论（或观点）。把学生的一些"成果"写在黑板上，但不要写出学生的名字，让全班同学来决定这些"成果"是事实还是结论。教师尽可能不涉入讨论。

学生经常不能达成一致意见，并且担心他们不能达成一致意见，这是一个弱点。告诉他们，重要的不是他们的决定，而是他们证明自己推理的能力。一旦学生意识到这一点，他们就会变得擅长捍卫自己的立场。在这个练习中，并不总是有一个正确或错误的答案，它常常是对事情的解释。决定哪些陈述是事实而哪些是观点的过程并没有显得容易，它事实上变得更加复杂。然而，通过参加这些讨论，学生对过程的把握以及进行复杂思维的能力就会提高。

下面是一个例子：

陈　　述	讨　　论	事实还是观点
小学 　　在《小机车，能行》中，货车说她运送过山的印刷书和报纸的机器比孩子们的玩具、食物更加重要，货车这样说是正确的。	开始学生说那是一个事实，接着一个学生提到了橘子、苹果和牛奶。她说给贫穷儿童的食物比书和报纸更重要。在关于书和报纸重要性的一个很长的讨论之后，班级达成了一致意见。	开始被当做事实，被发现不是事实后被改变为观点。

活动9-2

　　确认并写出有关这一模式的三个事实和三个结论。

因果模式的变式

　　本书中几个模式令人兴奋的方面之一就是：学生在尝试达到模式规定的目标的同时能够完成非常重要的智力任务。因果模式也不例外。这里是学生能够完成的一些最重要的任务。

　　1. 创造性地描写：威廉·福克纳（William Faulkner）说，他的小说《声音和愤怒》(*The Sound and the Fury*)[1]是当他看到一个小姑娘爬上树向二层楼的一个窗户里窥视时产生灵感而写出来的。小姑娘的哥哥在下面的树枝上跟着她往上爬。从这单个人物形象中，一个完整的小说产生了。让学生选取单个人物或行为作为他们的主题或资料。让学生去思考这一人物或行为的一些原因和先在的原因，以及接下来的一些结果和后续的结果。思考的结果会成为一个小故事的情节。一开始，你可以让全班或小组一起这样做。这一策略使学生能认识到在本章一开始时威廉·肯尼的观点："情节使我们意识到事件不仅仅是一般连续体中的要素，它也是一个复杂的因果关系模型。"

　　2. 写议论文：写议论文最难的步骤就是得出一个有趣的论点，这一论点不是明显得令人生厌的也不是含糊得不可证明的。讨论之后黑板上的表格能成为一篇议论文的提纲。结论是基本的观点，被列举的事件是基本的支持性证据。

　　3. 找出主题：测验学生是否能用抽象术语去思维，就让他们找出主题。即使是

---

[1] 威廉姆·福克纳在弗吉尼亚大学美国文学毕业班上所做的一篇演讲。

能概括出主题的学生也可能不能回顾出他们思维的步骤。有一天,在完成这一模式的讨论之后,一名学生研究黑板上所写的东西,并说他认为这一模式开始的步骤反映出我们得出主题的方式。他说我们在这些步骤上进行得太快了,以至于我们没有意识到我们正在做什么。他认为我们分解了一本书或资料中的问题,用思维将相关的原因和结果连接起来,并且达到作者有关生活的一个观点。约翰·诺尔斯(John Knowles)在《独自和解》中的观点"害怕使人具有攻击性"就是一个例子。产生的结论就是主题。

4. 做出预言:一旦学生熟悉了因果模式,你可以在一篇作品高潮之前或之后,在历史中关键的一章或是在一个科学实验结果清楚之前,让学生停止阅读并让他们预测将会发生什么。什么是迄今为止已经发生的事情的结果以及结果的结果?过后,将学生的预言与作者所写的或者真正发生的情况作比较。为什么他们的预言是准确的?为什么是不正确的?他们更倾向于出现什么样的后果?为什么?为什么他们认为作者让人物按某一特定方式行事?历史中的人物在用学生也可能用的方式行事吗?为什么实验的结果和他们预测的一样?为什么不是不一样?做出预言并不是新的方法,但是当学生能熟练地将他们的思维分解成这一模型的不同步骤时,预言将会有更高的准确性。

因果模式的基础

因果模式开始于分析某一特定情境,结束于概括类似情境中的行动步骤。学生有机会去学习一个详细的情境,去为他们思考中的脑力活动命名,去倾听别人的想法。他们也有机会去思考推测不同的行动步骤以及它们的结果。

对于概括,塔巴指出了重要的几点。她说,概念经常与概括相混淆。然而,这两者是有很大不同的。"概括是……概念之间关系的简洁明白的陈述。我们必须把概念的说明性短语限制在单个词上,把概括限制在句子上。概括是关于概念之间关系的。"[1]塔巴还指出:"在学生寻求社会学习、英语、科学和数学资料中的意义时,概括应该在引导学生思维上发挥重要作用。"[2]接着,她认为,对学生来讲,得出他们自己的概括比仅仅学习他人已经得出的结论要更为重要。最后,她指出,概括从性质上来说是暂时性的,而不是绝对真理。因为"对于某一特定问题,总是会有比概括它的人知道的更多的信息"。因此,"那些最精通语言的人,就是那些最经常使用语言表达暂时性的人"。[3]

L. L. 瑟斯顿(L. L. Thurstone)讨论了行动前考虑假设的行动步骤的重要性:

---

[1] 塔巴,第140页。
[2] 塔巴,第137页。
[3] 塔巴,第142页。

> 智慧的一个关键方面……是对冲动的抑制。在冲动变成行动之前抑制它们,并且当它们仍然相对处于一般状态的时候就自觉地关注它们,人们就能获得选择不同方式的自由——在这些方式中,人们的需要或愿望会得到满足。
>
> 因此,智慧是抽象的能力,它是一种抑制的过程。在智能活动中,冲动被抑制的时候仍有一些冲动被松散地组织起来。考虑并评价可能的行动步骤——这些行动方案区分为智慧的和愚蠢的生活方式,而不必立即就去从事这些活动,这是一种能力。并且,一个人越是聪明,就越是会有更高的抽象水平和更大的选择弹性。[1]

因为经过深思的行为是这样的行为——它的后果已经被预测过,所以预测行为的尝试是一种虽不精确但却重要的练习。仔细思考特定情境中的行为并且概括出人们在那些情境中的行为,是最有效的预测方法,因此也是最有效的指导行为的方法。

在选择某一行动方针之前对我们基本的行动方针做出假设,将会使我们避免许多陷阱——这些陷阱或来源于冲动行为,或来源于让情绪控制了我们的行为。大多数人的确非正式地预测过事件的可能性结果,但是熟悉这一模式会为我们预测日常决定或重大改变的结果提供更为准确的工具。它能够将模糊的思考分解成特定的部分,并且能加深和增加我们思考的广度和深度。

教育者已经开始承认一般的积极学习以及理解因果模式的重要性,这一点在他们为学生设定的标准和目标中是显而易见的。比如,在1996年的《历史学科的国家标准》(National Standards for History)中,关于对历史的理解的一般章节是这样写的:

> 历史,为学校教育中早期年龄阶段的孩子们提供了适当的机会,让他们能分析人类活动的所有方面,以及它们之间的关系,并提高对这些事务的理解能力。要做到这些,需要孩子们积极提问和学习,而不仅仅是被动地吸收事实、名字和日期。真正有关历史的理解力需要学生从事历史推理,有意义地听、读历史故事、叙述、文章,考虑因果关系。[2]

《历史学科的国家标准》中的历史思考标准的标准一涉及到按时间顺序去思考。有关文章的概要的第一段是这样写的:

---

[1] L.L.瑟斯顿:《智力本质》(London: Routledge and Kegan Paul, 1924; Pattern, NJ: Littlefield Adams, 1960),第159页。

[2] 国立学校历史学科研究中心:《历史学科的国家标准》(Los Angeles: University of California),1996年版,第6页。

第九章　因果模式：通过分析因果关系来影响事件

按时间顺序思考是历史推理的关键。没有清晰的历史时间感——过去、现在和将来——学生肯定会将各种事件看成是纠结在一起的、糟糕的一团。对于学生来说,缺乏强的时间顺序感——事件发生的时间以及以什么样的一般顺序发生的,找出事件之间的相互关系或者解释历史的因果关系是不可能的。时间顺序为组织历史的观点提供了智力上的脚手架。[1]

其后的标准中的许多特定的能力直接涉及到原因和结果。比如,在标准三中,"历史的分析和解释",也就是"在分析历史事件中解释原因"。[2] 在标准五中,"历史的主题——分析和做决定",也就是"确认问题的原因"并"评价一个决定的后果"。[3] 这一模式允许学生按时间顺序设想问题。

就像在其他类型的思维中一样,在原因和结果讨论中要考虑的一个重要方面就是偏见。中央智力机构的理查兹·J.霍耶尔(Richards J. Heuer)的《智力分析心理学》(*Psychology of Intelligence Analysis*)一书中非常精彩的一章名为"洞察原因和结果中的偏见"。这一章开始写道:"做出关于原因和结果的判断必须解释过去,理解现在,并且预测未来。这些判断经常因一些无意识的因素存在一些偏见。"[4]

霍耶尔指出,当我们研究其他国家的行为时,我们试图按照原因和结果来解释过去。我们在明晰的原因可能并不存在,而随机行为可能出现的地方指定原因。在试图理解过去并且尽可能影响未来的过程中,我们就要有对过去不精确但有序的一种印象。这一点对于我们思考生活中其他人的行为时也完全是适用的。我们希望我们的思维是客观的,并且能考虑到多种可能性,然而现实是,我们发现自己在可能完全不是理由的地方来指定理由,或者在冲动发挥主要作用的地方来指定理由。因此,我们做出以下警告:在使用本章的模式分析人物行为时,我们必须意识到我们不能把自己置于别人的立场,并且我们的结果是暂时的,它必须经历未来的检验。

脚本

科菲太太所教的高年级班级已经学完了《哈姆雷特》(*Hamlet*)。她觉得学生对一些问题还没有充分了解。她决定用因果模式讨论剧本中的一个关键问题:为什么哈姆雷特在反对克劳迪厄斯问题上一直犹豫不决,这种犹豫导致了埃尔新诺城堡所有王族成员的死亡。

讨论重点将是原因和先在的原因。因为结果以及后续的结果已经是明显的了。

---

[1] 国立学校历史学科研究中心,第 17 页。
[2] 同上,第 16 页。
[3] 同上,第 16 页。
[4] 理查兹·J.霍耶尔:《智力分析心理学》,华盛顿智力研究中心,中央智力局,档案督办局,1999 年版,第 127 页。

在黑板中间标题"主题"下,科菲太太写上"哈姆雷特一直犹豫对克劳迪厄斯采取措施",她以寻求原因开始讨论:

杰罗姆:哈姆雷特是过于谨慎的人,他不能残忍地杀害别人。甚至在他有了证据之后他也不杀克劳迪厄斯。

茱迪:但是要记得,哈姆雷特刚刚因勇敢和他获得的反对老福廷布拉斯的军事胜利而得到名誉。

乔斯:哈姆雷特不相信鬼魂,它可能是一个阴谋。那个时候的人们相信鬼魂要么是真的要么就是恶魔的使者。

玛利亚:哈姆雷特有点震惊。城堡中的每个人做事都很奇怪——不像他们以前的那个样子。因此他一直犹豫着,直到他能搞清楚发生了什么为止。

菲尔:比如皇后的突然再婚。

珍:除了霍雷希亚,哈姆雷特不知道还能相信谁。

安迪:他怕死,他在独白中是这样说的。

安妮:但是他似乎更担心不能释放他父亲的灵魂。

菲尔:但是如果他采取行动,所有的人都会认为他想成为国王。

玛利亚:没有其他人怀疑国王,真是奇怪。

安迪:哈姆雷特对一切分析得过多。

玛利亚:好,那你认为他应该怎么做?

安迪:他该在戏剧结束之后杀掉克劳迪厄斯。

菲尔:并被当做是为了攫取权利的谋杀者?

安迪:难道霍雷希亚不能支持他吗?

菲尔:但是只有霍雷希亚,而且他甚至没有听到灵魂所说的话。

卡内克:他想让别人看到他所看到的克劳迪厄斯的罪行。

玛利亚:他犹豫是因为他非常恨克劳迪厄斯。

其余的每个人:但是,那是杀他的理由。

玛利亚:不,你们没有理解我的意思。哈姆雷特有这样一种正义感:如果他错杀了克劳迪厄斯,那么他比克劳迪厄斯更坏。那就是为什么他必须首先揭发克劳迪厄斯。

(其他人开始关注玛利亚的观点。一些人同意了)

科菲太太:我应该把他的正义感写在黑板的什么地方?

玛利亚:我认为那是先在的原因。

(他们将之移至**先在的原因**中)

菲尔:我认为主要的先在的原因是他父亲的死或谋杀。

拉沙德:灵魂要求复仇。

卡内克:他必须谨慎行事,这些人是关心他以及他所关心的人:他的母亲、奥菲莉亚、霍雷希亚、莱尔提斯,甚至包括波洛尼厄斯。

杰罗姆:并且约里克和福廷布拉斯崇拜他。

珍:你们知道,我不认为所有这些人已经被愚弄。我认为玛利亚的观点是正确的。如果哈姆雷特是邪恶的或者是极具野心的,他们不会那么关心他。我想他确实感觉到一些王室责任,并且他确实有一种正义感。他并不为自己担心。他想确信,想做正确的事。因为哈姆雷特试图做正确的事而使人民受到伤害是极具讽刺意味的。

(所有的人开始同意这一观点)

科菲太太觉得他们对这一戏剧以及主要人物已经有了更深层次的理解,没有这一模式他们可能不能达到这种层次的理解。

结论

1. 哈姆雷特对克劳迪厄斯的仇恨让他在寻找克劳迪厄斯的罪证时特别小心。
2. 哈姆雷特明白他必须能最终证明克劳迪厄斯是有罪的,否则人们会认为哈姆雷特只是想做国王。
3. 哈姆雷特认识到,如果他对克劳迪厄斯采取行动,而克劳迪厄斯是无辜的,那么哈姆雷特比克劳迪厄斯更应该受到责备。

概括

1. 在寻找罪证的过程中,我们必须努力做到客观,要不然证据可能会是不可信的。
2. 必须有说服力地证明犯罪,否则就不会有正义。
3. 如果我们错误地给一个无辜的人判罪,我们会为我们控告了他这样的不公行为而感到内疚。

总结

本书讨论的模式的主要目标之一是让学生成为学习过程积极的参与者,而不是被动的信息接受者。一旦一个班级已经几次使用过因果模式,学生将普遍倾向于接受这样的事实,即他们对别人的观点做出反应,他们受到别人观点的刺激并且他们挑战别人的观点。最具刺激性的观点是通过不同意见的张力形成的。令人惊讶的是,全班同学,甚至是小学低年级学生,都能够进行有深度的讨论。

本章开头"无疑,我们对经验意义的感悟与我们对什么导致了什么的理解是紧密联系在一起的"这一引言传递的观念已为许多学生所把握。很难估计,课堂内出现的一些东西是否会出现在课外并且对学生的生活产生影响。学生离开班级时已经说着诸如"如果我这样做他会怎么做?……会更好?"有些学生对成为学校的仲裁者很有兴趣者。无论如何这种情况可能已经出现，但是他们探寻自己和别人生活中事情潜在的、多样的原因以及将来的结果的能力已经得到了提高。

网络资源

1. http：//www.cia.gov/csi/books/19104/index.html

该网站介绍了理查兹·J.霍耶尔所著的《智力分析心理学》一书。其中第十一章侧重于因果关系的理解。该书由智力中心机构的智力研究中心于1999年出版，可从大多数图书馆的政府文件部类中查阅，也可向国会图书库定购，传真：(202)707—0380。

2. http：//www.terraquest.com/galapagos/wildlife/island/finch.html

在该网站的教育工作手册中，学生将了解到物种是如何适应环境以求得生存的。该项因果调查研究可以通过思考"在何种生物学意义上，人类必须适应太空环境？"而得到扩展。

3. http：//www.trochim.human.cornell.edu/kb/causeeff.html

该名为"建立因果联系"的网站，描述了三个存在因果联系的必要标准。

4. http：//www.education-world.com/a-curr/curr376/.shtml

该网站以一篇介绍因果关系写作作为教学方法的文章开始，之后是一些有关因果关系写作的链接资料。

5. http：//www.suask.ca/education/ineas/tplan/sslp/cubanm～1.htm

该网站呈现了一连串导致1962年古巴导弹危机的事件。这些事件做为背景资料，是在一节关于历史事件的因果关系的课程中展示的。

6. http：//www.accd.edu/sac/english/mgarcia/writfils/modcause.htm

讨论了8种发展写作技巧的方法，其中一种就是写作因果关系的文章。该讨论包含有一个因果关系写作法的提纲。

第十章　课堂讨论模式：在准备事实性、解释性和评价性问题的基础上指导课堂讨论

一个名叫阿比的 11 岁孩子,在担当电视节目嘉宾时,被问及学校是什么样的。她回答道:"学校是接受教师挑选出来的东西,然后把它吐回去的地方。"教师们经常听到类似于此的评价。诸如"下次考试会考到这个吗"或"期末考试中我们必须记住这些吗"这样的问题中,暗含着:学校中的学习是暂时的。在校的学习是借用以后将被归还的信息以证明学习者至少在一段时间内能够按照这些信息给出的形式准确地记住它。

用这个试验来测试你自己的"借用式学习"和"占有式学习"的区别。想一些你记得的在学校学的东西。比如,你可能记得学习过毕达哥拉斯定理、二次方程式、威尔逊的 14 条原则、哈斯丁斯战争的时间、罗伯特·弗罗斯特(Robert Frost)的"雪夜被森林阻挡"的解释以及许多其他重要的和琐碎的细节。试着列举出 12 项你所记得的在学校学习的东西,对每一项,按你目前的理解设定一个从 1~5 的标准,1 是最低标准,5 是最高标准。你是否承认现在你只能模糊记得或不完全理解的东西就是那些你仅仅借用来去准备考试的东西?比较而言,你现在(可能是学习后的数年后)记得清晰的或完全理解的东西不就是你真正掌握的那些知识吗?如果你能回想起一些东西,想一想在你被教给或学习这些东西的方式上有哪些区别呢?对你而言,是什么将借用式学习和占有式学习区分开来?

本书中描述的许多模式都是为主动性学习设计的,它们为学生提供了概括自己观点并由此掌握这些观点的方法,使学生能永远掌握这些东西。同时,许多提及的教育方法涉及到师生之间的合作和讨论。这些讨论的质量经常决定了学生学习的程度和质量。讨论按照其智力要求和目标进行得越好,学生的思维越活跃,学生的学习成果越持久。

因为讨论在好的课堂教学上处于如此中心的地位,在这一章我们提供的模式直接指向讨论——在这种讨论中,教师通过缜密的提问,激励学生得出他们自己的观点。我们建议这一模式可作为一种适用范围最广的课堂讨论操作的指导——对所有年级、所有教师在其中想向学生揭示出模糊、复杂、深奥领域的学科来说都是适用的。

我们把本章中出现的许多想法归功于百科全书基金会（Great Books Foundation）——芝加哥的一家独立的、非营利性的公司。[1] 我们相信这里提及的讨论模式适用于任何的小说或散文作品，事实上是适用于所有富含观点的话题。作品越是实在，讨论就可能越丰富。许多好的文学作品太清晰了，以至于不能进行解释性的讨论。一个有用的测验是：你是否能用一种以上的方法阅读材料，或者你是否能提出有不止一种明确答案的问题？

在科学和社会研究中，讨论的材料应该是这样的资源——单个出现的、在意义上复杂的或者是归在一起又会出现歧义的资源。课本除了作为原始文件之外很少是有用的，因为课本试图用简单术语概括主题。讨论应集中于被选取的材料上，这样所有的参加者都能拥有一个共有的知识体系来支撑他们的论证。

以讨论为目的课堂的材料要比用于其他课堂意图的材料复杂得多，因为讨论要给学生理解材料提供支持和动力。不过，材料应该短，以便学生在讨论的过程中能够回顾材料来发现特定的段落去支持他们的观点。对于小说或长篇作品，如果学生能够迅速地寻找相关部分或者重点只在某一两个特定章节的话，这些作品也能够带来结论丰硕的讨论。

课堂讨论模式的步骤

1. 阅读材料并准备问题。
2. 设计并组合问题。
3. 向学生介绍模式。
4. 进行讨论。
5. 回顾讨论过程并概括学生的观点。
6. （可选择的）评价讨论。

第一步：阅读材料并准备问题

因为讨论的质量直接依赖于所提问题的质量，因此，本章的前半部分将描述提出有意义问题的特定方式。本章的后半部分提供进行有效讨论的一步步进程。百科全书基金会区别了三种问题：事实性的问题、解释性的问题和评价性的问题。[2] 了解了这三种类型问题的区别，在概括有争论的问题时就会更加容易。

---

[1] 作者特别感谢百科全书基金会主编马戈·克里斯库拉参与审校本章节。自从1947年百科全书基金会建立以来，一直从事平装本图书的挑选与出版工作，为讨论与管理课程提供书籍，并培养志愿者、教师、图书管理员，以指导年轻人与成人学会使用该基金的阅览资料。百科全书会的年轻组员，是二年级至十二年级的人，大多数年轻人是隶属于学校的。百科全书会的成年人小组在美国各个地方都有，如图书馆、办公室、家庭、教堂、公社，等等。人们可以从IL60601芝加哥的东威克全弗大街35号的百科全书基金会寻找资料。

[2] 作者在此声明：解释性问题、评价性问题以及一些词组是根据百科全书基金会的咨询团解释的上下文杜撰出来的，从1947年以来，它们一直不断地作为主要术语用于百科全书课程与材料中。可参照1987年出版的基金会的咨询介绍手册，查阅百科全书的使用方法和这些术语的释义。

第十章　课堂讨论模式：在准备事实性、解释性和评价性问题的基础上指导课堂讨论

问题的类型

事实性问题　仔细审查课文后能够直接用其中的语句来回答的是事实性的问题。在这种语境中,事实被定义为文章中所陈述的一切。即使课文中陈述的是那些已受到驳斥或者与个人的现实观念相冲突的事情,这些陈述在讨论中仍被当作是事实。比如,在《艾丽丝漫游仙境》(*Alice in Wonderland*)中,能使人跌落数英里的兔子洞的存在是一事实。然而,读者的个人经历不是事实的来源,读者必须学会进入另一个世界,从作者的角度去理解现实。在这一模式中,就像百科全书基金会所描述的那样,推理能够得出事实。

然而,有时候有关事实的问题不能够通过指着文章的某一个地方来回答,相反,它的答案必须通过从摘选篇章中的有效事实中推断出来。比如,"当杰克第一次爬豆茎时他打算从食人妖那里偷东西了吗"这一问题的答案在故事中就没有明确出现。但是我们可以推断,既然这是杰克第一次爬豆茎(一个事实),他不可能知道食人妖的存在,因此他不可能已打算从食人妖那里偷东西。(合理的推断)因为这一推断代表着符合逻辑的结论,它能得出事实。[1]

事实性问题的例子

1. 从文学作品中
 (1) 从《丑小鸭》中
 ① 老鸭子脚上的红蹼有什么重要性?
 ② 养鸭的小姑娘对丑小鸭做了些什么?
 (2) 从《安提哥尼》中
 ① 谁是克里安?
 ② 克里安声称拒绝焚烧波吕尼克斯(Polynices)的理由是什么?
2. 从科学中
 (1) 什么是地心说?
 (2) 谁首先提出了地心说?
3. 从社会研究中
 (1) 什么是契约奴?
 (2) 妇女选举运动何时开始的?

注解：有关《丑小鸭》的问题可能听上去像解释性的问题。在第一个问题"老鸭子脚上的红蹼有什么重要性"中,"**重要性**"是一个宽泛的、主观性的词语,然而,母鸭告诉

---

[1] 百科全书基金会:《咨询介绍》(第3版)(Chicago：Auther),1992年版,第7页。

我们红蹼意味着什么。第二个问题"养鸭的小姑娘对丑小鸭做了些什么"的答案是她踢了它。她不仅在肉体上而且在精神上伤害了它。这一答案听上去也像一个结论。然而,因为有了被踢的伤害以及丑小鸭特别提及的被踢的感受,我们几乎不能做出其他的推断。

解释性问题　解释性问题不仅要探究作者的表达还要探究原文的意义。所有的演说家和作者将会认为他们所说的正是他们想要表达的,但是这些都会受到一些因素的限制:他们特定的视角,他们用特定语句表达的意义,形成他们赖以生存的概念和概括的个人经验,他们用语言表达思想和感悟的能力的限度,他们的个人经验和读者个人经验之间的距离。解释性问题的构建是为了成功的交流而去探索歧异的领域。

解释性问题可以"有不止一个可以从文章中寻求证据支持的合理答案"。[1] 解释的最后评价标准应该在原文中去发现,在回答解释性问题的时候,读者必须能够引用原文中为他们的问题提供观点的那些部分。最后,解释的责任在于读者,每个人必须考虑各种可能性而后决定哪种解释最有意义,并不只有一个正确答案。解释性问题就是要找出所有可能的解释。

解释性问题的例子

1. 从文学作品中

(1) 从《丑小鸭》中

① 为什么母鸡和猫认为他们的生活方式应该强加给别人?

② 当老妇人说"我将告诉你不愉快的事情,但那是了解一个真正朋友的方法"这句话时,她的意思是什么?

(2) 从《安提哥尼》中

① 为什么安提哥尼两次想焚烧波吕尼克斯?

② 克里安拒绝焚烧波吕尼克斯的理由是什么?

2. 从科学中

(1) 为什么与牛顿同时期的科学家很难接受他的"白光是各种颜色的混合"这样的观点?

(2) 为什么证明自发发生论是错误的花费了相当长的时间?

3. 从社会研究中

(1) 如果一个人的行为部分地是为社会服务的,那么谴责这样的行为正确吗?

(2) 当斯蒂芬·道格拉斯(Stephen Douglas)说"在理论上他偏爱'蓄奴案'(Dred Scott)决议,但在实践中他仍坚持大多数统治的原则"这句话时,他的意思是什么?

评价性问题　评价性问题要问的是文章的观点在多大程度上与读者自己的生活

---

[1] 百科全书基金会:《咨询介绍》,第7页。

观念相一致。评价性问题是探索读者与文章相关性的问题。然而,在能够判断相关性以前,读者必须清楚地理解已有的观点。因此,直到读者能理解原文之后才可以问评价性问题。

评价性问题要求读者：

> 将书中的观点与他的个人经验以及他自己的(经常是潜在的)价值标准(真的、美的、幸福、好,等等)联系起来。事实性问题可以求助于书本来确定答案;评价性问题求助于所有参与者被期望的拥有的共同的经历。[1]

评价性问题的例子

1. 从文学中

(1) 从《丑小鸭》中

① 如果一个人觉得他自己的生活方式比别人的好,他应该把这样的生活方式强加给别人吗?

② 你同意老妇人所说的"说出一个人不愉快的事情是一种友好的行为"吗? 这种情况在你身上发生过吗?

(2) 从《安提哥尼》中

① 安提哥尼第二次试图焚烧波吕尼克斯的行为是合理的还是盲目的?

② 你同意克拉安所辩论的"一个统治者必须检查个人的道德来保护这个国家"吗? 你能想到现代社会类似的情况吗?

2. 从科学中

(1) 知道了地球绕着太阳转,你认为人类是宇宙中微不足道的一部分吗?

(2) 你认为太空中存在生物的可能性对"凡人"来说是有利还是不利? 为什么?

3. 从社会研究中

(1) 你认为林肯总统应对福特·萨姆特(Fort Sumter)问题做出怎样的反应?

(2) 你会买一家使用童工的公司的产品吗?

构建好的讨论性问题的指导方针

1. 问题表达的准确性是非常重要的。比如,"克里安拒绝焚烧波吕尼克斯所陈述的理由是什么"这样一个问题是事实性的,因为它可以通过求助于课本中的一段来回答。而"克里安有什么样的理由去拒绝焚烧波吕尼克斯"这样的问题是解释性的,因为克里安可能还有许多未说明的理由。例如,问题"为什么伊索寓言在最后有一个寓意"表达得似乎很直接,但是却会带来歧义。学生可以把这个问题理解为：为什么他认为

---

[1] 百科全书基金会：《合作领导手册》(Chicago：Auther),1965年版,第21~22页。

在最后有一个寓意或者寓意的价值是什么?这个问题也可以被解释为是问为什么伊索在这提出寓意。必须要把问题的意图搞清楚。

2. 就像准确表述问题一样,阅读理解作者语句的准确性也是重要的。因此,有关作者用词的问题就成为极好的解释性问题。一个词语的含义可以成为一组问题的主题。"jealous"(嫉妒的)这个词在一篇短篇小说中的意思是什么?或者宪法第一草案中"men"这个单词指的是谁?一个好的策略是阅读这个词第一次出现的那个句子,并且让不同的学生说出一种定义。接着阅读这个单词出现的其他段落并且提问哪种定义最合适及其原因。定义需要修正吗?阅读最让人感到难以把握的部分并让学生觉得你被难住了并指望他们提供主意,这样会给予参与者以自信。

3. 讨论的问题不能过于宽泛。讨论必须集中。问题就像镜子一样挑出特定的领域。比如,在讨论雪莉·杰克逊(Shirley Jackson)的短篇小说《查尔斯王子》(charles)时,提问"为什么小说中的男孩劳里虚构查尔斯王子"这样的问题就是太宽泛了。但是有些问题如:第一句话告诉我们有关劳里的什么?劳里对于上学的态度怎么样?劳里的母亲对他的态度怎么样?为什么劳里的父母鼓励他谈论查尔斯王子?这些问题有利于限制讨论,给予讨论一个方向。

4. 最后,有关好问题的最重要的规则就是问题必须反映真实的疑问。对"真实的疑问"的最好测试就是提出问题的人是否能想到至少两种不同的答案。这不应该是"情感的疑问"而是"理智的疑问",是可以向任何人解释的疑问。另外,

"疑问意味着在确认和思考问题之后,你仍然不确信如何更好地解决问题。……疑问并不意味着'我知道最好的答案,但是其他参与者可能不知道'。"旨在使其他参与者得出一个答案或得出你认为重要的答案,这样的问题不利于参与者之间的合作和各自思想的发展。[1]

可以通过几种不同方式回答,可以从课本中寻找证据来证明回答的问题,能推动有关意义问题的讨论,并能引导学生竭尽全力地去理解这些问题。正是这样的问题引导讨论进入到作者意图的王国,并且,在文章令你觉得迷惑的部分中,讨论的领导者也会提出极好的问题。记着,你不提供答案,但是如果学生感觉到你真的在寻找答案并且他们的观点对他人有价值的话,这对讨论是有帮助的。

没有必要以简单的语言屈就与更小的学生谈话。尽管你试图简化词汇,但即使是小学生也能掌握复杂的思想。他们的诚实是令人喜欢的。"经验是一把双刃剑,它可以拓宽我们的理解,增强我们的理性信念,但它也会限制我们的兴趣,支持我们的偏见。"[2]

关于问题分类的系统还有很多。在这里描述的步骤似乎特别有用。因为大多数

---

[1] 百科全书基金会:《咨询介绍》,第25~26页。
[2] 百科全书基金会:《合作领导手册》,第93页。

第十章 课堂讨论模式：在准备事实性、解释性和评价性问题的基础上指导课堂讨论

人，特别是学生，倾向于按照事实性问题或评价性问题的标准来提出和思考问题。由于事实性问题有一个正确答案并且评价性问题是有关观点的，因此，这两种问题很少能使讨论像解释性问题所带动的讨论那样激烈。学会问题分类能够帮助老师和学生在课堂中提出更多的发人深思的问题。

练习 10-1

确认下列问题的类型：
1. 在《罗密欧和朱丽叶》的序幕中，合唱告诉我们有关戏剧的什么情况？
2. 合唱是如何帮助我们了解接下来的故事的？
3. 在朱丽叶遇到罗密欧之前，她对婚姻的看法是什么？
4. 罗密欧相信他的命运掌握在自己手中吗？
5. 当朱丽叶的父亲命令她和帕里斯结婚时，如果你处在朱丽叶的位置，你会怎么做？

练习 10-1 参考答案

1. 事实性的（取决于你对"告诉"这个词的理解）。在序幕中，合唱的歌词被清晰地表述出来了。
2. 解释性的。不像第一个问题，这个问题要求解释在序幕中给出的事实以及它对我们的影响。
3. 事实性的。尽管这个问题的回答需要作一番推论，朱丽叶声称婚姻是一种她并不向往的荣耀，可以被认为暗示她不喜欢她父亲的安排。
4. 解释性的。罗密欧的许多话暗示着对命运的确信，然而，他的行为暗示着一种将事情控制到一定程度的感觉。你可以论证罗密欧是或者不是宿命论者，因此问题是解释性的。
5. 评估性的。这个问题让参与者估计他们对于哪种情况的反映。

第二步：设计并组合问题

百科全书基金会极力推荐讨论小组的"共同领导者"而不是"单个领导者"。如果可能的话，这样的安排对课堂讨论来说是非常好的。讨论的共同领导者可以是志愿参加的父母、管理顾问、朋友或是班级中的学生。我们假定你已经教过学生（中学生和更年长的学生）所用问题的类型，在学生熟悉讨论过程之后，学生不仅可以帮助你，他们还可以配对并且自己承担起讨论的领导的角色。惟一必需的准备是他们已经仔细深入地阅读了材料，和你（以后和其他同学）一起准备了成组的问题并且关注在问题中提出的要素。

和你的领导者谈论材料。比较观点，对抗意见以及其中的一些问题。记下那些使

你感到迷惑的问题,在看上去重要的段落中作做记并且与人分享那些使你感兴趣的对抗。将你的观点组合起来。正像小组讨论能比个人概括出更深刻的观点一样,与别人一起准备比自己单独准备能产生更好的问题。学生又能够变得乐于助人。如果你和你的领导者在概括足够的问题上有麻烦的话(在你经常使用该模式后,它会变得更加容易),就让每一位学生概括两三个有关即将讨论材料的"思考型"问题。学生通常是问题的极好来源。

基本问题和组问题

接着,按主题将问题分组。然后确定**基本问题**和**组问题**。基本问题是个"伞"问题:在一定范围内相当宽泛地提出主题的解释性问题。组问题就是推动那一主题讨论的解释性问题,它们在一起构成了一组,像在图10-1中描述的那样,由一个基本

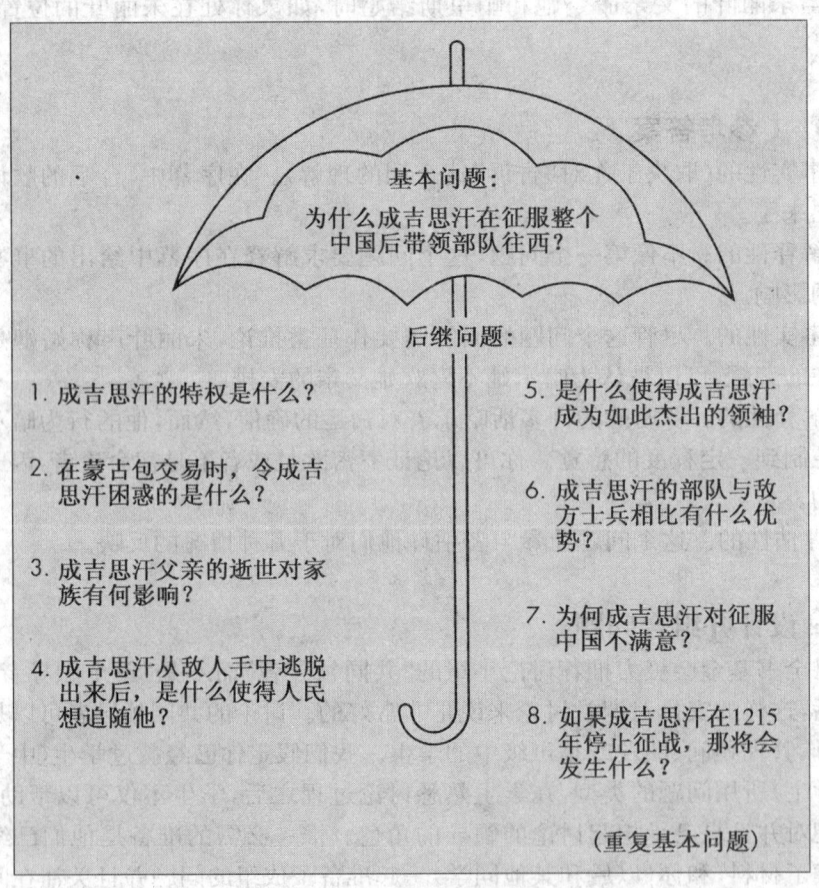

图10-1 组的例子——主题:成吉思汗

（宽泛）的问题和6个或8个相对集中的解释性问题组成。有几个不同的切入口（即组问题），就为正在讨论的问题提供各种不同的入口。这使得参与者能够越过一开始对基本问题的反映，在做出定论之前在更大的信息范围内来思考。

将问题聚合成组，使得基本的解释性问题的答案可以在组问题答案的信息基础之上变得可预测。必须记住，基本问题可以用几种不同的方法回答，文章中的支持材料的力度决定了单个答案的有效性。如果某一个问题只有一个答案，它就不是基本问题。一个问题的精髓在于人们可以从不止一个方面引出有效的理由。基本问题是"主题性"的问题，它引出更大范围的讨论。基本问题应该是令人激动的"你惦念着找到答案"[1]的问题。

两三组问题应该能为讨论提供足够的问题，除非参与者非常小（一二年级）或者不熟悉讨论技巧。然而，一个班级越是经常地参加源于组问题的讨论，他们涉及的问题就越少，那么讨论的趋势是在每一组问题上进入更深的深度。一些中学生将经常会一整节课地富有成效地讨论一组问题。如果小组通过其成员能涉及到原文的相关领域，那么就不需要打断这一轮讨论。但如果小组偏离了原来的话题，另外一组问题将重新使讨论集中起来。

下面是组问题的另一例子：

来自爱德加·阿伦·波（Edgar Allan Poe）的短篇故事《一桶白葡萄酒》。

根本问题：为什么福尔图纳托没有蒙特雷索那么多疑？

组合问题

1. 为什么蒙特雷索在第一次遇到福尔图纳托时称他为他的朋友？
2. 为什么福尔图纳托不觉得蒙特雷索带着一把泥刀很可疑呢？
3. 为什么福尔图纳托没有发现葡萄酒放得那么远很奇怪呢？
4. 为什么家族格言没有警告福尔图纳托？
5. 为什么叙述者多次建议福尔图纳托回去而他没有回去？
6. 如果福尔图纳托已经严重地伤害了蒙特雷索，为什么福尔图纳托还是值得信赖的？

重复根本问题：为什么福尔图纳托没有蒙特雷索那么多疑？

顺序

设计讨论的关键是顺序问题。一些讨论的组织者从几个事实性问题开始，为学生提供良好的材料基础。然而，我们认为，如果可能，这些问题应该在阅读中完成，那么

---

[1] 百科全书基金会：《合作领导手册》，第36页。

整个讨论就能够集中于解释性问题和评价性问题之上。确保学生已经了解了材料可以通过许多途径组合。如果是非常小的学生,大声地读故事、讨论情节并提出问题。为了让学生在再次阅读中集中注意力,你可以在播放自己朗读故事的磁带时让学生寻找三四个事实性问题的答案。年幼的学生在磁带中听到他们老师的声音是极为好奇的。让学生跟着读能帮助他们学会朗读。要求学生在有了对第一个问题的答案时举起手。你会考虑关掉录音机并且讨论答案,或者,如果学生感到迷惑或注意力分散时,你会想停下来寻找出问题所在。在再次阅读中给年长的学生一些要回答的问题能够使他们集中注意力。让学生单个地或成对地为你概括出他们自己的问题也可以使他们的注意力集中于任务之上。利用他们的一些问题会使你的设计变得更容易。了解再次阅读的价值对学生来说是重要的一课。

通过提问第一组的基本问题开始讨论,接着提问第一组的组问题。由于大多数好的解释性问题有几个可能的答案,所以组问题要提问两次或三次。学生会知道你重复问题不是因为你对他们的回答不满意而是因为有几种好的答案。当这些问题被深入讨论并且有了几个学生对每个问题的回答之后,再提出根本问题。学生后来的回答通常比他们开始时的回答要更深刻,因为它们建立在资料的基础之上。

在讨论中,提问后续问题。后续是一个总的术语,它意味着许多事情:

1. 如果某个学生的评论不是很清晰,让学生解释他的意思是什么。如果学生是沉默寡言的,提问"你是不是指……"或"你是说……"

2. 如果某个评论是清晰和深刻的,让其他的学生来回答:"杰米,你认为迪亚娜刚才的评论怎么样?"或者"特里,你同意艾伦的观点吗?"在每个新的观点上花费足够的时间以便得到其他参加者的反应。鼓励其他的观点。

3. 让学生详细描述他们的观点,而且,最重要的是让他们用文章中的段落来支持和论证他们的观点。如果学生初次接触讨论或者不愿开口讨论,那么就让所有的学生一起在课文中寻找正在讨论的观点的证据。

即使你的计划是按照某一特定顺序进行的,在讨论中也要做好应对偏离的顺序准备。一个好的领导者是灵活的,因为学生的回答应该指向讨论的方向。做到这一点并不容易,而且有可能使教师感到缺乏自信。在教育中有如此之多的暗含信息,这些信息会影响到施教的每个方面,以至于教师必须在行为意义上维持控制。要控制好各种观点需要勇气和经验。即使在这儿,因为你正在提问题,你也没有完全放弃控制。

然而,教师的任务应该是听,真正地听学生讲,不是将讨论引向预先设定好的观点。如果跟着学生的线索,你发现你们正在讨论你打算稍后讨论的东西,那就非常好。当你以后遇到这一问题时,你可以跳过这一问题,或者,如果你忘记这样的问题并向学生提问,你会得到更加深刻的回答。不要害怕重复。一个经过深思熟虑的讨论通常进程缓慢、仔细,要有停顿来进行重新评定。

好的讨论经常指定它自己的方向并形成它自己的趋势,就让其如此吧!当某一特

第十章　课堂讨论模式：在准备事实性、解释性和评价性问题的基础上指导课堂讨论

定话题结束后，并且你需要一小段时间来重新评定，让学生停下来去想一个或两个他们此时想问的问题。这会给你带来重新考虑讨论方向的时间。你可以试着用他们的一些问题。利用他们的问题能使你洞察到他们的领悟，这些领悟可能与你的不同。或者，你可以更倾向于一个新的方向或开始新的一组讨论。引导讨论听起来复杂，但是经过实践它会变得容易，它总是令人兴奋的。

活动 10-1

在你所教的或你想教的班级中和学生一起构建出在讨论中有用的一个基本问题和几个组问题。评价你的问题的主要标准是这些问题是否围绕着解释性的问题进行。你提出的根本问题应该比组问题更具有普遍性。

第三步：向学生介绍模式

当学生不仅被告知他们将要做什么而且被告知他们为什么要这样做时，他们学到的东西更多。作为对这些讨论的介绍，我们建议你提问学生他们想让学校为他们做什么，他们特别想学什么，他们应该知道什么，他们是否认为学习一些技巧是重要的，如果是，要学哪些技巧，思考是一种技巧吗，如果是，这种技巧可以通过练习而提高吗，什么是思考，他们什么时候思考，他们如何思考，当他们思考时发生了什么。你可以展示一张罗丹（Rodin）的雕塑"思想者"的图片，这一雕塑描述了思考过程的单一性质。这是一种思考但只是一种。当人们有机会表达自己的观点，倾听别人的观点并做出反应时，好的思考也会出现。让学生知道课堂讨论的主要目的在于帮助他们学会自主地、与他人互动地去思考。

告诉学生搞清楚别人的意思是现实生活中的重要部分。这并不容易，因为有时候人们不想说出他们真正的意思，并且即使他们说的确实是他们想说的，他们也经常会在准确表达思想和感觉的时候遇到麻烦。就像读书需要练习一样，读"人"也需要练习。

我们倾向于认为书面语言相当精确，比口头谈话要精确。其实，在谈话中，我们有肢体语言、面部表情以及声调来帮助我们理解意思。而人们经常不得不经过很长时间的仔细思考才能搞清楚一篇文章的意思。虽然，作者们努力把他们的意思用清晰的措辞表达出来，但是在作者和读者的个人经验之间以及他们给予词语和句子的意思之间总存在着差异。不同的人读同一篇文章会得出不同的理解。如果他们在一起讨论他们的想法，他们所有的人将会对文章有更清楚的理解。说明下学期全班将通过回答一组问题来讨论一篇阅读文章。

让年长的学生阅读要讨论的材料作为他们的家庭作业。你也许想临时抽查他们完成的情况。接下来，在班级大声朗读这些材料。学生要阅读材料至少两次，这一点

非常重要。熟悉讨论的技巧和参照文章的要求经常有助于教育学生认识重读的价值。另外,他们也应该以一些方式加工材料,如记阅读日志、概括问题,等等。

第四步:进行讨论

讨论前对学生的指示

1. 让学生将他们的桌子或椅子摆成圆形。这时你以及你的领导者去承担参与者的角色而不是权威人物的角色。

2. 每位学生应该有一份材料、一支铅笔和一张纸。鼓励学生记下一些令自己振奋的想法或者记下他们自己的看法。这样做会使学生紧跟着讨论直到你有机会叫他们回答之前不会有忘记自己想法的危险。

3. 告诉学生你将问的问题都是一些你有疑惑的问题,你不确信将怎样回答这些问题。你希望他们也能够自由地表达出他们对材料的关注。出现的许多问题不只有一个正确答案,经常会有几个好的答案。

4. 告诉学生只有一条规则必须要遵守:直到他们被准许发言他们才可以讲出自己的意见。

5. 接下来,让学生知道,当你叫到他们时,不仅要对你的问题做出反应还要对别人的观点做出反应。以后,当他们习惯该过程之后,鼓励他们直接向别人表达自己的赞同或反对意见,并提出问题。

6. 最后,告诉他们你会让他们用材料的特定内容来支持、论证他们的观点。对他们来说,准确描述是什么给了他们特别的印象或观点常常是不容易的事。给他们足够的时间,其他学生应该努力帮助他们。

组织讨论

在引导讨论时,经常问一些后续问题使学生大声地回答,也可以说是公开地表述他们已做的工作。你探查的语气应该是鼓励的:告诉我你想到什么?你为什么这样想?你能从文章中论证你的想法吗?你能改换措辞把你的想法说清楚吗?我不能确信我是否完全理解了,你能详细描述你的想法吗?你能进一步讲清你的观点吗?朱利奥,你同意彼得的观点吗?安伯,你是怎么认为的?

提问一个问题之后,在引出答案之前给出足够的时间。要等到大多数人都举起手,并且不能总是叫一个人或是叫那些先举手的人回答。学生会渐渐明白你喜欢他们花时间去思考答案。在问另一个问题之前,再次问几个学生他们的观点。对每个观点,要追问学生为什么那样想以及他可以引用文章的哪些证据这类的后续问题。别人的观点有助于学生发展他们自己的观点。正是各种视角的丰富性使得各种洞察力更

第十章　课堂讨论模式：在准备事实性、解释性和评价性问题的基础上指导课堂讨论

加深刻。

如果你觉得某个学生的评论是无效的，让学生从文章中去论证它。然而，如果无论他还是其他学生都没有发现这种推论可能是不能被证明的，你不应该直接指出这一点，你只应该问进一步的问题。大多数学生对于他们解决问题或做出决定的能力信心不足。当他们的思想在挣扎时，如果你涉入并且给出答案，他们可能学到更多你所讨论的要点，但是，那样的知识比感知自信更为重要吗？当面对下一难题时，他们还会服从你？通过反复讨论，为观点提供证据的需要将变得清晰，在过程中自信将得以建立。

记住你所问的问题应该是开放式的问题，而不是有特定答案的问题。这一模式最重要的目的之一（如果不是最重要的），就是增加学生对他们自己观点的信心。你肯定他们存在概括重要观点的个人能力以及小组辨认有效和无效陈述的能力。在很多情况下，答案是合适的，直接引导是处理材料的最好方法，但是，我们认为在使用这一特定模式时教师不直接引导会产生更好的效果。

进一步的警告：对那些你赞同的答案缺乏严格的询问是非常自然的，要警惕这一点，并且要求找出那些对你来说是正确的但没有得到充分支持的观点的支持性证据。

由于这一模式的重点是讨论的过程而不是取得某一特定结论，因此在达到某一固定结论的意义上并不意味着结束。事实上，参与者开始觉得他们已经充分地发展他们的观点，对于根本问题他们现在有更多的问题要问或者要表达。他们想去探索其他的问题。这似乎是正确的，因为优秀作品和普通作品的一个显著区别就是优秀作品能引导越来越多的问题、歧义。学生很难把握没有一个正确结论的观点，但是如果他们开始了解这一观点，这是很好的。如果他们明白了不同意见是有用的并且能引出更多的见解，也是很好的。

第五步：回顾讨论过程并概括学生的观点

在做出结论阶段，让学生回顾讨论的要点。什么给他们的印象最深？他们记住了哪些观点？讨论不同观点的价值并鼓励学生分享他们对处理材料视角变化的方式。既然学生已经通过讨论探索了主题，你可以让他们写下基本问题中的一个问题的答案。

第六步：(可选择的)评价讨论

动词"教育"的词源包括"引出、抽出、抚养"等意思。当布鲁纳发现"思考,受益于已有知识的思考，不是获取知识，而是要激起解决问题的兴趣"[1]时，特别提到了教育的这个方面的含义。对学生来说，当他们独立思考、解决解释性问题，与同伴同向或逆

---

[1] 杰罗姆·S. 布鲁纳:《思维研究》(New Brunswick, NJ: Transaction Books), 1986年版, 第11页。

向思考时,课堂讨论模式是一种极好的工具。直到学生已经适应这一讨论模式为止,我们不主张评价学生的表现。评价学生根本就不重要。然而,你可能希望评价学生的进步或者证实自己的进步。有几种方式可以达到以上目的:

1. 要评价自己的表现。在讨论之后尽快与你的领导者交谈,如果没有领导者,自己回顾一些问题。你是否偏离了讨论计划?什么时候?为什么?你又是如何每次重新回到问题上来的?你是否觉得你跟着学生的线索?你是否觉得你错过了一些机会?你对讨论满意吗?学生参与其中了吗?看上去很兴奋吗?但是,要记住对自己要宽容一些。老练的领导者也会连续犯错,没有提取要点等。没有绝对完美的讨论。

2. 要评价学生的表现。首先回顾一下你和你的领导者对学生表现的初步印象。在讨论之后尽快记下大概的成绩。要非常慷慨地给出成绩。在评价学生的表现时,要考虑:

(1) 提出观点使全班提升到更高的理解水平的能力。
(2) 对别人观点做出反应的能力。
(3) 参照文章来证明观点的能力。
(4) 倾听的能力和保持无偏见的能力。
(5) 在别人讨论时安静、耐心但是积极参与的能力。

尽管这些似乎主观而困难,但是这些初始印象却是惊人地准确。将你的结论和你的同伴的结论比较一下,结果可能是非常类似的。你也许想把讨论录制下来。

让学生知道在讨论中你寻找的是什么。给年长的学生一份有关你所重视的能力的表格,让他们保持在笔记本中。这一模式需要学生做很多。一定要仁慈、温和,直到学生适应了这一过程。一些学生会更拘谨,并且认为他们不能那么容易地像别人一样独立思考。努力让这些学生显露出来,并使其尝试从每个人那里得到观点。奖赏并鼓励进步。

说一说无偏见。你在寻求积极倾听的能力。如果,在听完别人观点之后,学生仍坚信一个答案,那就很好。你希望学生有确信的勇气。然而,不考虑别人观点的答案通常不是有力的答案。建立在其他答案或驳斥其他答案基础之上的答案是强有力的答案。

巴伦(Baron)和斯滕伯格(Sternberg)在他们关于思维技巧的书中评论道:

> 如果无偏见是评价思考的一个标准,学生和老师可以寻找讨论中参与者反映出来的无偏见的程度,也可以关注学生为他们的观点提供的理由和证据,积累观点并建立联系的程度。[1]

---

[1] 琼·巴伦、罗伯特·J. 斯滕伯格:《传授思维技能》(New York: W. H. Freeman),1987年版,第227页。

第十章 课堂讨论模式：在准备事实性、解释性和评价性问题的基础上指导课堂讨论

3. 除了评估所有学生的表现，还有一些特定的方法来评估这一模式的一些方面。比如，你可以要求所有学生在讨论之前准备一些事实性、解释性和评价性的问题。这将使他们更好地阅读，使你的设计更容易并且让你知道他们准备得如何仔细。讨论前问题的质量可以评估。这一活动可以单个或分组完成，每组要概括出两组问题和一些评价性问题。

4. 百科全书基金会要求学生在被提问根本问题时记下他们最初的答案。学生也可以在讨论之后或回家后写下他们的最终答案。让他们从文中为自己的答案寻求证据。这些都可以评估。

5. 让年长的学生概括三个解释性问题。接着他们可以对问题进行回答，从文章中证明自己的答案。他们的答案可能成为议论文的主题。这一过程给了学生概括原始观点的技巧，很难概括出好的主题。如果主题太偏，那么就很难证明并且不可能有效。如果它太明显，就没有意思了。让学生概括解释性问题是帮助学生选择既不宽也不窄的观点的好办法。

如前所述，像评价一样，分等级也要等到学生完全适应了这一模式之后，这样做通常是更可取的。你的主要任务是为讨论概括兴奋点，发现并对种种观点做出回应。不要让评价干扰了这样的兴奋点。

课堂讨论模式的步骤总结

1. **阅读材料并准备问题**：通过阅读、再读原文，提出事实性、评价性、解释性问题来选择和准备讨论材料。

2. **设计并组合问题**：最好与一位领导者一起比较观点、答案以及问题。问题是为讨论准备的、组合好的、有次序的问题。

3. **向学生介绍模式**：通过一系列有关学生认为该学什么的问题，来解释讨论模式的好处。接着，向学生介绍程序并分配阅读任务。最后，让学生为讨论准备问题（逐步地，年长的学生学会如何准备事实性、解释性和评价性问题。用这些问题帮助你设计讨论）。然后在讨论之前给学生时间再次仔细地阅读材料。

4. **进行讨论**：引导讨论并尽可能保持非指导性的角色。尽可能鼓励学生认真听，对别人的观点做出反应并且能参照原文证明他们自己的观点。

5. **回顾讨论过程并概括学生的观点**：回顾讨论中所得出的要点或者鼓励学生记下给他们深刻印象的观点。要求他们给出结论。你还可以问是否有学生改变了在讨论中形成的对根本问题的观点，他们的观点是如何改变的，为什么改变。

6. **（可选择的）评价讨论**：与你的领导者谈论讨论的方向、学生的热情以及他们所得出东西的质量。如果有必要，可以对下次讨论做一些建议。

课堂讨论模式的基础

通过开展讨论概括出有深度的问题，这样的教学实践可以回溯到苏格拉底。然而，像我们今天了解的**名著**的讨论理论开始于哥伦比亚大学。1919年，约翰·厄斯金(John Erskine)，一位英国教授，在他的荣誉学位课程中引导了这种类型的讨论。哥伦比亚式讨论中的后一个参加者是莫蒂默·阿德勒(Mortimer Adler)。在芝加哥大学校长罗伯特·梅纳德·哈钦斯(Robert Maynard Hutchin)的支持下，阿德勒在那所学校开始了这种讨论。在芝加哥也开始有了成人讨论小组。

在1972年版的《如何读书》(*How to Read a Book*)中，阿德勒和范·多伦(Van Doren)写道：一个人在能够说"我懂了"[1]之前不要说"我持有异议"。这样水平的理解需要从作者的立场来看文章。它包括努力尝试推断特定词汇的含义和用法，要尽力理解的不仅是文章说了什么还有作者怎样和为什么得出这一特定结论或持有这一特定观点。

为帮助读者达到这样的理解水平，讨论的领导者提出关于文章的问题，他们对这些问题表达出了真正的好奇，比如在《独立宣言》中"right"一词是什么意思？在开头段落中的"Men"这一单词指谁？黄金分割在艺术、建筑和数学中的共同魅力是什么？什么可以作为表达社区保存和谐和友谊关系的好的类比？诸如此类的问题是围绕着某一特定探索领域来给出讨论的方向。而且，这些类型的问题需要读者去思考，而不是被动地去读。

这一模式是如何有助于缓和、解决课堂中对记忆的过分依赖以及学生的被动接收这样的问题呢？通过提出复杂的问题让学生来解决，教师确信他们推断、练习、发现问题的能力——简而言之，是很好的思考和创造能力，而不是记忆观点的能力。

通过提供区别缜密的问题和死板问题的方法，这一模式提高了教师要求学生使用更高水平思维技巧的能力。多洛雷斯·德金(Dolores Durkin)的调查显示小学教师很少问学生如何思考与文章有关的问题。[2]约翰·古德拉德(John Goodlad)对中学的观察显示只有1%的教师提出的问题是需要学生思考的，而且大多数是肤浅的思考[3]。

在第六章提到了一点，要想让新单词成为儿童有用词汇永久的一部分，概念必须要出现在合适的地方。当提供了正确的标签，新单词就是真正被掌握了。史蒂文·斯塔尔(Steven Stahl)和查尔斯·克拉克(Charles Clark)的调查发现：定期参加包含新词汇的科学材料讨论的五年级学生比那些没有参加的学生在记忆概念和单词方面要

---

[1] 莫蒂默·阿德勒、查尔斯·范·多伦：《如何读书》(New York：Simon and Schuster)，1972年版，第142~143页。

[2] 多洛雷斯·德金："对阅读理解教学的课堂观察揭示了什么"，《阅读研究季刊》，1978~1979年度第14期，第481~533页。

[3] 约翰·古德拉德：《一个叫做学校的地方：未来展望》(New York：McGraw-Hill)，1984年版。

第十章 课堂讨论模式：在准备事实性、解释性和评价性问题的基础上指导课堂讨论

更成功。[1]

在后来出现的完形理论和杜威心理学的基础之上，莫里斯·亨特（Maurice Hunt）和劳伦斯·梅特卡夫（Lawrence Metcalf）深刻地阐明了"概念化和思考，以及有深度的关于技巧和习惯的学习"比"根据重复训练的原则学习技巧、习惯并记忆关系"更为重要。[2] 他们把讨论当作社会研究中保证我们的民主权利的工具。"或许集权文化和我们的文化之间最主要的区别在于，前者中所有的保守领域都是紧闭的，一律并一致地紧闭着。在有民主倾向的文化中，只有很少的领域不允许公开讨论。在一些地方，比如在大学中根本就没有什么是被封闭的不准讨论的。"[3]

最重要的是，亨特和梅特卡夫把讨论当做鼓励人们变得灵活和改变自己见解的主要工具。"如果他们能独立地探索问题，感觉不到自上而下的带有特定结论的独裁力量，他们更可能去经历观念和行为模式的真实变化。"[4]

罗杰·霍姆斯（Roger Holmes）在《动机的韵律》（The Rhyme of Reason）一书中论及个人的思维是如何转变时，声称个人的思维是作为一系列步骤成熟的，通过这些步骤，个人交替进行着分析现有观点和根据新观点综合这些观点的活动：

> 一般情况下，我们应用传统的演绎逻辑，通过分析已有的一组判断并避免矛盾来阐述问题。这些是固定的，对我们中的大多数人来说是足够了。但是它们对于复杂思维来说是最基本的东西。我们对自己的立场分析得越多，我们就对它理解得越多。并且我们对它理解得越多，我们就能越快发现不足并开始提出怀疑，而当我们开始怀疑，我们又为向更高一步前进做好了准备。……更有活力、更谦逊的"舞台"是我们在其中能勇敢地离开一个高度向另一高度进军的舞台。这一过程是所有一般的教育以及所有特定的逻辑都应该强调的。在这个舞台中，矛盾和新的综合性观点是受欢迎的。[5]

在课堂讨论中出现的思维带动了新的综合性观点的出现，不同的观点得到了表达、探究和争论，因此更多、更进步的观点出现了。不同观点的出现推动了学生去进一步思考问题。这并不总是一个舒适的过程，但是，这一过程在促进智力成长方面的价值被学生得出结论的机智性所证实。

李·舒尔曼（Lee Shulman）声称教学改革必须建立在"强调理解和推理、转换和

---

[1] 史蒂文·斯塔尔、查尔斯·克拉克："关于科学词汇学习的课堂讨论课上参与性期望的效果"，《美国教育研究杂志》，1987年第24期，第541~555页。

[2] 莫里斯·亨特、劳伦斯·梅特卡夫：《高中教育社会研究》（New York：Harper and Row），1955年版，第21页。

[3] 同上，第6页。

[4] 同上，第150页。

[5] 罗杰·霍姆斯：《动机的韵律》（New York：Appleton-Centery-Crofts），1939年，第419页。

第二编　目标与教学匹配模式

思考"[1]的教学观念之上。舒尔曼认为,如果教师只能管理好自己的行为,那么现在大多数教师可以被认为是有效率的。极少数的教师能根据材料内在的观点来选择教学方法。"我们只发现少数有关既注意管理教室里的学生也注意课堂讨论中观点的组织和管理的教师的描述或分析。"[2]

舒尔曼描述了一名有经验的教师,这位教师将引导学生理解文学作品的步骤分为四种水平:文学上的、暗含的、解释性的和评论性的。当然,这非常类似于本章提供的模式。这两种情况中方法的力量在于允许用你所教的内容来部分地决定你怎么教。严肃的文学作品包含复杂、含糊并且经常是歧异的观点。除非学生被允许按照他们自己的经验、信念和价值观处理、控制和权衡这些观点,否则这些观点不会以任何一种持久的方式影响他们的思维。

脚本

仲斯太太的班级正在讨论劳伦斯·霍尔(Lawrence Hall)的《暗礁》(*The Ledge*)[3]——一个关于在猎鸭途中死亡的可怕故事。故事的中心人物已经获得了一流渔夫和猎手的荣誉,他总能控制自己所处的环境。以下是仲斯太太高年级班级的学生对这个故事的一次讨论。这个班级正在进行课堂讨论。

仲斯太太问的第一个基本问题是:

1. 为什么渔夫在圣诞节的早上去打猎?(停顿)

贾尼:在第一页第二段上写着(学生翻到这一页)"但是他已经向他13岁的儿子和15岁的来自内陆的外甥承诺过",我认为他不想违背自己的诺言。

朱丽亚:但是这个句子是以"但是"开头的,而且在这句前面写着"这是一个家庭日,很自然地会把外面的暗礁仅仅当做过去他射杀鸭子的某个地方"。我认为他不想去。

贾尼:但是他已经承诺过,而且他似乎想成为信守承诺的人。

泰德:在下一段中也写着"在他妻子小声的抱怨声中,他听到了松林中的风,而且知道风就像孩子们希望的和他前一天晚上推测的那样是从东边来的。情况将是理想的,而且一旦有了这样理想的条件,任何人都应该去利用这些条件。小鸟会出来飞翔"。我认为这就是他如何做出去——还是不去——打鱼或狩猎的决定的。这总是一场赌博,但是他必须利用有利条件并注意不利条件。

卡尔:文章的某处还说他总是有最好的装备——等一下,我去找一下。

凯西:它在第4页的上面:"他总是有最好的装备,并且将装备保养得最好。"

---

[1] 李·舒尔曼:"知识与教育:改革的基础",《哈佛教育评论》,1987年第1期,第1页。
[2] 同上,第1页。
[3] 劳伦斯·霍尔:"暗礁",选编人约翰·阿普戴克所著《美国世纪最佳短篇小说》(Boston:Houghton Mifflin),1999年版。

第十章　课堂讨论模式：在准备事实性、解释性和评价性问题的基础上指导课堂讨论

卡尔：谢谢，是的。我的观点是：为了得到和保养最好的设备要花费钱，你必须比其他人捕更多的鱼，射更多的鸟。你必须在你能去的时候去打猎，你必须靠近去瞄准猎物。

贝蒂：但是他只带着他的儿子和外甥，那和挣钱没什么关系。

卡尔：我认为他不是那样想的，他总是让情况来指示他的决定。

凯西：在故事的第一段，描述他为"一个高大、赤裸的人，有太大的力气，他在冬天的乐趣是去猎杀飞到落潮时露出来的暗礁上觅食的鸭子"。因此，他从瞄准中得到了极大乐趣。

妮科尔：而且，他有点想呆在家中的事实已经使他觉得害怕。他可能害怕自己正变得软弱。他要证明自己一直是坚强的。

仲斯太太：你们都同意这样的观点吗？（停顿）

彼得：他需要那份坚强。我不知道为什么。另外，……他有一个好的名声。

仲斯太太：为什么你认为他需要那个名声？

卡尔：哦，如果你变得软弱，你也许会降低你的标准，不去做所有你该做的事情，忘记一些事，那样是很危险的。

贾尼：但是如果他不是如此坚强，他就不会出去并且他们就不会被淹死。（停顿）

仲斯太太：哦，安妮，你认为他那天为什么去打猎？

安妮：在第二页上面写着"人们认为他是一个坚强的人，由于他倾向于夸大自己，人们给了他为自己会全力以赴的名声。"如果这是真的，而且他自己的兄弟尤为强烈地觉得是这样，认为他们比别人过得更好。

仲斯太太：你从那些内容中可以推断出什么？

安妮：哦，我同意卡尔的意见。这个渔夫长时间做事情都比较成功，他害怕改变。而且，他可能喜欢他因强壮获得的名誉。他可能认为这一切都很好，因为如果你是强壮的并且维持你的标准，你就会更有安全感。

仲斯太太：有人能想出渔夫那天早晨外出的另外一些理由吗？（长时间停顿）那么，朱丽亚，你能概括一下我们已经讨论过的那些内容吗？

朱丽亚：好。渔夫想在家中休息放松一下，但他已经答应了两个孩子出去打猎，而且他有点担心自己正变得软弱，担心自己想呆在家中的那种想法，所以他准许自己和孩子们一起享受久违了的兴奋。他觉得条件是极好的，他应该好好利用这些条件。

仲斯太太：有人想补充一下吗？

约翰：是的。他需要维护自己的名声，因此，他不允许自己像他妻子那样考虑他们应该走多远，外出在那里的人会怎么样少以及将会面临的危险。我猜他不能考虑这些东西，要不然根本就不会过上他所过的日子。

他们觉得自己已经完成了对这一主题的讨论，所以仲斯太太进入下一组的讨论。

2. 为什么当猎人发现他忘记带烟时会如此不安？

安妮：哦，很明显的理由是他自己的享受，他无法想象没有烟外出的一整天该如何度过。

约翰：但是第 5 页下面写着"渔夫在口袋中摸索烟斗，他高昂的情绪突然被他这样的发现而震动了——他把他的烟忘在了家中……他难以置信"。那看上去似乎不仅仅是损失了一些享受。

贝蒂：它接着写道"他是一个按照行事计划的方式去做事的人"。他有一种固定的行为方式和老习惯。忘记一些东西是危险的。

泰德：是，我曾经和我父亲的一个朋友钓过鱼。他有清单。我的意思是你需要饮料、食物、水、防晒液、雨具、外套和急救材料，那些只是个人物品。他需要汽油、工具、救生物品、收音机、天气预报和放置在固定地方、用特定方法绕起来的绳子。我们必须很早就起床来做准备。但是我的观点是，在外面缺少了这些东西中的一些确实是危险的。

约翰：这隐约是他失控的开始。

仲斯太太：约翰，你的意思是什么？

约翰：哦，他忘记带烟。他还忘记了别的什么东西？他让孩子们检查有没有带威士忌酒，就好像他有了预感一样。我的意思是说正是他忘记停下小艇才使得他们被水淹死。

凯西：是的，他曾经说过——等一下，我来找一下……在第 9 页下面："孩子们兴高采烈地扔下枪，跳起来争着开小艇，'我来操纵这艘艇。'渔夫大声对两个孩子说。"他已经有点知道了对他来说忘记带烟是多么危险的事。这是他失控的开始。

泰德：在水上，控制意味着生死。有那么多的事情是你无法控制的——风、潮，等等，因此你必须控制你能控制的事，这样你才能应付紧急情况。

朱丽亚：我相信控制的需要不知不觉进入了生活的其他方面，你已形成了控制的习惯。

凯西：那可能就是为什么每个人都认为自己非常坚强的原因。他妻子说了些什么？等一下。

贾尼：在第 3 页她说他是危险的并且提到了他不令人同情的能力。你的意思是那个吗？

朱丽亚：是的，我想你可以被人们出于同情地认为是能干的，但是要做到真正优秀，要生存，他不得不有能力。他可能觉得没有人理解这一点。

卡尔：那就是为什么他喜欢名声，喜欢与他人的差距的原因，它意味着他控制着一切事情。

妮科尔：很有意思。他通过控制一切获得名声，现在那名声控制了他。

仲斯太太：你能展开一点谈一下吗？

第十章 课堂讨论模式：在准备事实性、解释性和评价性问题的基础上指导课堂讨论

妮科尔：哦，他不能控制自然的力量，但是为了生存，他必须控制他能控制的一切，这一习惯已经渗透到他生活中的每个方面——他与别人的相处之中，他喜欢自己获得的强壮和能控制一切的名声。但是，这些已经开始以某种方式控制他。我认为他一方面想呆在家里休息，但是他必须无愧于他因强壮、有胆量而获得的名声。

没有时间进一步探讨这一问题，仲斯太太让学生写下他们发现有趣或重要的观点。她为这个班级准备的与她将为另一个新的班级准备的东西是类似的，只是她会为新班级多准备一些问题。她不需要提问组问题中的一些问题，因为全班同学提出了这些话题。另外，他们直接对别人的观点做出了反应。

她的第一个问题是：为什么渔夫在圣诞节的早上去打猎？

她的组问题是：你认为他想去吗？他妻子对他外出有什么感觉？为什么他的儿子和外甥想去？渔夫考虑到了哪些因素？渔夫想出去或不出去还有哪些其他的理由？重复：为什么渔夫在圣诞节的早上去打猎？

她已经考虑过自己对这些问题的答案，不是因为她将提到这些答案或问一些诱导性的问题，而是因为它将帮助她知道什么时候继续向前讨论。比如，她希望学生谈到的要点是：他想呆在家中，承诺，条件，利用好的条件的必要性，不能变得软弱的渴望等。如果她发现学生忽略了一些重要东西，她就应该要求学生提出其他观点或者她本来可以再多探索一点。如果没有其他观点，她将继续讨论。事实上，令她高兴的是，学生的讨论经常比她预想的更好。

很明显，这个班级的学生已经学会如何对别人的观点做出反应，学会不打断别人，仔细倾听别人的意见，并且学会在需要时考虑课文。仲斯太太高兴的是他们在这个讨论中比在其他讨论中更多地参考了原文，这是非常重要的。比如，如果贾尼开始没有读那些确切的语句，朱丽亚就不会听到开始的"但是"一词，也不会觉得渔夫有一些疑虑。仲斯太太喜欢看到他们互相促进，并且他们已经得出了一些非常有洞察力的意见。她希望她能够有更多的时间来用于讨论这个问题。

如果面对的是一个新的班级，她自己的作用将会有一点点不同。她可能不得不提醒学生不要打断别人并且更多地参照原文。毫无疑问，她不得不问更多的后续问题，如"你意指什么？""你能扩充一些吗？""你能进一步解释一下吗？""你为什么那样说？"用适当的语气传达、暗示："是的，我喜欢你说的观点。你能扩充一下那些观点吗？"这种温和的提问鼓励学生把那些一开始仅被认为是细微零碎的东西连成系统的整体，而这个班级的学生已学会相互去做这些事情。

给读者的话

没有人有可能记得本章建议做的所有的事情。我们在真实的班级中使用这一讨论技术已经超过了15年，我们仍然在结束讨论时发现许多要点被忽略了。然而，对激

发、引导学生积极参与学习过程的技术的长时期调查,显示它已经是一种非常有效的工具。将这一模式作为一个系列呈现,每次只介绍一个或两个方面,这样做是理想的。在简单的内容中尝试这一策略。下面是一些建议:

1. 开始概括出尽可能多的单个解释性问题,在课堂上或考试中提问。
2. 在全班同学经常使用的材料的基础上建构一组问题并且让学生讨论。
3. 当你有更多时间时,与你的领导者(如果可能)一起针对主题计划一组问题。
4. 开始集中提问基本问题和组问题并且重复组问题。当你觉得满意学生的反应后,更多地关注后续问题。接下来,集中要求学生参照原文证明自己的观点。后来,再次浏览这一部分,寻找更多模糊的观点,比如,严格询问你所赞同的观点。

如果你集中于某一方面而忘记了其他方面,不要担心。就在看似最简单的地方开始。对自己要有耐心。最后,学生自己将会解决新的和有疑惑的材料。一旦他们开始学习追问技巧——并且这是一个持续的过程——他们就能设计讨论。当你引导讨论时,你实际上就为他们展示了过程。当学生引导讨论时,提醒他们不一定要得出答案,除非是好的问题。通常,他们会为全班从他们的问题中总结出如此多新的观点感到惊讶和高兴,这些新的观点他们自己从未考虑到。

活动 10-2

几乎所有的教科书都把要讨论的问题放在文章的最后。调查一下适合你所教专业的几种教科书中的问题,有多少问题是事实性水平的问题,有多少是解释性的,还有多少是评价性的?这些问题看上去是遵循一定的思想主线还是相互分离的?在引导全班学生讨论的过程中,怎么样才能最好地利用这些问题?

总结

课堂讨论模式鼓励在讨论复杂问题时得出不止一个正确答案,并且欢迎不同观点以期得出更新、更多和更进一步的观点。这一模式的基本前提就是讨论——真正的真诚的观点的交流——比单独的阅读和学习能产生更多更好的观点。暗含在这一前提中的是一对奇妙的矛盾:当学生阅读仅仅是为了背诵,他们将会忘记这些东西,而当他们为理解而读书,他们将会记得那些东西。

在第八章中,看似矛盾的特征并置在一起(比如,热情的冷漠,平静的愤怒),能带来对探索主题更深刻、更复杂的理解。在本章中,类似的一些事实发生了。通过提问不同甚至冲突的观点,学生会促进彼此的思想。因此,比起没有多种观点的冲突的讨论,他们更能掌握所提及的观点的丰富内涵。

第十章 课堂讨论模式：在准备事实性、解释性和评价性问题的基础上指导课堂讨论

网络资源

1. http：//www.goodcharacter.com/Articles.html

该网站以课堂讨论技巧为中心，载有许多关于苏格拉底法及其在人格教育中的效果的文章，及如何针对处于学习困境中的学生运用该方法的文章，等等。

2. http：//www.accessexcellence.org/21st/TE/BE

在解释为什么关于生物伦理学问题的讨论有助于收养者形成批判性思考之后，该网站提供了若干简化生物伦理学问题课堂讨论的建议，并给出了有关该主题的有价值的资料清单。

3. http：//www.nexus.edu.au/teachstud/gat/painter.htm

乔·佩因特（Jo Painter）解释了设计问题的技巧：开头、结尾、修辞及苏格拉底法。她还提供了一份可以用来设计各类问题的清单。

4. http：//www.petech.ac.za/rotert/questioning/Default.htm

该网站以清晰、简洁的形式，提供了在布卢姆-特尼（Bloom-Turney）与巴恩斯（Barnes）模式中使用的设计不同类型问题的信息资料，这些资料都是图表形式并以幻灯片展示。

5. http：//www.covington.k12.tn.us/resources/question.htm

该网站首先介绍了使用苏格拉底法的方针，然后提供了许多问题，有探究假设的，有探究原因与证据的，有探究运用与推理的，有关于观点与视角的，有如何回答问题的。另外还有批判性思维技巧与活动的链接。

6. http://www.hcc.hawaii.edu/intranet/committees/FacDevCom/guidebk/teachtip/effquest.htm

该网站提供了如何更清晰、明确地陈述问题的若干建议，另外也很有用的网页是http：//www.hcc.hawaii.edu/intranet/committees/FacDevCom/guidebk/teachtip/techtip.htm#Questions，关于以布卢姆分类学为基础的问题设计。

7. http：//www.greatbooks.org

该网站是百科全书基金会的主页，上面有一些关于共同调查的有用信息。

第十一章 词汇习得模式：词汇拼写与意义习得[1]

物理变化与化学变化有何区别？在学此知识点时，教师首先讲解"physical（物理的）"与"chemical（化学的）"这两个基本概念，以使学生理解这两个概念之间的区别。在讨论要点的时候，老师将"physics"这个单词写在黑板上，并问学生是否知道含有"physics"这个词根的其他单词。为了学习"physical"（物理的）这个单词的意思，老师提出如下问题："是否有人会拼写'physician（内科医生）'这个单词？"学生的回答显然很天真："哦，我们上个星期刚学过这个单词。"这表明上周五之前学生被要求记住这个单词的拼写。虽然在适度压力下学生曾经记过这个单词，但现在仍没有一个学生能很自信地正确拼写。他们曾经记得这个单词的拼写，也许在上周五的测试中他们还拼写正确，但他们丝毫不知道单词拼写与意义之间的关系，对"physician"这个看上去似乎有点困难但实际上很简单的单词，他们既不知道如何拼写，也不会理解这个单词的含义。

"Physics（物理）"是"physic（医学）"的复数形式。physic是一个古老的单词，来源于自然科学，曾被用来作为医学专业的术语，后缀"ian"是"……的"、"与……相关的"的意思。然而，老师们并没有这样去解释这个单词。由于该单词的发音方法以及英语中语音学上的多样性，它被看成是一个很难拼写的单词。下列单词在语音上也很奇特：physical, physiology, physique, physiognomy。如果仅仅从语音学的角度上说，这些单词并没有关联，但在意义的层面上，它们都是有规则的单词，是可以通过意义来学习的单词。所有这些单词都与physical有关联，physical是一个形容词，它指的是有物质的，明显不同于非物质性或精神性的东西。

不幸的是，在大多数的教学过程中，拼写与意义之间的关系被忽视了，然而这还只是众多学校词汇教学方法不合理的一例。"词汇单词"与"拼写单词"这两种表达方法在学校之外的任何场合使用都是多余的。但实际上，无论你是否在学校中，都会意识到这些表达方法把学校里习得的单词（通常是词

---

[1] 作者感谢德博拉博士（路易莎学校教学助理负责人），以及路易莎中学、矿区中学和弗吉尼亚中学的所有老师对本章写作所提供的帮助。

第十一章 词汇习得模式：词汇拼写与意义习得

汇表里的单词)当做词汇单词或拼写单词,并重点强调这些单词的定义、拼写,或二者兼顾。进一步地说,在教学中,几乎没有什么学习单词的方法比这更为普遍了。通常情况下,教师每周任意地列一组单词布置给学生学习,然后要求学生做如下练习:"首先查字典,然后造句,接着学习这些单词的拼法和意义,然后准备周五的测试。"

有时,教师让学生先看单词并有大概印象,紧接着抄写,默写十遍之后,就要求学生记住这些单词的拼写。在每学年的教学中,有多少时间枉费在这些活动中啊! 可以想象,父母得花费多少个星期四的晚上在为孩子"默写单词",然而这并不是为了什么语言艺术或英语学习,而是为了学校里没完没了的考试。

尽管家长和学生付出了巨大的努力,然而效果甚微。因为学生在单词学习中存在两个主要的问题:(1)学生所记的单词通常在测试后的几个小时或几天内全被遗忘;(2)学生实际上根本没有学到真正的英语拼写体系与词汇意义。用传统方法来学习词汇的人的体验可以证明这两点不足的存在。

第一点不足体现在教师意欲对学生的测试之中。想象一下,在星期一的早上,教师说上周五的测试卷在一次水灾中弄丢了,现在需要重新测试,学生肯定会对此大叫不公。他们会说:"至少得给我们十分钟的时间来复习一下。"

只要列出一些大部分人觉得拼写困难的单词,就很容易显示第二点不足,因为他们不知道这些单词拼写和意义之间的联系。下面有个简单的例子来说明。下列一些单词有哪些共同点:adequate(充足的)、advent(出现)、accustom(使习惯于)、accommodate(供给、容纳、调节)、arrange(安排、协商)、affirm(断言、确定)、aggravate(恶化、加重)、acknowledge(答谢、承认)、allocate(分派、分配)、appall(使惊骇)、assist(援助、帮助)、attain(达到、获得)。

即使在多数成人看来,这些单词的拼写也有一定难度。很少有拼写者意识到这些单词都有前缀 ad-,其意思是:向、朝。因此,adequate 可以看成是"趋向充分"(单词的词根可以看成是 equate),advent 的意思是"将要来临"。Vent 来源于拉丁词 come。同样地,尽管拼写上存在着变化,accustom 的意思是"接近习俗",accommodate 的意思是"趋于平常,趋于普通",arrange 意思是"趋于统一"(range 和 line 有相同的意思);剩下的单词也如此,都是以 ad 或 ag 开头,再接一个双辅音。在字母 a 后面接一个双辅音就好像 ad 前缀同化到单词的词根里一样。顺便提一下,assimilate 是同化的一个极好例子,它的词根是 similar,assimilate 的意思就是"趋于同一"。在某种意义上说,这个单词应该是 adsimilate,但因为它难于表达清楚,字母 d 就逐渐地与词根的第一个字母所一致,因为前缀 ad 中的 d 这个字母经常会随着词根而变化。如 acquire 和 acknowledge 中 c 的发音就变成了 q 和 k 的发音。在语言学中,这种例子并不少见,但这表明了英语语言的系统性特征。英语单词的拼写并不仅仅是根据读音,更重要的是依据意义,意义和读音之间的联系是拼写要素的重要部分,但我们在学校中却很少这样去教。

依据大脑以及学习器官的特性,词汇和拼写教学中的两点不足都是可以避免的。为了每次测试,让学生查字典,造句,记下单词的拼写和定义,这种学习方法是与人类大脑工作的机理相违背的,对此我们并没有夸张。

大脑是类似于一个可以用来搜索的机器,专门用来寻找图案以及有意义的信息,通过判断,忽略那些随机的或没有意义的信息。所幸的是,英语中的词汇既不是随机的也不是毫无意义的,事实上,它是有体系的和有意义的。人脑的这种功能非常有利于对单词的记忆和学习。词汇习得模式就充分体现了这一特点。

词汇习得模式的步骤

1. 事先测试学生对与课文内容密切相关的词汇的掌握情况。
2. 详细说明并讨论单词的臆想的拼写及假设的意义。
3. 探究意义模式。
4. 阅读与学习。
5. 评价与后测试。

第一步:事先测试学生对与课文内容密切相关的词汇的掌握情况

在进行任何单元和课题学习之前,对学生进行与内容密切相关的词汇的测试是非常有用的。这种事先没有宣布的测试对学生来说是一个挑战,以此让他们了解自己已经知道多少并且应该从什么地方开始学习。教师读单词,让学生尽可能地拼写并对它进行定义。强调一下,这个测试并不是为了发现学生所不知道的内容,而是为了了解学生已经知道了多少。教和学都是从我们已知的内容开始,然后学习新的内容。因此,学习的第一步就是要搞清自己现有的知识水平。

事先应测试哪些单词?这要仔细分析所教内容(包括书本和其他信息资源),并从中归纳出一些基本的核心词汇,这些词汇应包含重要的信息材料。它们不必是表面上的东西,而必须能够体现出材料中的核心思想。单词测试数目不应过多,因为我们的目标是让学生学习一些基本的词汇以及增强他们的理解力,从而自己能够去学习更多的单词。例如,在五年级的一节"能量变化形式"的课程中,仔细阅读文章的内容,我们决定将下面五个单词列为事先测试的词汇:energy(能量),potential(潜能),kinetic(动力学),conservation(守恒),transformation(转换)。正如我们所预料的,其中任何一个单词,学生都给出了多种多样的拼写和定义。对这些单词的测试结果和随后学生间的交流内容,将作为一个范例来解释词汇习得模式的其他步骤。

第二步:详细说明并讨论单词的臆想的拼写及假设的意义

学生通常认为学校是一个永远正确的场所,没有任何的错误。提前测试的基本理

第十一章 词汇习得模式：词汇拼写与意义习得

念是：错误在某种程度上可以用来检验我们习惯上存在的问题，例如，单词拼写是否正确可以用来检查我们拼写上存在的问题。然而，这种对与错的评价，只是我们所能采取的评价中的一种。另一种评价是对"知识状态"的评价。"知识状态"是潜在的，也更值得重视，它为教师的教学提供了巨大的可能并且承认学习者身上也存在着许多智慧和思想。诚然，更值得尊敬的是告诉学习者，我们每个人的知识都是不完整的，有些事情我们现在并不知道，有些事情我们永远也不可能知道。语言各个方面的知识（听说读写中的词汇拼写与意义）从来不是要么完全掌握，要么完全不会的。

如果条件允许的话，尽量多地公布出学生对单词的各种拼写和定义，但要略去学生的姓名。需要强调的是，每种拼写和定义都体现出了学生的思维和知识。许多错误的拼写问题源于语音学，他们试图通过读音拼出单词，但英语单词的拼写既依据读音又依据意义。学生在拼写单词的过程中，从直觉上会依据读音去拼写和定义单词。

检查提前测试中的每个单词并讨论它们的音、意和拼写之间的联系。在我们对"能量变化形式"这一课的提前测试中，37个学生中有28个正确地拼写出了energy这个单词，其他9个人出现了8种不同的错误，如 energey, inergi, entergy 等。但不知不觉中，我们发现拼写错误的单词中有一半保留了"erg"，它来源于希腊语 ergon，是工作的意思，这个正是他们要学的东西，学生对此都不清楚。学生给出的对 energy 所有的定义可分为两类：一类是与工作有关，一类是与人的品质有关，如精力充沛。但就像拼写一样，这种关联正说明了 energy 这个单词的意思和它的拼写方法。

正如我们所预期的，单词 potential 对学生意味着更大的挑战，37位学生中只有7位正确地拼写出了这个单词。大多数学生的拼写错误都出在了词尾 tial 上。这个单词的拼写与读音有点冲突，potent 接上后缀 ial 后，t 的发音变成了 sh，这是同化的另一个例子，当一个字母在它前后遇到另一个字母，而字母本身很难发音的时候，它的发音就发生了改变。因此，potent 在加上后缀 ial 后就变成了 po/ten/tial。而 ial 却是理解和拼写这个单词的主要部分，在这种情况下，单词意思就变成"……的"或"与……相关的"。如 residential（住宅的），presidential（总统的），tutorial（指南的），special（特殊的）。在理解后缀 ial 过程中，学生认为 potential 的词根是单词 potent，potent 来源于拉丁语，意思是强有力的、有能力的。因此，potential energy 是一种不能立即使用的能量，当激发的时候才能使用，它是一种潜在的能量。

单词 kinetic（运动的，动力学的），37位学生中只有3位能正确拼写，有12位同学意识到这个单词和能量或电力的意思有关。主要的是，学生在拼写这个单词的时候，他们确实知道，它的发音与意义和下列单词相似：connect, connecticut, conversation。但另一个单词也与 kinetic 相关，即 cinema，这他们并没想到。教这个单词的关键就在于把它与 movies 相联系。Movie 是 cinema 的同义字，cinema 是 cinematograph 的缩写，是动作图片的意思。Cinema 来源于希腊语 kinema，是运动的意思。Kinesis 和 kinetic 在自然科学中就是运动的意思。Kinetic energy（运动能量）

就是一种由运动而引起的能量。这个概念在后面的课程中,又是学习单词"惰性"的关键。

Conservation 这个单词,学生对它的拼写要比 kinetic 好一些。尽管 37 位学生中有 19 位拼写正确,但没有一个同学定义的时候把它与 energy 相联系。有 11 位学生把这个单词与 ecology(生态学、均衡系统)相联系,但绝大多数学生在拼写和定义这个单词的时候,把它与他们所熟悉的单词联系在了一起,如 conversation, convention, observation, concentration 或 concern,等等。最明显的一点是,有 26 位学生能正确拼写出 ser 这个部分。尽管学生不知道,就如 erg 是 energy 的词根一样,ser 也是一个词根,它是"保护"的意思。这在 preserve, reserve, reservoir 中都能体现。奇怪的是,在希腊语中,单词 hero 才是这个词根的根源,也许 hero 是一个保护之神。

最后一个单词 transformation(转换、转变),37 位学生中有 20 人拼写正确,有 24 位同学的定义与 change 的意思相关。尽管一些同学把它与 transportation 相混淆,但绝大多数同学对这个单词的意义都有一些理解。至少有一个学生能模糊地将这个单词与 energy 的概念相联系。在这个单词的拼写和定义过程中,学生所出现的问题为我们下一步学习"变化形式"做了准备。讲解这个单词的第一步就是将 transformation 和 transformer 联系起来,进而使他们联系到他们曾经玩过的一种玩具。

对学生来说,提前进行这样五个单词的测试并不容易。毕竟,这些单词我们还需要在课堂中讲解,他们也没必要事先都知道。但是,通过检测他们事先掌握的知识,以及他们在拼写和定义中存在的问题,我们可以认为,我们的教学方法和形式应以学生的知识背景为依据。

第三步:探究意义模式

爱荷华州的基本技术测试(ITBS)是被最广泛使用的教育达标测试,为此,专家编写了一本教师指南,提出了一些提高学生词汇学习的有趣建议。我们并非试图去说明良好的测试成绩就能代表着成功的词汇教学,但如果 ITBS 测试有其合理性(我们认为它有),那么学生的测试成绩在某种程度上的确能代表他们的词汇水平。下面是 ITBS 手册的作者所讲述的有关提高词汇教学的内容:

理解单词的意义是进行沟通和学习的基本条件。一般来说,通过下列途径可以提高学生的词汇量:(1)有计划的、系统的教学;(2)非正式的教学形式;(3)阅读大量的广泛的材料;(4)活动和实践,如远足等。在每个教学领域中,教师最重要的责任之一就是让学生去理解这个领域里特有的词汇和概念。

词汇教学并没有什么捷径,增加词汇是一个渐进的过程,下列的一些建议也许会对你有所帮助:

第十一章　词汇习得模式：词汇拼写与意义习得

1. 更多强调的应是词汇的意义而不是词汇本身或其发音。
2. 教学过程要联系课文，而不是单独进行词汇教学。
3. 当学生遇到一些新的、困惑的、不寻常的单词时，要允许他们多提问。
4. 列一些单词在黑板上，鼓励学生经常使用。
5. 在学习过程中，对单词做清晰的解释，包括单词的来源、词根、后缀以及复合词，等等。
6. 经常进行口头测试，要求在测试中使用新单词，并讨论它们的意义。
7. 对单词和短语做同义词和反义词的练习。
8. 讨论那些相似但不完全相同的单词，区分它们的意义。（许多字典中都有单词的使用方法和前后对照，这为此提供了极好的材料）
9. 鼓励学生（特别是高年级的学生）多用字典。
10. 鼓励不同语言背景的学生一起分享一些有趣的单词、概念和习语。[1]

一本测试手册不可能为成功的单词教学开一个处方，但我们知道确实有一批老师将此当作了真理。下面是从这些老师的教学经验中提炼出的一些建议，他们来自于弗吉尼亚的路易莎中学。

这是路易莎中学的教师在进行词汇教学过程中所采取的步骤：

1. I(Involve)学生参与：请学生表述他们对特定单词的拼写与意义的看法。
2. T(Tell)教学生某个单词：包括单词的正确拼写、意义和出处。加深学生对这个单词正确信息的理解，如果可能的话，告诉学生这个单词的来源和历史。
3. B(Brainstorm)头脑风暴：和学生集体讨论，学习同义词与相关单词。运用你的知识，使用多种参考资料，比较分析它们间的差别，引导学生分析这个单词。
4. S(Stentence)句子：让学生从所讨论的单词中选一词造句，讨论这些单词在句子中的使用方法。

每一周，教师都要有词汇教学计划，单词数量可以很少，但总的来说，所选择的单词应该是核心概念的词汇，如科学中的 energy（能量）、数学中的 fraction（分数）、社会科学中的 federal（联邦）、语法中的 participle（分词）、文学中的 descriptive（描述的）。

开始，教师让学生对这些单词尽可能地做出拼写和定义。接着，学生和同学或在小组中交流自己答案。最后，在每对学生或每个小组中抽一名学生，让他们在黑板上写出所讨论的单词的拼写和定义。

学生在学习过程中，都收到或自己画一张表来说明单词学习的进程（见图11-1）。教师或学生将所要学习的单词正确地写在图表中央，比较单词间的差别并进行分析。然后，教师在图表适当的位置写出词典中这个单词的定义。学生再次比较他们的定义，讨论他们的拼写和定义的相似性，重点是要强调为什么这个单词这样拼

---

[1] 教师参考书：《爱荷华州的基本技能测试：多级测试，第9～14级》(Chicago: Riverside Publishing)，1986年版，第47页。

写,为什么它是这个意思。

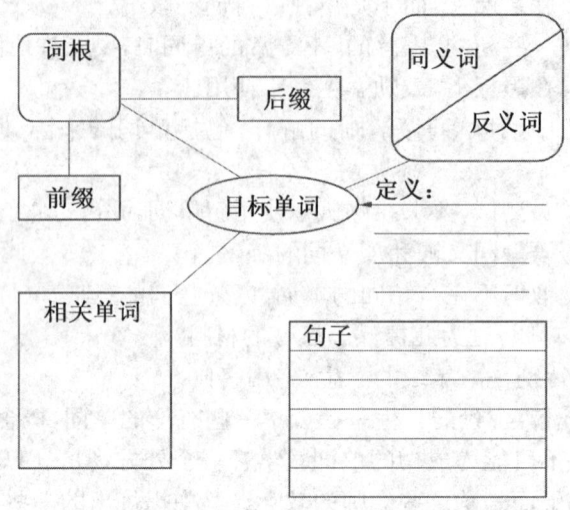

图 11-1 词汇学习的图表

通常,学生对单词做拼写和定义时都很相似,因为如果知道一个事物"不是什么",对理解这个事物"是什么"非常有用。所以,弄清单词常规的与不寻常的拼写和定义之间的差别将有助于真正地理解这个单词。

下一步,用对待学生拼写和意义解释同样的态度来分析学生所造的句子。教师和学生依据已经学到的东西使用目标单词进行造句。教师要将讨论集中在单词的拼写和定义上,以保证不偏离课堂的真正目标。

然后,对那些集体讨论的单词进行分类,哪些是相关单词,哪些是同义词,哪些是反义词。在这个过程中,学生还会联想到更多的相关单词。相关的单词是指那些具有相同词根的单词和那些意义是同类的单词。同义词是指那些意义相近的单词,反义词是指那些意义相反的单词。学会一个单词后,学生就会理解这个单词和哪些词相似,和哪些词又不同,当然,学会这一点就是我们练习的目标所在。

同时,在讨论过程中,我们学习到了许多与此相关的单词,以及它的同义词、反义词、前缀、词根和后缀等。英语本身就是一个整体,年轻的读者要学会去联想、综合、拼读。但也有一些单词不符合基本的语音学规则,需要我们根据意义去理解。例如,为什么 sign 里有一个不发音的字母 g 呢? 因为,需要有字母 g 来维持 sign 和 signal 之间的意义联系。像这样的单词有很多。为什么在 rented,walked,roused 这些单词中 ed 的功能相同而发音不同呢? 它的发音不同是因为忽略、推迟或提前读了这个字母,其结果是经常会产生音调与拼写的不一致。这样的例子有许许多多,我们要牢记,英语是一个组织的系统,在意义和读音上的编码都能有效地帮助读者更好地理解单词,毕竟,这正是我们所要学的。

第四步：阅读与学习

在词汇教学过程中，应引导学生自己去进行大量的阅读和学习，例如，进行概念拓展，班级讨论和合作学习。要鼓励学生去研究所学词汇在文章里的使用方法，这是进一步更深层次的学习。除此之外，在平常的交流、收听广播或观看电视的过程中，学生也能学到词汇的使用方法，在阅读小说和散文的过程中也经常使用这些词汇。事实上，如果读者能对文章中单词使用的细微差别很敏感，那么大量的阅读确实是提高词汇量的最好方法。对多数读者来说，在阅读和学习前进行交流和讨论将有助于提高这种敏感度。

第五步：评价与后测试

相对来说，词汇习得模式的效果是比较容易评价的。这种学习模式开始对所学单词进行拼写和意义的测试，学习结束后再进行一次测试。由于词汇学习的加强，一般来说，这两次测试的学生成绩相差很大。我们的目标就是通过这种习得模式掌握单词并达到最佳的测试成绩。

虽然对单词拼写和意义的测试是评价学习的基本标准，但后测试不应仅仅包含这些。对学习者来说，不应仅仅理解它的拼写和定义，关键应知道单词的同义性、使用方法以及来源。通过后测试，比如写出单词的同义词，使用单词造句，对单词来源进行解释，这样可以更好地了解学生对单词的理解程度。词汇教学不仅仅教单词本身，而应教会学生对语言本身的一种洞察力以及让学生从讨论、研究中得到的一些思想。这种洞察力可以推广使用，因为所有语言在词根、基本单词以及词缀上都有联系。强调这种联系，学生在测试中将会有更好的成绩，并对测试本身有更深的理解。

语言评价部分一直是非正式的。我们通常根据一个人所说的和所写的对这个人进行判断。在词汇习得模式中，使用所教的词汇进行交流是持续进行的，在交流过程中，必须评价和激励学生使用更精确的语言。做一个非正式的记录，看看所教单词在以往的课堂上使用率有多高。引导学生去注意最近所讨论的单词，尽可能精确地表达其意义。这种对学生学习和使用单词的非正式的诊断性注意，是词汇习得模式中最好的评价部分。

通过对所学单词及一些基本概念进行拼写和意义的测试。从测试结果可以看出，学生的成绩有了明显的提高，这同时也促进了学生的学习。再有，使用这种方式进行教学将会存在以下的可能性：经过一个周末，学生再回校重新测试时，测试成绩仍将会保持得很好。

词汇习得模式的步骤总结

1. 事先测试学生对与课文内容密切相关的词汇的掌握情况。这个测试以教师和学生已有知识为基础，以学生已经了解的关于所教课题的基础性概念为基础。通过学生对词汇拼写和定义的情况，也可以看出学生的理解视角，并以此作为教学的开端。

2. 详细说明并讨论单词的臆想的拼写及假设的意义。发现和假设成了教学的基本形式和形成理解的基本方法。进一步的理解是建立在先前认识的基础上的，学生在拼写和定义单词过程中出现的种种情况都成为了进一步学习的基础。

3. 探究意义模式。探讨同义词之间的相似性，单词本身的使用方法，现代英语中单词的来源。拼写不只是正确地写出单词的字母，英语是一个语素的系统，这就意味着一个单词的拼写能给它的发音和意义提供一些线索。因此，一个单词的拼写是与它的意义和发音密切相关的。

4. 阅读与学习。在阅读和学习之前探索基本的概念，使学生有一个上下文的基本联系，由此，学生在分析和形成他们的理解时，能够确认他们已知的内容。

5. 评价与后测试。当教师和学生根据课前测试的情况进行课后测试时，测试才能达到最好的测试结果。词汇学习模式步骤的建立可以确保提高学生理解力、词汇知识以及相关概念的掌握。

词汇习得模式的基础

我们所描述的词汇习得模式依据以下三条原则。

1. 系统性原则。语言并非没有规律和隐喻性，它从根本上说是一种用于交流的工具，以通过熟悉的东西去认识新的事物。

无论在学校内外，对任何科目的学习，都是我们对与此科目相关话题的了解与思考的探索。在语言的学习中，了解与思考也是必要的。许多成功的教学都是以概念与词汇、思想和语言（在一种语言中通常表达了某种思想）间关系为轴心；相反，英语中的单词构成了一个系统，反映出了思想、概念、事物之间的联系。

2. 偶然性原则。在我们表达某种意图时，词汇是作为一种交流方式偶然地、自然而然地学习到的。

人们要表达某种思想，一般仅仅只关心某些重要的和必要的词汇。对词汇学习通常很偶然，比如就某两个人都感兴趣的话题进行交流时，我们就在学习某些词汇。

3. 概念化原则。词汇教学同时促进学生对概念和语言的理解更加深刻和丰富。

学校里所教和所学的每一个科目都不是独立的。理论学科是我们思考这个世界的方法，特别是这些学科中的词汇。在很长一段时间内（也许几千年前，或者是自从人类有意识开始），我们就把学校里教的东西看做是交流的一个工具。交谈中产生了事物间的差别，记住这一点是非常有益的，通过单词进行的交谈不仅仅是为了说明事物本身而是为了说清事物之间的差别。因此，教学中的每一课程领域都以特定的视角和方法来说明和描述这个世界。每一领域中都有不同的话语系统,特殊的谈话融入一般的谈话中,特别的语言融入一般的语言中。

在教学中,以上三种原则又如何体现呢？根据不同的课程主题,教师又是如何依据这些原则来改变与学生之间的互相交流呢？当然,教学性的会谈既要包括语言信息和思想的交流又要包括话题本身的信息和思想。在词汇教学的计划中也应体现系统性、偶然性、概念化的原则,在教学过程中,思想和信息应该被清晰地表达。

"学校里应该教什么?"部分回答是：让学生参加交流以使他们知道将会学到什么。教他们享受语言的乐趣,在语言中体现思想的差别。引导他们进行某种交流以使他们对人类知识作出贡献。使用学科术语,更重要的是,让学生理解他们正在习得的语言是如何与他们正在学的概念相联系的,激励他们使用自己的语言。

把教学看做是一种交谈,一种特殊的交流。在交流中,教师的指导和课文本身引导着学生对概念以及表达概念所用的语言产生疑问和好奇心。Educate 的词根就是引导的意思,要达到教学目标的话,教师必须借助课本引导学习者通过分析已知内容和未知内容之间的联系去探索新的概念和思想。但这种学习方式也不是万能的,如果学生对所探讨内容的理解程度相差很大,或者文章作者描述得过多,则不适合采用这种学习方式。谈话、思考的主要目的是为了鼓励参与者多去思考。精确地说,这种交流方式可以被看成是共同探讨。教育的主要目标是引导学习者去分析探讨他们所要学的概念,以此对概念产生更多的理解。

在讨论过程中,使用与主题相关的语言进行特定的交流学习。学习者对新概念和新思想的学习首先是通过语言来熟悉的。在学习者理解产生的过程中,教师和课本可以通过语言来引导学习者扩充自己的思路和理解范围,通过交谈,学生也对课程的主题变得熟悉起来。

成功的学习要做好两件事情。首先,学习者必须学会把所学到的东西用自己的语言去理解。第二,他们必须学会使用表达这种思想的专业术语。学习者通过学习专业术语,把它作为界定概念和把相关知识融入人类知识结构的一种工具。

缺乏相关的术语知识,就让学生去学习几何学或正三角形的内容,这似乎是不可能的。同样,很难想象,一个没有相关知识的人是如何去理解社会学或政府组成这样的话题。课程中的每个主题和话题都是用特定的语言来表达的。例如,与正三角形相关的词汇：直角、斜边、正方形、平方根,这些都是基本的术语。同样,掌握相关词汇也是分析政府理论必备的知识,例如,代表、政府以及含有词根 archy 的许多其他单词。在这个术语系统中,城邦(polis)就是城市的意思,以此为词根的单词有：策略性的(politic)、公安部门(police)、擦亮(polish)、世界主义者(cosmopolitan)、有礼貌的(polite)。

活动 11-1

许多课本都在每章的开头列出一些单词，这些单词一般是本章的重点词汇。学生在阅读过程中可能会遇到一些黑体的或有特殊标识的单词，这些单词可能对理解文章的主题非常重要并且可能会出现在文章后面的词汇表中。看一篇你正在教的文章，作者是怎样把词义传递给读者的？你能发现它为什么是这种意义或者为什么是这样拼写吗？

学习虽然没有什么捷径，但专家却比新手有着更好的学习方法。我们宣称自己知道得很多，宣称自己是专家，这都源于我们平时的交流。在教学的交流中，我们获得了思想和经验，无论对错，学习者都愿意去试着使用一种新的学习方法。学习者通过参加交流去检验自己的思维和能力。"冒险，试一试，考验一下"是拉丁语中单词"专家"的核心词根（这个词根也出现在 peril 中，在 pirate 中不明显），交流是尝试或检验自己想法的最好途径。想象一下，如果参与班级交流的都是一些专家的话，情形将会如何！因此，你可以想出一个达到教学目标的绝佳方法：把学生看成专家。

当教师不再把自己看成是简单的信息传递者，而是讨论过程中的参加者或引导者时，学习目标就容易达成。然而，交流的内容不仅仅是与学习相关的话题，同时也是进行语言和主题的沟通，在此之中，通过语言表达自己的主题。交流有如下要点：

1. 把课程的主题作为知识、信息、概念的主体，但它们都来源于语言，存在于语言，应用于语言。
2. 我们所教的和所学的都可以使用准确的语言来表达和理解。
3. 把课程的主题作为一种语言来教。

年轻者和年长者基本上都以相同的方式学习词汇，这就是参与交流。首先和关心自己的人，再后来跨越时空和老师以及文章的作者进行交流。词汇都有一个共同的字根 vocation：voc，就是叫喊的意思。所以说，词汇就是字典、字母表或呼声，专家通过它来表达自己的呼声。在正规的学习中，词汇是与主题相关的语言，它成了我们理解和思考的一种表达方式。学过单词后，学生用它来表达自己的思维，从微观上说，这模仿了信息发展的进程。换句话说，经过这个阶段，当学习者变成专家后，他们的理解力有了进展，不同的只是时间和效率的问题。教师免去了学生重新学习的困难，同时也意识到，在他们的学习中需要通过交流让他们建立属于自己的知识。如果把学习看成交流的话，教师需要成为两方面的专家：在所教科目上自己是专家，在语言使用上也应是专家。

活动 11-2

我们看一看下一节课所要教的内容与所要学的内容。在文章中找出关键性的概念,梳理一下文章的主要思路,然后看看这些想法是如何通过单词来表达的。用章节后面所列的参考书目或工具书认真地分析单词为什么是这种意思,你能看出这与直接教学生概念的方法相比好在哪里吗?

词汇掌握

阅读理解和词汇知识之间有着密切而且清晰的关联。研究者已多次证明,直接让学生查字典或通过某个单句来学习单词,这样的教学方法是最没效的(尽管我们可能会感觉到这种教学方法可能最有效)。相反,只要读者自己掌握学习单词的策略以及进行广泛的阅读,词汇量才会有很大提高。多年的研究使我们得出以下结论:词汇教学应注重教会学生学习词汇的方法和策略,以使学生能独立地进行学习,并且通过广泛阅读来理解他们经常遇到的单词的意义。

进行词汇教学时,教师应从何处着手呢?这儿是一个设想:估计,我们经常使用的单词有65%是由拉丁语或希腊语中的前缀和词根组成(55%来源于拉丁语,10%来源于希腊语[1])。表11-1就列举了14个这样的单词。对学生来说,表中的这些词汇都非常普通,学生在以后阅读过程中所遇到的成千上万的单词可能都使用到表中所列的前缀、词根、后缀。教师开始可以先教这张词汇表,然后让学生集体参与讨论。学生理解了这些组合后,他们将能自己去理解新单词的意义。数字14并不存在什么魔力,但这些特别的单词确实会给新手提供一些重要的东西去理解语言是如何运作的。

表11-1 14个关键单词

单　　词	前　缀	意　思	词　　　根	意　思
acceptance	ac-(ad-)	toward	capere (kap-) as seen in captive, caption, and captain (and in catch, except, and inception)	to grasp, take, or seize
pretends	pre-	before, in front	tenere (ten-) as seen in tent, tendon, and extend (and in obtain, continue, and tone)	to stretch, hold, or have
permitted	per-	forward, though	mittere (mittere) as seen in commit, remit, and committee (and in dismiss, permise, and message)	to send or let go

---

[1] 金·黛安娜·亨博利:《英语并不疯狂:语言的要素以及如何教授这些要素》(Baltimore: York Press),2000年版,第83页。

续表

单词	前缀	意思	词根	意思
transferable	trans-	across	ferre (bher) as seen in ferry, offer, and circumference (and in bear, birth, and metaphor)	to carry, to bear, or to present
interstates	inter-	between	status(st-) as seen in stage, rest, and stem (and in cinstitution, substitute, and persist)	stand, manner, or condition
defective	de-	away, from,	facere (dh-) as seen in fact, manufacture, and facilitate (and in perfect, defeat, or face)	to set, to put, to make or do
biography	bio-	life	graphein (gerbh-) as seen in spelling of graph, paragraph, and biography (and in program, grammer, and crab)	to write
epilogue	epi-	after	logos (leg-) as seen in logic, catalog, and apology (and in legend, lecture, or elect)	word, speech
respectful	re-	again, anew	specere (spek-) as seen in spectator, suspect, and inspect (and in telescope, special, and despise)	to observe, to see
application	ap-	toward, against	plicare(plek-) as seen in implicate, complicate, and replicate (and in complex, display and plait)	to fold together
productivity	pro-	from, for	ducere(deuk-) as seen in educate, conduct, and introduce (and in dock)	to lead
supporter	sub-	under	portare (per-) as seen in port, export, and report (and in opportunity, porch, and ford)	to carry
contractor	con-	together, with	tract (tragh-) as seen in tractor, subtract, and attract (and in train, retreat, and trace)	to pull or drug

续 表

单 词	前 缀	意 思	词 根	意 思
describer	de-	off, away from	scribe (skr-) as seen in describe, subscribe, and circumscribe (and in scripture, scribble and script)	to write down

拉丁语、希腊语和英语之间至少存在着两个重要联系。最明显的联系就是：英语中的单词绝大多数直接来源于拉丁语，并且它们的拼写也非常的相似（如 conduct 和 viaduct 中的 duc）。另外一个不太明显的联系是：希腊语、拉丁语和英语都源自古代相同的语系——印欧语系，它是 7 000 多年前被广泛使用的一种语言，涵盖现在的欧洲、南亚、中亚等国家。英语中印欧语系的词根在当代单词拼写中并不明显，但了解英语的这个来源却很重要。那些从印欧语系中直接继承过来的单词是真正的核心词汇（尽管只有一小部分）。事实上，英语中所有的 200 个最平常的词汇都来自于印欧语系。[1] 在表 11-1 中括号中的是印欧语系词根。

有时，单词的拼写也许会忽略词根，但相同的词根在不同的单词中会有不同的意义。熟练的人已经开始处理这些模糊的单词，在词根后面的括号内就是一些变化的例子。

这张表不是只为学生做的一个印刷品，而是作为一种示例来引导教师如何去让学生理解单词的意义。就如低年级学生学习押韵一样，中年级的学生开始学习在意义上有共同点的具有相同词根、前缀、后缀的单词的意义模式。

确切地说，学习词汇最好的办法就是"偶然的"交谈。在课堂中，我们要为学生做好模范，通过对单词意义的好奇而激发学生对单词学习的兴趣。同样，也要鼓励学生经常查阅字典来学习新的单词。通过使用一些过时的方式帮助学生来学习词汇，这也没什么不好。我们也许还会举行一个拼写比赛，拼写正确得 1 分，写出意义再得 1 分。还有些其他的一些学习策略：

- 在墙上的图表中显示单词意义成分。
- 使用索引卡片，在卡片的一面写上单词，另一面对单词的意义做出解释。
- 使用一些图表组织方法。例如，表 11-1 以及网上的一些语义特征分析和语义图表技术以分析单词、词根以及它所代表概念之间的联系（这就是单词学习模式中的第三步：探索记忆模型）。

脚本

一所中学二年级的词汇教学课中，托雷斯先生选择了 middle 和 crusade 这两个单

[1] 沃特金斯·卡尔文特：《美国传统字典之印度-欧洲词根》（第 2 版）（Boston：Houghton Mifflin），2000 年版。

词进行讨论。他首先让学生写出与这两个单词相关的所有内容(这是对这两个单词的预测试),绝大多数学生都能正确拼写出 middle 这个单词,但对它的联想千差万别。联想最好的是 between,还包括 middle aged,middle ages,middle school,middle east,middle ear,and middleman。相对来说,对单词 crusade 的拼写和定义多种多样,联想到战争、宗教、罗宾汉(有几个同学想起了故事的电影版本,在一次宗教战争中罗宾汉从监狱中逃跑),等等。

然后,把这多种多样的拼写和联想都写在黑板上(以同学们口头讨论这些联想来开始这节课)。下面是交谈的内容:

托雷斯:大家看一下词组 middle ages 中的 middle 这个单词,middle 指的是什么?它指的是在什么之间?

卡伦:Middle 是指两者之间,词组指的是两个时代之间。

托雷斯:Middle school 是指初级学校和高级学校之间的学校。A middle child 是指在年长的和更轻的之间的小孩。

马科斯:但 middle ages 是指在两个时代之间?

卡伦:是的,是在古代和现代之间,对吗?

托雷斯:是的。但那时的人们一般都不称自己生活在中世纪(middle ages),而是生活在"现代"(modern),就像我们。下面我们再看一个与 middle 更相关的内容,在英语中,我们有时将 middle 拼成 med,如 medium。这是同样的意思。你能想象出其他哪些单词含有 med 这个部分吗?让我们看看它们与 middle 有没有关系?

贾森:Medium(中间的、中等的)。

多米尼克:Median(中线、中央的),比如在马路上。

苏珊:我曾听说过 medieval(中世纪的)单词,它有这种意思吗?

托雷斯:这是一个形容词,描述 middle ages 时代的事情。例如,骑士就是中世纪的习俗。但我们也可以把它说成"middle age custom",但你看看在所有这些单词中 middle 是什么意义呢?

马科斯:Mediterranean(被大陆包围)呢?

雷切尔:Medical(医学的,内科的)?

托雷斯:好,我们来思考一下,看一下地图,我们看看地中海在哪儿?

贾森:在非洲和欧洲之间。

马科斯:它在什么中间呢?

苏珊:在陆地之间,它几乎被所有大陆包围着。

托雷斯:对,很好,我想你们现在已经明白 mediterranean 的意思了。雷切尔,对 medical 怎么解释我还不太清楚,大家查查字典,看怎样解释。

联想到这个单词说明了学生的思维很开阔。所以托雷斯先生不得不将它带回去思考,但他许诺下节课会告诉学生相关信息。他后来发现所有以 med 开头的单词都与measure(尺寸,测量)相关。Medical有两点与此相关：第一,通过诊断,采取相应的措施,这就是内科医生要做的。当你去医院的时候,首先就是测量体温,这就是一个适当的测量。另一点是,med使medicine与meditate(沉思、考虑)相关,去剖析、分割,想象一下,这与医学上的诊断有关。学生难住老师,是一个有趣的教学现象,这提醒了我们,我们并非是圣人,并非所知东西都比学生多。这应该会使我们从中得到更多的快乐！

但middle ages到底是什么呢？托雷斯先生是不是忘记了这节课的主要内容了呢？相反,他已经很好地解释了为什么一千年前被称作中世纪：它在两个时代之间,一是古代(以神圣的罗马帝国结束为标志),另一个是现代(以文艺复兴为起点)。

相比middle而言,宗教改革的思潮更容易地证明了cross的意义。交谈首先从ade开始,教师指出ade是指装备的意思。学生想到了lemonade, Kool-Aid和orangeade。所有这些饮料都含有甜的调味料。托雷斯先生告诉学生crus是指交叉、十字架的意思,就像电影中年轻的罗宾汉,那些装备了十字架的远征军,被派往中东为"野蛮人"装备十字架,那些"野蛮人"自罗马帝国结束后就统治着这块领土。

像这样交流的课程强调的是信息,并通过语言来表达。在交流中学到了同义词、单词的使用方法、语源学等,而且这种交谈使学生更乐意去阅读和学习。交流的不仅仅是单词,通过交谈可以探索课程中所要表达的一种思想和观念。

总结

在学校里,词汇教学被骂得声名狼藉,它需要永无止境地记忆而又被不断地遗忘。我们试图找出一种新的教学方法。当上述的教学模式被采纳后,学生对语言学习的理解会一直保持。

这种模式就是建立一种交流,在交流前要知道学生对所学内容的理解程度。这也许会对当前学校的教学理念带来冲击。这种模式首先从一场事先没有任何通知的测试开始,在后来的交流中可能会涉及到英语语言中其他的一些单词,包括同义词、单词的多种使用方法以及单词的来源,等等。在讨论这些单词的时候,也使用了比喻的方法。在讨论后,紧跟着学生开始阅读和学习,这将比以往的学习更有效果。毕竟,学生现在已经熟悉了他们所学内容的基本概念。最后一步是进行一项后测试,这次学生的测试成绩应该比事先测试的好。这种教学模式的目的是让学生真正掌握他们所学的内容,因此,他们的成绩在学校里也会快速提高。如果确实是这样的话,我们认为所花的时间和所作的努力还是很值得的。如果学生通过学习后激发了学习语言的兴趣,那么当他们在离开学校时,将体会到从语言学习中获得了特殊的收获。

语言学习的基本资源

对英语词汇的学习需要有多种资料。绝大多数教师并非是语言学家,但所有教师都要进行语言教学,特别是课程词汇的教学。如果每个教师都知道英语词汇的原理,那么教师的教学水平将会有很大提高。下面列了一些必要的工具资料,其中每种资料都含有大量的信息,可以用来提高教学水平。

The American Heritage Dictionary of the English Language. 4th ed. Boston: Houghton Mifflin, 2000.

Bryson, Bill. *The Mother Tongue: English and How It Got That Way.* New York: William Morrow, 1990.

Crystal, David, ed. *Cambridge Encyclopedia of the English Language.* 2nd ed. Cambridge: Cambridge University Press, 1995.

Morris, William, and Mary Morris. *Dictionary of Word and Phrase Origins.* 2nd ed. New York: Harper and Row, 1988.

Partridge, Eric. *Origins: A short Etymological Dictionary of Modern English* New York: Greenwich House, 1983.

Watkins, Calvert, and Benjamin W. Fortson, IV. *The American Heritage Dictionary of Indo-European Roots.* 2nd ed. Boston: Houghton Mifflin, 2000.

网络资源

1. http://www.k12.ky.us/oapd/curric/Publications/Transformations/grahicorgan.html

该网站有个很不错的适于出版的图解词汇图书库,每一个都可在授课之前、当中及之后使用,用来预告、理解和记忆在课堂上呈现的信息。

2. http://www.pen.k12.va.us/VDOE/Instruction/Reading/wordsalivevocacq.html

该网站介绍了活的词汇,弗吉尼亚州教育部的词汇习得方法,并使用幻灯片加以解释,它与表 11-1 的图解词汇法很相似。另有一套可在课堂使用的原版纲要。

3. http://www.vocabulary.com/index.html

作为词汇大学的主页,该网站为教育者们提供了感兴趣的创意。当你在探索词汇遇到难题时可请教 Sam Mantecs 与 Cinny Nym,你也可以选择将你的学校注册成为词汇大学的一员。

4. Http://www.puzzledepot.com/java/czplayer.shtml

如果你喜欢纵横字谜,并且想将你正在学习的主题(或你在网上提问的主题)的相关字做成纵横字谜出给你的同学,试试该网站。该网站是个纵横字谜发生器。

5. http://idea.uoregon.edu/~ncite/documents/techrep/tech13.html

访问该网站阅读"词汇习得:研究综述",一份由 National Center to Improve the

Tools of Educators 提供的报告。虽然文件很长，但它将使你了解有关词汇发展的最新进展。特别需要指出的是，报告突出了词汇量很大与词汇量很小的学生在词汇发展及判定生词时采取的策略的差异。

6. Http：//www.m-w.com/

这是 Merriam_Webster 的在线语言中心。里面有大量理念与资料，包括超文本格式的字典与辞典。你能在你的任一台电脑上将该网站列入书签！当浏览该网站时，思考你所能设计的用来教学的所有练习。

那里甚至还有一个字典查找按钮，你可以将它加入电脑浏览器的个性化工具条。只要加上该按钮，你便可将鼠标停在正浏览的网页上的任何词语并立即得到其定义（假如你的浏览器连接上网络的话）。

7. http：//www.abasiccurriculum.com/homeschool/roots/

该网站有一篇名为《拉丁与希腊词根选编：合成法、词、前缀》的书。该书可以免费在线阅读，也可花点钱将其下载。进入主页后，先点击 http：//www.abasiccurriculum.com/homeschool/roots/latin/，然后进入 http：//www.abasiccurriculum.com/homeschool/roots/greek/

第十二章
冲突解决模式：交流观点 达成共识

莫克·特特尔（Mock Turtle）、格里芬（Gryphon）、艾丽斯（Alice）正在讨论有关教育的问题。莫克·特特尔叹息着说："我历来按部就班地上课。"

艾丽斯不解地问："那是什么意思呀？"

"当然，开始时会感到慌乱与不安，"莫克·特特尔回答，"然后感觉就像算术的不同分支——很有野心，又有些心神不宁，还会嘲弄一番。"

曾经教授过古典文学的格里芬接着说："**他**过去是一个爱发牢骚的人。"

莫克·特特尔叹息了一下，说："我从来不会向他求助，他只会教人发笑和让人难过。"[1]

如今的教育工作者或许会赞成莫克·特特尔和格里芬的教育观点，因为目前的信念就是认为学习者的情感对有效学习是必要的。本章[2]所要介绍的模式为探索和研究情感提供了明确的提问技巧。这要求从小学到高中的学生能就某一情景或是冲突表达他们自己的想法和感受。此外，学生还需要探究在场的其他人的感受和想法。逐渐地，他们就会明白其他人会有不同的看法，即使是对同一件事情也可以从不同的角度来看待。从相对论的观点来看，这是非常宝贵的经验。这也是成功解决冲突的第一步。只有当我们明白为何对于同一件事情不同的人会有不同的看法时，我们才能找到上述问题的令人满意的答案。

选择一种冲突情境

班级讨论或许来源于学习课程的需要。历史、科学、数学、文学以及国内外时事等课程都充满了相当多的争论与冲突。例如，基因工程的提出、克隆和干细胞的研究，这些都将引起伦理冲突，进而又会卷入政治斗争。再比如，新物理学是由玛格丽特·惠特利（Margaret Wheatley）在《领导阶层和新

---

[1] 路易斯·卡罗尔：《注释版艾丽丝》(New York: Bramhall House)，1960年版，第129～130页。
[2] 希尔达·塔巴：《希尔达·塔巴教学策略大纲：单元Ⅳ》(第2版)(Miami: Institute for Staff Development)，1971年版。塔巴博士是最初提出冲突解决模式的。她把"模式"这个术语比作成一个雨伞战略。它包括了她所有的战略思想。我们把每个模式都比作是一个战略，因为每个模式都是循序渐进的，最后取得明确的学习成果。该模式包括了她的部分步骤。

科学》(Leadership and the New Science)[1]一书中有说服力地加以描述的,却戏剧性地因为我们对人们关系的理解而改变。诸此这些包含冲突的现实事件都是适合课堂讨论的主题的来源。

历史总是给后人的争论留有空间。为了更好地理解卷入历史事件中的人们的行为,学生应该从不同的角度仔细分析这些冲突。林肯(Lincoln)总统在美国内战前所面对的是什么样的情形?他的感觉如何?为什么?他将会采取什么行动?这些问题都是本章后半部分高中学习的主题。

这种解决冲突的方法还为分析文章作者的基本思想提供了一个相当不错的工具。此外,应用这种模式还要从整体着眼,教师要使学生在争论提出之后、问题解决之前停止阅读小说、剧本或是诗歌。学生要讨论卷入冲突中的不同人物的感受以及产生这些感受的原因。接下来,学生会明白这些人物会做些什么,判断他们的个性和先期行为,而不是学生自己将会做什么。然后,他们会讨论这些人将会怎样解决这些冲突。他们会展示出解决问题的价值所在。

报纸上的专栏显示出个人兴趣与全球性冲突之间存在着某种关系。这种关系模式可以用来讨论时事的发生、学校事务或者学生的日常生活。对学生来说,讨论这些假设的冲突要更容易一些。原则或外在根源是讨论更多的个人冲突的基础。因为这种模式总是与个体相关的,它的使用可以使班级气氛更好、更健康。关注冲突,共同讨论感受将有助于加强同学关系、提升班级团队精神。

冲突解决模式的步骤

1. 列出与冲突相关的所有因素。
2. 找出行为的原因、当事人的感受以及产生这些感受的原因。
3. 提出解决方案并重申可能产生的结果。
4. 选择一个最佳的解决方案并预测结果。
5. 讨论类似的情况。
6. 评价结果并找出可行方案。
7. 达成共识。
8. 评价。[2]

关于指导讨论的评价

依据:如果对学生回答的原因不是很清楚,教师应该要求学生为他或她的回答提

---

[1] 玛格丽特·J.惠特利:《领导阶层和新科学:从有条不紊的宇宙中学习组织能力》(San Francisco: Berrett-Koehler),1992年版。
[2] 塔巴,第7页。这些步骤已稍做改动。

供支持。仅仅问"为何你如此认为"或"你为何那么想"等都没有显示不同意的意思。如果你觉得学生不太乐意回答,可以面向全班提问:"有同学赞同这个观点吗?"这是使学生说明他们的原因的好做法。

时间:放慢节奏,给学生思考的时间。使他们知道你看重的是他们经过思考得来的答案,而不是看重叫到名字就能回答的那样快速的反应。

倾听:批评家指出教师是不太善于倾听的人。这也没有什么好惊讶的,特别是在争论之中。因为教师既要仔细地倾听学生的讨论,同时又要把握讨论的方向。努力兼顾这两方面,如果不行的话,试着追随学生。学生在争论中还会经常提出一些你不曾想到的观点。如果你不理会这些想法,而仅是要求学生草草记下这些问题,那么,当你重新加入他们的争论时,他们又会提出这些问题。此外,建议定期要求某一个学生概括刚刚得出的观点,这对你是有好处的,也将使学生的注意力保持集中。

详细步骤

一条关于一个小男孩被拐的全国性新闻让朱丽亚诺(Juliano)心里感到不安。这还使她想起,她曾经想弄明白,她教的三年级学生对于不要和陌生人搅在一起的认识到底有多清楚。她不愿使他们感到恐惧,因此她决定运用解决他们曾经阅读过的《小红帽》(Red Riding Hood)[1]中的冲突解决模式,来唤起对孩子母亲的教育。然后她又转向关注现在的孩子在经历像《小红帽》中没有大人陪同外出的情形下应该如何做的问题。正常情况下,每个人都会用到这种冲突模式。

第一步:列出与冲突相关的所有因素

这些因素(不包括假设的)将构成进一步思考的基础。这些应该写在黑板上或大一点的纸上面,并贴在大家都能看到的地方。朱丽亚诺在黑板上写下了学生归纳出的原因:

> **资料简介**:小红帽的妈妈告诉她外婆生病了,要她带一篮子好吃的东西去给外婆。妈妈让她一直走,不要在路上逗留。但是当她在路上行走时,被一只大灰狼盯上并成了大灰狼眼里的一顿美味。大灰狼在和她说话后,得知她要去的地方和所要做的事情。但是她却不知道大灰狼是危险的,她和大灰狼不停地聊天,并且还深信大灰狼的话。大灰狼为了赢得时间,对春天里的美丽的花大加赞赏,其实是希望小红帽能停下脚步去采摘这些花。这样就能使他有时间先把她外婆吃掉,再装扮成外婆的样子。

---

[1] "小红帽",《儿童故事书》(New York: Duffield & Co),1986年版,第57~60页。

第二步：找出行为的原因、当事人的感受以及产生这些感受的原因

朱丽亚诺问她的学生：为什么大灰狼能使小红帽分散注意力？为何她会停下来摘花，而她妈妈已经告诉她不要那样做？

学生说大灰狼使小红帽分散注意力，以便他能在小红帽前赶到她外婆家。他们还说，小红帽停下来摘花是因为大灰狼对花大加赞赏，她误认为外婆也会喜欢这些花。

朱丽亚诺又问她的学生：大灰狼、小红帽以及外婆会有什么样的感觉？为何会有这样的感觉？

学生回答说，大灰狼感到很饿，因为他在舔嘴唇；小红帽很高兴因为花很漂亮；外婆因为知道大灰狼很危险所以感到害怕。

第三步：提出解决方案并重申可能产生的结果

朱丽亚诺问学生：小红帽会有哪些选择？每一个选择的结果又将如何？

学生回答说，她可以不理睬大灰狼，也不停下来去做任何事情。她可以按照她妈妈说的做。也有学生说，她可以大声呼救。其他人则不同意，说她不知道大灰狼是危险的，所以不会这样做。

第四步：选择一个最佳的解决方案并预测结果

朱丽亚诺问学生：小红帽应该怎么做？结果又会如何？

学生回答说，如果她不理睬大灰狼，不停下来摘花，大灰狼就不能伪装自己，小红帽和她外婆就不会被吃掉。学生还说，她妈妈应该警告她要远离危险的大灰狼。

第五步：讨论类似的情况

现在，朱丽亚诺老师把话题从小红帽转到了现实的问题。她说，我们不会在路上遇到大灰狼，但是会有人制造麻烦。她接着问：如果同学们遇到相似的情况，即有陌生人走上前对我们说那些大灰狼对小红帽所说的话时，应该怎么办？

只有一个学生说曾经有个陌生人问她是否迷路了。正在那时，她妈妈走了过来。她妈妈问清楚情况后，告诉她不要和陌生人说话，即使他们是想要帮助你。

朱丽亚诺老师问她有什么想法。这个学生回答说，她没有感到很害怕，因为她不知道这个看上去很友好的大人可能是个危险分子。

第六步：评价结果并找出可行方案

朱丽亚诺开始意识到大多数学生并不清楚上述危险的存在。她又问她的学生：如果以后他们遇到这样的问题时他们将会怎样做，这样做会产生什么结果？

有个学生回答说,如果她遇到那样的事,她不会立即跑开,因为有人试图帮助你,而你却跑开似乎是很不礼貌的事。又有个男生说,那样可能是有些不礼貌,但那样却是我们应该做的。因为他和父母一起看电视时,父母曾经告诉他,小孩不能和陌生人说话,要是有陌生人跟随时要及时跑开或是大声呼救。

朱丽亚诺说那样的想法有时的确不好,因为大多数大人的确是想去帮忙的。但是,很不幸的是,接近小孩的大人大多数又不是好人,并且可能伤害小孩。他们只是竭力想表现出很友好的样子,就像大灰狼一样。她还说,更严重的是小孩天生就会把帮助他们的大人当成权威。

朱丽亚诺决定请一位警察来给学生做个报告,以便教育学生在有陌生人接近时他们应该怎样做。

第七步:达成共识

学生的概括如下:
1. 有时孩子们看不出面临的危险。
2. 小孩总是信任大人和一些动物。
3. 小孩通常向大人寻求帮助。

第八步:评价

此种模式的重点着眼于提高学生清楚表达对某问题的观点的能力,提高学生从他人的视角看同一个问题的能力。为了做到这点,他们必须意识到人们常常夸大他们的所闻所见。此外,因为先前所形成的观点的原因,人们通常不会再对他们耳闻目睹的同样的事实做出说明。即使对成人而言,这些也是复杂难懂的观念。但是,这些的确是在推断方式下解决冲突的基础。

冲突解决模式的步骤总结

1. 列出与冲突相关的所有因素:这些材料应该写在看得见的地方。这些因素是进一步讨论的基础,如:发生了什么?你看到了什么?你听到了什么?等。

2. 找出行为的原因、当事人的感受以及产生这些感受的原因:即"为何……做?如何……感觉?为何会有……感受?"

3. 提出解决方案并重申可能产生的结果:让学生思考解决冲突的办法,并要求学生把结果与所涉及的人物结合起来。

4. 选择一个最佳的解决方案并预测结果:学生思考这些建议并选出他们认为最好的一项。他们还要给出原因。这样做会使人有什么样的感觉?为何人们会有这样的感觉?这是否会让每个人感到害怕?

第十二章 冲突解决模式：交流观点 达成共识

5. **讨论类似的情况**：当事人感受如何？为何会有这样的感受？
6. **评价结果并找出可行方案**：学生试着去想象他们所选择的行为会带来什么样的结果，他们应该寻找另外的解决办法及其结果。
7. **达成共识**：类似的情况下人们应该怎样做？为何他们会如此做？
8. **评价**：学生针对每个人的感受提出解决问题的建议的能力是否提高了？

礼貌：在最初的讨论中最重要的目标是礼貌或谦恭。学生需要明白的是：教师最看重的还是他们彼此间的礼貌。担心受到嘲笑或是误解的学生不会发表他们的看法，只有当学生相互信任时才能分享相互的观点。

倾听：没有相同观点或是不同意大多数人观点的同学应仔细倾听。否定是有利的。当学生意见不同时，当他们有礼貌地争论时，更多新颖的观点就会涌现出来。这仅仅是在他们彼此倾听——真正的倾听——而不是准备在听的过程中做出回应的情况下才可能。不是去攻击有不同观点的学生，而是应该鼓励学生说：我知道你的观点是……尽管……也应该礼貌地问：你为何那样想？或是问：如果那样做将会发生什么？其他人又会怎么想？

参与：平等的参与是关键。如果有个别学生总是想占风头，或是对其他同学不礼貌，或是瞧不起其他同学，就要求他或她停止参与一次或是多次的讨论，可能用不着几次，他或她就能达到像参与讨论的学生那样的表现。

观点：最后，要重视富有创见的想法和原创的观点。

练习 12-1

判断下列说法的正误。可以不同意我们的观点，但必须给出充分合理的理由。这些陈述也不是绝对的。

1. 为了防止学生吵闹，教师应该迅速地提出问题。
2. 当有学生没有能正确回答问题时，让他知道正确的答案。
3. 已经决定的事却没有付诸行动是错误的。

练习 12-1 参考答案

第 1 题：错误。快速的讨论经常不能产生出富有创见的结果。鼓励学生慢慢思考。方法之一是不要总叫第一个举手的学生回答问题。

第 2 题：错误。这不属于我们所说的这种模式的范畴。你希望接下来的会话有助于澄清错误的观点。即使没有，这也不是非对即错那一类的调查研究。

第 3 题：错误。或许没有采取行动有正当的理由，但这样的理由也是应该说出来的。

冲突解决模式的基础

教育者们总是相信青少年完成每个智力发展阶段的速度是智力高低的表示。希尔达·塔巴(Hilda Taba)则认为每个阶段的深度才能更多地显示出智力的高低。参与如冲突解决模式中的智力测试,是发展青少年思维深度与复杂度的一种方式:

> 人类经验的累积已更为成功地在经验的目标寻求(推理质疑)的过程中实现了递增,而不是通过以前那种正式的有组织的从教师到学生的书面传授来实现,因为它没有思想的交流。[1]

如今,当我们面临着越来越多信息时,迅速地占有这些资料已是一个趋势。许多标准化考试使这一趋势成为必然。常用的讲演的方法和其他快速传播信息的方法,没有能从智力上或是情感上吸引住学生,这样学习的效果只会是昙花一现。只有当学生相互影响、能用词语来表达自己的观点,或是这些观点引起反应,甚至是受到挑战时,学习才会是有效的。

根据塔巴所言,真正的学习经验包含着学习者的情感。我们都有自己的个人中心,会控制我们思想和情感的产生并支配我们的行为。如果学习是有效的,必然会对内心世界产生影响。"基本观点是:内心世界的质量是由个体自身决定的,并用于推动行为,这是教育过程的核心。"[2]这不是说外部信息不重要。每种模式都是建立在对外部信息的预测和作用的基础上。这些信息将会在接下来的有关林肯总统的讨论中得到运用,当学生处理这些信息并把它们放到更大的背景中时,才更有意义。

由于笛卡尔(Descartes)著作的影响,西方社会倾向于把智力范畴与情感范畴相分离,甚至相互对立。这种笛卡儿主义的观点产生了许多陈规,如非感情的数学家,以及超情感的艺术家等。一位这种分离主义的怀疑论者是雪菲尔(Scheffler),哈佛大学教育哲学研究中心主任,他在一篇名为《认知情感的赞歌》(In Praise of Cognitive Emotions)的文章中写道:

> 牢固树立起这样的观点:认知和情感的对立仍然必须要受到挑战,因为它歪曲了它接触到的一切事物。机械科学,几乎成为伤感主义艺术;同时,伦理与宗教被描述为一对被情感与无缘无故的批判所淹没的孪生兄弟。教育正当其时——权且这样说,学生的理性和态度被分割成荒唐的两部分,即无感情的知识和无理性的激情。在这里,我的意图是通过简要论述认识过程中

---

[1] 塔巴,第157~158页。
[2] 塔巴,第161页。

情感的基本方面来克服这一缺陷。[1]

科学发现能说明本能的本质，是令人兴奋的。安东尼奥·R.达马修（Antonio R. Damasio）博士，一个神经外科医生，在介绍他的一本引起人们好奇的书《笛卡尔的谬误》（*Descartes' Error*）时写道：

> 尽管我不能肯定地讲出某些东西，但是这些东西却激发我在理性的生理基础方面的兴趣。我能肯定，传统的关于自然合理性的观点是错误的。我早年就提议过的正确的决定来源于冷静的头脑，感情和理性就像油和水一样不能相混合。后来，我逐渐认为理性机械论存在于精神之外的领域，在那里情感是不允许涉入的。当我研究精神背后的大脑时，我推想理性的神经系统与情感是分离的。[2]

然而，达马修博士又列举出脑疾病人的例子。当这些病人大脑的物理结构被修复好时，他们还是不能做出决定，不能以适当的方式行事，不能对他们的生活做出基本的价值评价。而这些能力在他们生病之前是完全具备的。他说：

> 笛卡尔的错误在于：肉体和精神之间存在深不可测的鸿沟，……关于推理、道德判断，以及来自于身体或情感剧变的痛苦，或许可以独立于身体之外而存在。特别要说的是：这是最精密的精神分离手术和生物机体手术。[3]

达马修博士补充说：

> 对情感形成理性的作用的概括，已经包含了我们社会当前所面临的问题，教育以及暴力都在其中……我要对下列说法做出一番评论：教育系统从强调当前的情感与可预见的将来的收入之间明确的联系来获得好处。在现实社会中，受到暴力、新闻广播以及成人电影的过分影响，孩子们在适应社会的行为认知和表现方面，情感和感受的价值逐渐下降。[4]

尽管有的书本上已经明确提出了智力与情感的关系，但是，达马修博士所证实的

---

[1] 雪菲尔："认知情感的益处"，《师范学院档案》第79卷，1997年第2期，第171页。
[2] 安东尼奥·R.达马修：《笛卡尔的谬误》(New York：G. P. Putman's Sons)，1994年版，第11页。
[3] 同上，第249～250页。
[4] 同上，第247页。

生理上的联系,并不意味着学校应该成为温和而含糊的场所,也不意味着学校是无论学生应当或是不应当都必须接受积极反馈的地方,更不意味着学校是以牺牲严谨的学术为代价来建立自信的地方。智力与情感之间的关系仍是一个谜团,但我们知道这种关系的确存在。我们凭科学认识它;而当教室里的学生变得好奇,无比地好奇,直到他们的迷惑得到解决他们才会满足时,我们凭观察认识它;当学生享受学术上的成功,当他们感到惊喜而变得兴奋,有时会兴奋得发狂时,我们清楚地了解到它。尽管在试着找出引起冲突的原因时情感会是一个障碍,但它的确又是探究智力问题的一个关键性的盟友。

当学生兴奋时,他们会看得更远、更深刻,这已成为我们的经验。的确,强烈的好奇心和强烈的关注难道不能使智力勇往直前、跨越途中的孤独与挫折吗?在教室里以刺激学生、使他们兴奋的方式陈述理由时,学生的理解最深刻。以下是两个例子。

高中脚本

本班级是高年级的美国历史班,由穆尔(Moore)老师教授。这个班正在学习美国内战。穆尔关心的是学生是否仍像从前一样,在对林肯总统不甚了解的情况下,认为林肯总统战前是犹豫不决的,甚至还有些软弱。为了让学生深刻地理解,为了进入当时的情境及这位总统的内心世界,穆尔决定运用一些解决冲突的模式来处理感觉这个问题。这个班级不是第一次使用这一模式。

为了介绍这一策略,穆尔大声朗读了维切尔·林德赛(Vachal Lindsay)的《亚伯拉罕·林肯午夜徘徊》(Abraham Lincoln Walks at Midinght)这首诗的第一节:

国家即将处于灾难之中,在我家乡的小镇,午夜有个悲伤的人正在徘徊,
在政府旧楼附近走来走去……[1]

穆尔和他的班级已经讨论过"不祥的"这个词,穆尔给学生的问题是:为什么林肯总统在徘徊?他的感觉如何?

首先,学生收集基本的资料。这些资料不是来自于这首诗,而是来自于他们的知识,这些知识就是关于林肯总统徘徊时所面临的真实情况。你还会注意到穆尔会问他的学生所收集的资料是事实还是他们的推断。于是,你或许会想到在教学中运用这一模式。如果学生的观点是正确的,穆尔就会把这些观点写在黑板上。

第一步

穆尔:林肯总统面临危机时,国家的情况如何?尽可能真实地回答。

---

[1] 维切尔·林德赛:"亚伯拉罕·林肯午夜徘徊",《诗歌集》(New York:Macmillan),1923年版,第53页。

萨莉：密苏里和约的让步，而不是援助，增加了人们对州一级政府主权与奴隶问题的关注。

杰斯：通过要求南方废除奴隶制度，驻军实际上已经统一了南方。这些感受不断得到加强，成为了一种心境。

穆尔：你说的是事实还是推断？

杰斯：是事实，书上第185页写着……（穆尔在黑板上写下：军队要求南方统一）

本：但是1850年的和约也有助于缓解一时的紧张。

穆尔：你能证实你的这一说法吗？

本：（找到缓解紧张的说法，但是没有特别说明原因。全班一致认为这种关系是显而易见的，但是很难归纳总结，因此这种说法还是成立的）

同学们继续收集资料，涉及到堪萨斯-内布拉斯加法案（Kansas-Nebraska Act）、德雷德·斯科特决议（Dred Scott desicion）、福特·森特（Fort Sumter），以及林肯总统对他周围亲信的不信任。因为这些亲信有他们自己的偏见，并告诉其他人说林肯总统已经在退却。而林肯却知道，由于南方对英格兰的低关税，宾夕法尼亚州的钢铁工人和俄亥俄州的羊毛生产已经不能与之竞争。他还知道奴隶们的不幸遭遇。

本：他意识到每个人似乎都很生气而不是平静下来。

简：他还不知道怎么对付福特·森特。

穆尔决定进入第二步。

第二步

穆尔：我想那些都是充分的背景材料。你认为林肯总统为何会在午夜独自徘徊？当他徘徊时他感受如何？为何会有这样的感受呢？

雪莉：他很生气。

穆尔：雪莉，你为何认为他很生气呢？

雪莉：因为林肯总统被他的国务卿和其他亲信欺骗了。在处理这一危机时他们用自己的观点代替了林肯总统的观点，而这些观点会促成他们所想要的行动。

安妮：我想林肯总统应该有一种众叛亲离的感觉。

穆尔：你为何会认为他会有这种感受呢？

安妮：因为他觉得他不能相信别人了。记得他曾经说过："如果连你自己的国务卿都不能相信，你还能相信谁？"

本：回到雪莉刚才所说的，我认为他不会感到生气，我觉得他应该是犹豫不决，感到有些无能为力。

穆尔：为何你会觉得他犹豫不决、无能为力而不是生气呢？

本：如果你生气你通常会采取行动；如果你犹豫不决，你才会徘徊。还记得吗？《纽约时报》（New York Times）曾经称他为"犹豫不决"的代名词。如果他会生气，国务卿和其他人也就会对他多一些害怕，少一些反对。

特德：他们的意思是因为他软弱，所以他才犹豫不决。我想他的犹豫不决并不是由他的软弱造成的。

穆尔：特德，你能解释一下你的意思吗？

特德：再给我一点时间让我好好考虑一下吧。

穆尔：没问题。同时你还要考虑这些：林肯总统表面上的犹豫不决是由软弱引起的，还是由军事力量或是其他因素引起的？（沉默）

特德：一个软弱的人或许会与一个直言不讳的人相处很好，会为福特·森特知道那意味着战争一事辩护。这就需要花费勇气去等待事实的真相。林肯总统的犹豫不决源于他的智慧和感觉，而不是因为他感到害怕。他明白南方已经结成一心。他也明白这个新政权不可能从分离中幸存。他还明白战争的可怕。但他对阻止这些却感到无能为力，也无法让头脑发热的人们冷静下来。

简：是的，他让人送给福特·森特的消息很好地支持了特德所说的话。他努力给南方联盟一个挽回面子的机会。

穆尔：简，你为何这样认为呢？

简：他说过，他只会送粮食给边防要塞，而不是提供枪支弹药。他所做的是维护现状，而不是去侵略。

杰里：我认为林肯总统会有以下感觉：生气、难过、受挫、犹豫不决、无能为力、众叛亲离、恐惧等。他被这些冲突的情感折磨得睡不着觉，于是他只好徘徊不断。

（因为第三步和第四步已经详细地讨论过，所以穆尔老师在黑板上写上第五步）

第五步和第六步

穆尔：我知道大家都不是国家总统，也不能竭力去制止一场战争。但是，大家想一想试图阻止危机的发生是不可能的同时似乎做什么又都是不合适的那种情境。（暂停）

雪莉：很有道理，尽管这些没有发生在我身上，但是我叔叔应征到越南去时就激动得发狂。他相信他是爱国的，他还深信他是在遵守命令，但是他却不明白为何他们要去。他听说有人正在离开那个国家，但他认为那样肯定是不对的。他认为当一个人处于一种一无是处的环境中时是可怕的。林肯总统所处的环境正是那样。他没有被战争的魔力冲昏头脑。他知道战争可能是一场噩梦，但他却不知道如何去阻止它。

穆尔：你是把林肯总统的感受与类似状况下人们的感受相比较吗？

萨莉：是的，按少数人的看法，美国总统感到无助是滑稽可笑的。

保罗：难道林肯总统不能作为北方的领导和南方坐下来谈判吗？

简：雪莉，你的意思是林肯总统感到无助吗？

萨莉：我不能肯定是的，林肯总统看到的是否要比他周围人看到的多，像议会、内阁、军队、通讯以及背叛等等。

特德：对，林肯总统能看到一幅巨大的画，我的意思是他不喜欢奴隶制度，但他又能理解南方是非常依赖奴隶制度的。他不会使任何人狂热。他为雪莉叔叔那样类型的人感到难过，所以他觉得很无助。

穆尔：你认为林肯总统会成为与南方会谈的领导吗？

萨莉：我认为不会。那只是我用一幅巨画来表达的意思。林肯总统知道许多力量都已经处在行动之中，无论在南方、北方还是前方，每个人都已经被安排出去，这一切已经很难改变。

特德：对！不仅仅是武力，而且应该是情感。人们的感受是如此的强烈以至于他们要化谈判为实际行动。

简：那些还不是思考的真正结果。几乎没有人有自己的看法，那才是他徘徊的真正原因。

逐渐地，在学生的脑海里形成了这样一幅图画：有一个遭受拷打的人正在挣扎，一个幽灵正引起人们的恐惧，不是对幽灵本身恐惧，而是惧怕形势失控会无情地引起一场可怕的战争。通过竭力理解林肯总统的感受，学生开始更加了解这位总统和他那个时代，而不是仅仅知道这一历史事件。他们还知道了这位总统在他人生最辉煌时期的孤独与无助。

这些都是推断，没有人能够准确地得知林肯总统当时的感受。但是行动源于想法和直觉，林肯总统的行动看来就证实了学生的结论。我们可以研究某一形势中所有复杂的事件，然后想象出对这些事件的感受以及会引起的结果。历史会检验观念和思想，但感受也在原因与结果的复杂关系中起一定的作用。现在这些就更加模糊不清、更加难以证明，但却又起着更大的作用。因为难以理解而忽视这些可能比不当地评价他们更会歪曲我们形成的画像。只要我们细细回顾，我们就能做出这些假设。

小学脚本

教师琼斯（Jones）决定在三年级的学生中运用冲突解决模式来讨论安徒生（Andersen）的童话故事《丑小鸭》（The Unly Duck）[1]。她先给全班学生读了一下这个故事，念到鸭妈妈带着她的小鸭们去了一个大池塘，其他鸭都来啄这只丑小鸭，这使他很伤心。全班开始在黑板上写下基本资料。

在第二步中琼斯问了下列问题：为何鸭妈妈要带她的小鸭们去大池塘？在鸭妈妈到达前，池塘里的其他鸭感受如何？为什么？她们是否想要更多的鸭在她们周围？为什么？年长的鸭妈妈们感觉如何？为什么？为什么雄火鸡会针对丑小鸭？针对丑小鸭又让雄火鸡感觉如何？为什么？鸭妈妈有何感觉？为什么？丑小鸭的兄弟姐妹

---

[1] "丑小鸭"，《安徒生童话》（New York：Grosset & Dunlap），1945年版，第70～83页。

对他感觉如何？为什么？有时一个原因就足够了，有时还需要想想是否还有其他的原因。

我们选择了第三步中的这个讨论，当时学生正在讨论这个问题要如何解决。

琼斯：每个人物是如何让丑小鸭痛苦减轻的？（暂停）王后做了什么让丑小鸭感觉好一些的事情？

比利：她如果能够接受丑小鸭，其他鸭就愿意接受他。

琼斯：她是如何这样做的呢？

安妮：他是一个游泳健将而且很强壮，她可以因此而赞赏他。

琼斯：这有没有改变其他鸭的态度呢？

比利：改变了。他们真的喜欢老王后，并想让她开心。

萨拉：孩子们经常模仿大人行事。

琼斯：因此你认为只要王后与丑小鸭成为朋友，其他鸭也就会与他成为朋友。

安妮：嗯，甚至鸭妈妈也会这样的。她开始时就很爱护丑小鸭，只不过后来停止了。

琼斯：丑小鸭自己感觉如何呢？他是否可以做些什么来使自己更轻松一些呢？

比利：如果他给老王后印象深刻，她或许会成为他的朋友。

琼斯：他是如何做的呢？

比利：他可以优雅地鞠躬，然后再站直了夸奖王后。

查德：或许他会发现王后鳗鱼般的头。

惠特：或许他可以向她说清楚，告诉她自己的感受，并向她寻求帮助。

琼斯：他应该说些什么呢？

惠特：他可以说，鸭有许多不同的种类，他是比较特殊的一种。

皮特：他应该把自己涂成褐色。

琼斯：看上去更像其他的鸭是吗？

比利：是的，因为他看上去与众不同，他的兄弟姐妹担心他的形象会使别人对整个家庭产生不好的印象。

琼斯：当有人与众不同时，你为什么认为我们会不舒服呢？

查德：因为你不知道他会做出什么事情来。

惠特：是的，你还看不惯他。

皮特：他还可能会打其他鸭子。

安妮：鸭子不会打架的。

皮特：但是他可能会咬他们，并用他的翅膀拍打他们。毕竟，他长得更高大。

琼斯：你为什么认为他们会那样做呢？

安妮：或许他们会害怕他而呆在一旁。

埃米莉：或许他们并不怕他而是能成为朋友。

惠特：或许他们会咬退他。

琼斯：你认为需要更大的勇气才能咬退他，还是依然不能咬退他呢？

惠特：咬不退，因为咬他就像撞在地上一样。你需要竭力地撞他，而你也会有麻烦。

在有些冲突中，解决的办法可能就是要参与者改变他们自己的行为。但是，有时经常是好几个参与者同时改变他们的行为。上述这两个例子就是这样的。教师琼斯需要鼓励学生以使其变得更加独特、有见地。像"他是如何做的？他可能说些什么"这样的问题或许会帮助学生更好地做到这一点。

教师琼斯运用这个讨论作为跳板去讨论人们如何对待不同于己类的人。在第五步中，她插入了这样一些问题：学生有过与不同类型的人相处的经验吗？他们感觉如何？他们感觉友好还是感觉到一种竞争性？不安？兴奋？嫉妒？对新来的人感到恐惧吗？像丑小鸭一样不同类型的人会使我们感到不舒服吗？还是好奇、友好，或是自命不凡？为什么？这些感觉又将如何影响我们的行动？若是你对这种模式感到多少有些适用，你可作适当调整去解决其他某一具体的问题。

总结

斯蒂芬·安布罗斯（Stepohen Ambrose）在关于路易斯（Lewis）与克拉克（Clark）探险的报道《大无畏的精神》(*Undaunted Courage*) 一书中，描述了托马斯·杰弗森（Thomas Jefferson）的目标。目标之一就是要使路易斯和克拉克这两个印第安人聚在一起，说服他们相信自己的探险是爱好和平、只想进行贸易活动的。就在此时，探险队却发现自己正在三个彼此不和的印第安人首领的领地上。于是，队长路易斯和克拉克邀请了这三个首领来参加他们的野营篝火活动。通过身体语言、手势以及翻译的帮助，各个首领都表达了自己的意见。

> 两位队长说，他们想在早晨就向败军的营地进军，他们想看看能否得到更多的马和马鞍。这对于冷静下来的允许陈述各自观点的战斗双方来说，是相当令人满意的。[1]

解决冲突不是一件简单的事。要频繁地表达出自己的观点，能够描述出某种情境及其缘由，让别人听清楚并得到一个满意的结果。不幸的是，雪菲尔的引语表明，我们西方人的观念总是鼓励我们要去否定自己的情感，认为否定情感才能拥有它们，而不是考虑善的或是恶的情感的作用与力量。结果，我们大多数人没能利用好我们情感积极性的一面，也没有能抑制消极性的一面。

---

[1] 斯蒂芬·安布罗斯：《大无畏的精神》(New York：Simon and Schuster)，1996年版，第362页。

我们生活中有这样的一个循环，即想法和情感能指导行为，这些行为又会导致新的想法和感觉的产生，从而指导进一步的行为。我们遭遇的突发事件意味着我们通常仅是行动，而没有经过充分思考。在这个复杂的循环中，产生的直接作用于我们生活以及探究、检验我们感受的动量或许是打开人们之间隔阂的一把钥匙，它能使人们从他人的视角看问题，尽管这只是一种自身的推断。

当我们的生存空间变得越来越小、越来越拥挤时，学会公正、友好地处理冲突的技巧就显得格外重要。这种模式可以帮助学生更有效地沟通、更公正地解决冲突，并尽量控制好我们生活的方向。

网络资源

1. Http：//www.stark.k12.oh.us/Docs/units/conflict

位于俄亥俄州坎顿的克伦肖中学的发展小组平和地发展了本单元的冲突解决法。他们专注于三个问题：什么是冲突解决？为什么冲突是必要的？解决冲突需要做些什么？

2. Http：//eric-web.tc.columbia.edu/digests/dig97/html

一个由 ERIC 信息中心最近发起的对城市教育中反对偏见项目的调查，形成了一份关于反对偏见的教育资源与服务的目录。这份 ERIC 文摘描述了该项目采取的用以减少偏见、阻止暴力的各种方法。

3. Http：//www.ed.gov/databases/ERIC_Digests/ed387456.html

这份摘要为教师们处理冲突与居中调停做准备，并试图预防课堂暴力的发生。

4. Http：//www.clcrc.com/pages/conflict.html

该网站认为如能建设性地处理冲突，冲突将会是极有价值的。在解释了什么是冲突并讨论了建设性的冲突的潜在益处之后，该网站提供了解决冲突的方法。

5. Http：//www.education-world.com/a_curr/curr170.shtml

该网站提供了 10 个便捷的网站链接，这些网站上有各种支持、制定学校冲突解决方案的实用材料。

6. Http：//www.thirteen.org/peaceful/resources.html

在该网站"了解偏见"、"传媒文化"、"学术论争"等主题下，有一份关于冲突解决与暴力预防的组织与读物目录。

第十三章 价值形成模式：在课程中寻找伦理和社会准则

每个教师都会回忆起那些最终成为他们一生中分水岭的教学经历。几年前一位教师向一组4级水平的10年级学生教授莫莉·皮肯（Molly Picon）写的一个短篇小说（在这所学校，主要是1级水平的学生能够上大学），就最好地描述了这样的经历。故事的名字叫《我告诉你法律！》（I'll Give You Law!）[1]主要情节很简单：一个男孩和他的祖母捡到一个非常昂贵的项链上的垂饰，祖母当即把这一垂饰上交给警察局的失物查询处，警官对他的祖母说如果在90天内没有人前来索取，那么根据法律首饰就归她了。于是她每天都到警察局去观赏首饰，使她感到宽慰的是没有人前来认领。最后，她的梦想实现了，首饰归她了。她从此就一直佩戴着并把它看做是留给她孙子的传家宝。然而有一天，一个妇女前来追讨项链，尽管警官已经声明项链的原主已经没有权利再追要它了。"我给你法律！"这位妇女喊道，"这是我的项链，现在我要把它要回来！"

这样两难便出现了。这个时候，教师让学生停下来预测小男孩的祖母会怎么做——祖母会归还项链还是继续依据法律据为己有？如果他们处在这个场景中，他们会怎么做？毫无疑问，学生从后续讨论中得到的东西各不相同。当然学生已经读过足够多的故事，因此他们知道最后那个"傻祖母"会让出那个项链，教师知道他不应去告诉学生他们应该说什么，但是教师在这个问题上还是没有办法保持中立。

就是在这样的时刻，教室里每个听课的成年人（也可能包括一些学生）都认识到这个故事和很多故事一样，讲的是关于价值的故事。当两难存在的时候，品格议题就产生了——没有诱惑就没有道德或社会议题。在这个事例中，两难是在下述两个概念中产生的冲突："以待己之心待人"和"拾者占有，失者哭泣"。丢失后重又被找到的垂饰此时并不重要，重点已经转变为一种探索故事中主人公品格特征的工具。

故事和类似的信息性文本使读者去考虑那些指引人们行为的价值。这些可能是和读者现实生活情境相关的品格议

---

[1] 莫莉·皮肯："我告诉你法律！"《高度评价：提高阅读水平的故事》（New York：Amsco School Publications），1981年版，第41~46页。

题。当我们和读者一起反思莫莉·皮肯的故事中的经历的时候,我们认识到学校教育的整个课程都是关于同样一个议题的。从一种根本的层面上来说,那就是关于人类应该如何行为和彼此应该如何愉快相处的问题。紧接着我们需要深化理解和追问教学到底意味着什么。

这里我们认为关于教师是否应该或不应该讨论道德和社会价值的争论是一种空洞的论争,是给政治和宗教阵线的粗俗言语提供的养料。不去教授价值或在价值议题中保持中立是站不住脚的,这只能对孩子们说:"一切取决于你。不管你做什么决定,都不重要;容忍要求我们接受所有的观点和选择,只要它们没有侵犯他人的权利或破坏公共政策。"荒谬之极! 学校是一个被创造出来的精致的社会工具,因为社会是建立在健康道德行为的原则基础上的。我们所教授的价值并不是出自于我们就价值所选择谈论的东西,而是出自于我们选择去做的事情、我们在议题上采取的立场以及我们对孩子们所说的做出的回应。

至于我们去教授什么价值,这又是一个令人紧张的话题。我们的文化和所有的文化一样,根植于与我们相联系的价值基础之上——价值是我们存在的方式。价值在独立宣言中,价值也在国家宪法中,价值被写进了每个州的法典中。从马格那·卡他(Magna Carta)法案到常常见之于报端的对违禁的运动英雄的制裁,社会价值是合法论争和决策的基础。虽然这些价值很多都写入了我们的法律,但是其中一些是文化理解的组成部分,此外更多的是日常教化与良好公民的道德观念的引导。我们并不是说这些议题是很容易处理的,只是想说明教师必然会在学校内外处理这些议题。当托马斯·杰弗森(Thomas Jefferson)写下"我们认为下面这些真理是不言而喻的:人人生而平等,造物者赋予他们若干不可剥夺的权利,其中包括生命权、自由权和追求幸福的权利"的著名宣言的时候,杰弗森当然认为他的听众是英国议会。他不可能想到美国人民需要经历多长时间才会理解他的话或者一些美国人会对他的这些主张感到不快。也许理解这一著名宣言的含义是困难的,因为杰弗森阐述的是那些引导作为美国人的我们的生命价值,这些价值是我们一直在试图实现的。

价值形成模式旨在针对价值-中心课程而设计。主要考虑:
- 历史课程中存在着价值。(这正是为什么历史课程一直处于修订状态的原因)
- 科学中存在着价值。(二三十年前,在高中科学课本的索引里还找不到**生态学**这个词)
- 语言类文科中也存在着价值。(有没有想过为什么故事中的人被称为人物(character)或者为什么人物的发展是教授孩子学习写作的一个重要议题)
- 社会学科中存在着价值。(公民、社会学、经济学的课程都在努力追求形成个人品格和提高公民责任的目标)
- 数学中也存在着价值。(在方程一边产生的作用会对方程另一边产生预见的效应,还有什么场合可以比数学更好地让我们去教授这样一种思想呢? 生活,和数学类

似，是一系列的行为、选择和结果，没有哪门科目像数学这样如此频繁使用"平衡"和"相等"这两个词）

■ 精美的艺术中存在着价值。（在艺术和音乐中，技能只是课程的一部分，同样重要的是孩子们对艺术的欣赏能力）

■ 课外活动中存在着价值。（对孩子们怎样玩游戏提出建议是否很幼稚？在公平的游戏中获得最大的满足是否真的是每个游戏的重点）

矛盾的是，大多数时候这些价值都被隐藏或忽视了。的确，有关价值的议题总是带来争议，这并不是一个公开谈论的话题。但为了论证起见，我们希望你能够去尝试这样的思想，即在你所教的内容和你怎样教的方式中存在一些非常重要的价值。这些道德的和社会的规范是你所教授的内容的基础，它们提供了一些你首次选择哪些内容来授课的理由。尝试一下，就像在一家衣店里试穿衣服一样，你不必去买它，只是穿上看看会怎样。

活动 13-1

你在你的教学内容（或你所喜欢学习的内容）中能看到哪些价值？想一下你最喜欢教授（或学习）的内容，然后问问自己从学习过程中会得到什么价值。思考要从事实的表面深入到意义和含义的层面。

如果你是一个数学教师，你可能会想："好的，我知道从历史中也可以学到科学课程中存在价值，但是对于数学，我并不认为是这样。"对此我们的回答是："你为什么教数学？果真是为了让学生准备后续课程的学习？那么就一门接着一门地接连准备下去直到无限？"不是这样！我们认为在数学学习和其他科目的学习中，学生和教师都应该好好问一下：为什么我们教这些东西？答案会各不相同。但是正如一个数学教师曾经对我们说过的，数学值得学是因为它有超过其他任何科目的理由。这个理由就是数学是优美的——美学上、逻辑上和艺术上的优美。数学可以通过促进美感崇拜的方式来教授。如果没有把学生引入对数学核心价值的欣赏，没有把他们引入对数学逻辑性和精确性的热爱，那么这个科目就会降低为仅仅是算术和规则的东西。想一想，有什么比一个几何图形更能令人感到艺术上的愉快？又有什么比圆更完美？有什么比一个双曲线（two-function graph）或比古希腊人用于他们建筑中的黄金分割更具有美学上的平衡性？有什么比一个数学的三段论更具有逻辑性？如果 $x+y=27$，并且 $x=12$，那么 y 的值是多少？你怎么确定你知道其结果，确定的知识是可靠的吗？（数学的回答是"是"）

问题依旧是教学如何被规划来适应其所依存的价值。如果我们不去计划教授价值，这些价值就留给"偶然"，而如此重要的事情是不应该由偶然决定的！

价值形成模式的步骤

1. 确定所要教授内容的主题。
2. 明确所要教授内容中的"大问题"。
3. 选择与学习主题相关的辅助材料。
4. 探索与主题相关的跨学科间的联系。
5. 以一种引导学生关注所学内容的方式进行教学。

第一步:确定所要教授内容的主题

主题的概念与一个对象、一种思想、一个观点或一个在学习过程中得以发展出来的并详细论述的理解相联系。要确认学习主题,可以提出以下这些问题:我们使用什么样的基本文本来开发这一主题?我们努力去教授的是什么特定技能?假定我们的教学是成功的,在学习了这个他们目前还不会做的事情后学生应该会做什么呢?知道并能去做这个会使他们成为更好的公民吗?能帮助他们成为更有责任感或更富爱心的人吗?

比如在一节关于社区议题的小学课程中,你可能认定社区不仅是个题目,而且是个有着其自身价值的主题。毕竟社区(community)这个词和沟通(communication)、团体(communion)以及共产主义(communism)共享词根,有着共同兴趣和共同利益的意思。你可以理直气壮地说课程的很多价值存在于对社区的研究中。其他一些课不会这么明显。为什么我们要在科学课程中教授有关无脊椎动物的内容呢?这仅仅是因为受教育的人应该知道主要的动物门类吗?更为重要的是,昆虫能与哪些价值有关呢?考虑一下主题。教学是为了帮助学生尊重那些他们可能会认为是低下的东西,这可能吗?主题会是"敬重生命"吗?一本教科书是不会这样说出来的,但是从开放的材料中明确主题的意义就能发现这一与教科书相关的价值,使得议题和学生的生命相关。

活动 13-2

再想一下你最喜欢的议题,是不是存在一个统合其各部分的主题?坦诚地把这一主题记录下来。

第二步:明确所要教授内容中的"大问题"

好奇推动着人类知识的进步,因此也必然激励教学。是什么"大问题"驱使人们去理解课程中的每个议题的呢?对于和集体有关的课,其中的问题可能是在今天这样一个如此多元的社会中,我们该怎样去实现一体性。一个在每个美国硬币上出现的拉丁词"E Pluribus Unum"似乎解决了这个大问题。这个词的意思是"来于众,合为一"。这为一节有关社区的课提供了很好的介绍,它立刻使课中隐含的价值凸显出来。

对于有关无脊椎动物的课来说,我们可以从介绍这个世界上存在着的一百多万种动物开始,其中50,000种是脊椎动物,其余950,000种或者95%是无脊椎动物。所以现在的大问题就是:"为什么我们想把这世界上的小部分动物看做是一类物种(脊椎动物),而把那些更大部分的动物称为**不是**那类物种(无脊椎动物)?"答案是什么?用一个小学五年级的女孩的话来说:"因为我们**是**一类物种。"这出自一个小学五年级的孩子之口!还有什么会比关注我们和所有生命共有的东西更能定下学习无脊椎动物的基调呢?

第三步:选择与学习主题相关的辅助材料

关于学生如何生活的原始资料常常不是在教科书中找到的,而是在他们学习的文献中。回答"所教授内容中的价值在哪"的问题,不能从你教的教科书中找到。我们的经验是教科书总是说"事实就是如此",而学生的问题是"为什么如此",需要回答的问题是"现在怎样"。

教科书对待重要议题的方式令我们感到惊讶。为了怕冒犯一个特定兴趣团体或委员会,教科书常常是以一种中性化的形式编写出来。例如历史教科书,因为这些教科书没有特别强调什么,所以这使得读者认为过去的事件只是历史事实,而不值得去关注。

比如一本美国历史课本是这样来描述有关纳粹大屠杀事件的:

德国由纳粹所统治。德国是一个由于不满而带来变化的国家。在第一次世界大战末,德国建立了一个有着国家宪法、总统和议会的共和国。不幸的是德国人并不喜欢这个共和国,他们指责它签订了凡尔赛条约。正如本书第29章所要学到的,凡尔赛条约要求德国对挑起一战负责,而且它限制了这个国家的力量、财富和领地。尽管有这些困难,德国新政府还是可以成功地领导这个国家,如果没有更艰难岁月的冲击的话。然而,在战后的多年里,很多德国人找不到工作,贫困四处丛生。在20世纪30年代早期的世界经济大萧条中,情况变得更糟。

利用四处蔓延的不满,一个独裁者在1933年获取了权力。这个人就是阿道夫·希特勒(Adolf Hitler),他的追随者被称为纳粹。希特勒允诺使这个国家再度成为一个伟大国家并重新收回先前失去的领地。为了实现他的野心,他开始再度武装德国,使工厂成为制造战争物资的工具。

在希特勒的统治下,德国再次成为一个强大的国家,但这却付出了沉重的代价。在纳粹统治下,人民不再有自由,任何和希特勒意见不一致的人都生活在对纳粹秘密警察的恐惧中。纳粹监禁、拷问、杀害或者驱逐那些胆敢有敌对言论的人。他们对犹太人尤其残酷,他们谴责犹太人是德国麻烦的根源。到1945年二战结束时,纳粹杀害了六百万欧洲犹太人。这种集体谋杀即是其种族灭绝大屠杀。[1]

课本中的这一节,是其遮遮掩掩的叙述方式的典型代表,由所谓的中立调查所得。它首先将德国描绘成一个受害国,因而其国民自发地受英雄希特勒——一个将德国再次提升到世界强者形象的领导者——的吸引。但是这种"成就"几乎是与种族灭绝相伴相生的。它使人想到那里"发生的一切"。因为课本中没有任何特别的强调,于是读者认为那仅仅是个历史事件,没有值得关注的价值。

太多的课本都应受到谴责,因为它们都有一种常被称作"提及"的缺陷和对理应十分关注的东西言之甚少的可怕的倾向。许多东西被遮掩,于是课本只得"提及"某些事实。但是遮掩(cover)这个词的词根有"取消、掩盖"等意。课本的掩饰导致了客观事实被中立的倾向。许多人渐渐轻视他们在学校所学的东西。也许,确切地说,其原因就是以下这个事实:学校中所教的科目趋向于贬低人类的价值。

如果课本没有传达我们理应珍视的价值,问题就会依然存在。文学不正如此吗?这种文学真正进入课程了吗?为了回答这个问题,让我们仔细地看看为青年所写的各种书本。伊夫·邦廷(Eve Bunting)写了一百多本给孩子们看的书,在那些关于大屠杀的故事中有一篇名为《可怕的事:一个关于大屠杀的寓言》(*Terrible Things: An Allegory of the Holocaust*)。该书扉页的摘要点明了这个令人感动的故事的主旨:

> 空地上的动物们都是心满意足的。它们共享森林、阴影以及森林池塘中清凉碧绿的湖水。但那是在可怕的事发生前的情景。
>
> 可怕的事首先降临在长有羽毛的动物身上——它们被那可怕的罗网捕获。小兔欲质问:长了羽毛有什么错?但是它的同伴们立即制止了它:还是关心你自己的事吧,小兔。我们可不想他们生我们的气。
>
> 随着动物们一个一个地离开空地,小兔知道那可怕的事做起来是无需理由的。他为他的朋友们而感到害怕。[2]

最后,小兔也必须离开。它想去找个什么人诉说它所见到的一切,它只是希望有个人肯听它诉说。**可怕的事**是关于社区成员间害怕互相担负起责任的故事,是一个关于漠不关心会给社区带来什么后果的故事。

---

[1] 霍华德·怀尔德:"这就是美国的故事"(Boston: Houghton Mifflin),1986年版,第653页。
[2] 伊夫·邦廷:《可怕的事:一个关于大屠杀的寓言》(Philadelphia: Edward E. Elson),1989年版。

准确地说，为成人及青少年所写的关于大屠杀的故事有20多个，其中最负盛名的是《安妮·弗兰克的日记》(The diary of Anne Frank)。但是这类书仅仅是关于1937～1945年发生在德国的事吗？当然不是。恰恰相反，每一个故事都是在说明在我们这个小小的星球上，没有各种偏见、个人或集团间相互对立的空间。所有这些书都是关于正义、公平、忠于职守及对权利与他人的尊重，关于人类这个大家庭的存在。

不要认为所有关于集体的书籍都应是严肃的。读一读萨姆·斯沃普(Sam Swoope)写的欢闹的《自由大道上的Araboolies》(Araboolies of Liberty Street)。自由大道上的房子都是一个模样，"小盒子"皮特·西格(Pete Seeger)因其20世纪60年代的乡下腔而受到警告，直到Araboolies到来的那一天。Araboolies容忍其新邻居的教训，Araboolies所知道的仅仅是如何过得快乐。令所有孩子更为高兴的是，新居住者有着不同的肤色与纷繁奇异的宠物。当然，有个讨厌的邻居想以武力将他们赶出小镇，但最终他们还是转败为胜了。

或者看看琼·布洛斯(Joan Blos)的《老亨利》(Old Henry)。老亨利搬进小镇的一间废弃的老房子里，那很适合他。但是邻居们认为他应该与周围环境更匹配一些：刈草、清扫人行道。老亨利却宁愿读他的书。邻居间因而起了不小的冲突。故事开放性的结尾非常有利于提出以下的问题：我们居住在同一个社区，那我们有多大的权利对彼此提出要求呢？

无脊椎动物怎样？难道教科书在这种寻常话题上讲得还不够多吗？在草率地得出结论之前，让我们看看埃里克·卡尔(Eric Carle)的《静静的蟋蟀》(The Very Quiet Cricket)，或者其他任何有关这些不可思议的生物的书籍：关于昆虫或蜘蛛，关于具有社会结构的蚂蚁群落，以及类语言交流与按比例分配的勤劳的蜜蜂。再看看做为范例的生命本身，这些奇妙的生物有助于学生获得对所有生物的看法和尊重，包括尊重人类自身。

活动 13-3

再回到你最感兴趣的话题：除了常用的教科书，还有其他什么资源可供你来教授？下次你光临当地的公共图书馆时，请教儿童图书馆的馆员，让她帮你找一些有关该主题的儿童书籍。（如果你是个高中教员也不要紧。儿童书籍有时正是你理解问题的需要所在。毕竟，你所教的学生在不久的将来也需要一些可以与他们自己的孩子共享的好书）

第四步：探索与主题相关的跨学科间的联系

跨学科教学能建立校外生活所必需的各种联系。学校学习中一个不幸的方面与学科课程间缺乏联系的传统有关。分科课程设置方便于管理，但那是人为地强加在人类知识上的。并且，另一方面，在学校任何一门课程中所教授的东西都会在其他某个不同的科目中得到强化。更有甚者，这种强化是由将各科目联系起来的价值所实现的。

例如，关于平衡(balance)与相等(equality)的基本概念优先于外交事务中的制衡(balance)与等边(equilateral)概念，也优先于生态系统中的平衡(balance)与均衡(equilibrium)概念。经线与纬线的概念完全是由将数据表示成相交于 x 轴与 y 轴的交集及对这些线性图表的解释所强化。所有这些概念都与一个更大的概念相联系，表面上不相联系的概念有时只能在彼此间的联系中才能被理解。

在教学实践阶段，在教师们研究如何使信息网适应每一个主题或所教信息的建设性的会话中，相关联的课程就产生了。比如一个四年级的教学团队计划教授加法、北美地区、生物圈和关于动物的故事，所有这些内容都要在两周内完成。当他们讨论如何把这些内容联系起来的时候，他们选择了《一体性中的多样性》(*Diversity in Unity*)一书作为他们整合概念的工具，一种把所有事情联系起来的价值主题。另一组教师决定"变化"将是整合他们在几周内必须教授内容的价值。这正是他们过去常常把英语时态、科学中的进化论、社会科学中的革命、数学中分数和小数的转化以及短篇小说《独眼猫》(The One-Eyed Cat)联系起来的概念。

把课程联系起来要求有意识地努力去确认和建立学习的要义与学习的目的的联系。在科学中，生态可以是和大屠杀一样富有戏剧性的议题。在小学，孩子们阅读像克里斯·冯·阿尔斯伯格(Chris Van Allsburg)的《仅仅是梦》(*Just a Dream*)和长久以来为人们所喜爱的舒斯(Seuss)博士的《劳瑞》(*the Lorax*)这些书。这些儿童书籍清晰地涉及到前面提到的所有价值。当然，这是从每代人并不仅仅是从过去继承，而且是从将来借取的意义上来说的。责任是人类境况的一部分，想一下地球雨林的一半已经被毁灭，而且目前的毁灭速度是每分钟100英亩，另外每天有100种生物消失。舒斯博士是一个有远见的人，早在20多年前，他就写下了《劳瑞》一书。考察当前的生物教科书如何对待这种为了商业利益而毁灭树林的这一议题，阅读任何一本教科书中对雨林毁灭所作的描述。科学书籍在描述很多国家的砍伐并烧毁政策上似乎非常精确(虽然它们从来不用这样的字眼)，但有些东西则被忽视了：

> 典型的雨林是非常脆弱的生态系统，土地是贫瘠的，营养很容易被热带暴雨所冲走而流失。多数营养存储在植物中，土壤不适合开垦或畜牧，但是增长的人口已经以一种非常快的速度砍伐了雨林的大部分区域。在一个短暂的高生产时期后，生产的能力下降，土壤迅速被侵蚀，一旦土壤的质量下降，热带雨林的恢复就会很慢或者根本就不可能恢复。热带动物种群有时没有能力在一个被砍伐的区域重新安居，当这种进程继续下去时，很多植物和动物要面临灭绝的威胁。[1]

---

[1] 彼得·亚历山大：《生物学：活生生的世界》(Englewood Cliffs, NJ: Prentice Hall)，1989年版，第773页

上述这种被动语态的大量使用给人的感觉是人类不需要为这个星球上的其他动物负责。不用四处费心寻找，我们就能找到两本关于雨林的儿童图画书：珍妮·贝克(Jeannie Baker)的《森林和大海连接的地方》(Where the Forest Meets the Sea)和阿瑟·多罗斯(Arthur Dorros)的《雨林的秘密》(Rain Forest Secrets)。这些作者可能在细节上并不精确，但是他们确实更接近了真正的要点。

第五步：以一种引导学生关注所学内容的方式进行教学

我们强调在以价值为中心的教学中使用优秀的儿童文学作品，因为文学体现了理性、说明、建议的主要部分和年轻人需要的、以获得他们的文化价值的榜样。如果你也正在考虑什么是进行文学教学的秘诀，那我们不得不说没有秘诀。价值在你心中，不是在你的课堂计划中。价值不是生活的规则，正如这些价值能界定教学会话的议题一样。

这里，我们想提出一个针对计划和教学的框架。这个框架就是 ARC——参与(anticipation)、现实化(realization)和巩固(consolidation)。在教学的**参与阶段**，和学生分享你对议题的思考和你的教学计划，让他们知道你认为这些议题值得去研究的原因——这些在学校课程中占据地位的价值是什么。从学生对主题的思考中引发见解，让他们立刻投入到和议题有关的大问题中，问学生先前是否读过和学习过这个议题，让他们想一想可能在学校的其他什么地方遇到过这个议题。直率地说明你的信念并关注你所学的东西是成功学习的第一步。

在**现实化**的教学阶段，通过多种信息资源的使用示范，引起学生好奇的探究。读一下教科书对议题的处理，也看一下其他信息资源是如何处理这一议题的，寻找作者在这一主题上所持的价值视角的证据。不同作者在同一个议题上会有不同的立场，这些立场建立在他们所认识到的通过议题得到阐明的价值基础上。这里，学生的目标是使那些先前抽象的东西变得现实起来。当主题中的价值变得真实起来时，学生就会想自己去探究这个价值，因为他们非常想去理解它。

在**巩固**教学阶段，要和学生一起做事。把他们所学到的和创作出来的、表明他们理解的产品汇集起来，让他们分享在议题探索中收获结果的方法。有时，总结学习的最有效的活动是围绕学习内容而写作——以散文、故事、诗歌或歌、舞的形式写作。以一种不同的方式来收集新信息总是会使信息变得更新，甚至是特有地清晰。美国物理学家和天文学家詹姆斯·冯·艾伦(James Van Allen)曾经评论："对任何事情，我从来没有感到清晰过，直到我刚刚完成有关它的写作。"

学生对他们最在意的东西常常理解得最好。不存在客观的信息，也就不存在不带价值的事实。20世纪初著名的数学家、天文学家和科学哲学家亨利·波因卡(Henri Poincaré)曾经提醒我们说："科学是由事实发展起来的，正如房子是由石块堆砌起来的一样。但是事实的集合仅是科学，正如石块的堆积仅是房子。"学生(和教育团体)需要认识到教育是由事实获得而发展起来的,但是占有事实并不代表着接受了教育。学生常常误解他们所学事实的要义。他们的学校成绩反映了他们对于"事实如此"的知识,但是"为什么如此"的会话又在哪呢?谁去问"现在怎么样"的问题?谁去回答?

价值形成模式的步骤总结

1. 确定所要教授内容的主题:问问自己为什么必须教这些内容,努力超越实用的角度去寻找这个问题的答案。当然,知道所教授的内容可能是对学生有用的,但是如何才能知道所教内容正在影响学生的成长呢?

2. 明确所要教授内容中的"大问题":现在学校中所教授的大多数平淡的事实、信息和思想,是对某些历史时刻中非常重要问题的震撼全球的回答。那些问题围绕的是人类和自然的关系、人与人之间的关系和精神世界。在学生开始学习这些问题的答案之前,要帮助学生自己形成其中的一些问题,确保他们也能理解到:历经时日,人类才努力得到了正确的问题答案,这样的努力现在仍在继续。

3. 选择与学习主题相关的辅助材料:在任何课堂里,总存在一系列的兴趣、能力、智力和认识方法。如果每个人都要去认识"同一个"事情,那么认识"这个事情"的最广泛的途径就必须得以提供,尽你所能向学生提供各种学习的资源——儿童文学、小说和非小说类的书籍,网址、电影和磁带。所有这些都将确保每个学习者的学习机会。

4. 探索与主题相关的跨学科间的联系:我们所教授内容中的价值常常存在于学校学科间的联系之中。如果你是在一个教学团队中教学,就应确保每个教学成员都知道每门课的主要议题。如果你的教学因为割裂化的安排而变得孤立起来,那么就应主动提出一些使之能够与学生联系起来的问题。比如你可以问:"(科学)食物链的概念和(公民)社会政策或和文学(比如梭罗文章中的一些内容)或和数学(生物链底部的大量生物体)有什么联系?"让学生认识到所有的人类知识都是彼此联系的,而且使得这些知识变得重要的常常是价值。

5. 以一种引导学生关注所学内容的方式进行教学:对所学内容的记忆取决于学习者的关注程度。正如先前在关于记忆模式的那章中所提到的,教学的好坏常常取决于教师是否有能力帮助学生:(1)把他们正在学习的内容和他们已经知道的联系起来;(2)让学生投入到学习中去;(3)反思他们已经学到的内容。如果你能够围绕使用先前知识、使学习者投入和引导反思的活动来设计课程,那么有意义的学习机会基本上是得到了保障。

价值形成模式的基础

一个由27个不同的文化和政治团体组成的、称为"品格统计联盟"的全国性组织确定了那些可能指导教学的价值。这个联盟集中关注六个核心价值——信任、尊重、责任、公正、关心和公民。这个组织把道德定义为"源于上述六种核心道德价值的道德责任和美德"。这很容易让人联想到唤起这些选择的思想——他们毫无疑问地来自于一种社会思想,在这种社会,每个人实现自己的潜力,同时有责任确保他人有同样的权利。文学尤其能使读者遭遇到任何能够识字的美国人都可以界定的议题和价值(问题在具体的应用场合中产生)。

信任:包含四种独立的价值,分别是诚实、正直、诚信和忠诚。

尊重:给予每个人自治、自我决定、隐私和尊严的权利。

公正:在行动或行为的过程中,个人应该考虑到他者的利益(他者包括人类、动物、植物和整个星球)。这种思想包含了平等、适当程序、开放和一贯性。

关心:对他者利益的关注。

公民:涉及到每个公民致力于大众利益、参与公共事务和尽职尽责的义务的认可。

当然,另一个团体可能会列出和这个联盟不同的特定价值,但是只要是在我们文化中产生的价值就必然存在大量的重叠之处。进而,是否我们会把一些文字称为**文学**取决于这些文字是否有效传达或挑战了社会的这些价值。

最近,由于9·11事件带来的绝望、境外对国家的袭击、全国的吸毒问题、猖獗的犯罪、家庭的分裂和所有对形成我们文化的社会结构的威胁,学校中对价值发展的关注出现了新的变化和升温。学校从来不会在其权力范围内去解决所有这些社会问题并进行威胁性教化。然而,父母、教育者和社区领导者期望学校参与到教育年轻人获得这些价值和道德的进程中来。每个教师都会在其中发挥作用,不论是有意识的还是无意识的。这种作用不仅体现在我们对学生所说的话中,而且体现在我们处理冲突和我们对年轻人所说的话和所提出的问题做出的反应中。

脚本

加勒特(Garrett)小姐参加了一个关于价值形成模式的在职培训。在完成这个培训后,她对自己能够在下次课堂上使用这一模式感到非常自信,下次课正好是关于儿童书籍《小熊的朋友》(*Little Bear's Friend*)。"多么自然,"她想,"家庭、忠诚和责任正是这个有趣故事的主题。"接着她又立刻想到了她的学生会喜欢的所有关于友谊的故事。这一模式的要点几乎找到了最佳的发挥场所。

加勒特小姐知道,在任何一天,她都必须教授超越构成语言艺术基础的故事和儿童文学。她正在寻找一些能够在科学、社会科学和数学中产生同样热情的方法。她问自己:"就价值的本质而言,从算术的事实学习中可以获得什么呢?"接着一个想法在她头脑中形成。下次数学课是关于基本几何形状的——正方形和矩形，圆和椭圆以及各种三角形。当她把这个和我们的建议联系起来时，她对这堂课的思考就像下面这样。我们尽可能清晰地引述如下：

形状。不是一个难教的议题，但是我必须弄明白为什么我可以使用价值形成模式的要点来设计这堂课。形状中的价值在哪？我只是还看不到。

在放弃寻找答案之前，我又问自己："对于这些基本形状，我想让学生知道和去做的是什么？"是的，我想让他们能够识别形状，在环境中区分它们以及能够基本上界定这些形状的特征，即使他们不使用这种语言。

我想到这次课的主题可以是"正直"。你知道，一种事情就是它自己，不管如何，只要它遵循规则。这是一个不容易向年轻人教授的思想，但是，举例来说，三角形之间差异可以很大，然而却都是三角形，只要它们是由三条直线封闭而成的图形。这就是三角形的规则。

这使我想到矛盾这个问题。一个事物如何可以既是相似的同时又不同？被称为一个特定形状，这个形状就必须是**真实的**（意味着精确构成）。然而，一个形状可以是真实的，但又和另外那些同样真实的形状差异极大。我知道我必须小心不在这个问题上过于技术化，但是我逐渐明白可以在形状教学的同时使用相似和差异的思想来教很多其他的东西。

我去了当地的图书馆。我们的学校图书馆还不错，但是我需要一些孩子们可能先前没有看过的书。而我的确在当地图书馆中找到了！塔娜·霍本(Tana Hoban)写了一系列关于所有这些形状的书，正好适合我的课。埃勒特(Ehlert)写的一本《色彩动物园》(*Color Zoo*)和麦克米伦(Mcmillan)的《消防车上的形状》(*Fire Engine Shapes*)可以帮我把这种形状思想设置在熟悉的场景中。我想我们也可以写一些形状诗，比如把一首诗写成像"钻石"一样的形状，一个以钻石形状呈现的诗——两个三角形底与底相连而成。我们也可以写一些圆形的诗，诗的每一行从圆的外围开始，逐渐向内写，从而形成一系列的同心圆。我想这可以产生一种良好的语言艺术联系。我们可以写一些关于价值议题的圆形诗，选择不同的形状来表达公正或友善或诚实的内涵。

这使我直接导向与其他的跨学科的联系。在科学中，我们后面会看到相似的事情——植物、动物和矿物如何又汇合起来。接着各种不同的动物被组合，正如我们对正方形、圆形和三角形所做的一样。这种联系现在可以提一下，后面在科学的那个单元中还要用到。记得在大学的艺术课堂上

第十三章　价值形成模式：在课程中寻找伦理和社会准则

我们学习过立体派，我想我可以向学生展示一些这类奇特绘画的范例。在毕加索(Picasso)的很多绘画作品中，他依靠自然产生的形状来作画，我也可以从图书馆中取一些艺术书来展示这样的例子。也许我们自己可以试着去创作一些这类艺术作品。我感到我首先需要和艺术老师谈一下。接着和地理的联系也产生了———一张美国地图中充满了直线边的几何图形。另一方面，整个南美类似一个三角形，几乎就像是从非洲撕离开似的。这使我想到地理学中的板块构造论，我想孩子们可能没有注意到这些洲之间形状的互补性。

现在我头脑中充满了各种各样的想法，这些围绕"正直"这个不寻常的主题的事情都联系了起来———一件事情就是一件事情，不管差异或方向，只要它们遵循特定规则。难道这不正是正直的含义吗？我甚至可能不会使用这个词，但是我可以和孩子们谈论坚持的重要性和确保你作品中的图形正是你想要的形状的重要性。比如礼貌是我们一直都在努力做到的，而不只是一时心血来潮。这正是坚持所产生之处。

现在剩下的事情就是去设计我的课。我计划让孩子们命名一些形状，这些形状是他们能够思考和给出一些例子的。

他们给我的是一个飞机和三维图形的列表。于是我对他们说："考虑一下我们日常生活中见到的形状。"

苏珊说："一个圆。"

罗伯特说："一个球。"

接着梅拉尼开始来劲了："房子，房子是一个形状，对吗？"

现在已经产生一些思考，但我很快意识到，孩子们正在谈论由各种平面图形组合而成的3D图形。比如，一幢房子的轮廓常常是一个正方形或顶端是三角形的矩形。我在黑板上勾勒了出来。

所以我说："一幢房子有很多不同的外表，从不同的方向去看，我们可以看到不同的外表。"此时我想问孩子们是否知道"两面性"的意思。他们都认为其意是指一个人当面说一套而背后说另一套。"很好，"我说道，"就像我们从不同的方面去看任何事物的时候，我们会看到不同的面貌一样。同一幢房子，不同的外表。"但是你们知道，如果我没有考虑过这些价值的话，尤其是正直的价值，我是不会想到来这样问的。

数学书正是这个特定议题的很好材料，但是图书馆里的书常常是很随意地给出图解。我为孩子们读了一本里斯(Reiss)写的《形状》(*Shapes*)一书，接着我给孩子们布置了一项任务，让他们花一晚上的时间去寻找所有可以在身边看到的正方形、圆形和椭圆以及各种三角形———在自然界中和人们构造的建筑中。当孩子们回到课堂后,他们都有机会和大家分享这些东西,我们用了一些时间来讨论他们遇到的问题。比如,罗比询问有关列车铁轨在远方汇集为一点的幻觉。"那是一个三角形吗?"他问道。我们所知道的是,我们所见到的事情和事实常常是不一样的。(正直议题又产生了,这次是一个负面的例子!你的所见并不是事实)我告诉他们一个关于在华盛顿特区的国家大教堂的建筑趣事。这个建筑的设计师们不想使人们对由巨大圆柱环抱的教堂的正厅产生一种从前面看似狭窄的效果。事实上他们想产生相反的效果,所以他们把圆柱放置得离前端更远一些,从而使人们产生一种错觉,认为这些柱子构成了一个矩形的各边,事实上它们违反了相对边相等的矩形规则。(我把这个画在黑板上来加以说明,但是依然并不是每个人都能理解,直到我问:"如果你们不想让它们产生一种看似汇集到一起的效果,你们怎么处理铁路上的铁轨?"他们回答说:"使铁轨之间分离开来。")

为了确保每个人完全投入到这个课程中来,我让学生把杂志上的形状剪贴到他们自己的形状书本中。目的是把同类的不同形状放到一起——至少把正方形、圆和三角形区分开来,尽可能做到细致地区分。效果很好。我想每个学生都理解了这样一个基本思想,即我们判断一个事物是一个事物的理由是因为它有着"理想的"事物的属性。我确信会有很多其他机会来讨论这个概念,虽然这在起初并不显而易见,但现在我很高兴看到这个价值模式确实适用于学科的教学。当这次为期三天的数学教学接近尾声的时候,我的努力有了收获。我不仅看到学生对基本形状知道得更多,而且看到他们有了以一个理想事物或此类事物为对比来判断一个表面事物的真实性的基础。这对他们是有帮助的,但是如果在计划教授基本形状的课程时我没有去想这个大问题的话,我就会错过这个机会。

表13-1是一个先前脚本中提到的形状教学课的五栏列表。这个表提供了一个以价值为中心的课堂模版。第一列是确定课的主题和教授的基本内容与技能。第二列是确定整合到课中的两难和价值。第三列是资源书目——你想要在教学中使用的书和其他资源。第四列是确保与其他学科和课程议题的联系。第五列与传统课程同一性质——计划在学生学习的准备工作、指导学生学习和产生一个良好结尾中做些什么。

第十三章 价值形成模式：在课程中寻找伦理和社会准则

表 13-1 以价值为中心的课堂计划

议题：形状				
主题：				
正直	大问题	辅助资料	交叉学科的联系	课堂计划
Ⅰ．基本课文：说明性的/叙述性的年级水平的数学书。	Ⅰ．悖论：事物可以在相同的同时又不同。	Ⅰ．说明性课本：里斯的《形状》和霍本的《圆、圆、圆》，埃勒特的《色彩动物园》和麦克米伦的《消防车上的形状》。	科学：分类。 数学：整数（全部整数）。 音乐：确认音符和其他符号。	Ⅰ．参与：用头脑风暴法形成形状列表，以二维或三维来归类。 讨论三维形状如何是二维形状的延伸。（"外观的概念"）
Ⅱ．特定技能和应用：识别形状；识别环境中的形状；区分不同的形状；按照分类属性排列。	Ⅱ．潜在的价值：真实（意味着精确）；多样性（围绕一个主题的差异）；正直（一个事物是什么就是什么）。	Ⅱ．叙述性课本：琼和戴维·威利的《一个鱼形的故事》；"具体"诗歌；形状诗歌，比如"钻石形状"的。	阅读/语言艺术：文字形状。 艺术：立方体和基本单元设计。 地理：物理特征和地形形状。	Ⅱ．现实化：阅读书本和图书馆资料；寻找环境中的形状；创作诗歌。
		Ⅲ．Web站点：http://explorer.scrtec.org/explorerdb/browse.dynamic/Mathematics/index.html		Ⅲ．巩固：分享自然界、家中、杂志上找到的形状；额外阅读一些形状书；制作形状书。

活动 13-4

使用表 13-1 中价值课堂计划的一份空白复印件，想出一个将要教授的议题，填写出一份初始的计划，然后和一个同事或你所在的教学小组谈谈你的这一计划。这个表可以帮助你把价值带到教学中去。虽然向孩子们说教并不是件值得提倡的事，但是通过帮助孩子们认识到他们所学内容中存在的价值含义，他们就可以体会到那些使得课堂更有意义的联系。

总结

每种文化中的学校课程都根植在这种文化的基础价值上。在美国学校里，这些价值常常包括责任、正义、公平、公民和民主原则。学校教育的内容，或是社会选择来教授孩子们的内容，都反映了这些价值。与其说学校教育的要义是学生学习的内容，还不如说是学生将要成为什么样的人。当教师的教学计划承认价值是所教内容的理由的时候，学生就会有更大的机会以一种对己对人都有益的方式来使用他们的所学。进而，因为学生能够看到他们所学中存在的价值，他们也就更可能理解并记住它。

网络资源

1. http：//www.yahoo.com/education/theoryandmethods/charactereducation/

雅虎网提供了一个通往其他网站的网关，这些网站讨论那些重要的有时也是备受争议的人格与价值教育问题。该网页的一些链接将会提供有关学校价值教育的课程、单元及教程设计方面的资源。

2. http：//www.ethicsusa.com/

这是国家人格教育中心的网站。点击主页上的"Ethics Links"，可以找到许多有关道德教育与人格教育的网站，从学前阶段到大学阶段都有。亦可点击"Join"加入"网上人格教育：行动的价值"。加入后可以免费收到时事通讯、免费进入人格教育论坛。

3. http：//www.charactercounts.org/

这是一个全国性的、自愿的人格教育联合会的主页。该联合会所确认的人格的六个主要方面是：尊重、责任、信任、关心、公正、公民权利与义务。亦可注册进入培训会议并提名美国杰出青年。

4. http：//www.cortland.edu/www.c4n5rs/

纽约州立大学科特兰分校是第四、第五"RS"中心的总部，Rs 意指"尊重"（respect）与"责任"（responsibility）。中心的主要工作是主持一年一度的人格教育夏季讲习班。另外，它也在网上循环发布时事通讯，登载国内一些与人格教育有关的文章。

5. http：//www.communitiesofcharacter.org/

在人格社区的主页上，你会找到父母、教师、学生所关心的有关人格教育与训练的大量的信息资料。

6. http：//www.nwrel.org/scpd/sirs/7/cu13.html

西北教育图书馆提供了道德教育的核心——移情培养的研究综述。

7. http：//www.heartwoodethics.org/

心材协会是个非赢利的教育组织，它致力于促进伦理价值的理解与实施，它认为伦理价值是社区中所有人，尤其是儿童与家庭的基础。其主要使命是给教师提供道德教育所需要的资源。教师使用文学手段,在每一年级水平的学生中,宣传以下七种道德品质:勇气、忠诚、正义、尊重、希望、诚实、爱。点击主页上的"About"链接可以获得一个该机构的略览。

第十四章
合作学习模式：利用小组学习提高学生成就

在大多数教师的职业生涯中，他们都会发现学生互教的好处和作用。比如，一个在某独立学习项目中担任协调员的高中女教师，她负责指导3个学生准备高阶段的欧洲历史测验。她仔细看了历史测验的样卷并发现测验的第一部分是测试总体知识的，第二部分要求针对在一个广泛的范围中选出的主题写一个有深度的评论，第三部分是文献性的，测试学生批判性思考、组织资料和清晰写作的能力。这个教师说："和传统的简单知识记忆测验相比，它是一个对知识进行了深度测试的良好测验。"

为了帮助这些学生在他们的学习中彼此受益，这个教师联系了附近一个学院的历史系教员来帮助她设计这些学生的学习项目。"据我所知，你们系是非常有实力的，"她说，"所以当你听到我正在提议一个大二学生、一个大三学生和一个大四学生一起学习和互教欧洲史时，你可能会笑我。但是现在我确实需要您帮我把整个科目分解为9个大议题或问题，另外我也需要一些参考读物。"

教授听了之后产生了兴趣，并提供了所需要的材料，还和学生不定期地会面。每个学生选择3个宽泛的问题来学习，并且准备把自己所学到的教给同伴。学生都认真地对待这件事情。因为他们对于一个特殊主题的知识只能来自于他们自己的学习或同伴的学习，所以他们定期相互检查。这样每个学生不但获取了这个科目的总体知识，而且每个人也在自己研究学习的3个领域各有所长。这种方法的好处在测验的当天就体现了出来：这3个学生获得了最高分！这个教师也为这个先前没有使用过的学生互教的方法所产生的力量感到惊讶。

本章所提到的模式建立在那些有着和合作教育相似经历的教育者的工作基础上。这些模式不仅对高年级学生是有效的，而且对几乎所有年级中的大多数学生都是有效的。此外，合作学习不仅对学业学习有益处，还对提高社会技能和班级凝聚力都有良好作用。研究者罗伯特·斯莱文（Robert Slavin）就合作学习这样说道：

> 当然，合作学习方法并不是什么新鲜的事物，很

多年以来教师们就一直在使用这种方法,比如实验小组、项目小组和讨论小组等。然而,最近美国和其他一些国家的研究产生了系统而实用的、作为课堂组织主要要素的合作学习方法,他们记录了这些方法的效果,并且把它们应用到广泛的课程教学中去。这些方法现在正在每个可以想到的科目中使用着,从幼儿园到大学,在世界的各种类型的学校中使用着。[1]

毫无疑问,合作学习的概念和正式教育的历史一样悠久。团队活动、小组科学项目、学生戏剧创作和校报制作只是多数公立学校中的一些合作活动。但是在学生的学业生涯中,合作学习的机会相对而言还是比较少的。

在提高学生知识基础的同时,我们需要帮助他们发展什么社会技能呢?当然我们想让他们能够独立学习。由于学生有着大量时间来独立学习,所以学生似乎已经有了足够的获取这一技能的实践条件。有竞争力地学习是重要的。学生在传统课堂里常常是为了成绩、为了教师的注意力和获得帮助而竞争着。事实上,竞争在学校中似乎比在其他社会场所来得更为重要。

然而,考虑到工作和家庭以及休闲活动中合作的重要性,合作学习可能是学生需要学习的最为关键的社会技能。如果没有其他益处,学会合作的意义可以从围绕合作学习活动来构建学校经验的一部分中得到证明。

两位著名的合作教育的倡导者,戴维·约翰逊(David Johnson)和罗杰·约翰逊(Roger Johnson)把合作课堂和传统课堂进行了比较(参见表14-1)。[2] 约翰逊(Johnson)兄弟认为下面5个成分对于合作学习的成功实施是关键的:

表14-1 传统学习小组和合作学习小组的比较

传统的学习小组	合作学习小组
低级的相互依赖。成员只对自己负责。关注的只是个人表现。	高度的积极相互依赖。成员对自己和彼此的学习负有责任。关注的是联合表现。
只是个人责任。	小组和个体的责任同在。成员对自己和他人完成高质量的学习任务负责。
很少安排就彼此的学习进行讨论	成员彼此促进。他们一起进行真实的学习并帮助和支持彼此的努力。

---

[1] 罗伯特·斯莱文:《合作学习》(第2版)(Boston: Allyn and Bacon),1995年版,第4页。
[2] D. W. 约翰逊、R. T. 约翰逊:《学习圈》(Alexandria, VA: Association for Supervision and Curriculum Development),1984年版,第8~10页。

续 表

传统的学习小组	合作学习小组
忽视团队技能。领导者被委任来领导成员参与。	强调团队技能。直接教授成员社会技能和期望他们使用这些技能。所有成员共享领导责任。
没有针对小组学习质量的整体进程。个体的成绩得到奖励。	针对作业质量和成员合作的效率展开小组进程。强调持续的改进。

资料来源:Reprinted from D. W. Johoson and R. T. Johonson, *Learning Together and Alone*, 5th ed. (Boston: Allyn and Bacon, 1999), 72.

■ 第一是积极的相互依赖关系。学生必须真切相信他们是一个休戚与共的团体。他们必须关心彼此的学习。

■ 第二是大量的、言语性的面对面的互动。学生必须说明、论辩、详细阐释并把他们现在学到的内容和他们前面学到的内容联系起来。

■ 第三是个体责任。组内每个成员都必须明白没有人可以"搭便车"。

■ 第四是社会技能。要使学生能够有效学习,必须教授学生合适的领导、沟通、建立信任和冲突解决等技能。

■ 第五是小组进程。小组必须定期评价他们合作的情况并讨论如何可以合作得更好。[1]

在开始合作学习前,没有经验的学生可以从参加有效小组程序的模拟中受益。他们可以练习的内容有:自然地参与小组,轮流发言,倾听,在整个活动过程中专心从事小组工作以及给予每个成员参与的机会。

说话和倾听技能尤其值得关注。杰奎琳·罗兹(Jacqueline Rhoades)和玛格丽特·麦凯布(Margaret McCabe)观察到存在四种沟通技能——阅读、写作、说话和倾听——在大多数学校中没有得到平等对待。[2] 阅读和写作在多数课堂中成为主要的关注焦点;而在学校外,说话和倾听同样是重要的沟通技能。在合作课堂中,说话和倾听需要特别加以强调。

必须教授的初步说话技能包括通过称呼倾听者的名字或使用"我可以问你一个问题吗"诸如此类的简短词语来引起倾听者的注意。一个技能熟练的说话者还必须和听众有目光的交流并亲自表达信息。比如说话者可以说"我认为有几种可能性的答案",

[1] 罗恩·布兰特:"学校内的合作:与戴维·约翰逊和罗杰·约翰逊的谈话",《教育先锋》,1987年11月第47卷,第14～25页。

[2] 杰奎琳·罗兹、玛格丽特·E. 麦凯布:《课堂中的一般合作》(Willits, CA:ITA Publications),1986年版。

而不是"他们说答案是 B 选项"。

有效说话的人要学会清晰、简洁和完整地表述自己的想法。[1] 给出足够的背景信息来从情景中孕育出想法而又没有漏掉细节要点是需要大量练习的。对于复杂概念,学生应该学会借用可视性的辅助手段、注解和大纲,还可以效仿那些优秀的教师。对理解的定期检查也必须得到练习。此时,关于内容或简单理解检查的问题("你理解了这个吗?")也很有用。

倾听技能包括注意说话的人,如果有信息不清楚,就需要打断一下,问一些要求说明的问题或用自己的话重复说话人的意思。对非言语信息反应的意识也需要得到练习。

对小组会议时间的建设性使用可以通过几种途径得到鼓励。促进问题解决策略的使用可以为冲突解决提供方法,同时提供了把学校中学到的策略应用到现实生活中的机会。

批判性思维的应用策略也是如此。学生有机会通过说出其思维过程,也就是通过把他们在寻找问题解决方案过程中的每一步思维说出来,来分享得到结论的过程。简单说来,合作学习小组为应用在内容领域中学到的技能提供了一个非常好的机会。

下面,本章具体给出的两种模式分别是小组交叉组合学习(Jigsaw)和角色扮演(role playing)。此外我们对另外三种模式——小组访谈(Team Interview),"涂写"(Graffiti)和思考(Think)、配对(Pair)、分享(Share)——简要介绍一下。这五种合作学习模式很多人已经有所研究,并且在课堂中广泛使用。为了便于说明,我们也使用一些例子或情景来说明步骤。

模式一:小组交叉组合学习模式

小组交叉组合学习模式的步骤

1. 介绍小组交叉组合学习。
2. 把异质学生分成学习小组。
3. 召集专家小组学习材料。
4. 专家教各自小组的成员。
5. 对小组的评价和认可。

小组交叉组合学习常常在学生被分配到叙述性的阅读和学习材料时使用。小组交叉组合学习最初是由埃利奥特·阿伦森(Elliot Aronson)为了加强学生之间的相互依赖性而开发的。[2] 它不是不让学生去独立学习所有的材料,而是把学生分组,给小

---

[1] 罗兹,麦凯布,第25页。
[2] 埃利奥特·阿伦森:《小组交叉组合学习课堂》(Beverly Hill, CA:Sage Publications),1978年版。

组内每个人一份不同的信息。为了学到这堂课的所有内容,学生必须把他们各自手上的信息组合起来,就像他们在做一个拼图字谜一样。这个谜只有在每个成员分享了他(她)自己手上的信息后才能解开。

第一步:介绍小组交叉组合学习

可以这样介绍小组交叉组合学习:

为了帮助你学习新单元中的内容,你将在班级的一个小组中学习,这个组称为你所在的学习组。组内有四个成员,每个成员负责尽可能地向组内其他成员讲解一个对于小组来说重要的主题。为了帮助你学习,你有机会和其他组中被分配到同样主题的人一起学习。当你在你的主题上成为专家时,你就回到你所在的组内,把你所学到的一切讲给你小组内的其他成员听。你将同时为自己和小组的成绩做出贡献。

第二步:把异质学生分成学习小组

和其他的合作学习策略一样,教师把学生分配到异质小组中。通过控制小组分派,教师可以确保各个小组在能力、动机、性别、种族和其他重要的因素上保持平衡。而当学生可以自由选择时,友谊常常会成为决定因素,如果这样,合作学习的很多优点就得不到发挥。

为了组成学习小组,教师可以依据能力和在类似学习中的表现来对学生进行排名。下面我们用一个例子来说明小组交叉组合学习模式。一位教师把她的24名学生分成每组4人的6个小组。为了确定小组成员,她从玛丽开始,按能力顺序从1到6点了6个学生,1代表最高能力,6代表最弱。这位教师又把每6个学生的排序颠倒一次,然后她把排序分别为1、2、3、4、5和6的人组成各个学习小组。这样每个小组都有一个高成就者,2个一般成就者和一个低成就者。这个过程可参见表14-2。

表 14-2 学习小组的组成

能力水平	分类列	小组编号
高能力	玛丽	1
	贝思	2
	吉姆	3
	鲍勃	4
	阿琳	5
	杰克	6

续 表

能力水平	分类列	小组编号
中等偏上能力	凯西	6
	理查德	5
	比利	4
	玛莎	3
	乔安妮	2
	杰克逊	1
中等偏下能力	马丁	1
	西蒙	2
	保罗	3
	索尼	4
	劳里	5
	韦恩	6
低能力	迪奥恩	6
	泰勒	5
	萨米	4
	格斯	3
	戴维	2
	桑德拉	1

在学习小组组成后，每个小组聚集到一起，相互熟悉并且给自己的小组命名。然后每个小组制作一个公告板，用展示图来宣布小组的名字和成员。这个事例中的小组名字和成员参见表14-3。

表14-3 学习小组

1 勇 士	2 学 者	3 大人物	4 明 星	5 获胜者	6 老 虎
玛丽	贝思	吉姆	鲍勃	阿琳	杰克
杰克逊	乔安妮	玛莎	比利	理查德	凯西
马丁	西蒙	保罗	索尼	劳里	韦恩
桑德拉	大卫	格斯	萨米	泰勒	迪奥恩

在学习小组组成和名字确定后，教师宣布指导小组会议的行为规则：
1. 直到所有学生都完成任务后，学生才可以离开自己所在的组。
2. 每个成员对同组成员的理解和成功完成任务负有责任。

3. 如果有学生在理解任务的任何一处存在困难,在询问教师之前,要首先寻求组员的帮助。

接着,这个教师就开始了这个事例中 5 年级课堂的社会学习单元的新课,这个单元是"非洲裔美国人的经历"。这个单元关注的是 20 世纪 50 年代到 60 年代之间的民权运动。为了给小组交叉组合学习作准备,这位教师首先给学生读了《马丁·路德·金:登山者》(Martin Luther King, Jr.: The Man Who Climbed the Mountain)[1],接着看了一些相关的新闻报道。诸如民权、个人平等、融合(取消种族隔离)、隔离和歧视等词汇也得到了讨论。学习小组接着阅读教科书上的相关文章,小组成员在必要时相互帮助。

第三步:召集专家小组学习材料

在阅读结束后,各个学习小组的成员又被分派到一个专家主题。勇士组的玛丽接到的专家任务单是反对歧视。玛丽有 4 个需要研究和学习的问题:

1. 在布朗-托百卡教育署的一案中,1954 年最高法院裁决的主要内容是什么?
2. 种族隔离在何种方式上影响了南方黑人和白人的生活?
3. 反对者对隔离采取了什么抗议策略?结果如何?
4. 联邦政府在种族隔离政策的终结上起到了什么作用?联邦政府采取了怎样的强制性行动?

杰克逊、马丁和桑德拉收到的是一组不同问题的专家任务单,这些问题是这章将要讨论到的其他一些议题。杰克逊的议题是罗莎·帕克斯(Rosa Parks)的贡献,马丁的议题是其他少数团体的参与,桑德拉的议题是妇女运动。

同样四个专家议题被分配到同一个学习小组中。而各小组中有着同一议题的学生又走到一起来寻找这些问题的答案。玛丽、贝思、玛莎、索尼、泰勒和迪奥恩一起探讨了反对歧视这个议题。当专家们对他们的议题有了清楚的理解后,他们再设计把学习收获传达给各自学习小组的教学策略。

第四步:专家教各自小组的成员

当所有学生掌握了他们各自的专家议题时,学习小组又汇合到一起,各个学生专家在组内轮流把他们各自的学习收获与其他成员分享。每个学生专家负责分享自己的议题,检查其他成员是否理解以及帮助他们学习。

第五步:对小组的评价和认可

在小组交叉组合学习完成后,对学生进行评价的主要原因是:
1. 确认有什么还需要再进行一次教授。

---

[1] 加里·保尔森、丹·西斯:《马丁·路德·金,Jr.:登山者》(Milwaukee:Raintree),1976 年版。

2. 判定成绩。
3. 计算小组分。

表 14-4　提高分量表

测试分	提高分
低于基础分 10 分以上	0
比基础分低 10 分	10
从基础分到超过基本分 10 分	20
超过基础分 10 以上	30
优秀论文（不计基础分）	30

资料来源：Adapted from R. E. Slavin, *Using Student Team Learning*, 3rd ed. (Baltimore: Johns Hopkins University, 1986).

在小组交叉组合学习开始前，每个学生的基础分由一个预先的测试而得。勇士组的基础分如下：

学生	基础分
玛丽	89
杰克逊	82
马丁	83
桑德拉	73

根据小组交叉组合学习之后的测试，教师可以使用斯莱文开发的量表来给定提高分。提高分是小组交叉组合学习测试分和基础分之间的差值。

小组分是由每组成员提高分总和的平均值来求得。对小组的认可也是基于小组的提高分。如表 14-5 所示，勇士小组的提高分是 20。而小组分最高的小组会在校报上得到表彰，并且负责一周的午餐秩序管理。

表 14-5　计算勇士组的小组提高分

学生	基础分	小组交叉组合学习分	提高	提高分
玛丽	89	94	5	20
杰克逊	82	71	—11	0
马丁	83	100	17	30
桑德拉	73	88	15	30
小组提高总分			80	
小组成员数			4	
小组分			20	

小组交叉组合学习模式的步骤总结

1. 介绍小组交叉组合学习：向全班说明操作过程并解释学生将要同时为了个人得分和小组得分而努力。

2. 把异质学生分成学习组：组成小组，说明进程规则。阅读背景资料。

3. 召集专家小组学习材料：来自各个小组的学生在专家小组汇合,掌握所给的材料。

4. 专家教各自小组的成员：每个学生专家负责向小组其他组员教授材料。

5. 对小组的评价和认可：计算分数,评定成绩。

模式二：角色扮演模式

角色扮演的目的是让学生有机会和其他人一起来决定一个个体或团体应对一个特定情景的可能行为。角色扮演使参与者有机会考虑当面对一个问题时个体可能如何感受、思考或行动,并考虑各种不同的可能性。

在这个模式的大多数版本中,角色扮演被作为一种主要的方法来促进课堂讨论。作为一种合作学习模式,角色扮演也把课堂讨论作为重要内容。但是在这个过程中,整个班级是通过小组活动投入到角色扮演的准备和表演进程中来的。

需要重视的是我们要对角色扮演进行认真建构,以使它不至于演变为一种"滑稽戏"或"做戏"的行为。清楚地阐述规则和让整个班级为这项活动做好准备都是必需的。

角色扮演模式的步骤

1. 选择一个有趣的场景。
2. 选择小组。
3. 指定问题并说明任务。
4. 小组成员准备表演并选好演员。
5. 给观众分配任务。
6. 小组表演角色。
7. 小组成员回到组内讨论表演体会。
8. 班级讨论。
9. 评价。

第一步：选择一个有趣的场景

和历史事件有关的人物是角色扮演的理想人物,比如法国大革命时期的工人与贵族或美国内战时期的北方与南方士兵。角色扮演是一种探索解决社会问题方案的良好模式。比如，如何对付一个在运动场上恃强凌弱的人或放学后如何面对空荡荡的家等有关问题，孩子们可以通过角色扮演来提出可能的解决方案。年纪大一点的学生可以探讨比如毒品和暴力的问题。

另一个有效的角色扮演练习是"如果……会怎么样？"比如，如果轴心国在二战中赢了，会怎么样？如果林肯活着完成了他的总统任期，会怎么样？如果南方赢了战争，会怎么样？对于那些需要更多结构支持或第一次使用角色扮演的学生，教师可以向学生小组呈现各种可能的情节。比如，教师可以让每个小组围绕一个马里兰州的家庭的感恩节聚会进行角色扮演，这个家庭中的一些成员支持南方，其他则支持北方。或者，教师可以向每个小组呈现不同的剧情。比如，小组1可以准备前面说到的那个情节，小组2的情节是来自南北两方的士兵们在一次大雾中的相遇，他们彼此看不清对方的军服。士兵们一起分享他们各自的经历并相互取乐，直到他们知道彼此处在这次内战的敌对两方。小组3的剧情可以是两个男人在战后相遇，他们曾经是好朋友，但却在敌对双方各自战斗。

当班级对角色扮演逐渐熟悉时，各个小组应该去开发各自的剧情或整个班级一起去开发一些剧情，这样每个小组可以选择一个来扮演角色。

第二步：选择小组

如果角色扮演要包括研究，那么在每个小组中，各个成员具有不同学术能力是必要的。然而，一个需要考虑的附加因素是学生的个性。尽量把害羞的学生分派到他们可以得到鼓励的组，避免把那些固执己见的学生分到一个组内。

角色扮演是一种从不同视角来观察学生的有效途径。那些学业上并不成功的学生可能在这种活动里获得成功。

第三步：指定问题并说明任务

要强调这是一个小组作业，而不是个人表现。学生一起努力来呈现一次有效的表演。小组应该选一个人做队长，这个人有能力去负责和班级中其他人的沟通。

第四步：小组成员准备表演并选好演员

目的不是为了写一个脚本和记忆信息，而是描述人物并大致勾勒出行动的可能进程。如果必要的话，鼓励学生去研究以使人物性格或事件变得更清晰。因此，学生要挑选人物场景并讨论这些人物是如何对情景做出反应的。比如，如果角色扮演涉及内战前那个家庭的母亲角色，她的个性将由小组表现出来。她可能是个专横的人或是一个非常敏感的人，也可能是一个能够帮助家庭解决问题的非常明智的人。虽然没有书面对白,但是小组需要展示角色所扮演的事件的经过。比如,家庭会重新和解或以愤怒而解体。

对小一点的孩子们来说,教师要帮助他们识别各种不同的人物和人物各自的可能性行为。当那个恶霸孩子作弄某个孩子时,那个被作弄的孩子会怎么反应?那个恶霸孩子又会怎么做?

第五步:给观众分配任务

当每个小组在表演时,班级的大部分人将作为观众来观看。教师可以向观看的学生分发一些要点检查表或分派一些任务,比如观察表演中的一个人物。在角色扮演前,教师给出一系列的、作为后面讨论基础的问题,也可以要求观看者做一些与这些问题有关的笔记。

第六步:小组表演角色

给每个小组大约10分钟的表演时间,在第8分钟的时候,提醒一次。在表演后,教师可以选择进行一次小型的讨论或延迟到所有的小组表演结束后进行。教师也可以让扮演者来描述他们扮演角色的感受。

第七步:小组成员回到组内讨论表演体会

当所有的小组表演结束后,学生回到小组来讨论他们的体会以及他们的表演是如何和其他小组的表演发生联系的。在讨论中,鼓励小组成员讨论他们在扮演过程中的感受以及使这种体会更有效的因素。如果可能的话,再给小组一次扮演的机会。小组领导者也需要准备一份讨论后的议题报告,并和全班一起分享。

第八步:班级讨论

每个小组领导者把小组讨论的要点报告给全班。教师接着组织与各个角色扮演有关的讨论并鼓励学生从中进行归纳和概括。

第九步:评价

教师可以让学生自己完成评价表,或亲自面试学生,评价他们的经验。教师也可以通过观看表演活动的录像来获取有关整个班级参与的有价值信息。

角色扮演模式的步骤总结

1. **选择一个有趣的场景**:选择一个有各种可能结果和人物性格的剧情。
2. **选择小组**:基于学业和社会特征来选择小组成员。

3. **指定问题并说明任务**：强调过程中的合作和沟通。
4. **小组成员准备表演并选好演员**：小组决定角色扮演的人物和表演的大体走向。
5. **给观众分配任务**：确定观察者在表演时需要关注的内容。
6. **小组表演角色**：设定时间限制和选择进行后续工作的方法。
7. **小组成员回到组内讨论表演体会**：小组领导者准备向全班报告小组的讨论结果。
8. **班级讨论**：教师领导班级来回顾整个过程。
9. **评价**：为了便于今后参考，保存一份整个过程的文稿或录像。

其他模式

到此为止，所谈到的这些合作学习策略在所有的科目和大多数年级中都继续得到了有效的使用。前面谈到的仅仅是在全美课堂中使用日益频繁的合作学习策略中的两种。教师资源的创建人和领导者斯宾塞·卡甘（Spencer Kagan）在其《合作学习》（Cooperative Learning）一书中给出了 70 多种合作学习的策略，其中包括小组交叉组合学习。[1] 卡甘的观点是：教师仅有使用合作学习策略的想法还是不够的，还必须掌握一些有着很多内容选项的、可使用的结构或课堂设计方法。他认为合作学习的课堂环境只有在学生必要的社会和沟通技能得到直接教授后才能建立和发展。小组访谈、"涂写"和思考、配对、分享是卡甘提到的另外三个模式。

小组访谈模式

作为教师资源的顾问，吉恩·斯通（Jeanne Stone）开发了小组访谈模式，这个模式可以在学生相互熟悉的活动、小组建立的活动中使用，也可以在检查阅读理解或审查小组读书报告时使用。

作为学生相互熟悉的活动，可以有如下步骤：

第一步：分配学生到各个组

把学生分成 3 人、4 人或 5 人一组的小组，并根据小组大小，让学生自己从 1 到 3、4 或 5 来进行编号。

第二步：指导小组成员

告诉每个小组成员，他们需要轮流站出来，在一定时间内回答其他组员提出的问

---

[1] 斯宾塞·卡甘：《合作学习》(CA：Resources for Teachers)，1992 年版。

题,这个时间通常是60秒到90秒。

第三步:指导访谈

小组成员向站出来的学生(被采访者)提出有关他或她的背景、家庭、喜好、憎恶、兴趣之类的问题,以了解这位被采访者。被采访的学生可以回答问题,如果不愿意对问题做出回答,他或她也可以回答他们希望被问到的问题。比如,如果被采访者不想说出他或她的年龄,被采访人可以选择说自己宠物的名字。[1]

第四步:继续访谈

在对第一个成员的小组采访结束后,其余的成员轮流站出来回答问题,直到所有成员都接受完采访。

第五步:汇报

教师通过下面这些问题来听取小组的汇报:"从第一个被采访者到最后一个,小组的氛围是怎么变化的?""问题的水平或特征有没有发生变化? 如果有,是在何种方式上发生了变化?""现在大家有了更多的经验,各位现在有没有又想到一些问题需要问第一位或第二位被采访者呢?"

作为对阅读理解的检查,可以分派给每个小组成员一个故事或书本中的人物角色,再把他们当作给定的人物来进行采访。至于读书报告,学生可以以扮演书中的某个人物或作者的身份来进行。在一个社会研究的课堂中,学生可以成为历史事件中的人物或是著名历史事件的见证人。基于这些采访信息,学生也可以使用后面的策略来写和演播一份新闻广播。

"涂写"模式

"涂写"模式是一种让学生对教师提出的问题给出书面回答的合作学习模式。[2] "涂写"模式是一种非常出色的用来检查理解和评价教学或进行非正式评价的方法。

现在假想一个被分为4组的班级,每组5人。教师宣布此次课的主题是美国内战单元的复习,以为即将进行的测验作准备。

第一步:准备"涂写"问题

教师为这个单元准备了4个复习问题,并把每个问题很显眼地写在一张纸上。关

---

[1] 卡甘,第2页。
[2] 巴里·贝内特:《合作学习:心灵与大脑交汇的地方》(Toronto:Educational Connections),1991年版,第210~211页。

于内战的社会研究单元的问题可以是：
1. 写出南方一个政治领导者的名字，描述他的一个主要作为。
2. 写出北方一个政治领导者的名字，描述他的一个主要作为。
3. 写出一场主要战役的名字，阐述它的结果。
4. 列出一种主要资源及其对于美国的重要性。

第二步：分发材料

把颜色笔分发到各小组，使每个小组有一支不同颜色的笔。这样，每个小组可以跟踪他们自己组的答案。

第三步：回答问题

给每个小组一个问题，小组用3～5分钟的时间在1张大纸上写出他们的回答。

第四步：交换问题

在给定的时间段内，交换问题纸。这个进程一直持续，直到每个小组都完成对这四个问题的回答。

第五步：回到最初的问题

每个小组回答最初的问题。小组成员审视他们问题纸上的所有答案，把答案按照类别归类，并就这些类别进行概括。

第六步：分享信息

每个小组和整个班级分享他们从问题纸上得来的信息。
教师需要回答的问题可以是：
1. 我们怎么帮助学生在学习上更加成功？
2. 什么样的政策和实践真正对学校起作用？
3. 我们需要在哪些领域进行改进？
4. 怎么帮助学生以使他们产生对班级和学校的归属感？

对积极的回答定期进行回顾以达到强化。而那些被认为需要改进的地方也成为教师在职培训的基本内容。

在关于教师职前准备计划的方法课中，让已经打算进行教学实习的学生回答下述这些问题：
1. 你对即将到来的教学实习经历感到最担心的是什么？
2. 在你可以在课堂上向学生提供的内容中，什么是你最有实力的？

3. 你为什么想要教学?

4. 回想你自己的学校经历,你认为良好教师的特征是什么?

在学生教学实习后让学生回答下述问题来评价这个计划:

1. 在你开始教学实习时,先前你并不知道而此刻必须知道的是什么?

2. 在什么方面你觉得你准备得最充分?

3. 你大学课堂上的什么经历对你即将进行的教学实习最有帮助?

4. 在教学实习中,什么最让你感到惊讶?

从这些学生身上得到的答案已经被用来改进课程和教学,以更好地满足实习学生的需要。

为了帮助理解寻求幼儿园和小学中合作学习策略的困难,路娜·柯伦(Lorna Curran)出版了一本专门适用于这类学生的指导手册,名字叫《针对青少年的合作学习课堂》(*Cooperative Learning Lessons for Little Ones*)[1]。书中,她给出的合作学习策略包括圆桌(Round Table)、排行(Line-Ups)、角落(Corners)、编队(Formations)、搭档(Partners)和合作项目(Cooperative projects)。除了教学信号、积极倾听技能、概述报告和其他社会技能外,她还推荐使用呈示图形和大量示范的方法,以在小学课堂中实行合作学习。

思考、配对、分享模式

思考、配对、分享是一种非常有效的简单技巧。它能提高学生的参与性和对信息的保持度。在让他们的想法更加公开之前,学生可以相互学习并可以在一个没有威胁的场景中试行他们的想法。结果学生的信心增强了,所有的学生而不只是少数自愿的学生都有机会参与到课堂中来。学生用在任务上的时间增加了,学生对课堂讨论的贡献的质量也提高了。学生和教师都对彼此期望受到注意和有机会参与课堂讨论的想法有了更清楚的理解。这个模式首先是由马里兰大学的弗兰克·莱曼(Frank Lyman)提出的。[2] 其中有四个步骤,并由教师来控制每个步骤所用的时间(一个厨房定时器在这是很管用的)。

第一步:教师提出一个问题

当教师提出一个引发思考的问题时,思考、配对、分享模式就开始了。这个问题可以是一个非常直接的问题或者是一个要求全班来解决的问题。比如,"如果美国坚持自己的中立立场而不进入二战的欧洲战场,结果会是怎样?""白雪公主中的苹果象征着什么?"这个模式避免了那些低水平的、只有简单惟一答案的问题。问题必须是学生

---

[1] 路娜·柯伦:《针对青少年的合作学习课堂》(CA:Resources for Teachers),1991年版。

[2] F.莱曼:"反馈性课堂讨论",《主流摘要》(修订版),1987年版。

愿意去思考的难题或两难问题。

第二步：学生独立思考

　　教师一给出信号，学生就在一定时间内来思考他们的答案。时间是教师基于学生的知识基础、问题的特征和任务的要求来确定的。这个时间不是固定要求的，而是为了有助于学生写下他们的回答和解决方案。学生应该懂得，尽管没有一个正确的答案，但是每个人能在某种程度上找到有一定道理的答案是很重要的。计划的这一步骤，是使"时间等待"自然地成为学生对话的一部分。

第三步：每个学生与同伴一起讨论答案

　　向学生发出信号，让他们停止思考并和另一个学生一起讨论，以在问题的答案上达成一致意见。每个学生都有机会尝试各种可能。每对学生可以基于他们共同的意见来重新构造问题的答案。有时，教师也可以让两对学生组合为4人一组来进一步精炼他们的想法。与贸然在全班面前说出一个没有经过讨论的答案相比，这种小组的设置对学生个体来说更安全。这一模式中的"成对步骤"也在学生中引发了更多的围绕问题而产生的谈话。

第四步：每位学生与全班同学一起分享各自的答案

　　学生可以单独或以小组形式向全班展示答案。在每对学生展示他们答案的过程中，比如以图表或图解的形式呈现，每个个体都会因为其思想的成果而得到认可。

　　这最后一个步骤对所有学生都有益处。当个体发现对问题答案的独特表达时，学生就可以从不同的途径感受到对同一个概念的表达。而且答案中所包含的概念就存在于学生的语言中，而不是在教科书或教师的语言中。在学生描绘或勾画他们自己想法的过程中，不同的学习风格以及努力理解答案背后所蕴涵的思想的行为表现也得以形成。

　　思考、配对、分享模式的成功和质量取决于步骤一中所提问题的质量。如果问题能促进学生进行真正的思考，那么，真正的洞察就必然会在后续步骤中产生。

对于有效使用合作学习小组的建议

　　我们建议在每个新单元的开始或每5~6周重新组建学习小组。这样做可以避免产生小圈子，使很多学生都有机会彼此了解并产生好感。而且，如果一个小组在学业上比较薄弱时，这个小组里的学生也不会因此而长时期处于不利。

　　在小组交叉组合学习中，学生在确认专家单的主要思想和重要信息方面变得更加熟练，这样，当学生对这个模式变得熟悉起来的时候，学生所需要的指导就少了。教师应该鼓励学生成为独立的学习者。教科书以外的一些参考资料也可以整合进来,还可以利用会谈、电影、视频和原始材料。

角色扮演为促进信息的长期记忆提供了一个有趣的、吸引人的平台。此外,这些策略的使用也刺激了学生去为测试做复习准备。

合作学习模式的基础

当前合作学习运动的推动力大部分来自于20世纪70年代早期,当时,霍普金斯大学的学校社会组织中心的社会学家们帮助巴尔迪摩公立学校的教师管理当时新整合的班级。这些教师发现来自不同种族群体的孩子倾向于在课堂、餐厅和社会场所中孤立他们自己。他们想尽办法鼓励学生去相互认识和彼此接纳。他们开发了一些共享的学习活动来使学生在一起学习、相互指导和为小组成就去努力。当研究者对小组学习进行评价时,他们发现学生之间的互动增加了,对少数民族裔学生的接纳程度提高了,而且所有学生的自尊也增强了。

在另一个重要的变量"学生成就"上,我们也看到了进步。学业成就上的进步持续地表现出来,成就的提高成为合作学习中主要的积极成果之一。在一份对99个合作学习所做的研究总结中,斯莱文报告说其中64%的研究表明学生在成就上得到了提高。[1]

从根本上说,学生学习机会的增加必然带来成就的增加。在传统课堂里,多数学生的经验只限于听和记笔记,而在合作学习课堂里,学生听、写、说、解释、阅读、复述和互动。简而言之,增加的这些形式旨在使学生有更多机会去探索学习材料,而不是令他们成为只会听的学习者或可怜的记笔记者。学生主动地投入到学习内容中,而不是被动地接受信息。随之而来的是合作学习投入时间的增加,而投入时间和学生成就之间存在的正相关也得到了记录的证明。[2]因为学生在小组内合作学习,学生一般会更愿意要求澄清问题和接受纠正了的反馈。

近来,建立在认知心理学和皮亚杰(Jean Piaget)、布鲁纳(Jerome Bruner)、维果斯基(L. S. Vygotsky)等人理论基础上的建构主义运动,强调把小组合作学习作为学习者构建他们自己知识的重要的途径。根据这种观点,在教师指导下的小组学习,"如果能够围绕问题来进行彼此讨论的话,学生就会更容易发现和理解那些比较难的概念"[3]。

每个教师都有重复解释某个概念的经历,而结果却还只是听到学生说"我还是不懂";接着,一个懂了的学生做了一番解释,然后学生就理解了。有时,学生找到了我们

---

[1] 斯莱文:《合作学习》,第21页。
[2] 托马斯·L.古德、杰里·E.布洛菲:《注视课堂》(第3版)(New York: Harper and Row),1984年版,第35页。
[3] 罗伯特·E.斯莱文:《教育心理学》(第6版)(Boston: Allyn and Bacon),2000年版,第259页。

没有找到的交流语言。同样,学生会更加理解和记住他们自己教给别人的东西。当学生对教他人学习某个内容负起责任时,他们就有机会在准备和呈现过程中学习这些内容,从而对信息的保持记忆也就增强了。

总之,学业成就随着合作学习策略的使用而提高,因为学生有了无数的机会去学习新的材料。如果发现学生存在不足的话,随后的纠正也不会对学生产生威胁和伤害。

脚本

在科学课堂上,赖特小姐设计了一个有关爬行动物的单元,并整合了概念形成和小组交叉组合学习模式。在开始的介绍中,她使用概念形成模式。赖特小姐让学生说出他们所知道的关于蛇的一切。她把学生的回答写在黑板上。

细长的	产蛋
冷血动物	有毒
能杀死人	吃老鼠
住在巢穴里	生活在水里或沙漠中
很长,有 20 英尺	有些是小的、绿颜色的
身上有鳞片	没有腿
从蛋中孵化	能爬树
人们一般都怕	凶残的
有些蛇吃啮齿类动物	用舌头去闻气味
整吞食物	有些用毒,有些靠缠
有些蛇有响环	发出嘶嘶的声音
叉状舌头	母蛇产蛋
一出生就自食其力	蛋坚韧如皮革
游动迅速	用沙埋蛋
舌头有毒	住在洞穴里

接着,赖特小姐要求学生把那些看似同属一类的特征归到一起。学生找出了以下的类别:

身体特征	**生育**
细长的	从蛋中孵化
冷血动物	产蛋
有毒	用沙埋蛋
不是所有的都有毒	母蛇产蛋
很长,有 20 英尺	一出生就自食其力

整吞食物	蛋坚韧如皮革
有些蛇有响环	
没有腿	
有些是小的、绿颜色的	
用舌头去闻气味	
防卫	**习性**
有毒	住在巢穴里
有些靠缠	住在洞穴里
发出嘶嘶的声音	生活在沙漠中
凶残的	生活在水里
杀人	能爬树
人们一般都怕	出生在沙里
游动迅速	

现在学生准备好了进行小组交叉组合学习。每个学习小组成员分派到一个学习议题。比如,贝思负责身体特征;乔安妮负责生育;西蒙负责防卫;戴维负责习性。之后,同属一个专家组的人集合到一起,把概念形成练习中产生的信息写到检索表上。在接下来的两节课上,小组成员一起研究他们的议题,以纠正错误的信息和增加新的内容。在确认新信息是正确和完整的之后,专家准备去向组内的其他成员传授。

赖特小姐也用这个程序指导对蜥蜴、海龟、陆龟、短吻鳄、鳄鱼和大蜥蜴的学习,以使学生能够理解和对爬行类动物进行推论。

活动 14-1

从某一课本上选择一个章节。列出 4～5 个重要的议题,开出每个议题的专家问题单。选择一个能与小组交叉组合学习模式整合的教学模式来介绍这个章节。

总结

在传统课堂中,学生的大多数学习经验只限于听和记笔记。在合作学习课堂里,学生听、写、说、解释、阅读、复述和互动,合作学习的学生比传统课堂上的学生有了更多的机会去学习和获得更大的成就。学生主动地投入到学习中,而不是成为信息的被动接受者。因为学生在小组内学习,甚至那些不喜欢说话的学生也会愿意讨论和要求澄清问题。

网络资源

1. http://www.ncrel.org/sdrs/areas/rpl_esys/collab.htm

北方教育图书馆提供了关于合作课堂的全面解释,其中即有一段是关于对抗与冲突的。

2. http：//www.ed.gov/databases/ERIC_Digests/ed370881.html

科教资源信息中心文摘网描述了合作学习的核心要素,并提供了关于该主题的大量目录。

3. http：//www.pgcps.pg.k12.md.us/~elc/learning1.html

电子学习社团指导合作学习,该网站描述了常用的合作学习技巧及一些模式,其中有一些并未出现在本章中。

4. http：//www.fga.freac.fsu.edu/academy/klus.htm

该网站有一系列关于合作学习的课程,这些课程将指导你如何教你的孩子球形概念与空间概念。

5. http：//www.interactiveclassroom.com/articles_002.htm

《在中学社会学学习中使用多级成人文献》一文描述了一名教师将文献融入社会学学习的方法。文章结尾提供了大量可用于小组交叉组合学习练习的带注解的阅读资料。

6. http：//www.jigsaw.org./index.html

浏览该网站可以对小组交叉组合学习教学技术、小组交叉组合学习历史有一个概括性的了解,并能获得一些如何运用小组交叉组合学习的技巧指点,还有一些关于合作学习、学校暴力及其预防、小组交叉组合学习课堂的网站链接。

7. http：//www.asu.edu/

亚利桑那州立大学的网站上有一系列关于合作学习的优秀网页,其中有一个可以直接访问的关于互动式演讲的描述说明。只须在主页左上角"Search ASU"里键入"cooperative learning",就可得到大量该主题的超文本链接。

8. http：//www.naio.kcc.hawaii.edu/techprep/wwow/castle/default.html

该网站上有一篇使用小组交叉组合学习模式教授传统农业、水耕法和有机农业课的课程计划。

第十五章
记忆模式：提高记忆力的技巧

一位中学老师说了她班上一个男孩的事。一天，这个男孩在音乐课后找到她，小声地告诉她一个秘密。小男孩用颤抖的声音告诉她，坐在他旁边的女孩南希是个会使魔法的巫婆。老师问他为什么会有这种想法，小男孩说，当音乐老师询问图表上音调的名称时，南希总能不可思议地说出拼写，而且总是正确的。"她甚至还小声地说一些关于聪明男孩的事情。也许，她是指我。"小男孩惊恐地睁圆了眼睛。对此，老师向男孩解释道，南希只是通过低声说出"Every Good Boy Dose Fine"这个句子，来唤起与音调有关的信息的回忆。因为，在这个句子中每个单词的首个字母就是五线谱上音调的名称。听完这些，小男孩的脸上充满了兴奋："现在，我也能说出正确的答案了！"

就像这个男孩一样，有很多孩子并不知道怎样运用记忆法——这些方法对信息的记忆有所帮助，而是认为在记忆的过程中有某种魔法。近年来，我们认识到良好的记忆不仅仅是天生的。当然，确实有些人生来就有特别的记忆能力，但大多数人是通过艰苦的训练和努力才获得这些能力的。那些能够记住所有顾客姓名的售货员，在第一天的课以后就记住全班学生名字的教师，以及能够记住人体内所有骨头名称的医科学生等等，他们都已经步上了通向成功的必经之路。

尽管唤起记忆并不是最重要的学习过程，但它是其他许多更高水平上的知识学习的基础。在没有记忆帮助的情况下，一些急需的信息是很难立即就被提取出来的。举个例子，由首字母缩写而成的"Roy G. Biv"能使我们很快地记起光谱中不同颜色的顺序：红色（red），桔色（orange），黄色（yellow），绿色（green），蓝色（blue），青色（indigo），紫色（violet）。"当 I 在 E 前，而且不在 C 后时，或者是像在单词 neighbor 和 weigh 中一样发 A 的音时候"就是一个很容易使用的拼写工具。而像"三十天的月份包括九月、四月、六月和十一月"就是记忆日历的一个辅助。这些记忆法对那些非如此就会被遗忘的记忆至关重要。"记忆法"的英文单词"mnemonic"来源于希腊语"mnemon"，意思是留意、注意。从"mnemon"中还衍生出了这样一些单词："remind"（提醒）和

"reminiscent"（回忆的）等。"mnemonic"一词最根本的词源还是与记忆女神 Minerva 联系在一起的。

除了记忆法之外，还有许多其他的方法可以帮助记忆。一旦学生掌握了这些方法，他们就能更成功地在需要时找到他们所需要的记忆。试想一下：忘记刚刚才介绍给你的人的姓名的尴尬局面将永远不会发生在你身上，那是怎样一种情形啊！

本章详细地介绍了四种基本记忆模式，这几种记忆模式对于唤起记忆确实相当有用。它们是联想记忆模式、场所记忆模式、动作记忆模式以及姓名与相貌记忆模式。这四种记忆模式以及一些由其变化而来的记忆方法，都是从众多可能的模型中挑选出来的，它们可以用于在课堂上进行教授。教师可以运用这些记忆模式教授特殊类型的信息，而对于学生来说，它们又是保存信息的重要方法。

影响记忆的条件

在考虑特定的记忆模式之前考虑一下与记忆方法相关的一些普遍条件是很重要的。比如，生理状态和情感状态会戏剧性地影响一个人的记忆力。一个饥饿或是极度营养不良的学习者是很难记住信息的。此外，缺乏睡眠、情绪低落都会妨碍记忆。

许多人看待他们自己的记忆力的态度并不很清晰。许多人深受考试焦虑之苦，在想到必须要在考试的压力下回想起自己的所学时，他们会产生挫败感。许多人对于他们在很多不同社交场合下的保存信息的能力感到极度的焦虑，以至于他们一想到要介绍一大群人的时候就会手心出汗、心怦怦直跳。大多数人认为自己的这种焦虑是天生的，而在其他人的身上不会发生这种情况。

很多人都经历过无法回想起一些重要事情的时刻：在会议中无法记起对讨论至关重要的一个数据，或是在向朋友推荐一本书时突然忘记了书名和作者的名字。这些瞬间的记忆受挫以及记忆缺失的感觉，应该可以帮助教师们体会那些记忆能力有缺陷的学习者所常常经历的感觉。

除了这章所描述的特殊方法外，态度及使自己放松的能力对记忆也有重要的影响。不要一遍遍地认定：我的记忆力很差。你可以对自己说：我**能**记住而且我**会**记住的。给自己鼓劲，在社交环境或是在需要回忆起某事的情况下放松自己，都是有效的记忆工具。

当身体紧张时，思维很难运作。体育锻炼能帮助身体放松以及思维有效运作。在考试前和考试中，许多教师让学生通过伸懒腰和深呼吸来放松。

大体上，在具有适当挑战性而失败的威胁较小时，记忆和学习会更为有效。这就是杰弗里·凯恩（Geoffrey Caine）和雷纳特·纽麦拉·凯恩（Renate Nummela Caine）所说的"放松的警醒状态"。对此，他们是这样解释的：

这是学习介于普通难度与高难度之间的自然知识的一种最佳思维状态，这种状态构成了低风险的内在驱动力以及良好的身体状态。我们将之称为"放松的警醒状态"。处于"放松的警醒状态"，对人们的许多能力都是很关键的：在记忆中找到自己所知道的知识、创造性地思考、对异议的包容以及延迟满足感，这些对真正地拓宽知识都是至关重要的。[1]

在相互介绍时给予他人多一点的关注，并将他们的名字和他们的某些情况联系在一起，这对于记忆很有帮助。注意谈话，有条理地记笔记、分辨出干扰信息等等都可以帮助记忆。同时，口头或笔头重复信息并且定期地温习所学，对于保存信息很有助益。背诵和复述也是记忆的关键成分。

在帮助学生提高记忆力的工作中，最重要的任务是要使学生相信拥有良好的记忆力是可能的。记忆力不是魔法或仅仅是少数特权者所拥有的天赋，它是所有人都可能得到的礼物。提高学生记忆力的第一步就是要向学生提供一些使他们有希望取得成功的方法。我们所说的记忆模式就是这样一些帮助提高记忆力的正确方法。

模式一：联想记忆模式

本章中所描述的联想记忆法及其一些变通的方法都是基于大脑联想的过程而提出的。通过将已经熟知的知识与新知识相联系，新的信息更容易进入记忆而且更易于保存。这一记忆模式对于记牢食品杂货清单、任务分配、总统的名字、足部的骨头以及太阳系的行星等信息很有用。这一模式对于记忆诸如"权利案"或是"十诫"等中的关键概念也是有效的辅助方法。

联想记忆模式的步骤

1. 选择项目。
2. 组织材料。
3. 建立联系。
4. 说明联系的过程并向学生呈现知识间的关联。
5. 练习建立项目间的联系。
6. 评价。

第一步：选择项目

当第一次教授此法时，你可能会发现任何一个记忆项目表都是一个适当的教学工

---

[1] R. N. 凯恩、G. 凯恩：《建立连接：教学与人类大脑》(Menlo Park, CA：Addison-Wesley)，1994年版，第143页。

具。随后很重要的一点是要帮助学生考虑这些材料是不是值得记。比如,把一张食品杂货清单写下来并把它存放起来可能比记在脑子里更有效。但是美国殖民地时期的那十三个殖民区或是美国总统们的名字是应该被长期记忆的有用的项目。

第二步:组织材料

尽管不论以何种顺序都能学会这些知识,但是尽可能地将这些材料分组或分类会使这些材料更有意义。比如,如果想要记一份食品杂货清单,把清单上的项目分为蔬菜、肉类以及其他一些类别就能够促进记忆。如果要记住一些要做的事情,诸如工作分配、安排等,那就按照一周中有几天或是一天要做几次来组织这些信息。

举个例子,假设你选择的记忆项目是东南部生长的一些农产品:

花生(peanut),猪肉(pork),高粱(sorghum),大豆(soybeans),苹果(apples),蚝(oysters),玉米(corn)

尽管不是非常必要,但是把这些项目按照字母顺序排列会有助于回想起这些词,尤其是第一个词。在以上所列出的农产品中,正好有一个词是以字母表中的第一个字母开头的——apple(苹果),这就使得这一系列单词的记忆更为简单。按照字母顺序,这些词应该这样排列:

苹果,玉米,蚝,花生,猪肉,高粱,大豆

第三步:建立联系

在上课前,在每两个单词间建立起比较强烈的具有视觉效果的联系。举例来说,如果第一个单词是苹果,而它与下一个单词玉米的联系,我们就可以想象成一个苹果正在啃玉米或是一棵苹果树上长出了玉米。蚝和花生,我们可以想象一只蚝从花生壳中跳了出来或是一只蚝在吃花生。这种联系越荒诞就越容易被记住。

第四步:说明联系的过程并向学生呈现知识间的关联

向全班解释这一记忆模式中的各个步骤以及那些能够提高记忆能力的推理。把你事先准备好的前四个词间的联系介绍给学生。让全班同学一起在剩下的记忆项目间建立起荒诞的联系。在这一步骤的最后,评论一下建立这些联系的理由。

第五步:练习建立项目间的联系

让学生作为一个团体练习建立联系以唤起对被选材料的记忆。给学生提供另一组记忆材料,让他们以班级为单位或是分为几个小组来建立材料间的联系。全班学生可以表决选出在应用中最为有效的联系。

在这一步中,向学生强调材料间的联系越荒诞就越容易被记住是最为重要的。做一张简单的联系图作为附加的记忆辅助也是相当有用的。

教师给学生提供一组数字，让每个学生建立一组联系用来记住这些数字，以此作为学生的家庭作业。在第二天，让班上所有的学生分享这些联系。

接下来，在课堂上复习这些记忆项目表。练习从最后一个记忆项目回忆至第一个项目。每一个记忆项目表都要比前一个更长一些。

第六步：评价

让学生在一份书面作业或是一个简短的小测验中运用他们所记住的信息。与学生讨论一下这一记忆法是如何发生作用又在何时最为有效。讨论一下他们都保存了哪些想象画面而哪些想象最不易被记住。着重强调一下那些最容易被记住的画面是多么有趣可笑。定期地复习一下这种记忆方法并测试记忆的效果。让学生以日记形式追踪他们记忆能力的发展轨迹。

联想记忆模式的变式

故事/联系法：通过一个故事来联系所有不同的记忆材料。举个例子，一个明亮的苹果和一个玉米结婚了。当苹果和玉米走到走廊上时，蚝们都鼓起了掌，但是他们没有撒稻子而是撒了花生。猪们原本是想拉小提琴的，但是他们全都滑倒在稠稠的高粱糖浆里了，所以，大豆们只好用他们的口哨吹出嘟嘟声代替提琴声。

项目/关联法：联想记忆模式的项目/关联变式在记忆一组相互间有附加相关联系的项目时很有用。比如，总统内阁成员名单。假如劳动（labor）部长是亨利·史密斯（Henry Smith），那么，所要建立起的头脑中的想象就需要把他办公室的职能——劳动（labor）和他的名字 Smith 联系起来。人们可以在心里想象一个正在劳动的铁匠（blacksmith）或是一个拿着大铁锤的工会领袖。假设贸易部长叫弗兰克林（Flanklin）。想象的画面可以是一个正在买腊肠的人或是乡村食品杂货店里聚在弗兰克林牌（Flanklin）火炉旁的一群人。

核心思想联想法：在记忆如权利法案这类材料时，学习者必须首先确定某一特定段落的核心思想，然后分离出一个能够触发到核心思想内容的词语。比如，在权利法案第一修正案中保证了宗教信仰自由。其中主要思想是"宗教"，所以必须将"第一"联系到对宗教的想象中。这个想象可以是一个正在独自祈祷的人或是排队进入教堂的人中的第一个人。

记忆钉系统法：记忆钉系统法是一种非常有效的记忆手段，它需要用一系列材料中的每一个数字来建立起一种固定的联系（这些数字就好像一个个固定的钉子），并运用这些固定的数字钉来建立记忆列表中各项材料的联系。举个例子，下面就是1～10这10个数字及其所包含的想象之间的一系列联系：

1是枪,2是球杆,3是树,4是海岸,5是蜂群,6是枕套,7是天堂,8是盘子,9是松树,10是母鸡。

任何一系列的记忆项目都可以用这些固定的记忆钉词语。比如在上面提到的那个东南部出产的农产品的例子中,如果用记忆钉的话,1或者枪,就会与苹果或是一支正在向苹果们射击的枪联系在一起;排在第二位的玉米会被联想成球杆或是一个被用作撞球杆的玉米;而蚝就会被联系成一棵树或是一棵上面满是蚝的树。不管什么时候需要记忆一长串的东西,我们都是运用同样的记忆钉词语,所以这些词语就成为学习者们固定的记忆钉。

关键词记忆法:1975年理查德·阿特金森(Richard Atkinson)首次提出了关键词记忆法。[1]尽管这一方法适用于很多情境,但广泛的研究证明关键词记忆法对外语的词语记忆尤为有用。这个方法的第一步是要选择所要学习的外语单词的一个关键词。这个关键词是学习者很熟悉的。比如说,如果所学的词语是法语单词"狗",或是"chien",关键词可以是英语中读音很相似的单词"shin"(胫部)。下一步是建立起将关键词与所学词的意义联系在一起的一种视觉上的想象,比如说,一条狗咬了一个人的胫部。

基本的联想记忆模式,连同这些变式,都是将记忆项目与学习者已掌握和熟悉的东西联系在一起,并创建生动的心理图像,它是我们所知的最有效的提高记忆力的方法之一。

联想记忆模式的步骤总结

1. **选择项目**:选择值得记忆的材料。
2. **组织材料**:把材料按某种顺序进行整理。可以按要点或是按字母顺序进行组织。
3. **建立联系**:这些联系可以是幽默的甚至是荒诞可笑的。
4. **说明联系的过程并向学生呈现知识间的关联**:学生必须理解建立联系的步骤以及这一过程的重要性。向学生呈现事先已经准备好的某些材料间的关联。
5. **练习建立项目间的联系**:学生以班级为单位或是分成小组通过家庭作业的形式进行练习。
6. **评价**:确定联想记忆法的有效性,并复习、讨论其过程。

练习 15-1

一位教师为记忆一组包括椅子(chair)、警察(policeman)、橘子(orange)以及金丝

---

[1] R.C.阿特金森:"第二语言学习中的记忆法",《美国心理学者》,1982年第52卷,第821~828页。

雀(canary)等在内的项目,建立了这样一种关联:

A *chair* was sitting in a room full of *policemen*. 在一间满是警察的房间里有一张椅子。

A *policeman* was eating an *orange*. 一个警察正在吃橘子。

There was an *orange* feather on the *canary*. 一只长着一根橙色羽毛的金丝雀。

我们可以怎样改进这组关联呢?

练习 15-1 参考答案

1. 这组记忆项目应该以字母顺序排列：*canary*，*chair*，*orange* 和 *policeman*。
2. 词与词间的关联应该比较可笑。比如:

A *canary* was sitting in a *chair*. 一只金丝雀正坐在一张椅子上。

A *chair* was jumping up and down on an *orange*. 一张椅子在橘子上蹦上蹦下。

An *orange* was eating a *policeman*. 一只橘子正在吃警察。

3. 这些被记忆项目的意义必须前后一致。"orange"可以指一种颜色或是一种水果,但不能两种意思都有。

模式二：场所记忆模式

这是按照一定顺序记忆要点的最古老的记忆系统之一,比如一篇演讲的主要观点或是在一次单元考试中的回忆等等。这个记忆系统是古罗马时代提出的,称之为所在地或场所记忆系统。

那些准备在讨论会上发表讲话而不借助于任何稿件的演讲者们会选择一个他们非常熟悉的特殊场所,比如一个房子中的一个房间,或是他们散步的一条小道。在这个场所下他们会选择一些物体作为提示。举个例子,如果他们设想自己正沿着一条熟悉的小道散步,第一个提示物体就可能是一块他们常常坐下休息的大石头,第二个提示物可能是一棵大树,第三个是一条横穿过小道的溪水,第四个提示则是一根中空的圆木,等等。这些地点或场所中的每一个物体都会成为找出他们演讲中的要点的提示物。

演讲者会把演讲中的观点与每一个地点联系起来。打个比方,选举可能与石头联系在一起,演讲者可以联想到刻在石头上的选票。一个关于军事的观点可以通过想象战士们躲在小道上的一棵树后面而与树发生了联系。习惯表达法"首先(In the first place)，其次(and the second place)，等等(and so on)"都是来源于演讲者们利用特殊的场所来提示其演讲主要观点的实践。

一旦选定了一系列的地点或场所,就可以反复用它们来记忆不同的观点或思想。选择一个非常熟悉的、已经长久地牢刻于记忆中的场所是非常重要的。这样那些新的信息就能与这个熟悉的画面联系在一起了。

场所记忆模式的步骤

1. 选择适当的材料。
2. 描述记忆材料的要点。
3. 明确作为提示物的场所。
4. 将记忆项目与该场所范围内的地点联系起来。
5. 练习。
6. 评价。

第一步:选择适当的材料

选择一组可以帮助回想主要思想的材料。这组材料可以是一段演讲的主要观点,可以将其作为公众演讲中某个单元的一部分。或者也可以是单元中的主要标题,比如说像内战的起因、恐龙的不同种类或者是一部小说中的一段情节,学生可以在考试中用它来帮助记忆起一些主要概念。

第二步:描述记忆材料的要点

在学生已经学习并完全理解材料之后,让他们描述出这段材料的要点。他们应该找出每一部分的主要标题,并在每个主要标题下列出小标题。比如说,在关于传统文学类型的一个单元中,学习的要点可能会像这样:

Ⅰ. 诗歌
    A. 歌谣
    B. 赋
    C. 十四行诗
    D. 自由诗体

Ⅱ. 小说
    A. 超短篇小说
    B. 长篇小说

Ⅲ. 非小说的纪实文学
    A. 传记
    B. 评论
    C. 游记

Ⅳ. 戏剧
   A. 喜剧
   B. 悲剧

第三步：明确作为提示物的场所

让学生找出学校中他们非常熟悉的那些地方，比如教室、体育馆、快餐厅、建筑物外的走道、一块空地或是一个网球场。然后找出这些场地中的一些具有暗示性的物体。比如，如果选定教室，黑板可能是一个暗示物，老师的书桌可能是第二个暗示物，第三个是对讲机，第四个则是灯的固定架。

如果选择了棒球场，第一个暗示地点可以是投手的掩体，第二个可以是打击手的位置，第三个是一垒，如此类推。精通棒球的学生知道在比赛中为了记录比赛情况而给那些地点编了号，因此这些地点作为指示物对他们来说是非常理想的。

第四步：将记忆项目与该场所范围内的地点联系起来

把演讲内容概要中的关键点与全班学生选择的场所中的各个地点联系起来。可以一开始以整个班级为单位，随后再以小组的形式进行这项工作。举个例子，如果选定的场所是教室，那么诗歌就可以和黑板联系在一起，小说与对讲机相联系，非小说类传记与教师的书桌相联系，而戏剧则与灯的固定架联系在一起。

然后我们建立起要记的内容与这些地点间的关联：我们可以假想一块写满了诗歌的黑板或是一首写在石板上的诗。而小说与对讲机的联系，我们可以想一下早晨广播里开始讲述"从前……"的情景。

第五步：练习

训练学生以小组形式按顺序提取记忆材料的要点的能力，并让学生轮流列出这些记忆材料。

重新布置一段学生已经学过的材料。让学生在小组中重复练习如何概括材料的要点、选择重点，然后把每一个要点都与一个地点联系起来。这一次，每个学生都要在全班同学面前说出自己的想法。

第六步：评价

和学生一起讨论这种记忆方法的有效性。确定在帮助回忆内容要点的地点中，哪些是最有效的，我们可以做些什么以改进这一记忆方法。比较一下传授这一记忆方法前后测验的结果，同时让学生描述出他们是怎样运用这一方法的。

场所记忆模式的步骤总结

1. 选择适当的材料：这个记忆模式非常适于记忆那些涉及面比较广的材料，比如考试时或演讲时的那些材料。

2. 描述记忆材料的要点：学生最起码应该识别出需要记住的材料中的主要观点或关键词。

3. 明确作为提示物的场所：此场所必须是所有参与者都熟悉的地方。

4. 将记忆项目与该场所范围内的地点联系起来：一旦地点选出来了，就要着重强调反复使用这些地点的可能性。

5. 练习：让学生在小组中练习或是通过家庭作业来练习。布置一个新的题目让学生重复练习地点记忆法。

6. 评价：确定学生是否在应用这种记忆法，以及这种方法是否帮助他们提高了记忆力。

练习 15-2

下列各项中哪项是最适合用场所记忆法的？
A. 找到存储一系列项目的记忆的地方
B. 组织好一场辩论中的主要观点
C. 准备一次单元考
D. 以上所有各项

练习 15-2 答案

答案 D，以上所有各项。

模式三：动作记忆模式

许多人还能回想起曾经被要求记住诗歌、评论和文学作品的段落的情形。很多人仍然记得那种站在全班同学面前却想不起莎士比亚十四行诗或是葛底斯堡演讲的下一句是什么时的痛苦。对于有些人来说，在全班同学的嗤笑之下背诵这些段落简直就是噩梦，时至今日，这种记忆仍然使他们感到焦虑。鉴于这种创伤，学校中已经摒弃了大部分要求记忆的活动。

然而，往往是那些我们不太情愿学的语句在我们无书可读时提供了慰藉和鼓舞。在我们苦闷时，圣经第二十三篇可能是个极大的安慰。在集会中，独立宣言中那些鼓舞的语句能使人心得到振奋。可悲的是，现在的年轻一代却没有这样的精神资源。

我们的老师不会存心伤害我们，他们试图通过记忆为我们提供一个步入优美的诗歌、思想殿堂的途径。这些诗歌和思想会跟着我们一辈子,当需要时我们就能想起。许多老师仍然倾向于为他们的学生提供这一条途径,但是他们认识到这种记忆过程可能带来的痛苦所以就避免布置任何记忆的作业。动作记忆法为学生提供了一个机会,学生在记忆材料时无需被单独拎出来,也不用经历失败的尴尬。另外,这种方法也让教师能够和学生一起着重去关注语言的节奏与优美。

通过把一些词句与一些象征性的动作结合起来,能使记忆原文,特别是一些优美的文章变得更容易。当需要记住的段落中包含有许多强有力的联想画面时,动作记忆法就会起作用。动作记忆法是一种集体记忆方法,它避免了因忘词而导致的极大痛苦。正如文中所谈到的许多其他的记忆方法一样,学生在记忆的过程中互相学习并且能够听到其他同学有节奏、有感情地说出那些词句。

动作记忆模式的步骤

教师应该在课堂教授之前预先完成第一到第三步。
1. 选择一个记忆段落。
2. 制作一张图表。
3. 选择关键词和动作。
4. 介绍材料。
5. 向学生演示动作。
6. 让学生分组完成剩余材料的动作设计。
7. 让学生分组演示动作。
8. 练习。
9. 评价。

第一步:选择一个记忆段落

选择的段落应该是值得记忆并且其中应该包含有强烈而又具动感的联想画面。可以选择一首诗,一篇短文的一部分,一篇演讲或是一首歌曲。这些词句应该能够使你的学生联想到多年以后的情景并为此所鼓舞、感动。

第二步:制作一张图表

把选择好的段落写在一张大的图表上,图上应有足够的空间让你记笔记或作画。在有些教室里,把材料印刷在一卷卷轴纸上或是新闻用纸上比较合适,这样就可以将这些材料绕着教室展开。也有一些老师用一种可以翻转的图表或是投影仪。因为你会周期性地提到这段材料,所以对于长期记录材料来说黑板并不是最好的地方。

第三步：选择关键词和动作

在课前选择一些能够将记忆材料中的关键词和短语表现出来的动作。比如说需要记住的是"美丽的美国"中的一些词句，第一个动作可以缓缓地将双臂伸向空中以象征着"噢，美丽而广袤的天空"；另一行"琥珀色的稻浪"，可以双手同时移动，做出波浪的样子；关于"紫色的雄峰"，则双手指间并拢举起，做出一个倒 V 字表示山峰；对于"在硕果累累的平原上"，可以一只手伸出去好像在摘一个苹果似的。

第四步：介绍材料

在课堂上，通过朗读或放录音向学生介绍需要记住的材料。假设这些材料是正在学习的一个单元中的一部分，而且将在一个更为全面的知识体系背景下进行教授。记忆力的提高是通过与其他的信息相联系并被置于一个相关材料所构成的框架中而实现的。

教师必须确保每个学生都已理解材料及其词句的含义。向学生指出你所选择出的每一部分中的关键词。如果学生能完全理解需要记住的词句的意义就可以避免产生误解。在加上动作之前，向学生解释动作记忆法以及在记忆过程中所应遵循的步骤。

第五步：向学生演示动作

让学生站成半圆形，这样每个学生都能看见你、班上的其他同学以及图表上的字句。教师要向学生说明他们首先要创造出一些动作，这些动作不需要很复杂或是很有力。然后画出主要的图像或写出文章中的关键词语。这样学生就为此项练习做好了准备。

现在，在集体练习之前，你自己单独或是和一个学生一起演示一下你为这段材料所选择的动作，并让学生一边说一边做这些动作。每向学生介绍一个新的动作，就复习一下前面所学过的所有动作。

第六步：让学生分组完成剩余材料的动作设计

让学生分组合作。把剩下的材料分成几部分布置给每一个小组，每组学生要为这部分材料制定合适的手势。（如果是和幼儿们一起，就让他们作为一个大组来完成这项工作，要多次一起重复这些动作）

在这一步活动中，教师要一个组一个组地巡视。要确保学生找出了所给材料中的关键词，并且鼓励他们运用他们的想像力去创造新动作。

第七步：让学生分组演示动作

让每一组学生站在一起从头复述整个的段落，并做相应的动作，包括那些在他们之前别人设计的动作和他们为自己那部分材料所新创的动作。因为每组学生都详细讨论过材料，教师可以指着文中的那些词句并鼓励小组学生带着感情说出这些词句。

第八步：练习

当所有的小组都展示过他们设计的动作之后，让全班的学生再次站在一起，带着动作从头至尾复述要记忆的这段材料。指导学生在家里对着镜子练习，直到他们确信已经记住这段内容。之后，要求他们不做动作来复述这段材料，看他们是不是能够记住这些语句。

第九步：评价

让学生默写这一段落然后检查看是否记住了所有的内容。如果有不会写字的学生，让他们向同伴背出这段内容但不加上动作。如果可能的话，录下整个活动过程以确定学生的参与程度以及小组中是否用了这种记忆方法。

定期回顾这段材料并让全班学生分享这个方法以及那些动作。

选择另一份材料，但是教师不要事先准备任何动作。全班学生一起或是分组准备动作。

动作记忆模式的变式

图画：以将一些动作以图画的形式添加到图表中以帮助学生想起那些动作，比如伸向天空的双手，波浪和山峰等等。这种做法对幼儿或阅读能力不佳的学生很有帮助。这些可见的提示物不必是很精美的图画，只要能简单地代表关键词就可以了。

对于那些受缚于轮椅或不能站立的学生，可以坐着甚至躺着完成这些动作。

如果老师或班上什么人会手语的话，可以用手语来表示关键词。

动作记忆模式的步骤总结

1. **选择一个记忆段落**：选择一些值得记忆并具有很强的想象画面的材料。
2. **制作一张图表**：在一张简单易读的图表上写下要记忆的材料。
3. **选择关键词和动作**：这些动作必须简单而优美。
4. **介绍材料**：确保学生已经理解了那些词句的意思。
5. **向学生演示动作**：向学生展示那些词句和动作并要求学生重复。
6. **让学生分组完成剩余材料的动作设计**：鼓励各小组找出关键词并选择合适的

动作。

7. 让学生分组演示动作：每个小组站在一起重复包括小组新添加动作在内的所有动作。

8. 练习：让全班同学一起站着多次复述所有的词句。

9. 评价：确定学生是否能默写出或向别人复述出段落的全部内容。

练习 15‐3

下面哪一选项适合用动作记忆法？

A.《独立宣言》

B. 美国总统的名字

C.《圣经》第一百篇

D. 辩论中的主要观点

练习 15‐3 参考答案

选项 A 和 C 最适合用动作记忆法，因为这两者都是带有很强语言表现的优美的文字段落。联想记忆法对于记忆美国总统名字这种清单式的材料比较合适，而场所记忆法对记忆辩论中的主要观点更为有效。

模式四：姓名与相貌记忆模式

学习记住别人的姓名、相貌也代表着一种生活技能，因为在这样一个记忆过程中我们学会了关注我们周围的人。很多教师认识到能够尽快地记住班上学生的姓名对于增进学生的自我概念、自信以及健康来说都是非常必要的，因此教师应特别关注这种能力的培养。

姓名、相貌记忆模式有很多来源。肯尼思·希比（Kenneth Higbee）在他的《你的记忆力：记忆是如何运作的以及如何提高你的记忆力》（*Your Memory：How It Works and How to Improve It*）[1]一书中详细地介绍了这种方法。希比描述的步骤如下：(1) 确信你曾经听过这个名字；(2) 赋予这个名字以意义；(3) 注意此人外貌上的与众不同之处；(4) 把名字与这个特点联系在一起；(5) 再讨论一下该联系。

下文对以上步骤进行了拓展和调整以适应教学环境。这种记忆方法使用照片，而不是让学生之间面对面互相练习。之所以如此是基于这样一种认识——青少年可能会对他人生理上的特点表现得很残忍而且绝大部分的学生可能已经知道他们同学的名字了。

---

[1] 肯尼思·L.希比：《你的记忆力：记忆是如何运作的以及如何提高你的记忆力》（第 2 版）(New York: Paragon House), 1988 年版, 第 194 页。

姓名与相貌记忆模式的步骤

1. 选择模样有趣的照片。
2. 分给每个学生一张照片。
3. 让学生描述各自照片上的面孔。
4. 让学生找出照片的显著特征。
5. 让学生把姓名与特征联系起来。
6. 复述这些名字并进行练习。
7. 评价。

第一步：选择模样有趣的照片

选择一些照片并将它们贴在硬纸板上。你可以给这些照片加上虚构的名字，或者也可以选择一些学生并不熟悉的真实的历史人物。用本学年要学的人物或是报纸上的名人照片也可以。

第二步：分给每个学生一张照片

把全班学生分成小组并分配给每个学生一张照片。照片人物的姓名写在照片背面。

对于更小一点的孩子，或是仅作为一个介绍性的练习，你可以把所有的照片都放在教室前面，然后指导全班学生进行此项练习。

第三步：让学生描述各自照片上的面孔

告诉学生在介绍照片上的人时，他们必须特别注意每一个人的名字。让小组中的每个学生向其他人介绍他或她的照片上的人。建议要求组中的其他成员复述这些名字。鼓励学生写下这些名字并在交谈中使用。比如，他们可能会说："很高兴见到您，托马斯·杰弗森。"在随后的讨论中，他们可能会对组里的其他人说："托马斯·杰弗森告诉我他很快将筹划一次旅行。"在讨论的最后他们可以这样结束谈话："和您见面很愉快，杰弗森先生。"

第四步：让学生找出照片的显著特征

让学生注意照片上人的外貌上的显著特征。我们在看人时习惯于注意他们的特征。我们更倾向于记住美丽的或是非常没有吸引力的面孔，但是其余大部分的人被我们遗忘了。提醒学生注意照片上人的头发、眼睛的颜色，鼻子和耳朵的形状。下巴尖是向外伸的还是向里凹的？下巴上是否有凹痕或是脸颊上是否有酒窝？眉毛浓吗？

发际线生得靠后吗？让学生注意并找出某种将名字和人联系起来的特征。

第五步：让学生把姓名与特征联系起来

学生可以把名字与外貌上的一些与众不同的特点联系起来。举个例子，托马斯·杰弗森有一头很亮的红头发。学生可以联想起一只叫做杰夫的红毛公猫。我们还可以用一些很熟悉的概念来记住名字。其实很多姓名已经与日常生活概念联系在一起了，比如颜色（Green 绿色，White 白色，Brown 褐色）、职业（Baker 面包师，Cook 厨师，Farmer 农场主，Wright 工人，Brewer 酿啤酒者）、地点（North 北方，West 西方，London 伦敦）。如果不能将名字与日常概念联系起来，那就转而与一些读音相似的东西相联系。比如，Gunter 可以变成"gunned her"，Estes 可以变成"Best S"，Schwab 可以变成"She robs."选择一些名字让全班学生进行练习，先选择一些简单的易于联想的名字。

有些名字可能比较容易进行联系。比如，有酒窝的格林（Green，绿色）女士我们可以想象从她的酒窝里长出了绿色的草；而长着肥胖、红润脸颊的贝克（Baker，面包师）先生可以想象他正在烤面包圈。让学生一起合作找出身体特征和相关联系。

再一次强调，想象越生动甚至是荒诞可笑，就越容易被记住。希比指出许多人担心他们只是记住了那些联系而不是姓名。[1] 但是这是不太可能发生的，因为在这个方法的第二步和第三步中对人的关注可以保证以后记住的是正确的名字。

第六步：复述这些名字并进行练习

尽可能多地重复这些名字并记忆联系。让学生站着在小组中介绍所有照片上的人，然后再向全班同学解释用来记忆这些名字的方法。

第七步：评价

周期性地让学生在各自的小组中练习记住照片上人的名字。通过听取介绍和使用新的方法，学生应该能够介绍来自别的小组的照片上的人。通过记录一段时间内你的记忆改进情况来评估你自己在记班上学生的名字方面的进步。

姓名与相貌记忆模式的步骤总结

1. **选择模样有趣的照片**：这些照片可以是从杂志上剪下来的模样有趣的陌生人的照片或是课程中将会学到的一些名人的照片。
2. **分给每个学生一张照片**：如果是年龄较小的孩子，这些照片可以挂在教室的

---

[1] 希比，第198～199页。

前方,让全班学生一起完成这个活动。

3. 让学生描述各自照片上的面孔:让听的孩子重复并写下那些名字,以此来鼓励他们赋予这些名字以意义。

4. 让学生找出照片的显著特征:督促学生注意照片上人的有趣的面部特征。

5. 让学生把姓名与特征联系起来:这两者之间的联系越荒诞可笑,记忆的效果就越好。

6. 复述这些名字并进行练习:以小组的形式或者是作为家庭作业练习。

7. 评价:周期性地重复练习以确保记住这些名字。

记忆模式的基础

与一般的观点相反的是,一个人记忆的好坏并不是一出生就确定了的。好的记忆力是后天形成的一种技能,甚至那些很聪明的人也不是自然而然就有很好的记忆力的。在印刷机发明之前,人们只能靠学习一些记忆法来记住重要的信息,也只能通过记忆把大部分的信息一代一代地传下去。提取重要信息所依靠的是个人的记忆而不是计算机及其精密的档案管理系统。在中世纪,这些记忆法重要到关乎个人的生存。比如,僧侣们可以通过把记忆条目与教堂内的场所相联系而记住上千个条目。

今天,我们常常认为这些记忆法对大多数学习者来说并不重要,是不必要的"额外的东西",而好的记忆力是上天送给那些天才的礼物。可是,那些看来更聪明的好学生却比一般学生更倾向于学习并运用这些辅助记忆的方法。正如人们发展起来的其他技能一样,他们的记忆力也更多的是练习与改进的结果,而不是来自上帝的任何特殊恩赐。如果能够教会一些能力稍差的学生使用这些方法,他们也会变得更有能力。

为了理解这其中的原因,我们只有去看看记忆到底是怎样工作的。埃德蒙·博乐思(Edmund Bolles)在他的《记忆与遗忘》(*Remembering and Forgetting*)一书中提出了记忆形成的一种顺序或模式。他所描述的模式从我们所知的有关大脑和学习的知识那里得到了证明。也许应该将这种模式刻在从幼儿园到大学每个教师休息室的墙上。仔细思考以下语句在所有的教学中将意味着什么:

> 人们只记得他们理解的东西;
> 他们只会理解他们注意的东西;
> 只有他们想要的东西他们才会去注意。[1]

其中的一个单词"想要的"精确但却有些唐突。也许应该将之理解为"认为有价值

---

[1] E. M. 博乐思:《记忆与遗忘:记忆力本质调查》纽约(New York: Walker and Co.),1988年版,第23页。

的"或是"喜欢的",抑或是"关心的"更合适些。不管这个词的意思到底是什么,这是教学的第一步。从很多角度来说,教学都是一种记忆与教育的艺术。从某种意义上来说,教学本身就具有记忆法的特质。在我们了解了记忆是如何工作以及是什么导致了遗忘之后,会非常容易理解这种特质。

记忆并不固定存在于大脑中的某一区域。现代有关人的大脑的研究指出了一种比我们以往所想象的更为泛化的大脑活动。记忆活动看上去包含了大脑中很多不同部分的相互作用。记忆的唤醒涉及到提取出那些学习过继而又被"储存"在大脑中的材料,这些储存的材料可能比字面材料更加丰富。有研究表明,在学习新材料时,大脑细胞会发生一些永久性的变化。也许,把新的学习材料与以前的知识联系起来就意味着利用以前学习经历中所建立起来的大脑通道或联系。新知识覆盖旧知识,新的记忆与旧的记忆储存在同一条神经通道中,并以此取代旧的记忆。

人类似乎有两种相互独立的记忆过程。第一种是短时间保存信息的短时记忆。这种记忆可以让我们很快想起一些需要短时间内记住、而后就会忘掉的记忆项目和经历。如果我们的大脑要将我们所经过的一切全都记下来的话,那可真就一团糟了。所以必要的遗忘与记忆同样重要。

注意短时记忆的以下特征:
- 短时记忆的维持时间不超过 20 秒,除非它通过复述而更新过。
- 短时记忆的容量限度一次大约是七条(加或减两条)。
- 大脑对短时记忆中的内容很清楚。
- 短时记忆可能只有 1 到 3 秒。
- 短时记忆被作为相关的"块"进行编码,一次七个"块"(加或减两块)。

大脑能进行的另一种记忆称为长时记忆。这也正是教师们想教授给学生的。长时记忆是本文所教的记忆模式中的重点。在这种记忆类型中,从记忆储存中提取的都是最重要的和那些通常来说是最难的东西。与短时记忆相比,它有这样一些特点:
- 长时记忆可以维持无限长,可能从你会说话开始直到死亡。
- 长时记忆的容量没有限制。
- 大脑并不清楚长时记忆中的内容。
- 长时记忆是永久保存的。
- 长时记忆是以词、概念、感觉等等来进行编码的。

不管是用记忆辅助法还是其他什么方法,学习的目的都是要将信息从短时记忆转变为长时记忆。绝大部分的短时记忆是不会转化为更为持久的长时记忆的,那么怎样才称得上保持了某种记忆呢?图 15-1 尝试描述了我们对此问题所知的答案。首先注意图中的两个记忆瓶颈:从感知的信息(学习者能力所及的所有信息)转变为短时记忆的通道以及从短时记忆转变为长时记忆的通道。注意和关注是首要的决定性的学习障碍(或学习的催化剂)。回想一下,博乐思曾经说过这样的话:学习者会对他们关心的东西加以注意。那些学习者不曾注意和关注的东西在它们有机会进入短时记忆（有时也被称为工作记忆）之前就很快被意识过滤掉了，而其他的一些东西就可能被保存在短时记忆中。同时还要注意，撇开低容量不说，即便是那些成功进入记忆最初阶段的信息也都打上了意识和时间的印记。短时记忆中的信息是学习者确信知道的一些知识，但是却不一定是将被保存下来的信息。对于绝大部分信息而言，它们不会得到保存，除非发生些什么使之可能被保存。

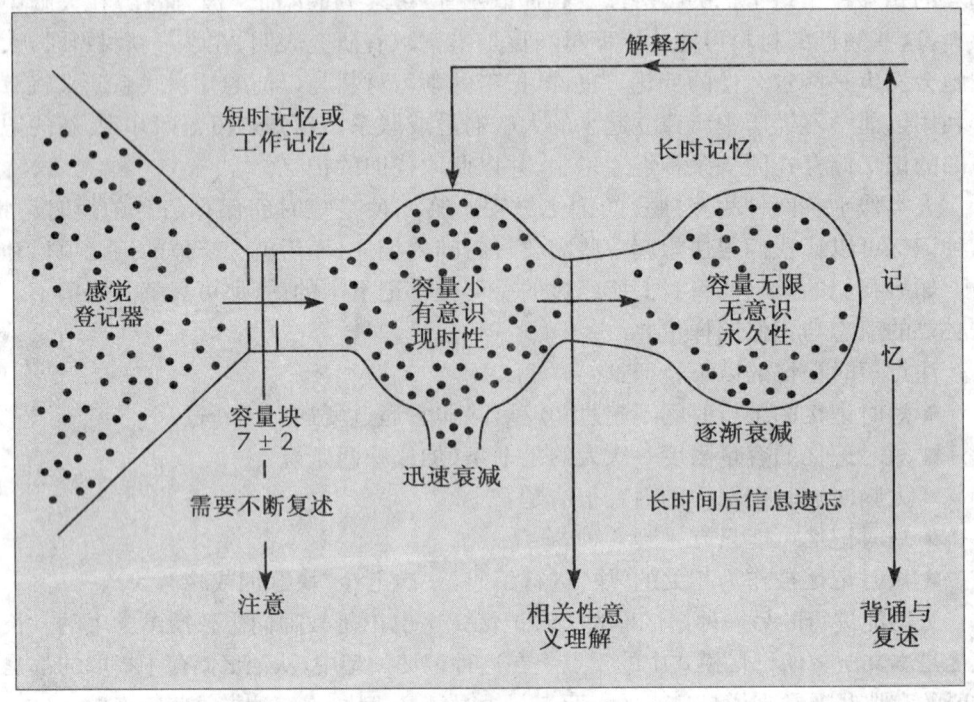

图 15－1　信息处理模式

资料来源：Adapted form R. N. Caine and G. Caine, *Making Connections：Teaching and the Human Brain* (Menlo Park, CA：Addison-Wesley, 1994), 43.

另一个瓶颈是从短时记忆通往长时记忆的狭窄通道。如果短时记忆中的信息经过了详细的描述，或是因为与长时记忆中的某些东西相联系而具有意义了，那么它就可能移入长时记忆中。这一过程中的决定性因素是关联性、意义和理解。学习者会记住他们所理解的东西，而他们所理解的是他们认为有关联性的和有意义的东西。他们能够把这样的信息存入长时记忆，而这种记忆是一种不知限度的、无意识的和永久的。

长时记忆的衰退是非常缓慢而渐进的，而真正衰退的是记忆的通路。这种通路非常重要，因为常常在学生看上去似乎不知道他们"应该"知道什么的时候，却仅仅是因为他们在存取真正知道了的信息方面有了困难。因此，我们又一次想到了教学艺术中所强调的：信息应该具有相关性、有意义并被理解。这种记忆建立了一个解释环，在这个环中，从短时记忆进入长时记忆的新知识在其又一次的呈现过程中，学习者已知的知识得到进一步理解、阐述及提炼。这个解释环就是学习的心理机制。这个机制的运行是通过教学来刺激的，这种教学不断促使学生回忆以前学过的知识，并发现它与正在学的知识之间的关联。

记忆的条件

什么条件能够促进学习者的记忆？正如上文所说，长时记忆是本书中所有教学模式的重中之重。这章中的记忆模式突出了对记忆的普遍关注，这种关注认为，从储存的信息中提取信息是最重要、最频繁，同时也是最难的目标。这种记忆依赖于四个重要的条件：理解、组织、重复和联想。

理解

在成功地记住信息之前，首先要理解信息。我们可以很明显地看出，当学习者去记忆那些他们根本不知所云的东西时，他们忘得非常快。打个比方，很多人做代数只是通过记住步骤来求解，他们从来没有真正懂得除了得到正确的解之外，对问题还应该做些什么。你还记得那道关于两辆分别从洛杉矶和纽约以不同速度同时出发的火车的题是怎么解的吗？这并不是你日常生活中的大问题。今天，很少有成年人能够从他的长时记忆中提取出这样的信息，因为这些信息在他们学的时候就没有任何意义。

当学习者感兴趣或是感到有某种理由或目的应该将这些信息长时间地记住时，他们就更容易记住这些信息。对于任何一个需要记忆的作业都存在一个问题，那就是：它们值得去记吗？指导学习者在图书馆或是计算机网络中提取信息是不是对他们更有用呢？记忆力不会简单地通过一些记忆活动就能增强，所以没有理由去选择一些繁琐的或是不重要的材料去记。

组织

在理解和储存信息的过程中把信息按照特殊的框架进行组织会很有效。阿伦·巴德利（Alan Baddeley）把大脑储存信息的组织比作一个大图书馆。"为了有效，"他指出，"图书馆的书必须按照一种系统的方法组织、上架，否则的话，要找到一本合适的书会很慢，图书馆也就失去了它的效用。"[1] 按字母顺序排放是一种简单的整理信息的方法。另一种方法称之为"分块记忆"，在这种方法中，数字或字母以一种分块的方

---

[1] 阿伦·巴德利：《记忆心理学》(New York: Basic Books)1976年版，第285页。

式连接以便查找。我们大部分人都会以分块的形式记住我们的社会保险号，就像这样：123 - 45 - 6789。我们记电话号码也可以以 123 - 4567 的方式记忆。

描述要点是整理材料中主要观点的一个有效方法，也许我们可以用"结网"的方法。在这种方法中，一个主要概念被相关的概念围绕着，就好像一张网一样。在概念形成模式中，学生学会将数据按类整理，这也是一条组织需要记忆的信息的有效途径。

押韵和节奏也是有助于记忆的组织形式。举个例子，思考下面几句话：
Twinkle, twinkle, little star,（闪亮，闪亮，小星星，）
How I wonder what you are !（我多想知道你是谁!）
Up above the world so high,（高高挂在天际，）
Like a diamond in the sky.（好像天空中的宝石。）

这段文字中的节奏以及重读和非重读音节的模式也提供了一种组织模型。我们能够回想起儿歌也正是因为这些儿歌所传达的生动的想象以及它们朗朗上口的音韵和节奏。

重复

不管是对名字、一系列数字或是概念的记忆，重复都是相当重要的。在学习的过程中经常需要重复，而在学习以后还要进行周期性的重复。在图 15 - 1 中，我们可以注意到重复和复述使信息保存在意识中。"使用否则失去"看来是记忆储存信息所遵守的一个法则。比如，在姓名与相貌记忆法模式中，建议在名字被介绍之后立即重复，在交谈中以及两人分开之后再重复名字，总之，对名字重复得越多就越容易记住。

联想

前面已经提到，要记住任何新的东西，我们必须要将新知识与我们已知的或已经记住的某些东西联系起来。哈里·劳瑞尼(Harry Lorayne)重申了这一点："要记住任何新的东西，必须将它以某种荒诞可笑的方式与你已经知道或是记住的东西联系起来。"[1]

马基尼·斯普林格(Markilee Sprenger)已经找出了五个单独的通向大脑中不同记忆区域的路径或通道。她把它们称为语义通道、片断通道、程序通道、自动通道以及情感通道。语义通道连接词语与信息。片断通道与事情发生时你所在的场所相联系。程序通道是一条记住诸如驾车、穿鞋等"怎样去做"的记忆路径。自动通道，也就是刺激-反应通道，是通向储存诸如字母表或乘法表的区域的。情感通道接纳的是由情感所激发的深刻记忆。正如斯普林格所说的："我们要以多种方式帮助学生把信息存进

---

[1] 哈里·劳瑞尼：《超级记忆力，超级学生》(Boston: Little, Brown)，1990 年版，第 15 页。

多种记忆通道中,并且我们可以使学生进入这些能帮助他们更好地提取信息的通道。"[1]

对记忆法的研究显示,利用记忆法能够提高学生的学业成绩。比如,在场所记忆法的试验中,使用该方法的一组学生的记忆力确实较另一组没有使用这种方法的学生有了显著提高。因此作者断言:作为一种有效学习途径的记忆法的自发使用,与学生的学业成绩相关。[2]

除了大孩子和成年人之外,记忆法还可以传授给学前班和幼儿园的孩子。迈克尔·普雷斯利(Michel Pressley)和珍妮特·麦克费顿(Janet MacFadyen)指导了一项对学前班和幼儿园孩子进行的记忆研究。这项研究测试了孩子们对一些两两相关的记忆条目中的图片的记忆。那些使用记忆法以及记忆提取法的孩子们"产生回忆的情况显著多于控制组,两个年龄组的结果一样"。[3]

脚本

八年级社会学教师汉克·布朗是研究指导小组的一员,这个小组里还包括一个语言艺术教师格雷丝·皮尔以及一名科学教师弗兰克·约翰逊。汉克·布朗让他的小组成员们相信记忆技能是其课程的重要附加物。同时他向他们提供了一份设计计划,根据这个计划,他们将在这一年的教学单元中配套教授一些记忆的技巧。

计划的第一部分是布朗先生为科学课设计的。他在学生学习一些化学元素和生物种族时向他们介绍联想记忆法。随后,他将这个方法运用于社会研究课程中,用该法教学生怎样记住宪法修正案以及最初的 13 个殖民区。在语言艺术课上,他们将用联想记忆法去记住一部戏剧的主要人物和一些重要的词汇。

当班里学生已经掌握了联想记忆模式中的联系方法之后,这三位老师都认为向学生讲解记忆钉法是一个很好的选择。一套固定的记忆钉与一系列记忆项目相联系的可能性激发了很多学生的兴趣。

在语言艺术课上,当学生学习记忆一首诗的时候,教师首先引入了动作记忆模式。在社会研究课上记忆独立宣言第一部分时强化了此法的运用。科学教师约翰逊先生不打算使用这种方法。他说:"我不能想象把它们优美地引入到对人体内各种骨头的记忆中去。"随后,他又大笑着说道:"当然,有首老歌'它们是骨头,它们是骨头',也许我可以试一试。"

在社会研究课的辩论单元中他们准备介绍场所记忆法。布朗先生将教学生把他

---

[1] 马基尼·斯普林格:"记忆路线是一条双向的街道",《教育先锋》,1998 年 11 月版,第 66 页。
[2] 罗伯特·F.卡尔森、J.彼得·金凯德、萨拉·兰斯、托马斯·霍奇森:"记忆法的自发使用及其阶段划分",《心理学杂志》,1976 年第 92 卷,第 117 页。
[3] 迈克尔·普雷斯利、珍妮特·麦克费顿:"记忆媒介的恢复:对学前与幼儿园儿童的测试",《儿童发展》,1983 年第 54 卷,第 478 页。

们的演讲的主要观点与某一个熟悉场所中的特定地点联系在一起。这种方法将在语言艺术课的公开演讲单元中得到强化。同时，教师还要鼓励学生利用社会研究课上所用的同样的地点去建立一个长期的记忆框架以便记忆一系列观点。至于科学课，约翰逊先生说："我让他们写一篇关于保护水资源的短文作为他们的期末考试。在他们为考试而学习时，我会提醒他们运用这种方法。"

一年后，教师和学生一起讨论为什么要学习这些记忆的技巧以及如何才能改进它们。在这一年的开始与结束，从学生中抽取一组被试进行测试和访谈，以确定这些不同记忆法的效果。总结这次经验，布朗先生说："我知道在数学中有很多记忆模式，我也提出了将关键词与外语词汇表相联系以及提高学生阅读能力的方法。这个夏天我们会向其他教师建议，记忆模式将在许多学科领域内都很有用。"

活动 15－1

在你要教的课中选出一个单元，找出其中应该成为学生长时记忆一部分的那些信息。在你的教学设计中考虑一下，本章所介绍的哪种记忆模式最适合用来教授这些信息。

总结

记忆法可以用于课堂以帮助学生获得信息，某些特殊的方法可以作为有效的学习技巧传授给学生。一些记忆法比较适合记忆清单和散乱的数据，有一些对于记住核心观点或是信息的顺序更为有效，还有一些则借助于可视的线索或是形体动作来帮助学习者回想起信息。这些方法都建立在一个假设之上，那就是好的记忆力是可以培养出来的而且所有的学生都会从学习这些方法中获益。

网络资源

http://www.sccu.edu/faculty/ddegelman/amoebaweb/

在你的大学心理学课程中，你会很需要这个站点。在该站点的主页上，你可以看到通往"Memory"网页的一个链接，这个网页可以把你带到有关记忆的信息中去，这些信息比你想象的要多得多。当然，除了"记忆策略"外，你可能还想去检查一下"记忆的手段和记忆法"以及记忆法次目录的驱动器。其中的第一项对你刚刚在这章中所读到的所有内容都作了一个十分详细的叙述，而且比我们所提到的还要广泛。你还会注意到 AmoebaWeb 网的主页还与其他一些站点相链接，对于作为教师的你来说，这些站点是令人很感兴趣的，比如"智力"、"语言"以及"学习"等。

第二编综述　目标与教学匹配模式

在第二编中,我们探讨了一系列可供选择的教学模式,从直接教授模式到记忆模式。我们力图强调模式类似于蓝图、式样,或是仅仅描述而没有严格定义教学方法的一系列计划。所有的计划都有待于解释、修改和调整,教学模式也不例外。每种模式都必须作为一个灵活的计划,在原定目标的限制范围内不断地调整。

更重要的是,采用教学模式的同时不能忽视教学内容和教学对象。一位教师不能只是说"今天我将用X模式,那么我现在需要教什么呢?"恰恰相反,教师应在考虑过科目本身和学生的特定需求后,选择出与两者最契合的教学模式,这种讨论后的教学模式是经过判断挑选出的最好的教学方法。

虽然本编未列出一张完整的模式表格,但已包括了所有的模式类型。希望我们的阐述能给每位读者带来自信,使他们做出对教学模式的明智的选择,并由此获得值得肯定的教学成果。

第三编

整合：使目标与教学模式相匹配

像在本书前言中强调的那样，专职教员的基本活动就是设计和组织教学内容，我们已着重阐述了确立目标、对象和设计单元、课程的过程。

在第三编，我们将描述在一种有效的课堂环境中同时进行计划、指导、评估和管理的整体过程。而每位教师都须创造出他自己特有的全面实施的方法。没有任何一种方法能够在课堂上完美地整合所有内容。但是每位优秀教师都能保证这一过程的一些基本要素：(1) 计划，(2) 指导，(3) 评估，(4) 课堂管理。

在前两编，我们讨论了前三个要素，在第三编，我们将描述教师在课堂上应怎样运用在一、二编提出的观点，并对课堂管理给予一般性建议。这部分有四章内容，第十六章是幼儿园课程计划的案例研究，第十七章是一所初中的案例研究，第十八章是高中的案例研究。这三个例子显然是属于个人的教学方法，其中使用了一些前文已叙述过的过程和策略。这些案例中的教师并没有通过同样的途径实施他们的计划，在他们各自的计划中也确实没有通过合作设计出同样的指导步骤。然而，所有教师都做到了尽量满足学生的需要，系统地设定目标并根据目标进行教学。

第十九章叙述了课堂管理中的应对技巧。在这最后一章中援引的大部分材料都来自我们的个人经验，但是，我们尝试着将这种经验与有效的课堂实践联系起来。

我们笃信，教师实质上是教授专家，而不是精神治疗家或顾问。像所有优秀管理者那样，他们一定要有非常好的人际沟通能力，立场坚定、思维敏捷。负责管理在他们指导下的群体和个人福利的任何人都应具有管理和指挥团队所必备的人格和技能。但我们并不以其他职业人员具备的素质来苛求教师。在没有像心理学家、社会工作者、指导顾问等其他专业人士帮助的情况下，我们无法期待教师能治愈那些有严重问题的个体，也不应期待他们在生命遭受威胁的情况下从教。

说到这里，我们相信，许多因严重违纪而被开除的学生，通常会被认为是行为过火或感情受挫，而事实上，他们却是这种教育方式的受害者。或者是由于学习风格与教学模式相悖，或者是因为学习资料难易不当，而使得那些厌学的年轻人发生违纪行为。更常见的是，教师由于感情、体力或精神上的原因而对教育问题妄下断语，未能主动迎接挑战、发现解决问题的有效方案。在本书的这一部分，我们再次强调认真设计、制定教育计划的必要性，以及创造一种学生能够学习和乐于学习的课堂环境的必要性。

第三编　整合：使目标与教学模式相匹配

第十六章
幼儿园案例研究

格洛丽亚·阿博特(Gloria Abbott)是中心小学的一名幼儿园教师,在一个温暖闲适的夏日午后,她用一支铅笔和一本便笺记录了她关于从事的职业、教育的作用,以及她想为学生做的事情的随想。她认识到,对教学方法的仔细斟酌将有助于她以全新的热情和信念迎接新学年的到来。阿博特写道:

我投身教育工作是因为我乐于和孩子们相处,并相信教育是最重要的事业。我一直觉得自己具有能够对大多数人产生持久而积极的影响的最大潜力。真正的民主生活方式的获得依赖于全体公民对政治经济生活的参与。但是无论这些愿望和理想多么崇高,令人沮丧的是我总不能尽到自己的职责。虽然我想让所有的学生都好好学习,但我知道课堂并不能给予他们中的一些人在人生的下一阶段取得成功所必备的技能。一些孩子厌学是因为他们已经学会了我正在费力教授的知识,而另外一些孩子受挫是因为他们很难弄懂我正在教的东西。

我最钟爱的是读书给他们听并和他们一起讨论故事中的人物和内容的时刻。这时,那些所谓的后进生会有最精彩的见解。我想让他们所有的人都乐于表达并在对语言的创造性使用中锻炼他们的想像力;我也想让这些学生彼此尊重。经常性地,我发现一些孩子会被排除在活动之外,受到其他人的冷遇。我想让学生一起工作,在教室里彼此合作共同学习。最重要的,我希望他们带着对学习的好奇心离开幼儿园,而不只是在九月份走进小学校园。

在写这些东西时,阿博特女士圈注了能表明其主要观点的关键词和词组,然后她写下了如下的目标:

1. 一年级,将培养孩子们获取成功所必备的技能。
2. 当其他孩子仍需学习一些技能时,那些对该技能已掌握到一定水平的同学也不会感到厌倦。

3. 介绍一些能够激发想像力的观点和语言给孩子们。
4. 在学习能力的培养中,发展学生的自信心。
5. 学生彼此欣赏,互相学习。

"就是这样!"她对自己说,"现在,我该如何去实施呢?"

第一步,尽可能多地去了解在下个秋季即将入学的孩子。最近几年,这一习惯已经被她忽略了。中心学校坐落在一个南方小城里,紧挨着一所大学。她的一些学生的父母就是大学的教职工,另一些学生的父母则是钟点工,像整理办公室的秘书、打扫教学楼的值班人员、食堂的厨师等。大部分教职工的孩子是白人,许多后勤职工的孩子是黑人。有些孩子曾作过环球旅行,也有些孩子从未离开过这个城市。

她经常边走边观察她班上的学生所生活着的这片区域。在一些街道上,女仆们正认真清扫着门廊,园丁们正在修剪新绿的草坪。而在其他街道,房屋拥挤地立在一起,坑洼的门廊台阶上填满了结实的泥土,四周甚至没有一棵草在生长。

她领悟到,不考虑这些生长环境,一些孩子似乎应当遭到辱骂和忽略,而其他孩子则理应受到调教和照顾。她意识到,对她而言,将这些来自不同地区和不同家庭环境的孩子召集在一起,并为他们所有人成功地创造一种课堂氛围是多么重要。在她与孩子们相处以及孩子们自己相处时,她能使每个孩子都感到被重视并感到安全和愉悦吗?每个孩子都能视学校为一个他们乐于停留的幸福场所吗?

当孩子们来报名时,他们每个人都要参加阅读测验。接下来,阿博特女士将花费一整天时间批阅出结果。根据测试,其中一名即将进入她的班级的学生已具备升入二年级的资格。然而,有超过三分之一的孩子却未达到升入一年级的标准。由于家长的努力,一半以上的孩子适合于校外儿童关爱计划。大部分孩子在学习准备阶段表现出了一些潜在的问题。过去,她必须将她的精力放在那些有潜在学习问题的孩子身上,并希望这些孩子去其他班级上课。这次,她告诉自己,这些孩子必须是教学挑战的一部分。在计划执行过程中,她将留意他们的特殊需要。

这座古老的教学楼没有空调,因此,在初秋的几个月里,她不得不尽可能地让孩子们来到户外。然而,这些新奇的活动一定要与教学紧密相联,而不仅仅是为了寻求凉爽。学校没有钱做旅行预算,因此,若带他们走到室外,学校附近的区域和操场是必去之处。而且,如果她打算带着大堆人去的话,学生将需要理解规则,与她合作,同时彼此合作。

她又思考了学生需要学习的科目,并回忆起由学校制定的一份计划,其中列举了孩子们在幼儿园期间应掌握的各项重要技能。技能之一就是通过让他们在线条内用大蜡笔涂颜色,培养他们眼和手的协调能力。

"线条"这个词又让她想起在学校的最初几周里,学生将学习排队离开房间,即使穿越大厅也要保持队形整齐。当她带孩子们在附近做徒步旅行时,这一点是很重要的。在操场上,她将通过直线弹球来培养他们的整体运动技能。

当她复习这些技能的教授计划时,"线条"的概念不断出现,在第一单元这应是一个非常棒的焦点。她能讲解大量关于线条的观点,并在一年内将这一话题扩展开。比如,线条的概念能够接受并代表一幅有限制的画;线条用于形成界限,代表无限;一个线段的两端能被连接形成一个圆;直线被组合在一起形成一个正方形。当她意识到对事业的专心投入能使她对教学游刃有余时,阿博特女士笑了。在每一单元中,她能设计的内容及孩子们能消化的内容都是有限的。她提醒自己说:"要谨记,同样的概念在它被理解前,必须先被经历。"

该是记录她自己的有关教学"线条"单元的想法的时候了。

阿博特女士的计划

阿博特计划一个单元要持续2~6周。很明显,这取决于一年的时间安排和传授的内容。她一般将每单元分为4~6课,每课持续3~5天。每单元都有一个预设的主题(例如,每位幼儿教师都会教的关于团队互助的主题),每课有一个预设的次主题或观点(例如,护士和医生,警察和火警),在每单元开始时,将单元目标解释给学生听;每周开始时,再将课程目标解释给学生听,同时每天以口语和书面形式予以复习。为达到该目标,浪费点黑板空间是值得的。如果学生想学习阅读,他们先要学会浏览出版物的重要信息,这是一种有效的方法。她总认为,让幼儿教师明白学习要循序渐进、环环相扣的道理是很重要的。

她的经验教会她许多关于教学的东西。过去,阿博特女士常常制定彼此不相关的和没经任何设计的日常课程计划。几年下来,她受到启发:当孩子们能看到每天所学东西之间有联系时,他们会做得更好。单元计划有助于她决定应当教什么和按什么顺序教。

她决定对"线条"的第一单元的总目标做如下设置:

■ 学生感到自己是团体中的一分子并且热爱学习的过程(一种情感目标)。

■ 学生理解"线条"的意思(一种认知目标)。

■ 当被要求干什么时,30秒之内,不需任何压力,学生将自觉排好队(一种心理动机、认知、情感目标)。

■ 在通过线内涂色从而证明自己的能力这一过程中,学生提高了其手眼协调能力(动机目标)。

■ 学生能够区分直线和曲线(认知目标)。

■ 学生能够识别圆(认知目标)。

■ 学生能够识别正方形(认知目标)。

然后按以下顺序预先组织单元内容:

线的学习
  直线   曲线
  人的队列/页面的字行   脸和花朵
  正方形   圆

  当她来回移动着各个部分，同时思考着孩子们能够学什么以及哪些东西是他们所感兴趣的时候，她意识到她所要教的内容可能远非一个单元所能涵盖得了。为什么不将这种介绍性的单元限定为两周，而将主要的学习——对几何形状的概念（正方形和圆形）的学习——分割成独立而又相互联系的单元而安排于其后呢？那样的话，年轻的学习者们在需要分清两到三种不同的线的基本概念的关键阶段，就会少一些困惑和混乱。另外，如果将这一个单元分割成两个相互联系的单元，那么在第二部分关于线条的几何形状的单元，她就能做更多的事情。

  因此，关于线的第一单元将事先计划好一个后续单元。现在她的单元教学内容包括正方形和圆形，但它们每一部分都是下一单元的重点。换句话说，她使线成为贯穿单元的核心概念，从而将几个单元的学习联系起来。据此，她重新修订的图表如下：

线的学习
  正方形   圆形
  直线   曲线
  士兵队列/书中的字行   脸和花朵
  角与边   线的内部与外部

  当她准备开学第一天的第一次关于线单元的课时，阿博特女士又一次为她的第二个想法而苦恼。毕竟，这是个非常难的概念，而那些孩子又太小。不过，她想，孩子们总是会听到"线"这个词。成人总是和他们谈论"线"："排成一条线等上公交车"，"笔直地向床奔去"以及"画一条直线"。即便如此，她仍在思考如何使这些抽象的概念更加具体化。

  她想到，孩子们需要一条摸得着、感觉得到的线。对孩子们来说，最熟悉的线莫过于钓鱼线了，但尼龙质的钓鱼线会割手。她需要的必须是一种结实坚韧不易断而又不会伤害孩子们的手的线。她想象着第一个清晨，那从教室门口延伸出去的闪闪发光的纱线是怎样吸引着孩子们的眼球。现在她对如何计划线单元的细节信心更足了。她估算单元中每次课占用的时间每天不超过一小时。

单元：把我们连接起来的线

  教学时间：十天，每天不超过一小时。

第三编 整合：使目标与教学模式相匹配

单元目标：1. 在家能感觉到的及在学校能想到的（线）（情感的）。
2. 给出线的概念定义（认知的）。
3. 描述处于线内及线外（认知的）。
4. 有条不紊而又迅速地画出一条线（思维的、认知的和情感的）。
5. 区分线条与非线条（认知的）。

开放式活动——吸引学生

目标：学生感到自己是受欢迎的并且学校很期盼他们的到来。

教室门外就是一张桌子。纱线从教室里引出，从桌子上方穿过。每根线的末端系上一条写着孩子们姓名的纸板鱼。一位志愿的家长站在门口，在孩子们到达时让他们排起队列。孩子们依次前进，志愿家长大声喊出经过者的姓名并将写着他名字的那根线交给他。教师拉着线的另一端欢迎每个孩子。等所有孩子都进入教室后，对着全班大声朗读关于线的故事，如，玛丽萨宾娜·罗素（Marisabina Russo）的《一叠书》（*The Line Up Book*）和索维格·罗塞尔（Solvig Russell）的《线条与形状》（*Lines and Shapes*）。在这一周的剩余几天继续朗读故事。

估计时间：一天一单元，30分钟。

材料：12英尺长的粗大而鲜亮多彩的纱线，鱼形的姓名标签，合适的书本。

评价：要求志愿的家长观察孩子们的反应，尤其是在活动中表现出害怕或不知所措的孩子们的反应，活动之后做记录。

第一课：练习"排队"

教学模式：直接讲授。

估计时间：在最初两周每天合适的时候，根据孩子们的技能水平，每次2到7分钟（或更快）。

目标：孩子们能够有条不紊而又迅速地画出一条线。

选择该模式的理论基础："人的运动"是基本的日常活动之一，这是教师在学年开始时就应让学生树立起的一种认知。去吃饭，去休息，去另一个教室，去浴室，这些都是小学生及其老师每天生活的一部分。正是因为排队是最基本的一种日常活动，所以直接讲授最适合于学生。有时这种模式也叫训练模式——一个因其负面内涵而被我们拒绝的术语，尽管它确实有助我们理解这种模式。幼儿园的孩子确实需要训练以使他们在最少的困惑下理解关于线的知识。在一周的短暂练习之后，学生将非常习惯于在指令下排队，进而这种程序就会变成非常自然的了。这些行为习惯本身就使直接讲授成为一种极好的手段。

该模式的应用：将线系在地板上，并在每条线上写上每个人的名字。每个学生都按指示练习在不同的线上占据自己的位置，这对于达到排队的目的来说是合适的。学生被叫去他们的位置，先是按姓名，然后按队列，然后再按性别。在学生占据其在线上的位置时，他/她从课桌走到线上就形成一个方向或路径，这取决于队列的位置及其组织安排。每日的这种短时间练习将有助于学生建立良好的行为模式。

评价：排队活动应定时重复练习，并且以日志记录下全班同学在占据其线上的位置时的效率情况。

第二课：定义"线"

教学模式：概念获得。

估计时间：两天一单元，每单元20分钟。

目标：孩子们初步形成关于线的概念。

选择该模式的理论基础：概念是人们面对具体的实物时总结出的普遍观念。在这节课及以后建立该概念基础的各课继续下去之前，让学生有一个暂定的线的概念是至关重要的。在课堂上及随后的活动中，孩子们会有很多机会来精炼他们关于线的概念。该概念获得活动的意图是使学生形成关于线的普遍观念，从而构建起连续而成熟的理解背景。例如，这些孩子最终将认识到：尽管两点决定一条线，但每条线都从两个方向延伸至无穷；平面上无限多个线决定了那个平面，而平面也是无限延展的。但是这些以及其他许多复杂的概念都首先建立在对什么是和什么不是一条线的概念的理解之上，因而选择概念获得模式来介绍关于线的普遍观念是合适的。

该模式的应用：孩子们环坐于地板上；教师向他们出示各种有关线的概念的实物，这些实物中有些是线，有些不是。

正面事例（是线的实物）

晾衣绳

钓鱼线

画在木板上的线

系在地板上的线

天花板、地板砖间的裂缝

关于安全回学校的海报上的人行横道图片

反面事例（不是线的实物）

碗

叉

鞋

第三编　整合：使目标与教学模式相匹配

一幅鱼的图画

评价：在课堂上大量使用的这类实物应置于桌上。在每天的不同时间，让某个学生自己挑选出可以用作线或代表线的东西，并让他解释为何如此选择。那些不懂这个概念的学生在此时将得到个别的关注和指导。

第三课：精炼"线"的概念

教学模式：概念形成。

估计时间：三天一单元，每单元 30 分钟。

目标：孩子们能够区分线和非线的物体。

选择该模式的理论基础：了解了关于线的基本概念之后，学生接着需要练习以便将他们的概念运用到变化多样的实际环境中去。仅从概念上知道什么是线还远远不够，除非他能将线和非线的物体区分开来。尽管这种技巧在先前几天的课上也曾间接地接触到，但是现在的问题是：孩子们能够用他们现有的这种新的观念来思考吗？还是概念的形成仅仅停留在表面的定义？按照定义来思考，学习者需要练习分类，而分类是概念形成的关键。这也就是在这节课选择该模式的原因所在。

该模式的应用：选择并准备绘有不同物品图片的法兰绒木板，其中一些物品是线的，另一些是非线的。在属于线的物品中，一些是曲线，一些是直线。学生要确定哪些物品可以被分成一组，并讨论属于同一组的物品有哪些共同之处，它们为什么在某种程度上是相似的。

材料：包含线条及其他图形的图片，用来呈现图片的法兰绒木板及材料。

评价：由一位志愿家长观察并记录那些没有参加或看起来因没有很好地理解线的概念而不能在区分活动中加以运用的学生。另外，学生将被要求在往返学校的途中寻找各种线，并在课堂上讨论他们的发现。

活动："线"的游戏

目标：孩子们将描述"处于线内或线外"。

活动描述：在操场上画两条线。学生在线外排成两队。每一队都唱着变戏法的歌。一开始时他们只是唱"我跳进去，我跳出来"等。重点将在于他们边唱边跳进线和跳出线，以为学习在线内涂色作准备。与此相关的内与外的概念却不应在一开始就作为重点。活动开展的前几天，纯粹是为了好玩，然后才开始教授学生"处于线内和线外"（如：当我们在操场上跳变戏法舞时，我们该如何说我们对线做了些什么）。

评价：看孩子们能否按指导做。对那些不能记住唱词和有类似问题的孩子，在有纸夹的笔记板上做记录。

第一、二、三课的记录

以下是对阿博特女士在教授"线"单元时所发生的事的原始记录：

开放式活动进行得很好，除了好几个孩子同时到达而造成队列混乱的那个尴尬时刻。阿博特女士决定，下次开展这个活动时将使用柔软些的晾衣绳。

准备概念获得课所花费的时间超出了阿博特女士的预计。她的第一个任务便是给出一个她自己的关于"线"的定义。她给的定义是：线是某种有起点与终点并且将起点与终点连接起来的东西。然后她认识到她无法说清楚什么是起点什么是终点，而只能说是什么将这两者连接起来的。给线下定义不是她所想象的那么简单。字典上关于线的释义有30多种，但线（line）一词的字根却是源于拉丁字 linea，意为"linen thread"（直线）。最后她确定的定义是：线是将两端联结起来的、看起来像是一条带子或绳子的东西。

每个孩子都环坐于地板上后，阿博特女士举起写有单词"线"的纸板说："这就是我们今天将要学习的字。这个字叫'线'。"

汤米说："我知道那个字怎么读。"

阿博特女士记起汤米的测试高分。"很好，汤米。"她继续说道，"看一看你们今天沿着它走进来的那条线。告诉我它像什么。"

孩子们说它是纱线做成的，说你可以沿着它从一个地方到另一个地方。"让我们再看看另外一条线，看看它是否像带你们进来的这条线。"

这次她举起了一条晾衣绳。"这根线是由纱线做成的吗？"

"不是。"全班异口同声地回答。

"那么线不一定必须是由纱线做成的。这条和刚才带你们进来的那条有什么相似之处吗？"

"嗯，它有两端，像是一条蛇，但是它没有头和尾巴。"一个孩子说道。几个孩子开始讨论起蛇来了，阿博特女士不得不将他们的思绪带回来。

"汤米，指出带你们进来的线以及这条晾衣绳的两个端点。对，汤米。现在，你们每个人都发现了线的两个端点。我们能否说线有两个端点呢？在这两个端点之间是什么呢？"阿博特女士一边举起纱线和晾衣绳一边说道。孩子们一脸迷惑，有几个开始偷偷从小组中离开了。阿博特女士意识到这对大多数孩子来说太难了，但是汤米及时帮了她。

"某些极细的并且弯曲的东西。"汤米说。这引起了其他孩子的注意，他们又回到了圈子里。

阿博特女士举起一根钓鱼线："这有两个端点吗？"

"有。"大家齐声道。

"可以用来钓鱼。"一个小男孩说。

"这两端是由我们称之为'细的东西'联结起来的吗,汤米？细的而且可以弯曲的东西？"

尚尼斯说她喜欢"极细的"这个词,于是其他孩子也这样说。阿博特女士意识到首先她必须接受他们的语言。

接下来她指着一条系在地板上的线说道："这也是一条线。它有两个端点吗?"

"有。"他们答道。

"它是极细的吗?"

"是!"他们现在真正融入了活动。

"但是,这条线是弯曲的吗？"她问。

汤米不想放弃自己的定义,说道："你可以画一条曲线。"

"是的,汤米,你是对的。但是这条线不是弯曲的。所以,在你的定义里,线是不必非弯曲不可的。汤米,来拿着晾衣绳。尚尼斯,来拿着钓鱼线,你们所有人都看看自己手中的纱线。我们能从这些线中看出什么共同之处吗？"

"嗯,它们都有两个端点,端点之间有极细的东西连着,而且很松软。"玛丽亚说道。

"别忘了系在地板上的那根线,那根线也是松软的吗?"阿博特女士说道。

玛丽亚喜欢"松软的"这个词,但是她还是同意系在地板上的那根线不是松软的："我们的线有两个端点,端点之间有极细的东西连着。"

阿博特女士想着"细的"是如何吸引住孩子们的,这是她计划这一课时所没有想到的,但这确实是个很合适的词。她拿起一个茶杯,问道："这是线吗?"

"不是,"孩子们答道,"因为它没有两个端点,并且不是细的。"

"也不松软。"玛丽亚说,试图重新插入她的话题。

汤米说："线不必是松软的,愚蠢。"

阿博特女士将手放在汤米的肩上道："这里没有人是愚蠢的。我们一起讨论。"她在脑海里思考着为什么汤米要说出那样的话,并且计划着即将到来的下一节课,这节课将运用情感模式来探讨如何命名。

阿博特女士拿起一条长长的细线问："这是线吗?"

"是的,它有两个端点,端点之间有细的东西连着。它是线。"

一个玩盘子和帽子的小家伙迅速做出了反应。

第二天,他们运用概念形成模式进行第三课。在该模式下,她要求孩子们将是线的物品放在一起,将不是线的物品也放在一起。"到目前为止,一切都进行得很好。"她想。然后她发现她真的对课堂上发生的事感到很兴奋。兴奋和刺激这两个词从她的课堂上消失已经有一段时间了。

结语

几星期过去了,阿博特女士对班上孩子的能力更有信心了。汤米常常是某些主意的催化剂和信息的来源,他逐渐因其正确的反应和能力而获得了其他孩子的敬重。随着概念一个接一个地生成,孩子们开始对要求他们学的内容中所蕴涵的逻辑有所反应了。有一次,在操场上讨论线与正方形之间的联系时,一个值得纪念的时刻诞生了。尚尼斯说:"您知道,阿博特女士,'极细的'并不是一个描述线的好词。"全班同学都同意。

在此后的几个月里,在以"由像带子或绳子一样的东西联结两个端点"来定义线的概念的基础上,阿博特女士引入了与之相关的圆和正方形。晾衣绳被用来说明简单的几何图形是如何由线组成的。

活动 16-1

无论你所教的或将要教的学生的年纪多大,都可以使用像本章所介绍的为幼儿园孩子设计的单元中的课程。如果你不想使用线这个概念,试试正方形或圆,或者选择一个特别吸引你的概念。挑选一个对于年轻人的思维来说具有挑战性的概念,这个概念对于设计幼儿园课程的你来说也将具有挑战性。使用多样化的教育模式,只要它适合你的课程计划。

总结

背景知识和学生的能力对设计课程是很关键的,假如这些知识是与将满足每个学生的需要作为一种受欢迎的挑战的信念相伴随的话。只要运用合适的教育技巧,就可以给年轻孩子提供有趣并富有挑战性的内容。

第十七章 初中案例研究

芒福德（Mumford）中学七年级的跨学科教学组面临着一个问题：组中的某些教师——包括数学、社会学、语言艺术及科学各科的教师——所关注的是，学生的思想已经定型。艾丽斯·布朗（Alice Brown），一位科学教师，在某个早晨沮丧地说："小心眼，说的就是他们！这些小孩就是不肯接受在课上或其他什么人那里接触到的关于事实或观念的新思想。教他们有时感觉更像犁岩石，而不是培育种子。"

因此要开展对话。这种对话将延续一段时间，并且最终将带来教学组里每个教师都经历过的最令人兴奋的教学经历。像许多教师一样，教学组也陷入了一种刻板之中，但是他们很快就会找出一条出路。

萨姆·洛佩兹（Sam Lopez），一位数学教师，他所执教的学校位于中西部一个小农场社区，他是当地人，他开始为他的社区辩护："艾丽斯，这不是世界知名的麦迪逊大道，这只是一个精致的小地方。这个社区及社区的孩子们有虔诚而坚固的共同观念。他们的行为总体上来说是很好的，这你是知道的。他们做别人叫他们做的，做父母期待他们做的。"

"是的，"艾丽斯答道，"并且他们也按别人说的去思考问题。而对于那些与他们不同的人，他们会很残忍。客观地讲，乐于以一种开放和追根究底的心态来看待不同的观点是非常重要的。"

玛丽·蒂格（Mary Teague），社会研究学教师，以协调人的角色出现。"我赞赏他们是可以信赖的，也赞赏他们有做好事情的积极性。不过，我所关心的也是：我们要通过观念的碰撞来挑战他们的智力和勇气，而不要过于关注他们能得到一个好的评分。"

亨利·马丁（Henry Martin），英语和语言艺术教师，同时通常还是一位疑惑的旁观者，说道："如果我们想要挑战他们的智力，我们最好先确定学校董事会不会挑衅我们。那些董事会成员可能对孩子们'摆弄'观念不那么热心。"

"我不想将他们转入激进的革命，"艾丽斯说，"我只是想让他们有一些观点，一些比这个社区成员更宽广些的观念。"

"对我来说，这就够激进了。"亨利加入谈话，"哦，很好，这将逐渐打破目前的无聊和厌烦状态。"

艾丽斯不理睬这种犬儒主义："一切就是这样发生的，最近我考虑开一个基于'视角'概念的研究单元。我希望我能使我的学生从多种角度来思考问题的解决方法，这是科学及所有其他学科中都面临着的问题。"

"艾丽斯，今天早晨你提到"视角"这个词真是很有趣，"萨姆说，"我已经在开几何单元的课了，在那里，视角是最重要的。我的想法是，孩子们对电脑的设计能力非常迷恋，我应该以某种方式向他们介绍线性透视，这种方法既能教给他们一种新的程序设计方法，也能教给他们关于三维空间里的线的知识。"

艾丽斯以一种新的热情做出反应，她立刻忘了面对学生时的挫折感。"你知道，文艺复兴的标志就是理解视角的使用。这直接并且永远地改变了我们描绘世界、认识宇宙的方式。我总是想了解更多一点的数学原理，这些数学原理是文艺复兴时那伟大的范式转变中的一部分。我也想教授视角对我们理解自然世界所产生的影响，尤其是关于地图制作。我们可以一起来计划这个单元吗？"她问萨姆。

"视角的概念当然也适合我正准备上的西进运动这个单元，"玛丽插话道，"我正想着如何理解这种观念，即历史学家有他们自己的观点，这些观点影响了他们叙述历史的方法。毫无疑问，所有历史学家的观点与卷入历史事件的当事人的观点是不同的。想一想，从不同的角度，如对于西进运动，从移居者的角度和从当地印第安土著的角度来看，各种观点的区别是多么大啊。我曾听过这么一句话：赢得战争的人才有权书写历史。"

"你知道，我们还从未长期教授过跨学科单元。为什么不设计一个以视角为核心概念的单元呢？"艾丽斯说道，她的兴奋之情溢于言表。

亨利放弃旁观者的角色热情地加入进来："我正计划一个关于文学观点的单元。不过视角的确是理解这个观点的基础。我想起来了，视角——或者说态度、看法——就是绘画中勾勒出立体意义的平行线相交的那一点。"然后他转向艾丽斯："正是文艺复兴时期的油画家从古希腊著作中重新发现了这种技法，也正是他们能够在他们的油画中创造视角，就像地图制作者试图去做的那样。视角是一个更适合于作为我的单元的核心概念。我能找到那些适合你的西进运动时间进程的材料来。"他继续转向玛丽说道："用那种方式，我们可以像以历史学家的眼光观察世界一样，以文学家的眼光来看待历史发展。"

像往常一样，组内其他成员对亨利的话感到吃惊，因为只要他愿意，就能给讨论提供如此大量的信息。尽管还没有以任何形式真正就此事进行表决，但每个人都乐于开展基于视角概念的跨学科单元教学。

四个学科组的成员共享着同样的时间安排计划，因而能够为学生安排出大量的空余时间。他们教学用的教室和传统的教室并无二致，除了一面可以移动的墙之外。这面可以移动的墙能够使他们为了某个特殊的目的而创造一个更大的教室空间。在过去，他们团队教学的努力只是部分地成功了，但是这次却好像已经激起了每个人的兴趣。

第三编　整合：使目标与教学模式相匹配

在下一次的小组会议上，玛丽建议大家共同探讨该单元的目标。她说："比如说，我想让学生比较和对照不同群体对于西进运动所持的不同观点，我想要他们不仅从历史学家的角度，而且从那些可能被卷入西进运动的当事人的角度来看待这件事。"

"我关注的是他们能够在普遍的意义上定义'视角'这个术语，进而看到不同的视角是如何和写作相联系的。"亨利说，"在他们的写作中，我想要他们从不同的角度来描述一个事件，同时发展更辩证地描述他人感受和行为的方法。"

"我希望他们能够接受其他的可能性，即对同一现象，可以从多种不同的视角来看，"艾丽斯说道，"我希望他们能够认可并重视跳出常规来看问题以及对看起来是显而易见的事物进行质疑的重要性。我还希望他们在解决需要调查的问题时使用科学的方法，特别是在解决以下这些问题的时候。在这些问题中，视角的不同会影响我们对自然世界的解释。"

"我希望他们在使用电脑进行简单设计时，能够运用平行和视角来制造立体感。"萨姆说，"在电脑方面，有些孩子已经走在我的前面了。我觉得必须加紧努力以跟上他们。这真是件很有趣的事：我们所教授的领域，其发展之迅速超过了我们的想象，更别说我们可以跟上它了。然而在电脑具备的所有令人兴奋不已的功能方面，我想让学生重视电脑在二维屏幕上表现三维空间的能力。"

亨利意识到大家正变得热情洋溢。他很隐秘地转动眼珠，不想冒犯谁或让人觉得可笑。但是艾丽斯不想让这个严肃的时刻就此被忽略过去，她说："我们所有人都关注的是，学生应发展更多对他人的理解并增强在处理人际关系问题时重视他人观点的自觉性。"

"现在我们已经确定了该单元的目标了，"玛丽说道，"有那么多的内容可以融入这个单元。我认为我们每个人都应该在下次会议上带来一个清单，上面列出每个学科所应包含的最重要的那些概念。"

下次他们开会时，每个人都用图表标出了他们认为在"视角"这一单元中所应该包含的主要概念。（参见表 17-1）

表 17-1　不同学科中视角之主要概念

几 何 学	地 理	文 学	历 史
观点	观点	观点	观点
几何学	探险/地图制作	人物	参与者
平行	科学方法/调查	情节	事件
点，直线		叙述者	历史学家
平面			

显然，"观点"在创造视角时是如此重要，以至于当运用它来理解与不同的视角相

联系的观念和事件时,便已经成为一个关键性的概念。这些教师后来发现,在向学生解释观点一词的涵义时,菲斯克夫人(Mrs. Fisk),一位艺术教师,做得最好。她赞同使平行线在绘画或电脑设计中相交于一点,以此来创造立体的想象空间,对这一点的讨论是学习透视技法的一个很好的先行活动。艺术课程的基础概念成为许多其他学科同时学习的焦点概念,想到这一点真是令人兴奋不已。这一个概念就能将所有的学科联系起来,就像在文艺复兴时所做的那样。

菲斯克夫人在与他们讨论后,同意上两次主课——每次在两间教室,由两个老师及其学生参与。关于此课程的先行组织者请参见表 17-2。

表 17-2 视角:先行组织者——观点

艺　　术	几何学/科学	历史/文学
空间 距离 相对位置	设计 点,线,平面 平行 会合 科学方法	情节/事件 人物 叙述者

芒福德计划

在设计单元的时候,小组成员决定在单元的第一部分中把重点放在几何学与地理上,然后才是文学与历史。艺术老师的课程介绍要用两天,在此期间,他会介绍一些涉及观点的主要概念。观点或物理观点,将会依赖于感觉、思想与态度。

菲斯克夫人打算用概念获得模式来介绍观点的定义,以使该定义像组织者一样为设计单元的所有教师服务,并为他们提供参考。她的想法是:用一天的时间去帮助学生从他们自己的画中提炼基本的视角。第二天,她带来打印的文艺复兴前与文艺复兴时期的艺术作品,作为在艺术方面视角的正面与反面的例子。在艾斯撒(M. C. Escher)的钢笔画中,数学家和艺术家通过各种方式展示了视角,这些钢笔画收藏品可以作为最后加强活动的材料。她会以一堂简短的课来结束此次教学,即教学生如何在他们的画中展示观点及有意制造一些模棱两可的情况。

这堂课之后,所有的教师将会阐述适合于他们课的单元计划,为课外作业与活动做一个大纲,并回答学生对此单元内容的疑问。这时,应该测验一下学生对所学内容的理解情况,以便为教师改变、修改单元设计方案提供有用的信息。这个测试对萨姆成立计算机技术指令小组是极其重要的。

几何学与科学的教学大约要花 3 周的时间。当学生对计算机辅助设计(CAD)有了基本的了解后,他们就能利用计算机设计简单的三维图形了。萨姆认为一起使用小

第三编　整合：使目标与教学模式相匹配

组交叉组合学习模式的表格与直接讲授是教授 CAD 原理最好的方法。首先学生会自己学完计算机设计基础指南。然后，让几组学生解决一些基本问题，对他们的成功作及时的反馈。接下来，组成小组（小组成员掌握一定的计算机技能），让计算机能力比较强的学生与计算机能力比较弱的学生合作。每队负责解决一组不同的问题，这些问题是在需要应用与计算机辅助设计有关的不同的计算机技能时提出来的。个体小组成员或许是某一特定设计领域的专家，他们有责任教学习小组中的其他学生。

在计算机课程之后，教科学的教师将会介绍视角与理解物理世界的关联，尤其是对地图设计中所做观察的记录。艾丽丝将会提出使学生困惑但是却与视角相关的普通问题。学生将用萨奇曼模式来解决这些问题。例如：有条船从地平面上出现，请解释为什么它离你越近看起来就越大？另一个问题是：为什么月亮在地平面上看起来很大，而随着它上升却变得越来越小了？学生要用调查法解决的第三个也是最难的一个问题是：如何把球体表面（例如地球仪）转换成平面，同时又不能扭曲大陆块的相对尺寸？

借助于这些对作为基础的视角的概念的介绍，玛丽和亨利将与学生一起合作，弄明白个人解释文学与历史事件的方法，并强调这种解释方法通常是依赖于个人的观点的。他们认为概念形成、直接讲授和小组交叉组合学习模式对达到他们的目标是有效的。（该部分的详情请见下一章节）

该单元的最后一课将会讨论如何把对视角的理解应用到人类关系中。借助于对矛盾模式的感觉和解决的探索，每位教师都能领导学生应用他们所理解的视角去探索在特定情况下的感觉以及可能出现的矛盾。

为了阐明教学模式是如何在该单元中发挥作用的，我们做了如下一张表格（见图 17-3），这是详细的课堂设计，重点是历史与文学中的视角的概念。

表 17-3　历史与文学的视角，初中计划

课程	时间	目标	模式与活动	材料
1. 观点 （4 天）	4 个小时	1. 归纳对该主题所持的各种观点。 2. 使艺术、科学、数学中"观点"与"视角"的意思与态度和信仰相联系。 3. 定义"偏见"和"先入之见"。	概念形成 词汇习得	一系列的引言 词典
2. 感知 （3 天）	3 个小时	学生将描述先入之见和经验是如何衍生为感知的。	直接讲授 角色扮演	AA 幻灯影片 放映机

续表

课　程	时　间	目　　标	模式与活动	材　　料
3. 对视角的感知	3个小时	1. 认识个体是如何感知事件的，使视角的概念与文学和历史发生联系。 2. 识别各种作品中的视角。	小组交叉组合学习课堂讨论	小组交叉组合学习组的读物 为课堂讨论准备的引言

单元：视角——取决于你当时的所在

教学时间：2周。

单元目标：1. 比较几何学、科学中视角的意思和文学、历史中该概念的用法。

2. 通过认识个体是如何感知真实与虚构事件的来使视角的概念和文学、历史发生联系。

3. 识别某一情况下各种不同的视角，解释每个参与者的观点，并解释此观点是如何确定该视角的。

4. 描述先前的经历与先入之见是如何影响对事件的感知的。

5. 乐于描述除他们自己的视角之外的涉及某一情况的视角。

先行组织者：使观点在艺术、几何学及科学中的意思与该词在文学、历史及人类关系中的应用联系起来。引入这种思想：观点决定视角。

第一课：涉及观点的视角

教学模式：概念形成与词汇习得。

估计时间：2个小时。

目标：1. 归纳对该主题所持的各种观点。

2. 使艺术、科学、数学中"观点"与"视角"的意思与态度、信仰联系起来。

3. 定义"偏见"和"先入之见"，并使其与他们自己的经验联系起来。

选择该模式的理论基础：据说有三类思想家：一类认为他们的思考是惟一的；一类认为与他们想法一样的人是最优秀的思想家；还有一类人对同一件事情以多种方法去思考。心理学家皮亚杰（Jean Piaget）称第一类思想家为"自我主义者"（egocentirc），第二类为"具体主义者"（concrete），最后一类最优秀的为"形式主义者"（formal）。但是皮亚杰对心理学最大的贡献是证明了儿童是在构建世界模型的经验中学习的。概念形成为学生提供了一个机会，使他们看到：对于同一个话题，明智的思想家可以持不同的观点（基本上是正确的）。学生也有机会区别对于一个相似的话题所持的不同观点，他们会看到每位思想家一会儿是个具体主义者，以一种眼光看世界;一会又成了形式主义者,能够认识到对相同的事实与思想所持的两种观点的合理性。词汇习得将能够为"偏见"和"先入之见"提供说明。

该模式的应用:在学生能够很清楚地识别这两个词后,为他们提供一系列类似或不同的关于所持观点的引言。例如:关于相同偏见的引言、关于同一事件的引言、引自同一人物的引言。让学生把这些引言分组、分类,并说出这种分法的原因。学生两人一组合作,然后像一个大组织一样讨论他们的决定以及做出该决定的原因。

评价:最后,学生将讨论他们之前在数学与科学部分学到的知识以及这些知识是如何与本课新内容发生联系的。此讨论也是对学生进步程度的中间评价。

第二课:感知——取决于你的所在

教学模式:直接讲授与角色扮演。

估计时间:3个小时。

目标:学生将描述先入之见和经验是如何影响对某件事情的感知的。

选择该模式的理论基础:在教师设定的情境中,可以直接指导或间接指导学生。首先提出问题,在直接指导下进行角色表演,然后回答问题,为课堂讨论提供材料。(正如这个例子所论证的,直接讲授并不是指被动的学习)基本上,教师提出的问题与学生要参与的活动重点都在感知的问题上:人们预先想看到的与他们看到的。但是这种倾向通常是由三种因素支配的,而这些因素是讲授的要点。通过为学生设立一系列的经历使他们意识到他们的"所在"与他们正在观察的事物之间的联系决定了他们所看到的。这阶段是为描述三个因素而设立的,这些因素详细说明了"观察者是从何而来的"。

该模式的应用:该课将以阅读关于房子的一段描述开始。包括有关房子背景的描述;窗户、门和房间数量的描述;对家具和装饰的描述;对主人保存贵重物品的地方的描述,等等。一半学生以专业小偷的口吻来阅读,另一半学生以预备买房的人的口吻来阅读。(因为给予学生的指导不是口头的陈述,而是写下来的,因此没有哪方的学生能够意识到其中一个视角被另一方占有了)默读一段之后,学生要根据回忆来复述。(研究表明读者会把注意力集中在他们所感兴趣的方面[1])这种最初的经历将生动地证明:相同的经历对不同的人来说是不同的经历。视角不同,经历也就不同。

接下来,教师让一组学生扮演全副武装好的劫匪,让观看者把他们感觉到的将要发生的事写下来。第二组学生在教师给了附加信息后再扮演劫匪。让观看者根据他们现在的感知与不同的信息再一次评价他们最初的视角。这个活动可以一直持续到所有的小组都表演完。表演后讨论视角的改变对他们反应的影响。

---

[1] E. T. 古兹、D. L. 沙勒特、R. E. 雷诺、D. I. 瑞丁:"透视阅读——故事中真正的警察与伪装的盗贼要找什么",《教育心理学杂志》,1983年第75卷,第500~510页。

把这项活动当成一个组织者,教师会陈述影响事件目击者理解的三个因素:

1. 感知者的观点
2. 观看者先前的经历
3. 先入之见

在用许多例子解释完这些之后,对学生进行提问并要求他们举出例子以查看是否理解了。当学生观看事件影片,继而识别与目击者的观点、先前可能有过的经历以及先入之见相关联的不同的视角后,会出现更多的指导性实践。对于独立实践,学生的任务是:用电视连续剧中人物的观点、先前经历和先入之见来描述剧中的情节。然后要求他们用另一种观点、经历和先入之见来复述事件内容。

评价:让学生把一份作业表带回家,让他们回答关于电视节目的一些特殊的问题。那些习惯于自己写随笔的学生仍会选择这么做,但是那些在写作方面有困难的学生会按照工作表格式来做。教师将评价这些工作表和随笔以确定学生是否理解了作业内容。

第三课:使感知与视角相联系

教学模式:小组交叉组合学习和课堂讨论。

估计时间:3个小时的上课时间加上课外准备工作时间。

目标:1. 认识个体(真实的与虚构的)是如何根据他们独特的观点来感知事件的,从而使"视角"的概念和文学、历史发生联系。

2. 识别作品中各种不同的视角,解释每位作者的观点,并解释感知是如何决定视角或理解的。

选择该模式的理论基础:小组交叉组合学习不仅是教学模式,也是教学活动,它的优点是一间教室里能容纳很多学生,而且学生能发挥才能,使小组成果发挥效用。在这种情况下,学生能够集中地阅读一些选集,从而面对许多历史性的、小说式的理解及观点。通过合作学习与交流理解,他们能很快学到更多的基础知识,可以阅读(逐字地)成千上万的材料,并用不同视角体验同一种思想。因此,小组交叉组合学习使每位学习者通过交流他们自己的理解来理解不同学习者的见解。

除了小组交叉组合学习,课堂讨论模式是指导讨论的最有效的方法。教师可以选择与小组交叉组合学习过程中进行的研究相关的一些切合实际的、解释性的、评价性的问题。

该模式的应用:将学生分成四组,每组成员都具有一定的能力。每组成员都要阅读关于西进运动的文章,选择的文章根据不同小组成员的阅读能力而定。给予每组成员不同的阅读材料,如:短篇故事、小说选集、原创的文献材料和教科书中有关西部扩张的章节。学生有三天的时间去学习这些材料,教师指导学生与其学习小组成员(每组成员学习的内容是相似的)讨论这些内容。学生将识别作者及故事、散文中主要人物的视角,并向小组其他成员解释该视角。小组讨论之后,全体学生借助于课堂讨论模式讨论这些选集以及材料中出现的各种视角。

评价:对课堂讨论进行录音或录像以便教师复习并确定学生是否达到这门课的教学目标。

结语

在该单元的实际学习之后,跨学科教学小组成员一起聚餐,讨论、评价他们在本单元的教学过程中的经验。虽然有些活动未能成功地进行,但每个人都认为整个单元的教学取得了巨大的成功。对于学生实现认知目标情况的评价说明了我们的教学是成功的,另外,根据个人态度的调查(不记名的调查),说明了学生在该单元的学习中学到了很多,而且扩展了关于不同视角的知识。

小组最后的讨论是非常愉快的。在介绍学生的时候,每个学生都是以来自另一个国家、有着完全不同的文化背景的身份而出现的。讨论集中在学生将会碰到的各类问题上以及个人的视角与其他人不同的原因上。教师为各种讨论录音,并将其进行比较。大家一致认为学生已经领悟到他人对一个特殊情境的感觉。教师也了解到学生能够处理一些复杂的事情,并能对材料内容进行反馈,从而对他们的先入之见提出质疑。亨利说:"我感觉确实是这些东西束缚着孩子们。"对于这句话很多人都很赞同。

活动 17－1

不管你教的或将要教的学生年龄有多大,加入到这个跨学科小组吧。设计的课程应可以用于这个单元或重点是另一种概念的跨学科学习的单元。

总结

从跨学科教师的合作设计中我们获得了很有价值的专业知识经验。另外,这样的合作丰富了学生,尤其是青少年的学习经验,他们喜欢根据各学科的知识来解释一个概念的意思,这样可以增强对各学科的理解。

第十八章 高中案例研究

正当鲁迪干洗店刺鼻的气味熏着杰克·塞缪尔斯(Jake Samuels)时,一个陌生的声音响起:"你好,塞缪尔斯先生。""你好。"塞缪尔斯回应道,试图给出一张友好的脸。"我是克里斯·皮罗里,我就读于麦迪逊高中,愿意为你效劳。"

"请把洗好的衣服给我。"塞缪尔斯先生回答道。他一边把洗衣券交给克里斯,一边好奇地想着曾经在哪里见过这位年轻人。他只是麦迪逊高中里众多脸孔中的一张。

"是的,先生,就在这里。"克里斯开始把一排衣服移开。这时塞缪尔斯的衣服出现了。克里斯把衣服交给他,说道:"我总是想跟你学英语,但我在普通班。我曾听说你是多么好的一位老师,但你只教高级班。"他犹豫着,为他的大胆感到一丝困窘。

"感谢你对我的信任,我很遗憾没教过你,克里斯,我很愿意教你。"

"再见,"克里斯耸肩微笑着,"下次再见。"

塞缪尔斯离开那个洗衣店,心里想着那个克里斯,他考虑着自己的计划。他是系主任,仅教三门课。克里斯是对的,那些课都是高级课程。然而,突然遇到的人使他想起他曾经教过的普通班。那些学生给他留下了深刻的印象,也许这是因为他的课是他们所上的最后一门英语课。他记起他是如何想把所有一切——他所喜欢的有关英语的一切——放在银质托盘上呈献给他们,它们是如此诱人以致他们的的确确渴望得到更多。

他开始用心思考:"我们应尽力让课变得更受欢迎而不是相反。矛盾却依然存在。难道不应该反过来想一想?难道不能使普通班课程内容更丰富吗?"

当他踏上麦迪逊高中的林阴路时,他陷入了沉思。很显然,在他教基础教育和补习课的时候存在着问题。他的演讲和讨论的教学风格对于那些在记笔记和长时间集中精力方面有困难的学生是没有效果的。但是作为系主任,在过去的几年里,通过对其他老师的观察以及参与专题讨论会(研习会)和有关教育政策的会议,他学到了很多。他学着在高级班上使用多样的教学模式,并且他确信这些模式将对所有学生都产生很好的效果。他正在思考着的想法为他提供了一个将理论付诸实践的机会。他想试一下。

在接下来的星期一下午 4 点,塞缪尔斯先生把头伸进他隔壁的教室。他的同事,奥布赖恩小姐(Ms. O'Brien),正在批改试卷。

"莉兹,你有时间吗?"

"当然,请进。每天的这个时候我总是为要完成所有这一切而耗尽全力。很高兴见到你,杰克。你是怎样做到在这么漫长一天的最后还看上去这么精神饱满的?"

"谢谢,我并不总是感觉精神饱满。它只是我的表面。不过,我需要和你谈谈。我那天遇到你的一个学生,克里斯·皮罗里。告诉我关于他的一些事。"

"好的。克里斯是一个非常好的年轻人,富于想像力并勤奋工作,非常讨人喜欢。他听了我第四阶段的课程。我不时会在城里附近看到他父母。他的父亲在羊毛厂关闭后失业了。他在打零工,他称这是被迫的自我就业,但他还是没能够使一切好转并稳定。克里斯的母亲在工作,但他们仍需要克里斯从洗衣店的工作中挣钱。我知道他毕业后将在那里做全职工。我试图劝他晚上上社区学院的课程,但我认为这是徒劳的。当然,如果他的父亲确实能找到一个稳定的工作……"她的话音渐渐消失,话语中不带多少希望。

塞缪尔斯先生打断道:"我一直在考虑着这些普通班里的学生,也特别怀念我教他们的那些时光。我有一个想法。你觉得作为试验把课从四个阶段变为大约四个星期怎么样?我很想在这些孩子身上试试我的一些想法。我想我愿意试着教他们《麦克白》(Macbeth)。"停顿一下后,他露齿笑笑,"你认为我疯了吗?你正在教浪漫诗,不是我最喜欢的那些单元之一,但都是你擅长的,我知道。"

奥布赖恩小姐看了他一会,这时他的建议在她脑中成形了。"我会认为你疯了吗?是的。我会认为这是个好主意?这可能恰恰是一个绝妙的主意。我很渴望看见他们有什么反应。我很乐意给你的孩子们上一课。19 世纪的诗歌是我的最爱。"

塞缪尔斯先生的计划

在那晚上塞缪尔斯先生把需要整理的材料放在一边。他想着克里斯和大多数,也许是少数感到厌倦的学生。但是这计划激励着他。他比从前任何时候都兴奋。他开始为他想要完成的事做笔记。

首先,他要他们享受戏剧。他考虑了一会,然后划去"喜欢",代之以一个使用频繁但他在文中很少使用的一个词"爱"。是的,他想要他们热爱戏剧,戏剧也许是文学形式中最好的部分。他在那个目标旁标上星号,在这四周内它将指导着他所计划的一切。他想要他们欣赏莎士比亚的机敏,他的思想直到今天还是那么有意义。

塞缪尔斯想要他们检验"野心"这个概念,它在适度的时候可能成为积极的推动力,在过度的时候将成为危险的力量。要做到这一点他们必须理解麦克白和麦克白夫人性格的复杂性。如果把所有都看做坏的,那学生将错过大部分戏剧的智慧。他希望他们抓住暗示的力量,并感受在想像力十分丰富的头脑里固守某一观念将意味着什么。进一步,他想要他们被语言中的美、精妙,甚至下流所打动。他希望把他们带入伊丽莎白女王时代,像莎士比亚把他的观众带入他的戏剧一样。

这些目标来自于哪里?塞缪尔斯是一个有着多年经验的专家型教师。因此,他愿意靠他作为一个老师的直觉、他在《麦克白》上的专家之见、他关于学生需求的确信和他对社区期待的认识做出判断。怀着信心,他把模糊限定的目标转换成具体的条目。

学生将做以下这些:
1. 热爱戏剧。
2. 通过掌握部分非常困难的材料获取对自己理解力的信心。
3. 欣赏莎士比亚作品中的力量和意义。
4. 理解"野心"概念的复杂性。
5. 理解《麦克白》中人物的复杂性。
6. 意识到暗示力量的作用。
7. 使抑扬格的五音步诗行的丰富性相调和。
8. 熟悉伊丽莎白时代英国的主要特征。

在不很远的过去,他可能已停止了在这方面的普通计划并且开始依据每天的课程而思考。现在他意识到,无论如何,他需要让他的计划更加精确。这意味着要在调查了学生的背景后列出具体的学生需求。而这又意味着要挑选能够帮助他达成这些目标的具体的目标和模式。它还意味着要为他完成这些目标的程度设计评估方式。这听上去错综复杂,但它最终会融入学生的天性之中,并能节省时间,提高效率。最重要的是,它增强了他的满足感。

在接下去的一周,他收集了许多资料。他和奥布赖恩小姐谈话;他回顾了记录和测试的成绩;他随意但谨慎地观察他要教的班级;他仔细重读了戏剧,并对重要章节内容作了摘要。他记得克里斯的耸肩,那是能说明问题的,它是说:"我们不值得得到最好的(教学)。"

塞缪尔斯相信学生需要被给予带有挑战性的资料,他所选的《麦克白》中给出的暗示是这样的陈述:"你能做到它,我不会立即全教给你。"反之,它暗含了一种义务:给予学生独立所需要的支持。虽然这个想法看上去几乎是矛盾的,但它意味着他不应使他们有失败感或者说允许他们失败。他知道他们能力上还不够,但如果这单元能建立他们的自信,他们首先必须勇于接受挑战,就像去做他们能够做的、不会失败的事情一样。他列举出学生所需要的东西:
1. 具有挑战性的资料。
2. 相信有人认为他们能够领会困难的材料。
3. 认真对待并重视他们的观点。

4. 在自己能力的发挥中获得信心。

5. 谈论重要的主题和真实感受。

6. 由于他们成功地领会了困难材料而获得一种成就感。

在他将所列出的目标和学生的需求相结合的基础上,塞缪尔斯写出了关于麦克白单元的基础目标,并考虑他如何评估单元的成功。毕竟,如果他不能向自己证明学生在这一单元有所获益,那么他将仍留在高级班。塞缪尔斯写了他的目标,包括评估各个目标的方式:

1. 学生会热爱戏剧《麦克白》并且有兴趣学习更多,这可以用单元前或单元后的一组问题来评估。在评估中,学生可以检查自己的反应并且无须考虑去证实。

2. 学生可以把戏剧中的主题和他们的日常生活相联系。这将以学生所排演的仿照《麦克白》来布置场景的同时代滑稽短剧来加以评估。

3. 学生将表现出对优美抑扬格五音步诗的欣赏以及对声音在增强意义和幽默感上的作用的欣赏。这可以从他们对所喜爱的音乐的表达及对如何打节拍和吟唱的解释中获得评价。

4. 学生将分析主要人物并指出这些人物所创造的复杂性要素。一项书面作业将被用来评估这个目标。图片也可以用来说明这些元素。这些图片可以用画的或是将杂志上的图片剪下来拼贴而成。(他知道过去他有时不能理解,为什么学生理解了一个教过的概念但却不能够用书面语言来表达这个概念。其实,如果给他另外一种媒介,学生有时就能表达这种概念。书写不会被忽视,但他想要确认他要衡量的是他所教的内容而不仅仅是学生的阅读和写作技巧)

5. 通过小组教授伊丽莎白时代的某些方面内容,学生将表现出对那个时代的了解。(这儿用合作学习模式)评估的依据是学生在活动中的表现。

6. 学生将通过给出日常生活的例子来展示他们对暗示的力量以及自我实现的预言的理解。

头脑中带着这些目标,他考虑着他能用来达到目标的可能模式,以及用什么顺序来使用它,他将分派多少时间给每个单元的各个部分。

1. 他将以一堂有关名著的概念获得课开始。不,他将用这个措辞:畅销作品。因为那更有吸引力、更合适。毕竟莎士比亚意味着票房的号召力。(然后他们将讨论一部名著和一部畅销作品之间的区别,讨论有些艺术作品是怎样两者兼顾的)他将用到畅销作品的正面的例子,例如《圣经》(the Bible)、《飘》(Gone with the Wind)和披头士音乐。他的反面例子将包括从他们课本上选择来的一个知名度较低的短篇故事、一首他所写的诗、一个朋友所剪辑的名叫"卡明斯的家"(Comins' Home)的录音、从他家乡来的一个不知名的画家所画的一幅他最喜爱的画。一旦他们能够定义畅销作品这个概念,他将问他们如果试着写一部能成为畅销作品的戏剧,他们将把哪些元素包括在内。他将给他们的想法列一表单。(他预计他们将提到悬念、暴力和一点浪漫,等等)

然后作为一个小组，他们将从这个表中得出一系列杰出作品的标准。

接着他们将把这些标准应用到《麦克白》上，想象它在环球剧院第一次上演的场景。莎士比亚应用了多少相同的标准？有哪些标准是莎士比亚用到了但他们却没想到的？有哪些要素是他们考虑到而莎士比亚没有涉及到的？（例如：传送媒介）350年的变迁是怎样改变了文学的标准？这些问题和其他提出的问题将使这些年轻的读者对戏剧有一个全新的认识。

2. 接下来，他将运用演讲、独角戏、电影片段和艺术作品等直接讲授模式向学生提供莎士比亚的生活和时代的背景信息。他将强调莎士比亚在开幕场景中用来捕捉观众注意力的技巧。他将展示在《哈姆雷特》(Hamlet)开幕场景中的鬼魂和《罗密欧和朱丽叶》(Romeo and Juliet)开幕场景中的打斗，并且让学生猜测《麦克白》用什么样的手段开场。

3. 他也会用合作学习模式之一的小组交叉组合学习来作为背景信息。他将把班分成5个小组。这些小组将调查为互教所做的准备，用各种方式调查关于伊丽莎白时代的日常生活（食物、时尚、运动、卫生等）、政府、艺术和建筑、社会阶层结构、教育和工业、农业。

4. 他将用《麦克白》电影版本中第一、第二幕来展开戏剧，他允许学生边看边在他们的本子上作记录。在确定基本理解了情节时，他们将一起读第三幕，把各种场景和语言戏剧化并用心检查词语、内涵和概念。

5. 他将要求学生围绕"野心"这个词施行概念形成模式。

6. 如果第三幕的阅读进行得顺利，他们将一起阅读第四幕而不是观看电影。他将在第五幕再用到合作学习模式。以小组为单位，他们将在全班面前扮演各种可能场景中的角色。

7. 在他们进行表演时，他将用综合模式突然插入有关麦克白夫人的一课。这将作为展示一个角色内部矛盾和对立力量的有力而有效的工具。

8. 当他们完成戏剧后，他将在讨论中运用情感探究模式。为了与剧中主要人物形成更多的共鸣，他们可以站在剧中人物的立场来看待整个事件并尝试确定他们的情感。

9. 最后，他将依靠探究模式来发现悲剧是怎样形成的，以此来发展学生的洞察力。在戏剧的开头，麦克白不是这样一个反派角色。他拥有许多好品质，但在很短的时间内他使得其他大多数国家领导者败亡。这一切是怎样发生的？这么多的暴力合理吗？这恰恰是他希望学生思考的一个问题。他觉得他们完全可以根据太多的野心看清这出悲剧的原因，并且他希望他们看得更远、去挖掘其他原因。为理解这个问题的答案，他们将必须走出这个剧本去研究11世纪英格兰的环境。在黑暗时代的鼎盛时期，孤立的生活是怎样一种情况？也许很容易设计出一个你很少见到的情节。它是一个暴力的时代，伴随着不知来源的频繁的攻击，及为回应恐怖的不断威胁而发展起来的街头暴力。麦克白靠战争的胜利赢得了荣誉。塞缪尔斯先生想要学生自己对这些解释进行探索，他不想对他们进行填鸭式教育。

塞缪尔斯把他已经探究过的单元课的结论用图表来表示。（表18-1）他感到一堂具体的课——用到概念形成和课堂讨论——对于理解戏剧起到了至关重要的作用。最初，他在课上仅仅关注"野心"的概念，但是他越是进一步思考这个，他就越感到两个基本概念——"野心"和"暗示的力量"——是纠缠交织在戏剧中的。这一课将在下一章中描述。

表18-1 麦克白——对野心转变成贪婪的研究

预期的阶段 （在戏剧之前）	实现的阶段 （在戏剧中）	思考的阶段 （在戏剧之后）
畅销作品的概念获得（1天）	麦克白夫人的综合印象（2天）	探究人物的感情（1~2天）
根据背景直接讲授（1天）	概念形成和课堂讨论 关于野心和暗示的力量（5天）	萨奇曼探究模式（1天）
小组交叉组合学习——调查和学生对背景的陈述（4天）	第五幕的剧情角色扮演（3天）	

单元：麦克白——对野心转变成贪婪的研究

示例　第五课：野心和暗示的力量

教学时间：6~8天。

大约有下列计划：

星期一和星期二：围绕女巫的概念形成课，在概念形成课上依靠项目小组的每个学生使该阶段进入高潮。每组的标签是主题句，而分类的条目将是支持的证据。

星期三：课堂讨论麦克白中"野心和暗示的力量"的双重概念。

星期四：继续课堂讨论，强调同时代的例子。

星期五：学生从讨论中发现最有趣的对单个概念的表达（例如：正式作业、拼贴、录音材料、绘画或对话）。

星期一：学生把他们的工作分为三类：反馈、反应和暗示。

星期二：班级成员一起分享最终结果。

单元目标：1. 用几种艺术手段之一来表达他们对单词野心意义的最好的理解。

2. 口头表达他们对过度占有的危险的理解。

3. 书面阐述野心概念是怎样和他们的日常生活相联系的。

4. 从讨论中推论关于麦克白及其夫人产生野心的原因。

5. 用他们生活中的例子书面描述暗示的力量。
6. 给出使两个概念相联系的例子。
7. 口头假设在当代女巫可能以什么样的形式出现。

讲授模式：概念形成和课堂讨论

选择该模式的理论基础：在课上，学生可能会从相当具体的方面看事情并把事情简单归于黑与白。依靠他们对戏剧中"女巫"的所有感想的言语化，他们可以集体地看到他们不可能单独看到的东西，那就是，女巫是在每个人生活中都起着作用的命运的象征。学生应该看到女巫是莎士比亚直接告诉观众麦克白头脑中的想法以及暗示的强大力量的工具。课堂讨论模式将拓展学生在概念形成活动中所产生的想法。除此之外，课堂讨论模式将提供关于"暗示的力量"和"野心"的事实的、说明的和评价的问题。

概念形成模式的应用

结果是，暗示的力量导致了不受约束的野心，这两个复杂的概念通过女巫而相联系。

具体的学习活动将要求学生做到以下几个方面：
1. 列出他们所记得的有关女巫的所有事。（包括关于他们目的的推论）
2. 把具体的细节分类。
3. 给这些类贴上标签，显示他们对将这些项目联系在一起的原因的理解和赞同。
4. 重新思考这些联系，组成新的组并形成新的分类。[1]
5. 依靠综合项目及形成的结论说明他们对女巫角色的理解。

下面这些问题将指导概念形成课。（插入性的说明是塞缪尔斯先生为帮助自己记忆而做的）

1. 在戏剧《麦克白》中是什么特别的事情使"女巫"这个词进入人们头脑中的？或者，给每件你认为和女巫有联系的事命名（不要停，直到你有了一个广泛的条目）。
2. 仔细看这些条目，是否存在互属的项目或是某种程度上相似的条目？
3. 为什么你认为"大汽锅"和"烟雾"有联系（不要给类贴标签直到学生在分类原因上达成一致）？
4. 再看一下最初的条目，是否还有其他类我们可以放在一起（慢慢进行，让他们有时间重新思考，列出类别）？
5. 检查一下整个黑板，一般我们怎么来说女巫的？

---

[1] 希尔达·塔巴：《希尔达·塔巴教学策略大纲》（第2版）(Miami：Institute for Staff Development)，1971年版。

第三编　整合：使目标与教学模式相匹配

概念形成模式的评价：学生通过把类别中的一个(概念)发展成一段来表现他们对女巫角色的丰富理解。在这里,标签(说明性文字)将成为主题,项目则成为支持的证据。

课堂讨论模式的应用

紧接着概念形成活动之后的讨论。

估计时间：2天。

第一串(讨论)：女巫的角色。讨论将从一些实际的问题开始,大多数问题将被解释。这一串开始和结束的基本问题是：如果麦克白从没听过女巫的暗示,他还会杀死邓肯(Duncan)吗?

1. 女巫是在哪里被看到的?
2. 女巫是在什么样的条件下被见到的?
3. 女巫看上去是什么样子?(讨论一下胡子的暗示)
4. 女巫做了什么?
5. 是否存在对他们权力的限制?
6. "公平是肮脏的,肮脏是公平的"是什么意思?
7. 是否存在着他们获取信息的合理的方式?
8. 女巫出现三次你认为是为什么?
9. 在我们生活中是否有类似女巫的事物?(一个同学说是伴随着我们的野心,另一位说是欲望,另外的说是想要你干坏事的家人和朋友)
10. 当班克(Banquo)说"黑暗的工具告诉我们真理"时意味着什么?

第二串(讨论)：暗示和野心的力量。在这一章中,大多数问题将具有评估性。这里的目的是建立一些概念,这些概念是在探究女巫角色时产生的。帮助学生不仅在戏剧中而且在自己的生活中把这些概念和野心联系起来。一些示范问题列举如下。这一部分最基本的问题是：是什么力量形成我们生活的目标?

1. 麦克白夫人是有野心的吗? 在什么程度上? 她的野心表现为什么形式?
2. 在戏剧中,野心和暗示的力量的概念是相关联的吗? 如果是,以什么样的方式?
3. 在生活中,你是否曾见过暗示力量的例子(例如占星术、预言家、意大利纸牌、广告)?
4. 在课堂上,你是否见过野心的例子? 在运动领域呢? 在你家庭里呢? 在你的朋友中呢? 在政治上呢?

塞缪尔斯先生准备的问题比他能用到的更多。他根据讨论的内容和范围控制着问题的转移。他转移得非常慢,为的是给一些学生更多的时间对每个问题做出反应。

课堂讨论模式的评价：讨论将给塞缪尔斯提供如何使学生很好地掌握这些概念的极好的想法。但他们的知识需要进一步深化。他们需要书面实践，因为这是个薄弱领域，书面实践对于了解每个学生掌握这些复杂概念的程度来说是必要的。他要求学生做到以下几项中的两项：

1. 以图画的形式重新展示对女巫的现代意义上的认识。
2. 选择概念中的一个，在一页纸上给出这概念是怎样影响你的日常生活的例子。
3. 写 1～2 页有关你生活的目标以及是什么力量形成这些目标的内容。

学生将先写下作业的第一份草稿，在一小群学生中交流并得到正面的建议后再写下定稿。

结语

当四周时间结束时，塞缪尔斯对他的实验结果非常满意。大体上学生反映出了对他们自己能力的信任，就像他期待的那样，他们能够谈论比他们在作业中所做的更复杂的问题。他遗憾的是他们没能够一起读更多的课文。当他参与的时候，他们感到非常难，他们变得有点不自信并产生了防卫心。如果他们先看过完整的电影版本，阅读将进展得更好，因为这样他们将会知道期待些什么。

讲授模式允许学生积极参与到学习过程中。结果是，他们没有平常那么烦躁不安且看上去对能参与其中感到很骄傲。单元中一个最重要部分是综合课。下面是对那节课的简要描述：

第一步：学生分三组讨论麦克白夫人。他们各抒己见，讨论对她的印象。接下来，每个学生写下关于她的一小段印象。从这些段落中，学生收集一系列最强烈的特殊的描述词：诱人的、泼妇、冷峻的人、妄想的、谋判者、尖酸的人、残酷的、两面的、叛逆的、狡猾的、足智多谋的、阴谋家的。

第二步：要求学生呈示他们所写的，看看那些词是否意味着一个动物或一部机器。这儿有他们回答的一些例子：

老虎（秘密地悄悄追踪它的猎物）
蜘蛛（在它的爪子内诱捕猎物）
短剑（看上去精致，却是致命的）

第三步：接下来，学生被要求从条目中选出一个，假装他们就是那个物体，并描述那个物体的感受。他们选了短剑。这儿是个别学生所描述的一些感受。

我感到优美的：我是苗条的，小的，长而尖的，花式的，敏捷的（致命的）。
我感到骄傲的：我是细长的，花式的和非常美的。
我感到狡猾的：我能被轻易隐藏并能快速地静静地飞起。
我感觉强有力的：我能在他们察觉之前刺伤任何敌人。

我感到秘密的：我能被隐藏并在一些人不防备时使用。

我感到孤独的：我没有朋友,事实上我一个人呆着。

我感到禁锢的：我被掩盖和隐藏。

我感到无助的：我无法控制我何时、怎样被使用。

我感觉致命的：我是小的沉默的但像刮胡刀一样锋利。

第四步：要求学生审视他们所列出的感觉,并挑选出那些看上去互相矛盾的词。他们挑出：

骄傲的和秘密的

优美的(娇嫩的)和强有力的

被禁锢的和强有力的

优美的和致命的

第五步：全班选择禁锢的和强有力的继续探究。他们被要求指出既是禁锢的又是强有力的东西的名称。他们提出下列几种：

原子能

一位潜水艇艇长

没脱离绳索的斗犬

一只受伤的熊

为皇帝表演的格斗士

笼子里的老虎

第六步：再回到主题麦克白夫人。塞缪尔斯先生让学生选择上述这些形象之一来和她做对比。大多数人选择"为皇帝表演的格斗士"。他们把她描述为强有力的和致命的,但她是她野心的傀儡就像格斗士是皇帝的傀儡一样。

活动 18-1

选择一个主题来为一个普通或中等班设计一堂课,这个主题对这些学生是具有挑战性的,它通常被认为是为高级班所保留的。计划至少用到两种不同的讲授模式。

总结

那些在高级班有用的教学策略通常在普通班或补习班也有效。精心的计划和多样的讲授相结合使得学生变得热衷于学习有挑战性的材料,那些材料经常因为太难而不被使用。那些不可能上大学的学生在小学、中学面对这样的内容时会有特殊的要求,假如在那时候不被关注的话,他们可能就失去机会了。

在这一章和上述的两个过程中描述的教师都是有着不同背景、兴趣和教学经验的个别例子。就像你在这课中读到的,他们关心着不同的内容并且他们用不同方法授课。然而，他们都分享了对他们职业的敬重、对提高教学质量的渴望，及对找到更好的方式理解学生和在课堂上成功的期盼。他们都在寻求答案。

  没有任何一位专业人士愿意在欠考虑的形式下遵循范式，所有人都精心思考着他们的计划。这些教师的关注点在学习者身上。他们对讲授的结果给予仔细的思考并承担对所教是否就是所学做出判断的责任。

  我们希望这些章节在读者们的头脑中激发比答案更多的问题。我们相信教学是生命的冒险并且没有一天和另一天是相似的。没有人能够确切地告诉你该怎么教。我们给予的是建议性的指导。你必须对课程进行整体勾画。

第十九章 实践的智慧：营造良好的学习环境

在任何领域里，专家与新手之间的区别都远远不只是从业时间的长短。一个从事烧针行业二十年的专家应该知道：一倍的成功源于二十倍的付出。教学也是如此。有些教师永远都是新手，而另一些掌握规律的则成为专家。那么，普通教师与专家型教师的区别何在？天才教师是天生的还是后天养成的？通过对专家素质的考察，可以回答第一个问题。于是悬而未决的第二个问题的答案也就显而易见了：那些所谓的天才教师根本不是天生的。我们看到的天才教师所具有的优异禀赋实际上来自于他们想要成为专家的自觉反思与努力。专家总是乐于接受挑战，勇敢地面对新的环境与问题，并运用先前获得的知识来解决问题。[1] 引用托马斯·爱迪生（Thomas Edison）的一句名言：天才是百分之十的灵感加百分之九十的汗水。留意一下"专家"（expert）与"练习"（experience）这两个词：它们有着共同的词根，二者在语言学上都与"冒险"（peril）一词有联系。

专家与新手间的一个重大的区别在于，当事情未按预期发展时，专家有比新手更好的后备策略。这种区别的必然推论是，专家知道如何在事前安排好一切以提高成功的机会。正是专家型教师，或者所谓的天才教师，最有可能减少失败的几率。他们是如何做到的呢？他们又懂得哪些作为优秀教师所应知道的东西呢？

在试图回答这个问题之前首先要记住的一点是：世界上没有一个成为优秀教师的万能公式。教育模式不同于"一个氧原子两个氢原子结合便成了水"这类公式。合适的比喻是，教育模式像是食谱，必须适合于厨师与口味的需要并且原料可得。从这个意义上来说，教学就像烹调，是一个有意识的行为过程，即通过有意识的反思或深思熟虑，使教学过程不断得到改进。教学的质量与成果总是基于教师的判断，这些判断部分聚焦于学生及其需要的变化，部分聚焦于教学的过程。

虽然成为优秀教师没有一个万能的公式，但并不否认从教学实践中积累的智慧的存在。判断总是以知识为基础的，而专家知道新手所不知的知识。值得庆幸的是，现在保存了

---

[1] 罗伯特·格拉斯："专业知识的本质"，《临时论文》第 107 期，俄亥俄州大学，1985 年版。

第十九章　实践的智慧：营造良好的学习环境

许多关于有效率的学校和教学实践的经验和研究的记录，这些记录为大量的关于教学的普遍性原理提供了根据。在本章中，我们将分享其中的一部分，题为"实践的智慧"。这些普遍性原理存在于研究文集、我们自己的实践以及无数我们曾经向其请教"是什么使你成为一名优秀教师"的人的实践中。但是这些研究结论与他人的经验永远也无法详细说明其他人为何选择某一理论。所以我们请你在引入一个理论之前，先看看它是否适合你。

戴维·贝林纳(Davie Berliner)，一位世界级的专门技能教学专家，曾经指出：(专家型教师)必须能在两大知识领域游刃有余。这两大领域分别是他所从事的主题领域与课堂的组织管理。[1] 然而，特别令我们感兴趣的是，在回答我们的提问(什么使你成为一名优秀教师)时，一组 25 名性格和行为各异的教师中，只有一名提到主题领域知识。最初这使我们感到踌躇，因为教师理所当然地是他所从教的领域的专家。但是当我们停下来反思时，我们认识到，好教师倾向于认为对主题领域知识的掌握是给定的，这对良好的教学是必要但却不是充分的条件。换句话说，大多数教师可能认为掌握所教的知识对于成为一名优秀教师是必须的，然而知道如何去教却是好教师与仅仅掌握主题知识的教师的区别之所在。也许真正的教学绝技就在于领悟如何以不牺牲任何一方的方式来协调这两类知识——教的内容和如何去教。我们将优秀教师的理解归纳为以下十一点。

优秀的教师能调控课堂

我们曾就"在你接受学校教育期间，你会有什么样的改变"这一问题向小学和初中的学生进行调查。对这一问题，我们在调查前言中解释道：管理部门要求我们就如何改进教育提出建议，但我们必须从曾经亲身经历过的学生眼中了解目前的教育计划，否则我们的建议将空洞无效。

总的来说，虽然学生的表达各异，但其回答不外是三个方面。值得注意的是，无论在哪种情况下，学生想要的改变都处于教师的控制之下。

- 我希望老师围绕主题。
- 我希望有这样一个教室：在这个教室里，学生不会因受愚弄而逃开。
- 我想要知道所有将要考我和教给我的东西。

不论是教六岁还是六十岁的学生，教师都必须是掌控课堂的人。如果在一开始就能清楚地确立这一点，则对大家都有好处。教师既非密友也非狱长或暴君。保证学生集中精力于所教的内容、维持良好的纪律与和谐的氛围、确保评估的可靠性和有效性，这些正是教师的专职。[2] 尽管这种责任大部分应该而且能够与学习者一起承担，但

---

[1] 戴维·贝林纳："对专业教师的追求"，《教育研究》第 15 卷，1986 年第 7 期，第 9 页。
[2] J. S. 卡宁：《课堂纪律与小组管理》(New York：Holt, Rinehart and Winston)，1970 年版，第 359 页。

为了学生身体安全、个人情感和智力的利益,教师必须保留最终的权威。

教师在课堂上的言行举止,应突出其专业性及对教学的精心准备。当我们觉得掌控局势的人知道自己正在做什么并且愿意负起责任时,我们就会疑虑顿消。每个年龄段的学生都依靠教师而获得这种信心。为了获得这种仿佛在课堂的一开始就定下全天基调的洞察力,就要考虑结论。该结论是从经验丰富、效率高的教师与缺乏经验、效率不高的教师之间的对比中得出的:

> 如果要向初中教师描述一个明显有效的课堂教学开始的方法,其脚本将会是一种例行公事式的开场,它具有以下特征:(1) 环视教室(这意味着即将开始上课);(2) 快速地以公务式口吻要求保持纪律;(3) 认为是值得花时间的某种方式的点名;(4) 开场白,包括对学生行为和学业的期待,对可能引起混淆的地方的解释,意味着课堂开始的提问。[1]

干脆利落、条理化、简明扼要地描述处于教师掌控下的课堂。关于课堂管理的研究清楚地表明,优秀教师在组织由新学生组成的班级时,应尽可能快地建立起一种控制系统。"高效率的教师在学年开始就有一个目标:建立起高效流畅的课堂,在那里,教育而非管理,是其要旨和主题。"[2]专家型教师认为,开学最初的几天是建立和推行教育与管理日常行为规范以使课堂教学顺利进行的最关键的时期。[3]

要使这些日常行为规范自动执行,优秀教师会告诉其学生他对他们的期待,并给学生示范,指导学生践行被期待的行为。而学生接受的正是这些保证成功学习和教育所必须掌握和践行的日常行为规范。必须指出的一点是,旨在养成正确的日常行为规范的事先演示与指导的功效远比日后的纠正功效大。稍微的事前预防就能很好地确保课堂的管理。

优秀的教师会营造愉悦学习的心理环境

约翰·古德拉德(John Goodlad)在其里程碑式的研究著作《一个叫做学校的地方》(A Place Called School)中,描绘了典型的美国学校与教室的景象。他称那是一个"审美和情感上都单调乏味的地方"[4]。足够的工作空间与愉悦的学习环境,毫无

---

[1] D. M. 布鲁克斯、G. 霍克:"有效和无效的会议——教师活动和任务结构"(paper presented at the annual meeting of the American Educational Research Association, Chicago), 1985 年 4 月版。

[2] G. 伦哈德特、C. 韦德曼、K. M. 哈蒙德:"专业教师对课堂规章制度的介绍与综合",《课程调查》,1987 年第 17 卷,第 137 页。

[3] E. T. 埃玛、C. M. 埃弗特森:"初中开学初期的有效管理"(Austin: Research and Development Center for Teacher Education, University of Texas at Austin),1980 年版;D. L. 杜克编:"帮助教师管理课堂"(Alexandria, VA: Association for Supervision and Curriculum Development),1982 年版。

[4] J. L. 古德拉德:《一个叫做学校的地方:展望未来》(New York: McGraw-Hill),1984 年版。

疑问会影响学生的动机、行为与成就。[1]个性分明的教师也许没有多大可能建造有吸引力的学校建筑，但一个充满个性的课堂氛围常常是处在教师与分享这种氛围的学生的控制之下的。有效率的教师倾向于做一个管理者，设计学习的环境以促进学习。教师可以做很多事情来创设愉悦的学习环境，包括以下确能影响学习的四个方面：陈列展览、物理环境控制、公告信息与座位安排。

陈列展览

教室应是个能吸引人的、有魅力的地方。恰当的颜色与得体的设计能使教室显得更吸引人和令人兴奋。展示学生的审美艺术作品——风铃、透视画、模型与图表——能使学生对班级有归属感。公告板与视觉展览区可以用来强化课程或单元的关键性概念。例如，可以在公告板上留下一块来展示下一单元将碰到的字词与概念。在学生的启发帮助下，合理安排这些字词，使其能反应概念间的联系。即使在学生做作业或测验时仍保留着这些字词，这将使你所教的内容很容易被领会。

在公告板的另一侧，或黑板的保留位置，写上与当天课程有关的"小"问题。如在地理教学中，样板问题可以包含以下几条，每一条都与当天的主题有关：[2]

与生态学有关的：哪个洲淡水资源最丰富？
与历史有关的：1815年6月18日拿破仑滑铁卢战败时是在哪个国家？
与各个州的学习有关的：阿拉斯加州的城市格言是什么？（答案在注解部分）[3]

运用适当的方式将学生的作品展示给大家看，以增强所有而非仅仅部分学生的积极性。班级成员的相片、学生业余爱好与收藏的展示，都能使全班对学生个人和群体产生积极反应。在学年开始时，也许可以要求每个学生带来一些关于未来大事记之类的东西，以使千年之后的考古学家据此也能了解现在学生的家庭、兴趣、业余爱好和生活方式。与学生的相片及简略的自画像一起展示这些物品。

物理环境控制

尽管公告板和展示并非绝对是必需的，但教室的光线、空气与温度却是必须注意

---

[1] F. D. 苏西："艺术课堂中的物理环境：有效管理的基础"，《艺术教育》，1989年第42卷，第37～43页；M. 拉特、B. 莫恩、P. 莫蒂默、J. 奥斯默顿、A. 史密斯："一万五千个小时：中学及其对学生的影响"(Cambridge, MA: Harvard University Press)，1979年版。
[2] J. F. 马兰："开启平凡"，《社会教育》，1988年第58卷，第390～391页。
[3] 南极洲囊括了世界大部分的淡水，它们以冰的形式存在着。拿破仑在比利时的滑铁卢战败。阿拉斯加州的格言是"北面朝向未来"。

的。某些优秀的课程之所以毁于一旦,就是因为教室的温度太高或太低以致影响了学生的注意力。

如果你所教班级的教室太小、太热或太冷、空气不新鲜,尽量另换一间。向校长反应有问题的物理环境条件。作为一名教育专家,你应对影响学生学习效果的物理环境有最充分的认识。

公告信息

教师常提及的一个麻烦是来自课堂以外的干扰性声源与信息。如果课堂不停地被各种广播公告或学生被叫往办公室这类事所打断,那就尽量设法改进它。管理部门对建议的反应通常比对抱怨的反应来得更积极。

有一个教师制定了一个方案:每周专门让一个学生坐在门边接收来自办公室的各种信息。如果信息是给学生的,接收到信息的那个学生可以轻轻地走出教室;如果信息是给老师的,则将其放在老师的办公桌上。

座位安排

现在,很少有教室的桌椅是永久固定在某个地方的,但许多教师的行为表明,它们仿佛是不能被移动的东西。对称划一的座位安排是中学教学中的"深层结构"之一。走进任一所美国中学,你所能看到的几乎是完全相同的座位安排。几乎所有美国中学的学生都面向教室前面而坐。这是从殖民时代就延续下来的,那时人们把学生看做是待驯化的小动物。[1]

合理的座位安排对教学的成功会起到非常大的促进作用。因此,当课堂活动改变时,重新安排平常的座位就显得格外重要。除非教室太小或者有特别的困难,让每个学生都面对着前排人的后背的线性座位安排是不受欢迎的。圆形或半圆形的座位安排有利于讨论和信息共享。两到四张桌子一组的安排方式,能为学生创造一种小组协同工作的氛围。

如何改变教室的座位安排以发挥其功效,是学生需要的指导。例如,若陈述之后学生将进入小组模式,那就有必要事先仔细解释座位将如何安排、各个小组将位于何处。也可以采用另一种安排方式,使单个学生与小组的工作能同时进行。事先计划好座位的安排方式,并将上面所说的声音与视觉干扰最小化。桌椅安排的程序应日常化。

优秀的教师善于处理人际关系

有些人认为教师只是在课堂上教书的人,而控制捣乱行为的应是家长或校方的责

---

[1] B.B.泰伊:"教育的深层结构",《菲·德尔塔·凯攀》,1987年第69卷,第281~284页。

任,与教师无关。预防和处理暴力与威胁行为,不是教师惟一的责任,这当然不错。但课堂上多数纪律问题都需要师生共同协商解决。否则,学生一返回教室,问题便又随之而来。

纪律问题是人际关系问题。作为负责任的成年人,教师必须是能建立一种机制以解决不可避免的冲突的专家。(参见第12章冲突解决模式)詹姆斯·贝特斯盖(James Batesky)归纳了十二点技巧,这里稍作修正概述如下:

1. 让学生知道他们很成功。
2. 制定五到六个小规则。
3. 不要威胁学生。
4. 直截了当地告诉学生你对他们的期望,仔细倾听并尊重他们的请求。
5. 及时纠正,避免问题行为的加剧。
6. 给出有关"我"的信息,如:我很关心这里发生的事情。不要害怕告诉学生你的意愿。
7. 不要反应过激或表现得很残忍。
8 制定一个有计划的训练策略。
9. 如果对抗是必需的,一对一地与有关学生进行交流比在全班同学面前进行交流要好。
10. 运用多样化的教学风格、方法与模式,避免让学生感到厌烦,提高学生的参与度,并改进其学习。
11. 坚持你教的权利和学生学的权利。
12. 最大限度地合理配置资源。[1]

托马斯·拉斯雷(Thomas Lasley)提出四条有关课堂与行为控制的一般性建议,这些建议是经过他的研究证明可行的。根据他对大量有关课堂管理方面文献的研究,他认为有效率的教师有以下特点:

1. 建立并贯彻执行一套可行的课堂规则。
2. 以破坏性最小的行为方式对课堂进行计划和监控。
3. 明确界定并及时、一贯如一地处理不合适的行为。
4. 对做出不宜行为的学生,以不损毁其名誉的口气表达出你的反应。[2]

优秀的教师能够使学生自身投入到学习过程中

埃莉诺·达克沃思(Eleanor Duckworth)告诫即将毕业的师范类大学生,在教学

---

[1] J. A. 贝特斯盖:"好纪律的12个技巧",《当代教育》,1986年第57卷,第98~99页。
[2] T. J. 拉斯雷:"关于课堂管理的研究",《师范教育杂志》,1981年第32卷,第2期,第14~17页。

第三编　整合：使目标与教学模式相匹配

过程中应时刻牢记以下两个重要的原则：[1]

第一，尽可能使学生直接接触他们所要学习的东西。这通常是实地参观考察及其他一些学校实习活动的目的所在。不过，还有另外一些途径能使学生直接接触到要学习的材料和内容。他们可以模拟太阳系的形成与运动；可以对社区内的动物进行观察和记录；也可以建立模型、进行模仿、模拟实验及进行访谈。

第二，要经常给学生提供机会来解释他们所理解的东西，不仅向教师也向其他学生解释。教师总是试图告诉学生他想要他们知道的东西，这首先需要通过询问以弄清楚学生已经知道了些什么。

我们认为这些方针对新教师从事高效率的教学是极其重要的。我们知道，学生学到多少知识，与他们怎样建构这些知识成正比。这就是意义啮合法则，尽管这是一条最经常被亵渎和违反的法则。

雷纳特·纽麦拉·凯恩(Renate Nummela Caine)与杰弗洛伊·凯恩(Geoffrey Caine)在她们一本书的第十五章描述了适应智能学习的学习环境的特色。其最突出的特色便是"精心策划的沉浸"，其次是"放松的警醒"与"积极主动的处理"。[2]"精心策划的沉浸"聚焦于学生是怎样参与在学习内容中的。如果所有的官能、情感与动作行为都与正在学习的内容相联系，那么，"全身心的投入与互相协调是不可少的，学生在面对这些内容时不得不运用他们(全部的)精神)"。[3]"放松的警醒"是高挑战与低威胁的结合。正如两名作者在注释中所言："最佳的扩展自然知识的精神状态是融入了内在动机的适度的高挑战与低威胁的结合，充满着愉悦感。"[4]我们称之为"放松的警醒"。"积极主动的处理"是指学习者"以一种对个人有意义并且在概念上是连贯一致的方式巩固、整合和内化学习内容"。[5]成功学习经验的这三个因素与我们所说的意义啮合非常相似。

不是所有的学生在学校都拥有相同的学习时间，遗憾的是，往往那些最需要时间来学习的学生却只有最少的时间可以去学习。例如，迈克尔·布雷迪(Michael Brady)和菲利普·冈特(Philip Gunter)发现，一天中不同班级的不同学生在课堂上所花的学习时间从90%到4%不等。[6]本杰明·布卢姆(Benjamin Bloom)指出，对于同样的学习内容，学业成绩最差的那10%的学生比学业成绩最好的那10%的学生要多花四到五倍的时间才能学会同样的东西。[7]经验告诉我们，让学生直接接触学习

---

[1] E. 达克沃斯："研究性教学"，《哈佛教育评论》，1986年第56卷，第481～495页。
[2] R. N. 凯恩，G. 凯恩：《建立连接：教学与人类大脑》(Menlo Park, CA：Addison-Wesley)，1944年版。
[3] 同上，第115页。
[4] 同上，第143页。
[5] 同上，第156页。
[6] M. P. 布雷迪，P. L. 根特：《对有不同程度残疾的学习者都能起作用的策略》(Springfield, IL：Charles C Thomas)，1985年版。
[7] B. S. 布卢姆：《人类特征与学校学习》(New York：McGraw-Hall)，1976年版。

的内容,给学生提供更多的机会去解释他们所知道的东西,是意义啮合法则的应有之义。这些原则意味着教学更像是导出而非输入。

所有这些并不意味着在我们倡导的教学模式中,教师不需要给学习者提供相关信息或资源。相反,以各种不同的方式呈现的优质信息对于学习是极其重要的。但是,只有当教学模式是作为理解的路标而不是教与学的规则的时候,才将显示出强大的力量。

学习者的理解与领悟必须成为教育的目标。教育上有一个重要的悖论,这个悖论外行教师很少知道,但是每个优秀教师迟早都会发现。这个悖论是:理解是无法直接教给学生的,正如父母仅仅告诉他的孩子如何系鞋带是不能教会他系鞋带一样。给她一双鞋让她去练习(或者,更好的方法是,让她在自己穿的鞋上练习),并让他向你或其他什么人解释他是怎样做的。如果这些建议对学习系鞋带是有益的,对于在学校里被期望学会复杂知识的学生而言岂不是更有用?

优秀的教师会引导学生积极向上

他们认可皮格马利翁效应(the Pygmalion Effect)

在希腊神话中,皮格马利翁是塞浦路斯的国王,他爱上了自己创作的美女雕塑,后来爱与美的女神阿芙罗狄蒂赋予了这幅雕塑以生命。皮格马利翁这个主题后来经常出现在西方文学、故事与诗歌中。萧伯纳(Bernard Shaw)使亨利·希金斯(Henry Higgins),一个爱好语音学的贵族和伊莱扎·杜利特尔(Eliza Doolittle),一个操伦敦腔的卖花女,成为了不朽的形象。好莱坞喜欢这种浪漫的神话主题,关注教育(尤其是语言)对提升人的社会地位的力量。

也许爱不能征服一切,但是爱的确是教育中的一大要素,这大概也是皮格马利翁这个故事所隐含的意义吧。最好也不要忘记,在这个故事的每一个版本里,雕塑者都从其创造中学到了许多。这个重要的教训在萧伯纳话剧接近结尾时由伊莱扎表述出来。她试图想要向她的朋友和恩人(捐助者、赠送者、赞助人)皮克林上校(Colonel Pickering)解释她是如何从一个卖花女转变成为一位文雅的女士的。伊莱扎当时正坐在皮克林旁边的一张长沙发上,说话时还偶尔做做针线活。

> 伊莱扎:[对着皮克林,没有注意到希金斯;不停地灵巧地穿针引线]您现在可以让我从这个实验中抽身出来了吧,皮克林上校?
>
> 皮克林:哦,不。你不应该把它想象成是一个实验。某种程度上,这使我很震惊。
>
> 伊莱扎:哦,我只是颗破碎的卷心菜叶——[希金斯不久前还这样称呼她]。

第三编　整合：使目标与教学模式相匹配

　　皮克林：[冲动地]不！
　　伊莱扎：[依然平静地]但是我亏欠您太多，如果您把我给忘了我会很不快乐的。
　　皮克林：杜利特尔小姐，你这样说真是太好了。
　　伊莱扎：并不是因为您供给我衣裳。我知道在金钱方面您对谁都很慷慨。但是正是从您那儿我懂得了什么是真正的优雅风度，正是这些优雅的风度造就了一位女士，不是吗？您知道，有希金斯教授这个榜样总在我面前晃来晃去，我是很难做到的。我被培养得像他那样，无法控制我自己，即使遭到哪怕很小的挑衅也会出言不逊。如果不曾遇见您，我也许永远也不知道女士是不该那样做的。
　　希金斯：嗳！！
　　皮克林：哦，你知道，那只是他的方式。他是无意的。
　　伊莱扎：哦，当我还是个卖花女时，我也是无意的。那就是我的方式。但是您看到了，我确实那样做了，毕竟那就是区别所在。
　　皮克林：毫无疑问。而且，你清楚，是他教你如何去表达，而我并没有做这些。
　　伊莱扎：[不屑一顾地]当然，那是他的职业。
　　希金斯：该死！
　　伊莱扎：[继续]这就好像学习时髦的舞蹈，没有比这更多的了。但是您知道我是从什么时候开始接受真正的教育的吗？
　　皮克林：什么时候？
　　伊莱扎：[停了一下针线活]我第一次去温布尔大街，您叫我杜利特尔小姐的时候。对我来说，那是自尊的开始。[继续针线活]有上百件这样的小事您未曾留意到，因为那对您来说太自然了。比如站起来、脱下帽子、开门……
　　皮克林：哦，那没什么。
　　伊莱扎：是的，那表露出您对我的看法和感觉，似乎我比女仆好些。当然，我知道如果是一个女仆来到画室，您也会那样对她的。当我在画室里时，您从未脱下过靴子。
　　皮克林：你不必在意这些。希金斯无论在哪里都会脱掉靴子的。
　　伊莱扎：我知道。我并不是责怪他。那是他的方式，不是吗？但是您并不那样做，这给我的感觉很不同。您知道，除了那些任何人都可以学会的事情之外(比如衣着打扮、得体的说话方式等等)，一位女士与一个卖花女之间真正的区别并不在于她们自身行为如何，而是人们如何对待她们。在希金斯那儿,我是一个卖花女,因为他总是把我当作卖花女看待,所以我总是一个卖花女。但是我知道在您面前我就是一位女士,因为您总是把我当作一位女士看待,所以我就总是一位女士。[1]

从上面的对话中我们可以了解什么是皮格马利翁效应。教育中皮格马利翁效应的出名是源于罗伯特·罗森塔尔(Robert Rosenthal)和勒诺·雅各布森(Lenore Jacobson)20世纪60年代末的研究。[2]概而言之,根据研究,他们声称,教师对学生将做得非常出色的期待将会对学生的学业成功产生积极的影响。教育中负面的皮格马利翁效应,即教师对优等生与后进生的区别对待,会有损于后进生,这一点也为研究所证实。[3]托马斯·古德(Thomas Good)列出了教师对优等生与后进生区别对待的最常见的几种方式:[4]

- 将后进生安排在远离教师的座位。
- 给予后进生较少的关注。
- 较少提问后进生。
- 在后进生回答问题时,不提供暗示或提示性问题。
- 针对不正确的回答,对后进生的批评比对其他学生多。
- 针对正确或近似正确的回答,对后进生的赞扬比对其他学生少。
- 给予后进生较少的反馈或具体的反馈内容。
- 打断后进生的次数比优等生多。
- 对后进生努力及作业要求比优等生少。

一年级的一位教师对我们中的一个人说:"我的所有学生都认为自己是优秀的读者。"我们知道这是为什么:他们的教师使他们这么想。但是,坦率地说,如果不掩盖问题或不说假话,教师们又是怎样做的呢?毕竟对所有的学生抱有同样的期望这种观点是错误的。教师们是如何使每个学生达到最佳的预期效果的?对于这个问题是没有明确答案的,不过,下文中所阐述的一些行为可以帮助教师们鼓励所有的学生发挥其全部潜能。

他们关注学生的已知

教师应该发现学生的已知,以便建立新的理解基础。学生通常感到对学校所教的

---

[1] B.萧:《皮格马利翁》(New York:Penguin Books),1913/1951年版,第97~98页。经萧伯纳作家集团代表的允许而重印。
[2] R.罗森塔尔、L.雅各布森:《课堂中的皮格马利翁:教师期望与小学生智力发展》(New York:Holt, Rinehart and Winston),1968年版。
[3] J.E.布罗菲、T.L.古德:"教师的期望:超越皮格马利翁效应",《菲·德尔塔·凯攀》,1972年第54卷,第276~278页。
[4] T.L.古德:"教师的期望及学生的感知:十年的研究",《教育先锋》,1981年第38卷,第415~422页。

好像一无所知，并且一点都不关心，因为他们感觉所有的东西都与他们毫不相关。但是，优秀的教师会让学习者感到对将要学习的内容他们已经掌握了很多，并留给学生一种印象：他们已经掌握的内容是影响他们将学内容的惟一最重要因素。学习者本身对自己的学习是极其重要的，而且教师应该要使他们这么认为。

戈登·韦尔斯(Gordon Wells)称孩子们为"意义制造者"。[1] 他做了一个无法反驳的类比，讨论成人该如何与孩子沟通。他说这就像与小孩子一起打球：

> 要使比赛成功进行，大人应该做的第一点是确保孩子已经做好准备：手臂成环状，准备接球。然后必须慢慢地、准确地抛球，使球直接落到孩子手中。当轮到孩子扔球时，大人必须准备好跑到球落下的地方，然后把球拿到孩子真正想扔的地方。这就是教育过程中所要求的合作，大人为游戏的进行给予了很多支持。[2]

韦尔斯讲的是与孩子之间的交流。我们认为这对教学要求来说，是一个极好的类比，因此我们用"教学"替代了"交流"，这提醒我们教学类似于交流。

他们尊重学生间的差异

俗语说：三个臭皮匠，顶个诸葛亮。在课堂中也有这种情况。如果教师认识到一个人所掌握的、所学的内容对每个人都有价值，那么每个人都能很有把握地与大家分享他所知道的东西，从而，无论他的知识多么贫乏，都能评价自己的理解力。这种观念一方面是礼貌的行为，即尊重，另一方面是理智上的真诚。没有人是无所不知的，甚至是教师，这是可以接受的。简而言之：一个好汉三个帮。

他们认识到对于重要问题会有多种答案

每本教师参考书都有一些关于对学生说些什么以及期望学生依次说些什么的建议。小学教师参考书通常倾向于把教师要表达的内容印成一种颜色，学生要表达的内容则被印成另一种颜色。而课堂笔记也只是与参考书类似。实际上，所有的教师参考书中一个确定的事实是：答案是会改变的。懂得如何去利用这些变化恰恰是教学艺术的组成部分。

他们懂得少批评多鼓励

还记得学开车吗？如果幸运的话，教你开车的人会一直肯定"你行"，并且表扬你

---

[1] G. 韦尔斯：《意义制造者》(Portsmouth, NH: Heinemann Educational Books), 1987年版。
[2] 韦尔斯，第50页。

的正确行为。当遇到困难的时候,你的教练会专心帮助你去注意该做什么,而不是指责你。但是,如果不幸的话,教你开车的人会对你的错误喋喋不休。不管这是有意的还是无意的,都会动摇你的信心。肯定原则的首条规则就是强调积极方面,[1]也许有人会把这条规则作为成功教学的途径。

人际关系的研究表明,在成功的人际关系中"积极情况是消极情况的五倍"。[2]然而,乔治·普林斯(George Prince)和他同事写道:"据我们对教室的观察,消极情况与积极情况之间1比5的比率几乎从没有维持过。所有不确切的批评、惩罚、抱怨意味着我们将会引出儿童身上的某些缺点。"[3]

优秀的教师是优秀的学习者

他们是学习的榜样

尽管我们企图表明教师应该是课堂上最好的学习者,但是我们知道为这种荣誉而竞赛是多么困难。况且,我们也不愿把它设成一个竞赛。但是,教师应该是一个求知若渴者,并愿意与学生分享学习过程。优秀的教师从自我学习中获益并与学生分享学习成果。他们通常,甚至是每天都带给学生一种新思想,这种思想是他读到的或看到的。他们是学者,他们与人分享其学习的过程及成果。教师从学生那里所学的不只是教学方面,而且包括了学生所学的内容。有机会教别人也是最佳学习方式之一,学生与教师随时转换角色对双方都是有益的。教师从教中学,不仅学习教学,还学习学生,学习他们所学的内容。

如果教师摆出无所不知、无所不说的形象,那就犯了一个严重的错误。第一,这种态度传达了对知识本质的错误印象,似乎知识是一次性的而且在所有情况下都是如此。据说,任何领域中人类知识的半衰期大约是6年,现在这段时间甚至也缩短了。[4]这并不意味着我们所掌握的知识由于不再是真理而不得不每5年替换一次。但是,由于人类掌握的知识在迅速增多,以至于知识的基础结构不得不持续地被调整以容纳新的见识与理解。因此,教师,正如学生一样,必须不断学习,这样才能保持领先。对于能意识到这点的教师来说,令人兴奋的结果是,总有准备就绪的听众与其分享新的见识与理解。相比之下,无所不知、无所不说的态度把知识当成了一个固定的实体,把学习者排除在学习过程之外,从而注定了学生把注意力集中在信息的获得上,

---

[1] L. 坎特:《铁的纪律:适合于当今教育者的一种管理方法》(Seal Beach, CA: Canter and Associates),1976年版。

[2] J. 哥特曼、N. 西尔弗:《为何婚姻有成有败》(New York: Simon and Schuster),1994年版。

[3] G. 普林斯、W. 韦弗、K. 洛根-普林斯:"解放创造力和学习能力",《创造性教育:培养具有创新力的民族》(London: Synectics Education Initiative),2000年版,第14页。

[4] J. 麦克蒂格、J. 斯兰伯格:"为什么要教学生思考:基本原理陈述",《发展思维:教师参考书》(Alexandria, VA: Association for Supervision and Curriculum Development),1985年版。

而这些信息可能在学生毕业前就已经过时。学习者型的教师,会使学生与其他人(包括教师)合作,快乐、兴奋地学习。长期效果是学生会学得更好、更多,并成为终身学习者。

他们知道专业知识的重要性

通常来说,整个教育领域以及每个教学分支、学科都设有专业的组织机构。这些组织机构的一个主要功能是提供大量的文献,以协助教师及管理者进行教育。这些文献主要包括专业杂志、书籍、听力磁带、录像带,以及在缩微胶片、光碟和互联网上能看到的研究与技术报告。每个专业组织机构也会主办一些地方性的、州的、民族性的及国际性的会议和讨论会,教师在会上讨论一些共同问题并交流思想。总之,这些资源是研究生对教育进行专业化研究的基础。

前面提到人类知识的半衰期大约是 6 年。对于科学来说是这样,对于教育方面来说也是这样,教学的内容以及教学方法方面的知识在成指数地增加。(大多数学校机构会 5 年换一次新课本,这或许并非巧合)如果一个教师不经常学习教育专业知识,他就像过时了的昨天的报纸一样。实际上对所有的教师来说,要使自己不过时,就要不断地发展。

朱迪思·利特尔(Judith Little)提出了鼓励教师进行自我专业发展的 4 个要素:[1]

1. 教师之间相互联系、尊重和合作。
2. 对教师之间合作计划进行多样管理的机构。
3. 教师继续学习的机会,这种机会是以问题为中心的、涉及经验运用的、正当的和连续性的。
4. 互相对计划效果进行评价。

他们是研究者

除了努力适应专业的学识要求(像每个专业人员都必须做到的那样)之外,教师应适当地成为研究与发展的自我指导者。[2] 反思的结果构成改进和提高教学的基础,这种说法一点也不夸张。我们所熟知的行动研究的简化模式称为 IPO 模式(见图 19-1)。

---

[1] J. 利特尔:《学校成就与全员发展:种族隔离城市的学校员工角色发展 》(Boulder, CO: Center for Action Research),1981 年版,第 360 页。

[2] C. M. 桑特:"通过行动研究调整教学内容",《教师阅览》,1987 年第 40 卷,第 434~438 页。

> 投入
> （一堂课或一个单元的投入）是教学过程的基础
> 过程
> （在教与学过程中发生的事）导致
> 结果
> （从过程中得出的所有结果）

图 19-1　IPO：投入(Input)、过程(Process)、结果(Outcome)

如果教与学的过程（教师与学生所做的事情）的实际结果正是所期待的，那么之前的投入与教学过程之间必须是适应的。但是，如果预期的结果与实际结果相矛盾，那么就要根据先前的投入和过程中的缺陷来解释这个差异。IPO 模式适用于所有的教学情况，在这一教学情况之下，教师在某种程度上可以控制教学投入（教什么以及使用什么工具）和教学过程（怎么教），并且可以对这两个方面作适当的改变。使用 IPO 模式，使教师成为他/她自己经验的学生。

优秀的教师与学生一起实现教学目标

他们赋予学生学习兴趣

课堂中的教学质量大部分取决于学生在教学与自我学习中是否有充分的兴趣。换句话说，他们需要关注课堂中发生的事情，并愿意合作以达到共同的目标。在学习者看来，教育目标是学习目标。是否能达到目标将取决于学习者是否愿意把教师的教育目标当成自己的学习目标。

我们并不提倡教师根据学生自愿提出的学习内容来安排教学，虽然通常也要考虑这点。但是，我们提倡教师与学生分享他们的教育进程计划。这样做的方法之一是把探讨关于这个主题学生已经掌握了哪些，来作为某一学习单元的开始，然后，列出其他的他们要学习的内容。许多有效的教学实践的研究证实，建立在学习者已知基础上的教学，会取得很高的成就。[1]

他们指导学生制定教学计划

通过让学生对将要学习的（假设的）章节列一个假设的大纲来制定教学计划。然后检查这些章节（或是可用的资源），确定其与预想的主题是否相关。如果有困难，可

---

〔1〕　L. M. 安德森：《学生对课堂教学的反馈》(East Lansing: Institute for Research on Teaching, Michigan State University)，1981 年版。

第三编　整合：使目标与教学模式相匹配

让学生讨论如何增加可用信息。通过为学生学习相同的内容、完成相同的目标提供不同的学习方法和学习资源来制定教育计划；通过为学习者提供帮助他人完成共同目标的机会来制定教育计划。把制定计划当作是学生参与的、为自己的学习设计步骤的事情。

优秀的教师能找出计划不能实施的原因

安德森(L. W. Anderson)从大量有关有效教学的文献中得出结论，[1]他说有效率的教师需要做到以下几个方面：

- 了解他们的学生。
- 为学生布置适当的任务。
- 使学生适应学习任务。
- 监督学生的学习过程。
- 使教学与测试相联系，测试他们所教的内容。
- 促进学生投入到学习过程中。
- 为学生提供连续性的学习，从而使学习任务和目标互为基础。
- 纠正学生的错误及误解。

如果上述有效的教学行为能成为现实，那么对老师来说，重要的就是如何进行选择。如果某种方法和技巧不适用于学生，那么，就要分析问题并重新制定教育计划。例如，一些学生并没有做好小组活动的准备，而教师多次试着进行小组活动，于是当混乱出现的时候，他们就决定以后再也不进行这样的活动了。学生必须为小组活动做好准备，而且必须精心计划、指导举办这些活动的步骤。合作学习章节里所讲的模式只是许多有效小组过程模式的一部分。在一些教育模式中，学生需要更多的准备时间。或许模式的某些步骤还没有被充分解释；或者有时候教学计划太高远，涉及的内容太广泛；又或者学生对学习没有做好必要的先期准备。估计一下情况，想一想你必须要克服的困难。要把问题看成是挑战而不是挫折。

优秀的教师会努力使教学生动有趣

兴趣与好奇心之间的关系不是偶然的，学习者喜欢学习他们最好奇的内容。因此，教师可以激起学习者的好奇心，他们会使学习者对教学内容感兴趣。例如：假如学习的内容是"内战"，教师不能只是依赖课本中对这次重大冲突中主要事件的陈述，还要利用关于这方面的大量的文学著作来进行教学。例如，安布罗斯·比尔斯(Ambrose Bierce)的短篇小说；艾琳·亨特(Irene Hunt)的儿童小说《穿越五个四月》

---

[1] L. W. 安德森：《教师、教育与教育效果》(Columbia：University of South Carolina，College of Education)，1982年版。

(*Across Five Aprils*);朱利叶斯·莱斯特(Julius Lester)写的《奴隶》(*To Be a Slave*)里的奴隶日记摘录和肯尼思·伯恩斯(Kenneth Burns)的 PBS 纪录片《内战》(*The Civil War*)的节选。对于课程的每个主题都有大量文学著作可以用于教学。这样做的效果是为青年学习者打开通向知识的大门。

必须培养学生的好奇心,并使其越来越强。约翰·杜威(John Dewey)曾经说:"好奇心不是偶然的孤立的东西,它是经验这一事实的必然结果,这种经验是动态的、可变的,涉及与其他事物的各种联系。"[1] 好奇心的关键根植于有相互联系的思想中。如果教学能引起学习者的兴趣,那么就能帮助他们明白他们正在学的内容与已知内容的关系,他们在学校学到的与在社会学到的内容之间的关系,以及不同学科之间相同信息的关系。

有位作家声称:

> 没有两个完全相同的头脑,因此,没有哪个良好的环境能够长期完全满足任何两个人。挑战与相互作用是基本要素。被动的观察是不够的。中国俗语说:百闻不如一见,百见不如一干。借助于我们对大脑的新的理解,处于一个极好的环境中有可能使人成为更佳的学习者。[2]

优秀的教师会让学生有自己去获得信息及实践的机会

对有效的学习的研究表明,当学习者能获得信息并有机会用于实践时,学习就开始了。[3] 但是,什么样的信息与实践是合适的呢?很明显,学生需要那些完成手头的学习目标所必需的信息:以合乎人意的形式呈现的准确的信息。而且学生需要应用信息和回忆新信息的实践,以此来作为解决问题的手段。在一个有关学习目标的案例中,教师要求学生比较和对照法印战争爆发的原因与 1812 年战争爆发的原因。学生需要有关这两次战争的资料与指导,并需要对做出的合适的比较与对照进行反馈。

然而,学生所需要的信息资料不仅仅是事实、数据和运算法则。通过解释罗伯特·英格尔(Robert Yinger)的研究报告,我们认为其他各种资料是:(1) 关于应该用所得的资料做什么以及如何用于实践方面的知识;(2) 关于何时以及如何使用资料的知识;(3) 关于对资料的使用是否成功方面的知识。[4]

同样,学生需要的实践不仅仅是暗含在对他们提出的特定学习目标中的行为中。帕金斯(D. N. Perkins)和盖布里埃尔·萨洛蒙(Gabriel Salomon)认为,除了运用与

---

[1] J. 杜威:《民主与教育》(New York: Free Press),1916 年版,第 209 页。
[2] 约翰·阿博特:"变得聪明",《教育先锋》,1997 年 3 月第 54 卷,第 8 页。
[3] C. 费希尔、R. 马利弗、N. 菲尔比:"通过加强专业学习来改善教学",《教育先锋》,1979 年 10 月第 37 卷,第 52~54 页。
[4] R. J. 英格尔:"学习实践的语言",《课程调查》,1987 年第 17 卷,第 293~318 页。

回忆资料信息之外,学习者也需要"低层次"与"高层次"迁移方面的实践。[1]

当教师介绍一本与学生经历有关的文学名著的时候,也是为低层次迁移创造条件的时候。当教师指出内容要素之间的类似之处,比如将美国的民权运动与南非种族隔离政策的垮台进行比较时,他们同时也推动了高层次的迁移。

低层次迁移是直接把信息运用于第一次遇到这些信息的内容和问题中。例如:学生或许会通过量教室与足球场的对角线长度来作为毕达哥拉斯定理的实际运用。高层次迁移是间接把信息运用于并非是第一次遇到这些信息的内容和问题中。例如:学生或许会将法印战争中的事件及其政治联盟,与《罗密欧与朱丽叶》(*Romeo and Juliet*)剧中的忠贞联盟进行比较。长期的、有意义的学习来自于学生获取较好的信息的过程以及使信息既有意义又令人难忘的迁移和运用的机会。记住这些是十分重要的。

优秀的教师教授两种不同的知识

学生想在学校获得人生所需的全部知识是不可能的。因此,他们必须学会如何学习。从学校的每门课程中,学生获得的是人类所积累的知识和智慧的一部分:事实、思想、运算法则、事件、历史意义、文学、科学、数学、卫生等等。但是,这种"知道是什么"对学生将来并不都有益处,如果他或她不要求补充另一类知识的话。另一类知识是:今后继续发展和终身学习所必须掌握的阅读、写作、学习、思考技能等,换句话说,是"知道为什么"。

因此,在我们所期望的课堂教学中,教师应教给学生如何获得信息以及如何去学习。在这样的课堂中,教师创造了一种环境,即学生有责任知道学什么以及怎样学,有责任控制自己的学习及思考过程。这样做的意图是提高学生参与学科学习所必需的学习与思考能力。我们希望各个年级以及各个领域的教师都要确信:最重要的是要教会学生怎样学习。这让我们想起了一句俗语:授人以鱼,不如授人以渔。根据这句话类推:只教给学生知识,他们能通过明天的考试;教学生如何学习,他们能通过其余的人生考试。

总结

管理一个班级比仅仅控制学生要做的事情要多得多。实际上,当教师控制了学习并有效地把学习的责任加到学习者身上时,他就已经拥有管理权了。优秀的教师是抱着这个目标来进行教学管理的。他们之所以能这样做,是因为他们跳出知识基础的范围来进行管理,而且直觉使他们能做出正确的判断。在这个章节以及全书中,我们交

---

[1] D. N. 帕金斯、G. 萨洛蒙:"为迁移而教",《教育先锋》,1988年9月第46卷,第22~32页。

流了这样的思想,即:虽然很多时候,如任何熟练的表演一样,优秀的教学看起来完全是自发的,但是,优秀的教师总是会有所选择。我们希望我们的建议能成为你教学技能的一部分。

网络资源

1. http://www.teachersfirst.com/new-tch.shtml

在此网站,新教师可以获得他们在前几年中"幸存"所需的支持与思想,包括美国教育部门的《新教师生存指南》(*Survival Guide for New Teachers*)。在主页上可以看到"教室资源"与"专业知识资源"的链接。

2. http://www.nea.org/helpfrom/growing/works4me/library.html

这个"Works4Me"网站是国家教育协会主办的,网站有每周电子邮件信息,包括教室消息和可供教师互相交流思想的地方。网站的教学技巧与管理思想使教师不得不访问这个网站。

3. http://www.teachers.net/

教师网认为自己是有关教师信息的最大的网站。这个活跃的网站有许多信息,包括聊天室、实况转播新闻、专栏文章、课程安排和对教师们有用的文章。此网站会经常更新,分成各个便于访问的种类,而其中大多数都有数目可观的网页名单。"课程安排"是有必要看一看的。

4. http://school.discovery.com/

此网站是由资源丰富的探索频道支持的。无疑,此网站的特色是"凯西·施若克(Kathy Schrock)的教育指南"。它列出了施若克的网站,内容都是嘲笑"Aesop 在线寓言"以及动物学网站资源指南的。可以点击主页上的"教师用",然后点击"最佳Web 链接"来查看此指南。

5. http://www.eduhound.com/mainpage.cfm

此网站的标题是"我们已掌握了它,因此你不必做了":所有有关教育 K12 的信息。此网站有预先选择的 20 000 多个链接的目录,并组成了 50 多个种类。点击主题,你可以找到成千上万的课程安排和对所有可能发生的教学情况有用的资源的链接。

6. http://www.learnersonline.com/

无疑各地的教师将会越来越多地使用 Web 作为教学工具。实现这个目标最主要的障碍是没有哪个地方的教师有时间去 Web 上搜索他们可能要用的资源。"学习者在线"网站有限公司利用了广泛的教育互联网资源。有人会建议你"带着你的浏览器和好奇心"。(获取有关资源的全部信息需要收取订阅费)

7. http://www.hcc.hawaii.edu/intranet/committees/FacDevCom/guidebk/teachtip/

teachtip.htm

此网站是由檀香山社会学院创建的,是优秀教学实践工具及思想的索引。从中能找到与从处理压力到准备更佳的教学设计有关的教育思想。

8. http://www.ed.gov/

每年联邦政府都要花很多钱来增加美国儿童的受教育机会。你可以在此网站上找到这些投资项目的链接,教师与管理者可以自由、快速地使用这些信息。教师最好看一看此网站上的信息、资源和机会。

第三编综述　整合：使目标与教学模式相匹配

本编中，我们举例展示了前两编提出的教学原理及其实践，这些例子涉及不同的年级层次。紧接着，我们从较为广泛的意义上列举了成为一名优秀教师所应有的态度及行为。每位教师都希望提高教学的科学性和艺术性。与以往创建良好教学环境的建议不同，这里展示的案例研究更利于教师素质的提高。

本编所提供的这三种案例研究，主要是为了改变以往那些刻板的要求。确切地说，没有人能够描述出成功实施教学计划的一个万能公式。一个人若没有任何创新和开拓意识，只知道严格按照一系列规定好的程序从事教学活动，那么，他就只能获得负面的教学经验。

编写本书的目的，就是为教师们计划、挑选、利用教学模式以及指导课堂上相互作用着的学生的行为提供借鉴性的程序。根据与教师和专家们多年相处的经验，我们发现正是他们的冒险精神、灵感以及创新，推动着课堂教学的进程。

词汇表

A

Achievement gains	获得成就
Announcements	通知
Association	联想
Attributes	属性
Automaticity	主动性

B

Background knowledge	背景知识
Basic questions	基本问题
Brain-based	生理基础
Brainstorming	头脑风暴法

C

Cause and effect model	因果模式
Classroom discussion model	课堂讨论模式
Classroom management	课堂管理
Cluster questions	问题群
Cognitive objective	认知目标
Co-leaders	合作领导者
Comparative organizers	比较组织者
Compressed conflicts	压制冲突
Concept attainment model	概念获得模式
Concept development model	概念形成模式
Concept selection	概念选择
Conflict resolution model	冲突解决模式
Conflict selection	冲突选择
Consolidation phase	巩固阶段
Constructivism	建构主义
Content organization	内容组织
Cooperative learning models	合作学习模式
Course rationale	过程原理
Creative writing	创造性描写
Critical essays	评论性文章

D

Data gathering	汇集数据
Deductive lesson plan	演绎课程计划
Demonstration	示范
Direct analogy	直接类推
Direct Instruction System for Teaching and Remediation	辅导与矫正直接讲授模式
Distinctive features	显著特征

E

Educational goals	教育目标
Educational leadership	教育领导
Effective use	有效作用
Elementary school scenario for	初等学校脚本
Error correction	纠错
Expert information	专家信息

F

Fact sheet	事实列表
Factual questions	现实问题
Fight or flight reaction	抵抗或对峙反应

G

Graffiti model	"涂写"模式
Group labels	小组特征

H

High school scenario	高中场景
High-road information transfer	高层次信息迁移
High school case study	高中案例研究
Human relations	人际关系

I

Link memory model	联想记忆模式
Indo-European	印欧语系的
Inductive thinking	归纳思维

Innate nature	先天属性
Interdisciplinary teaching	跨学科教学
Interpretive questions	解释性问题
Item organization	项目组织
Item selection	项目选择
Item/relationship memory model	项目/关联法

J

Jigsaw model	小组交叉组合学习模式
Janusian	多面思维

K

Kindergarten case study	幼儿园案例研究
Key word memory model	关键词记忆法

L

Law of meaningful engagement	取义规则
Learning groups	学习小组
Learning models	学习模式
Link system	关联体系
Loci memory model	场所记忆模式
Long-term memory	长时记忆
Low-achieving	低成就
Low-road information transfer	低层次信息迁移

M

Macro goals	宏观目标
Making the familiar strange model	熟中生新模式
Making the strange familiar model	异中求同模式
Main idea memory model	核心思想记忆模式
Mapping	映射
Meaning patterns	意义范式
Metaphor	隐喻
Middle school case study	初中案例研究
Motion system	动作系统

N

Names and faces memory model	姓名与相貌记忆模式
Names and faces system	姓名相貌系统
Natural thought processes	自然思维过程

O

Open-mindedness	发散式思维
Ordering	秩序
Organizing idea	组织观念

P

Peg system memory model	记忆钉系统记忆模式
Peripheral perception	外界感知
Physical environment	物理环境
Project Zero	零点项目
Prior causes	潜原因
Procedural knowledge	程序性知识
Professional development	专业性发展
Psychomotor objectives	动机

Q

Question sequence	问题顺序

R

Rationale development	基本原理形成
Realization phase	实施阶段
Reception strategies	接受策略
Relaxed alertness	放松的警醒
Role playing	角色扮演

S

Situation selection	情境选择
Social studies	社会学习
Social needs	社会需求
Speaking skills	表达技巧

词 汇 表

Standards-based education		标准化教育
Student participation		学生参与
Subject matter content		学科内容
Suchman inquiry model		萨奇曼探究模式
Synectics model		综合模式
Symbolic analogy		符号推理

Teaching flexibility		教学灵活性
Team interview model		小组访谈模式
Theme selection		主题选择
Theory development		理论形成
Training behavior		行为训练

Unconscious processes		无意识过程
Unit design		单元设计

Verb description		动词描述
Values development model		价值形成模式
Vocabulary acquisition model		词汇习得模式

Webbing		网状物
Worksheet		任务单

译后记

由于语言、文化等方面的差异，国外许多学术著作在转译成中文之后，总是或多或少地有失原著的些许"光彩"，以至于读者也或多或少有了些许的无法"过瘾"的遗憾或抱怨，本书的翻译估计也在所难免。

然而，在翻译之前，在对本书览读的过程中，笔者就有一种即便是冒着"不韪"也应该将此书翻译出来并让其"面世"的冲动。这自然缘于本书内容带给笔者的教育思想的冲击与启示。书中所列的每一种教学模式，从理论前提、适应范围、操作步骤、活动展开、注意事项等等，都有详细的阐述及解释说明，并提供了具体的案例示范、网络资源等。与众多的教学模式类的著作相比，该书无论是在其理论深度还是在实践指导的实用方面，都属难能可贵。它为各级各类学校及其各门学科教学活动的开展提供了极为切实的指导与借鉴。在我国从事各门学科教学的教师以及即将踏上教师岗位的师范生，不仅能从本书中获得教学上"有所适从"的理论及方法上的指导，更能获得教学上"有所作为"的信念与推动力。这也是该书作者的意愿。译者以为，这或许也正是"许多教师把这本书作为他们永久珍藏的专业书籍之一"（见本书"前言"）的原因所在吧。

不仅如此，本书在介绍教学模式的同时所涉及到的教育思想与教育观念的理解与表达，如教学观、学生观、教师观、知识观、教育目的观等，也给我们耳目一新之感，这也许能给我国的教育工作者带来新的思路。这正是翻译本书的宗旨之所在。

本书翻译由苏州大学教育学院尹艳秋教授携教育学院的部分研究生合作完成。各章初译人员有：陈志全（1～3章）、徐晖（4～6章）、廖萍（7～8章）、肖俊峰（9～10章）、曹光荣（11章）、孔晓明（12章）、蔡伟仁（13～14章）、李颖（15章）、陈

译后记

萍(16章)、颜娟(17章)、蒋毅(18章)、陆正林(19章)等。由尹艳秋对各章进行再译、修改及补充，朱永新教授对全书进行了审校。

翻译工作是一件十分耗力费神的工作，全书的翻译人员为此付出了辛勤的劳动。但是由于在教育专业理论知识的理解与教育实践把握上的差异，以及译者自身专业水平及外语水平的局限等，本书的翻译仍然存在着缺陷。再者，由于本书是分工完成的，虽然主译逐章进行了协调、修正与完善，但在部分术语及相关内容上各章仍可能有相互不一致或不妥当之处。主译在对参与翻译的人员致以谢意的同时，也代表他们向读者致以歉意，愿读者批评指正。

尹艳秋
2006年2月